21世纪
小学教师
教育系列教材

小学语文教学设计与实施

●主　编　孙建龙
●副主编　贾煦添　徐　征

中国人民大学出版社
·北京·

图书在版编目（CIP）数据

小学语文教学设计与实施 / 孙建龙主编；贾煦添，徐征副主编. --北京：中国人民大学出版社，2024.6
（21 世纪小学教师教育系列教材）. --ISBN 978-7-300-32922-2

Ⅰ. ①G623.202

中国国家版本馆 CIP 数据核字第 2024QN8147 号

21 世纪小学教师教育系列教材
小学语文教学设计与实施
主　编　孙建龙
副主编　贾煦添　徐　征
Xiaoxue Yuwen Jiaoxue Sheji yu Shishi

出版发行	中国人民大学出版社		
社　　址	北京中关村大街 31 号	**邮政编码**	100080
电　　话	010－62511242（总编室）		010－62511770（质管部）
	010－82501766（邮购部）		010－62514148（门市部）
	010－62511173（发行公司）		010－62515275（盗版举报）
网　　址	http://www.crup.com.cn		
经　　销	新华书店		
印　　刷	北京昌联印刷有限公司		
开　　本	787 mm×1092 mm　1/16	**版　　次**	2024 年 6 月第 1 版
印　　张	19.25	**印　　次**	2025 年 8 月第 2 次印刷
字　　数	461 000	**定　　价**	48.00 元

作者简介

孙建龙，首都师范大学副教授，研究生导师，中国人民大学书报资料中心《小学语文教与学》编委，教育部“小学语文课程与教学论”虚拟教研室成员。主要研究领域为小学语文课程与教学，已出版《小学语文课程与教学论》《小学语文课程理解与教材分析》等高等教育教材10余部。

内容简介

课程理解、教材研读与学情分析是小学语文教学设计的基本前提。小学语文教学设计的具体内容则主要涉及识字与写字、阅读与鉴赏、表达与交流、梳理与探究四个方面的语文教学活动，以及作业与学业评价设计等。本书以《义务教育语文课程标准（2022年版）》为依据，不仅融入了关于小学语文教学的最新理念，而且注意联系当前教育改革发展的新要求，精选了大量名校名师的优秀教学案例作为参考。本书适合作为小学教育专业的教材，也适合一线语文教师研读。

前言

基础教育课程改革的不断深入带来小学语文课程理论与教学实践的深刻变化，对小学语文教师的课程理解、教学设计与实践能力、反思与研究素养等提出了新的要求。本书是在《义务教育语文课程标准（2022 年版）》颁布和教育部统编语文教材全面投入使用的背景下组织编写的，主要面向高等院校小学教育专业语文教师的职前培养和职后培训。“小学语文教学设计与实施”课程应在修读完“小学语文课程理解与教材分析”后开设。这两门课程是高等师范院校高质量小学语文教师培养的核心必修课程。

课程理解、教材研读与学情分析是小学语文教学设计的基本前提。小学语文教学设计的具体内容则主要涉及识字与写字、阅读与鉴赏、表达与交流、梳理与探究四个方面的语文教学活动，以及作业与学业评价设计等。上述内容构成了本书的基本结构框架。为突出“教学设计”并贴近小学语文教学的实践本身，教材在简要阐述相关基本理论和概念的基础上，精选了来自当前教学一线的典型教学设计案例并加以分析，扣住课程标准的基本理念和要求，力求反映出课程改革背景下小学语文课程与教学实践前沿的基本面貌和走向。

教材编写依托首都师范大学小学教育专业的研究与实践平台。首都师范大学小学教育专业是国家级特色专业和一流本科专业建设点，是教育部开展卓越小学教师培养计划和师范类专业三级认证的“打样”单位。该专业以高水平学科研究为支撑，建立了“首都师范大学附小发展共同体”和 100 多所教育研究实践基地，肩负着为首都及其他地区培养面向未来的卓越小学教师的重要使命。本书的编写得益于这样一个良好的专业建设背景和大学与小学深度融合的研究氛围。

本书努力体现如下特点：（1）注重教材的学术性、基础性和指导性，以理论指导教学设计，以实践促进教学思考，以案例提供行为指导；（2）注重教材的时代性和引领性，体现新时代小学语文课程改革的新发展和小学语文教学的新变化，与优质学校小学语文教师的教学实践同步；（3）注重教材的实践性与实用性，从语文教学的关键问题和真实需要出发，并以大量生动的案例解释和分析小学语文的课程理解与教学设计问题。

本书由首都师范大学初等教育学院的孙建龙整体设计，其内容是在本课程多年的教学讲义基础上形成的。包头师范学院教育科学学院的贾煦添、北京大学附属小学的徐征共同参与了教材设计和文稿修订工作。为确保本门课程的鲜活性、生长性及其与小学语文教学实践的一致性，参与教材编写的还有多位活跃在一线、在实践中引领小学语文教学改革与发展的教研员、校长、优秀教师，他们分别来自北京大学附属小学、首都师范大学实验小学、横琴粤澳深度合作区首都师范大学伯牙小学、北京科技大学附属小学、中国农业大学附属小学、北京教育学院丰台分院实验小学、北京市通州区教师研修中心实验学校、北京通州区临河里小学以及河南省郑州市经济技术开发区教育教研室。

教材编写的具体分工如下：第一章，孙建龙；第二章，孙建龙、邓振英、梁丽娟、王晓燕、李霁雯、赵娜、杨娜、窦丽华；第三章，孙建龙、程晓红、唐非、陈炜灵；第四章，孙建龙、徐征、黄祥昀、李洋、张敏；第五章，孙建龙、贾煦添、郭文娟、李海燕；第六章，吕洁琳；第七章，胡琴；第八章，李玉霞、孙国娇、张爽（1986 年）、张爽（1992 年）、胡爽怡、王美岑、窦丽华。首都师范大学小学教育专业 2023 级研究生朴若男、徐嘉琪、李京晶参与了部分内容的编写工作。

本书的编写和出版，得到了中国人民大学出版社王雪颖等编辑的大力支持，他们先后为本教材的策划、编校付出了辛勤的劳动。在本书的编写过程中，除编写者的原创教学案例之外，还参考和引用了其他相关文献和资料，并一一注明了出处，在此也向原作者表示衷心感谢！

孙建龙

2023 年岁末于首都师范大学

目录

第一章

小学语文课程理解

【内容提要】

课程理解是小学语文教学设计与实践的前提，只有正确理解语文课程的性质与理念、目标与内容、质量与评价等相关内容，才能基于正确的课程观、儿童语文学习发展观进行教学。语文课程是一门学习国家通用语言文字运用的综合性、实践性课程，工具性与人文性的统一是语文课程的基本特点。义务教育语文课程立足学生核心素养的发展，以“识字与写字”“阅读与鉴赏”“表运与交流”“梳理与探究”等语文实践活动为主线，综合构建了素养型课程目标体系。为落实素养型目标体系，遵循学生身心发展规律和核心素养形成的内在逻辑，设计了语文课程内容。围绕发展学生语文核心素养，依据语文实践活动构建了学业质量标准。

【学习目标】

● 理解“语文”“语文课程”的内涵，理解语文课程的性质以及课程的基本理念。

● 理解语文核心素养的内涵，系统把握语文课程的目标以及“识字与写字”“阅读与鉴赏”“表达与交流”“梳理与探究”四类语文实践活动各学段的学习要求及前后关联，在此基础上能够围绕教学目标对某一节语文课进行观察、评价和反思。

● 理解语文课程内容的主题与载体形式、内容组织与呈现方式。

● 理解语文课程实施的基本理念、课程评价的基本定位，准确把握语文学业质量标准的基本内容。

第一节 课程性质与理念

一、义务教育语文课程性质

（一）语言文字·语言文字的运用

观点 语言文字·语言文字的运用①

语言文字是人类社会最重要的交际工具和信息载体，是人类文化的重要组成部分。语言文字的运用，包括生活、工作和学习中的听说读写活动以及文学活动，存在于人类社会的各个领域。

上述文字分别对“语言文字”和“语言文字的运用”进行了解释。需要说明的是：

第一，这里的“语言文字”既包括口头语言也包括书面语言，是“语”和“文”的合一；“语言文字的运用”既包括实用性的运用，也包括艺术化的运用，是实用和艺术的统一。

第二，这里的“语言文字”是指国家通用语言文字。《中华人民共和国国家通用语言文字法》规定“国家通用语言文字是普通话和规范汉字”，“学校及其他教育机构以普通话和规范汉字为基本的教育教学用语用字”。

第三，“语言文字”不仅是人类社会最重要的交际工具和信息载体，也是人类文化的重要组成部分。语言文字是人与人之间的一种交流方式，尽管通过图片、动作、表情等也可以传递人们的思想情感，但是语言文字是其中最重要的也是最方便的媒介。语言文字是人类文化得以传承和储存的有效载体，人们借助语言文字保存、传递人类文明的成果。文以载道，以文化人，是我国语文教育最重要的传统。

第四，语言文字的运用存在于人类社会的各个领域。学校中的语文学习是建立在社会语言文字运用的大背景下的，学校语文学习应保持开放的姿态，与社会语言文字运用实践建立起有机联系，并通过语文实践带领学生走向广阔的社会生活。

（二）语文课程

课程表中的“语文”是作为义务教育阶段的一门学科课程（教学科目）而存在的，与数学、英语等并列。而正是“语文”这两个字，赋予了这门课程独特的教育意义和价值。“语文”作为基础教育中一门课程的名称，是随着学科课程的建立与发展逐步演变而来的，始用于1949年。对于这一名称的产生，叶圣陶先生做过多次解说。

观点 口头为语，书面为文②

平时说的话叫口头语言，写到纸面上的叫书面语言。语就是口头语言，文就是书面语

① 中华人民共和国教育部．义务教育语文课程标准：2022年版［S］．北京：北京师范大学出版社，2022：1.

② 中央教育科学研究所．叶圣陶语文教育论集［M］．北京：教育科学出版社，1980：138，730.

言。把口头语言和书面语言连在一起说，就叫语文。这个名称是从 1949 年下半年开始使用的。口头为“语”，书面为“文”，文本于语，不可偏指，故合言之。

按叶圣陶先生的解释，语文就是“口头语言”（听、说）和“书面语言”（读、写）的合称，它们是发生在真实语用情境中的言语实践活动，而个体外在言语行为的表现是以思维、情感的发展为基础的，如图 1－1 所示。

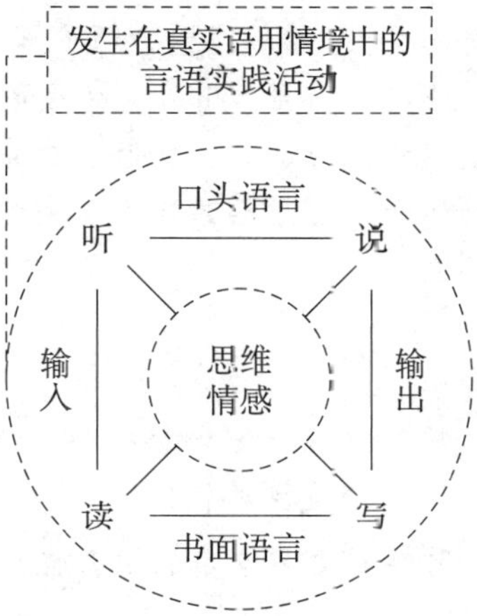

图 1－1　语用情境与言语实践活动

在索绪尔的语言学理论体系中，对“语言”和“言语”进行了区分，认为“语言”（language）是社会约定俗成的规则系统，由语音、词汇、语法等构成，人们要表达自己的思想情感，离不开其所使用语言的那一套规则系统。“言语”（parole）则是个人行为，是人们对那套约定俗成的规则系统的运用行为及其所形成的结果，包括听、说、读、写等实践活动和成果。语言和言语是相互依存的；语言既是言语的工具，也是言语的产物①。

义务教育阶段语文课程的根本目的在于通过听、说、读、写等言语实践活动培养人们基本的听、说、读、写能力，以适应社会生活的需要，所以其课程形态基本上应属于动态的言语范畴。不可否认的是，个体言语能力的发展离不开语言知识的指引，但个体语言知识的积累大多情况下又是在丰富的言语实践活动过程中获得的。

因此，“语文学科主要是母语的言语教育学科，而不是语言教育学科；主要是属于心理学范畴的培养学生言语能力的学科，而不是属于语言学范畴的学科”②。所以，语文课程应为学生组织、设计系列的言语实践活动，使他们具备基本的听、说、读、写能力，即语言文字运用能力，并在这一过程中发展学生的思维能力、审美情趣和文化理解等核心素

① 索绪尔．普通语言学教程［M］．北京：商务印书馆，1980：41．

② 饶杰腾．语文学科教育学［M］．北京：首都师范大学出版社，2000：27．“语言学”是要通过对言语的考察确定潜藏在言语（语言现象）之中的形式系统，显然，学生学习语言的最终目的不是“语言学”意义上的“研究语言”，而是“心理学”意义上的“言语能力”的发展。

养。“语文课程的多重功能和奠基作用，决定了它在九年义务教育中的重要地位。”①

拓展阅读

“语文就是语言”的理解②

叶圣陶所说的“语文就是语言”，实际上已经包括了口头语言和书面语言的载体——语音和文字，而且也包括了口头语言和书面语言的应用，以及口头语言和书面语言中所包含的文化内容。也就是说，“语文就是语言”已经包容了“语言文字”（文字为书面语言的符号）、“语言文章”（文章为成篇的书面语言）、“语言文学”（文学是语言的艺术，语言是文学的载体）、“语言文化”（语言是人类文化的载体，也是人类文化的组成部分）的含义。虽然语文与语音、文字、文章、文学、文化都不是等同的概念，但语音、文字、文章、文学、文化均是语文的有机组成部分。

（三）语文课程的性质

观点

语文课程性质③

语文课程是一门学习国家通用语言文字运用的综合性、实践性课程。工具性与人文性的统一，是语文课程的基本特点。

1. 语文课程是一门学习国家通用语言文字运用的综合性、实践性课程

首先，这是一门“学习语言文字运用”的课程，课程内容与教学目标必须聚焦于“语言文字运用”。这里的“语言文字”是指国家通用语言文字，即普通话和规范汉字。语文课程应引导学生热爱国家通用语言文字，学习运用好国家通用语言文字。这里的“语言文字运用”，既包含生活、工作和学习中的实用性语言文字运用活动，也包含运用语言文字的文学活动。无论实用的还是审美的，学生凭借它所要学习的都是——如何通过语言文字准确、熟练地从别人的语言材料中获取信息，如何运用语言文字恰当地表达自己的想法进行交流和沟通。再具体一点儿来说，语文教学就是凭借不同类型的语言材料，培养学生吸纳、理解（听、读）和交流、表达（说、写）的能力，以及伴随这一过程的思维、审美与文化理解力。只有牢固树立这一本体意义上的语文课程意识，才能实现语文学科“独当其任”的“任”，才能防止其在不同教育思潮和社会背景下的左右摇摆。

其次，这门课程具有综合性、实践性的特点。从综合性的角度来说，语言材料及语言运用的实践涉及社会生活的方方面面，聚合了人文科学和自然科学的学科知识，语言的学习永远处于开放而充满活力的动态之中。此外，“语言文字的运用”作为个体的生命活

① 中华人民共和国教育部．义务教育语文课程标准：2022年版［S］．北京：北京师范大学出版社，2022：1.

② 徐林祥．语文教育回望与前瞻［M］．济南：山东教育出版社，2021：15.

③ 同①.

动，是以整体的形式出现的，听、说、读、写有机联系，同时也必然涉及知识与能力、情感与态度、过程与方法等诸多方面，这也恰恰是语文课程综合性的重要体现。从实践性的角度来说，“语言文字运用”不是“记忆之学”而是“实践之学”，课程的目标不是落在掌握关于语言、文字的知识系统和理论体系上，课程内容也不是语音学、词汇学、语法学、语用学、文字学、文章学、文学等知识的拼盘，而是要让学生学会“运用”或者说“驾驭”语言文字这种工具，是要让学生通过运用语言文字的范例和实践，学习如何在生活中、在本课程和其他课程的学习中、将来在各种不同工作领域里，运用好语言文字。其基本的教学途径是“通过语言范例掌握规律，并将掌握了的规律运用于语言实践”①。语文课程综合性与实践性的统一，有利于学生核心素养的形成与发展。教学中，语文教师既要重视识字、写字、阅读、写作、口语交际的实践，也要重视拓宽语文学习和运用的领域，注重跨学科学习和现代科技手段的运用，使学生获得现代社会所需要的语文实践能力。

2. 工具性与人文性的统一，是语文课程的基本特点

毋庸置疑，语言有其实践功能，而人们借助语言进行沟通与交流，借助语言进行思维②，它也就具有了工具属性③。与此同时，我们还必须看到，语言终究是以人为实践主体的社会现象，“语言和心灵、精神的关系十分密切”，“心智的成长大概离不开语言”④，语言是人性的最高表现，它并不是外在于人的东西。因此，语言在其本质上又具有人的文化属性。

语言文字最基本的特点是工具性，不重视工具性，就会失去语文课程的根基。语言文字是表情达意的工具、思维的工具、学习的工具，语文教育的一个主要任务就是让学生认识语言现象、掌握语言规律，学会正确熟练地运用语言这个工具。

语言文字不但具有工具性，也具有人文性，承载着丰富的人文精神内涵。文以载道，以文化人，一直是我国语文教育的重要传统。“语文课程的人文性，以陶冶化育为本，涵盖思想伦理性、文化审美性、思维发展性、写作创造性等方面”⑤，渗透在语文教学的方方面面。

汉语，作为中华民族的共同语言，是我国历朝历代文化积淀的结晶。“在接受汉语教育的时候，我们民族的心理、思想、思维方式以及我们民族的风俗习惯、生活方式等等，就自然而然地深入到我们每个民族成员的血肉之中，并且成为我们中华民族生存繁衍、休

---

① 饶杰腾．语文学科教育学［M］．北京：首都师范大学出版社，2000：27.

② 人类学家和语言学家爱德华·萨丕尔认为：语言的内面是思维模式。“语言和我们的思路不可分解地交织在一起，从某种意义上说，它们是同一回事。”“语言形式的无限变异，也就是思维的实在过程的无限变异。”“思维只不过是脱去了外衣的语言。”参见：萨丕尔．语言论［M］．北京：商务印书馆，1964：135，138.

③ 语言哲学的开创者维特根斯坦认为：语言是一种特殊的工具．语言不是直接改变现实的工具，而是述说现实、理解现实的工具。语言这一工具可以改变它的使用者。参见：陈嘉映．语言哲学［M］．北京：北京大学出版社，2003：190.

④ 陈嘉映．语言哲学［M］．北京：北京大学出版社，2003：1

⑤ 郑国民，李宇明．义务教育语文课程标准（2022年版）解读［M］．北京：高等教育出版社，2022：42.

养生息的一种凝聚力。”① 因此，一个人的语言化过程，同时也就是人化、社会化的过程；一个儿童学习民族语言的过程，就是民族精神对他作为一个精神个体进行孕育的过程。②德国语言学家魏斯格贝尔认为：“一个孩子从出生之日起就进入了民族语言流，他的母语决定了他一生的精神格局和语言行为。因此，对于一个民族来说，语言绝不是简单的交际手段。”“如果说语言仅仅是工具，仅仅是可以作技术分析的形式，看不到语言形式的文化规定性，看不到语言与民族精神的结构通约，我们就无法深刻地把握语言的本质，我们就失去了一条通向民族文化心理结构、通向民族心灵深处的重要途径。”③ 显然，语言文字及其运用属于文化现象，我们既不能忽视它的工具属性，也不能逃避它身上所具有的文化承载、审美内涵，而必须关注“语言文字运用”对人的文化塑造功能。

因此，对这样的一门课程来说，我们应赋予它什么样的价值追求呢？答案是：工具性与人文性的统一，即语言的工具价值与文化价值的统一。语言活动是人的生命活动，生命活动是一种完整的存在。主体的言语实践过程正是以语言为工具的生命本身的展现过程、发展过程。语文的工具性，正是在社会的交际活动中，在传承文明、积淀文化的过程中展现出来的；而语文学科的人文性也正是在学习语文、掌握语文工具的生命化过程中具体实现的。因此，只有当语文学科“集中主要精力教育学生掌握好表情达意的工具时，语文教育才能有真正的发展”，相应的文化与审美教育才能“潜移默化地产生深刻影响”④。总之，只有处理好、实现好语文学习过程中工具性与人文性的统一，才能使我们的语文课程为学生打好精神格局的底子和语言文字运用能力的底子。

观点　　**工具性与人文性的关系⑤**

工具性与人文性是表与里的关系。工具性是“表”，人文性是“里”。工具性是载体，人文性是灵魂。工具性与人文性是相辅相成的。没有工具性，人文性就无从谈起；没有人文性，语文课就只有机械的语言文字训练，就会失去情感、韵味和创造灵感。教师要在指导学生正确地理解和运用语言文字的过程中，在培养语感、发展思维、积累语言、陶冶审美、积淀文化的过程中，吸收人文内涵，培植人文精神。

二、义务教育语文课程理念

《义务教育语文课程标准（2022 年版）》的课程理念由五个部分构成，分别阐述课程目标、课程结构、课程内容、课程实施、课程评价五个方面的整体构想，五个方面既各有侧重，又相互联系。下面对五个方面的内容做简要说明。

① 张隆华，曾仲珊．中国古代语文教育史［M］．2 版．成都：四川教育出版社，2000：绪言．
② 王尚文．语文学科的性质之谜［J］．语文学习，1996（11）．
③ 申小龙．汉语与中国文化［M］．上海：复旦大学出版社，2003：42 - 43.
④ 李杏保，顾黄初．中国现代语文教育史［M］．2 版．成都：四川教育出版社，2000：9.
⑤ 郑国民，李宇明．义务教育语文课程标准（2022 年版）解读［M］．北京：高等教育出版社，2022：42.

（一）立足学生核心素养发展，充分发挥语文课程育人功能

“核心素养是学生通过课程学习逐步形成的正确价值观、必备品格和关键能力，是课程育人价值的集中体现。”① 语文课程应从发展学生核心素养出发，培养学生在真实情境中运用语言文字的能力，指向人的全面发展。为此，课程标准构建了核心素养型的目标体系，以“识字与写字”“阅读与鉴赏”“表达与交流”“梳理与探究”等语文实践活动为主线，设计课程目标、安排课程内容、研制学业质量标准、提出教材编写和教学要求，从而发挥其独特的育人功能和奠基作用。

（二）构建语文学习任务群，注重课程的阶段性与发展性

一方面，要以生活为基础、以语文实践活动为主线、以学习主题为引领、以学习任务为载体，整合学习内容、情境、方法和资源等要素，设计语文学习任务群，指向核心素养的发展和课程目标的实现；另一方面，要遵循学生身心发展规律和核心素养形成的内在逻辑，体现不同学段学生核心素养发展的需求和内在的连贯性。显然，这一课程组织结构体现出从“学科本体知识或技能”转变为“学科实践活动”的理念变化，并试图通过这一方式明确学生开展语文学习、发展核心素养所经历的关键实践环节与具体表现，并在这一过程中主动构建言语活动经验，发展高阶思维品质。

（三）突出课程内容的时代性和典范性，加强课程内容整合

从课程内容的角度，强调时代性、典范性和整合性。时代性表现在：充分吸收语言、文学等方面研究的新成果，关注数字时代语言生活的新发展，体现学习资源的新变化，以提升课程适应社会生活的意识。典范性主要体现在：语言材料的构成要经典，选文要文质兼美，同时突出价值取向，重视对学生思想情感的熏陶感染作用。整合性是指：注重课程内容与社会生活、与其他学科的联系，注重听说读写的整合，以学习任务群建构内容，促进学生核心素养的整体发展。

（四）增强课程实施的情境性和实践性，促进学习方式变革

从课程实施的角度，强调情境性与实践性，以此促进学生语文学习方式的变革。语言文字运用的学习与发展是通过学生的语言实践过程实现的，而语言实践是在语用情境中进行的。为此，语文课程的实施特别强调从学生语文生活的实际出发，创设丰富多样的学习情境，设计富有挑战性的语文学习任务，促进学生自主、合作、探究学习，从而实现从以教师的教为主向以学生的学为主的语文学习方式的根本转变，并通过这一转变更好地促进学生核心素养的整体发展，使其具有面对未来挑战的能力。

（五）倡导课程评价的过程性和整体性，重视评价的导向作用

从课程评价的角度，强调过程性与整体性，以此实现评价的导向性作用。过程性强调要关注学生的学习过程和进步，要基于不同年龄学生的学习特点和不同学段的学习目标，准确反映学生语文学习水平和学习状况，让评价为学生的学习与发展服务。整体性强调要

① 中华人民共和国教育部．义务教育语文课程标准：2022年版［S］．北京：北京师范大学出版社，2022：4.

树立全面的、发展的学业评价观，综合运用多种评价方式，全面评价学生语文核心素养发展各方面的表现，注重评价主体的多元与互动。

【思考与练习】

1. “语文课程是一门学习国家通用语言文字运用的综合性、实践性课程”，请你扣住“语言文字运用”“综合性”“实践性”这三个关键词，结合具体教学实例，阐述你对语文课程的理解。

2. “工具性与人文性的统一，是语文课程的基本特点”，请你结合现行语文教材的某一个学习单元，分析“工具性与人文性的统一”在单元中的具体体现。

第二节　课程目标与内容

“语文课程目标”规定了义务教育阶段学生通过语文课程的学习应达到的学业水平，回答的是“为什么”和“到哪里去”的问题；“语文课程内容”描述了用以实现目标的具体学习内容，回答的是“学什么”和“凭借什么”的问题。课程标准中所规定的“课程内容”应进一步“教材化”，成为教师的“教本”和学生的“学本”。

一、义务教育阶段语文课程目标

（一）语文核心素养的内涵

语文课程围绕核心素养，体现课程性质，反映课程理念，确立课程目标。

观点　　**语文核心素养的内涵**①

核心素养是学生通过课程学习逐步形成的正确价值观、必备品格和关键能力，是课程育人价值的集中体现。义务教育语文课程培养的核心素养，是学生在积极的语文实践活动中积累、建构并在真实的语言运用情境中表现出来的，是文化自信和语言运用、思维能力、审美创造的综合体现。

课程标准依次对语文核心素养四个方面的内涵进行了具体解释。②

在“文化自信”方面，强调通过语言文字及其作品的学习能够使学生热爱国家通用语言文字，继承和弘扬中华优秀传统文化、革命文化和社会主义先进文化，关心和参与当代文化生活，能够初步了解和借鉴人类文明的优秀成果，具有比较开阔的文化视野和一定的文化底蕴。义务教育阶段学生文化自信的建立，是通过语文学习逐步养成的，要润物无声

① 中华人民共和国教育部．义务教育语文课程标准：2022年版［S］．北京：北京师范大学出版社，2022：4.
② 郑国民，李宇明．义务教育语文课程标准（2022年版）解读［M］．北京：高等教育出版社，2022：61-74.

地落实到语文学习过程中。

在“语言运用”方面，强调语感和语言经验的积累，了解国家通用语言文字的特点和运用规律并形成个体语言经验，以及正确规范运用语言文字的意识和能力，进而使学生感受语言文字的丰富内涵，对国家通用语言文字形成深厚情感。义务教育阶段学生语言运用方面的素养不是单向传授和机械训练的结果，而是在具体语言情境中通过丰富的语言实践实现的。

在“思维能力”方面，强调的是语文学习过程中思维能力的培养、思维品质的提升，以及积极思考、崇尚真知、勇于创新的习惯与态度的养成。课程标准提出的五种思维方式包括：直觉思维、形象思维、逻辑思维、辩证思维和创造思维。思维品质是思维结果的评价依据，课程标准将其归纳为敏捷性、灵活性、深刻性、独创性和批判性五个方面。而思维发展目标的达成是指学生应具有好奇心、求知欲，崇尚真知，勇于探索创新，养成积极思考的习惯。义务教育阶段的语文学习要重视学生思维能力的发展，关注学生在语文学习过程中的联想想象、分析比较、归纳判断等认知表现，尤其要关注语文教学怎样用语文学科特有的方式来发展学生的思维能力。

在“审美创造”方面，强调要让学生在语文学习过程中获得丰富的审美经验，并在此基础上发展学生感受美、发现美、表现美、创造美的能力，进而帮助学生建立健康的审美意识、正确的审美观念，涵养高雅的审美情趣。义务教育阶段的语文课程要提供合适的审美对象，有意识地引导学生进行审美体验，逐步培养和发展他们的审美能力，通过涵养高雅情趣，形成健康的审美意识和正确的审美观念，达到启迪心智、温润心灵、陶冶高尚情操的目的。

需要明确的是，上述“核心素养的四个方面是一个整体”，存在着内在的、不可分割的关系。“在语文课程中，学生的思维能力、审美创造、文化自信都以语言运用为基础，并在学生个体语言经验发展过程中得以实现。”① 所以，语文学科核心素养四个方面的提高是整体推进的。

（二）总目标

从发展学生语文核心素养出发，《义务教育语文课程标准（2022 年版）》将课程总目标表述为如下九条②：

1. 在语文学习过程中，培养爱国主义、集体主义、社会主义思想道德，逐步形成正确的世界观、人生观、价值观。

2. 热爱国家通用语言文字，感受语言文字及作品的独特价值，认识中华文化的丰厚博大，汲取智慧，弘扬社会主义先进文化、革命文化、中华优秀传统文化，建立文化自信。

3. 关心社会文化生活，积极参与和组织校园、社区等文化活动，发展交流、合

① 中华人民共和国教育部．义务教育语文课程标准：2022 年版［S］．北京：北京师范大学出版社，2022：5.
② 同①6－7.

作、探究等实践能力，增强社会责任意识。感受多样文化，吸收人类优秀文化的精华。

4. 认识和书写常用汉字，学会汉语拼音，能说普通话。主动积累、梳理基本的语言材料和语言经验，逐步形成良好的语感，初步领悟语言文字运用规律。学会使用常用的语文工具书，运用多种媒介学习语文，初步掌握基本的语文学习方法，养成良好的学习习惯。

5. 学会运用多种阅读方法，具有独立阅读能力。能阅读日常的书报杂志，初步鉴赏文学作品，能借助工具书阅读浅易文言文。学会倾听与表达，初步学会用口头语言文明地进行人际沟通和社会交往。能根据需要，用书面语言具体明确、文从字顺地表达自己的见闻、体验和想法。

6. 积极观察、感知生活，发展联想和想象，激发创造潜能，丰富语言经验，培养语言直觉，提高语言表现力和创造力，提高形象思维能力。

7. 乐于探索，勤于思考，初步掌握比较、分析、概括、推理等思维方法，辩证地思考问题，有理有据、负责任地表达自己的观点，养成实事求是、崇尚真知的态度。

8. 感受语言文字的美，感悟作品的思想内涵和艺术价值，能结合自己的经验，理解、欣赏和初步评价语言文字作品，丰富自己的情感体验和精神世界。

9. 能借助不同媒介表达自己的见闻和感受，学习发现美、表现美和创造美，形成健康的审美情趣。

总目标规定的是义务教育阶段语文课程学习的总结果。上述目标中，第 1 条是根据语文课程性质从情感态度与价值层面提出的总领性目标。第 2、3 条主要对应核心素养中的文化自信，其中第 2 条侧重文化自信中的“文化”，第 3 条侧重文化参与和文化视野。第 4、5 条主要对应核心素养中的语言运用，其中第 4 条侧重语言文字的学习，第 5 条侧重阅读与表达。第 6、7 条主要对应核心素养的思维能力，其中第 6 条侧重形象思维，第 7 条侧重抽象思维。第 8、9 条主要对应核心素养中的审美创造，其中第 8 条侧重对语言文字及作品的审美，第 9 条侧重多种媒介的利用和审美能力。

（三）学段要求

语文课程的“总目标”与“学段要求”是总分关系。“总目标”要具体落实到四个学段的“学段要求”中。各个学段的目标要求是根据儿童心理和语言发展的阶段特点进行设计的。课程标准以“识字与写字”“阅读与鉴赏”“表达与交流”“梳理与探究”四类语文实践活动为框架（见图 1－2），提出了各学段的学习要求。不同学段保持合理梯度，前后关联，循序渐进，体现出学生语文核心素养的发展是一个递次累进、逐渐完善的过程，最终全面达成“总目标”。因此，语文教师既要充分理解语文课程发展学生核心素养的基本内涵及其“总目标”，又要把握好具体的“学段要求”及其各项内容在不同学段的前后联系。理解并把握好“学段要求”是语文教师准备学期教学计划、理解教材内容、设计单元教学与评价方案的前提。

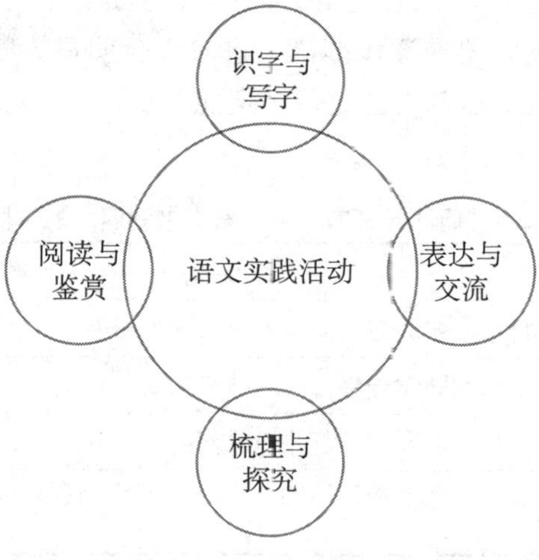

图 1-2　语文实践活动

下面从“识字与写字”“阅读与鉴赏”中各提取出其中的一项内容，举例分析学段要求之间的内在联系。

表 1-1 是“识字与写字”中“写字”的学段要求。从数量要求上看，在体现“多认少写”思想的同时，各学段累计要求会写的字在数量上逐步提高。在写字的质量要求上，第一学段，从基本笔画、常用偏旁部首、基本笔顺规则、间架结构入手，提出在写字过程中应指导学生初步感受汉字的形体美，书写规范、端正、整洁。到了第二学段，则提出用硬笔熟练地书写正楷字的要求，并能够做到规范、端正、整洁。同时，提出用毛笔临摹正楷字帖的要求，并在这一过程中感受汉字的书写特点和形体美。到了第三学段，从行款、速度上对硬笔书写提出了更高的要求。而在毛笔字的书写方面，在第二学段临摹正楷字帖的基础上，进一步提出书写楷书并在书写中体会汉字的优美这样更高的要求。此外，从写字姿势、书写习惯等方面的要求看，学段要求在文字表述上从“努力养成”“养成”“有”到“保持”，均体现出层层递进的特点。

表 1-1　“识字与写字”中“写字”的学段要求

学段	写字量（累计）	写字要求
一	800 个左右	掌握汉字的基本笔画和常用的偏旁部首，能按基本的笔顺规则用硬笔写字，注意间架结构，初步感受汉字的形体美。努力养成良好的写字习惯，写字姿势正确，书写规范、端正、整洁
二	1 600 个左右	写字姿势正确，养成良好的书写习惯。能用硬笔熟练地书写正楷字，做到规范、端正、整洁。用毛笔临摹正楷字帖，感受汉字的书写特点和形体美
三	2 500 个左右	写字姿势正确，有良好的书写习惯。硬笔书写楷书，行款整齐，力求美观，有一定的速度。能用毛笔书写楷书，在书写中体会汉字的优美
四	无具体要求	写字姿势正确，保持良好的书写习惯。在使用硬笔熟练地书写正楷字的基础上，学写规范、通行的行楷字，提高书写的速度。临摹、欣赏名家书法，体会书法的审美价值

表 1-2 是“阅读与鉴赏”中“整本书阅读”的学段要求。从尝试阅读到初步理解，

再到把握主要内容，最后是探索个性化的阅读方法，从介绍、分享、推荐，到开展专题研究，建构阅读整本书的经验，要求逐步提高，进阶十分明显。教师依据这样的学段要求，把握好不同学段要求的相互关联和功能定位，定能一步一个阶梯地促进学生阅读能力的发展和习惯养成。

表 1-2 “阅读与鉴赏”中“整本书阅读”的学段要求

学段	要求
一	尝试阅读整本书，用自己喜欢的方式向他人介绍读过的书
二	初步理解主要内容，主动和同学分享自己的阅读感受
三	把握文本的主要内容，积极向同学推荐并说明理由
四	每学年阅读两三部名著，探索个性化的阅读方法，分享阅读感受，开展专题探究，建构阅读整本书的经验

总之，语文课程目标是教与学的行动指南，它能够帮助我们确定好课程实施的方向与路径。语文课程目标结构如图 1-3 所示。语文教师只有深入理解发展学生核心素养的基本内涵，把握好语文课程的总目标和具体的学段要求，才能在此基础上研读好教材并依据学情设计好学习单元的教学目标、一节课或一次学习活动的目标，扎扎实实落实好语文课程的育人功能。

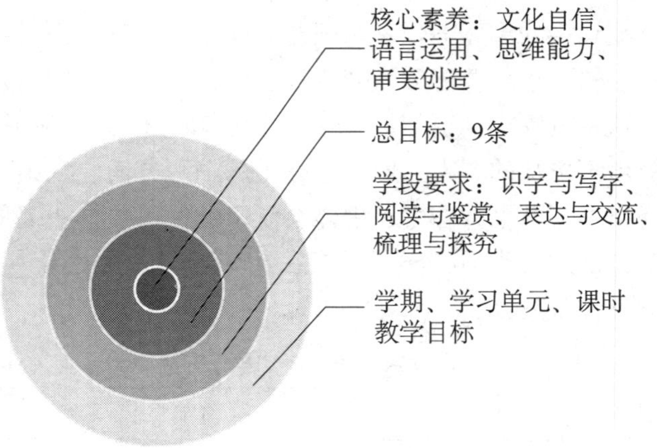

图 1-3 语文课程目标结构

二、义务教育阶段语文课程内容

《义务教育语文课程标准（2022 年版）》新增了“课程内容”部分，具体阐述了义务教育阶段语文课程内容的主题与载体形式、内容组织与呈现方式。前已述及，课程内容解决的是语文课程“学什么”的问题，即“凭借什么”去实现课程目标的问题。课程标准中的课程内容说明，为义务教育阶段语文教材的编写（内容选择、体例和呈现方式）提出了方向和指引，也有益于教师在整体理解语文课程内容的基础上，进一步深入研读教材、使用好教材。

（一）主题与载体形式

“主题与载体形式”部分，明确了语文课程的内容构成，包括内容主题、载体形式与所占比例，见表 1－3。

表 1－3 义务教育阶段语文课程内容的主题、载体形式与所占比例

内容主题	载体形式	所占比例
中华优秀传统文化	汉字、书法，成语、格言警句，神话传说、寓言故事、历史故事、民间故事、中华民族团结一家亲的故事，古代诗词、古代散文、古典小说，古代文化常识、传统节日、风俗习惯等	60%～70%
革命文化	老一辈无产阶级革命家和革命英雄人物的代表性作品及反映他们生平事迹的传记、故事等作品，反映党领导人民革命的伟大历程和重要事件的作品，有关革命传统人物、事件、节日、纪念日活动等方面的作品，阐发革命精神的作品，革命圣地、革命旧址和革命文物等	
社会主义先进文化	反映社会主义建设事业中取得的重大成就、涌现出来的模范人物与先进事迹的作品；反映当代中国从站起来、富起来到强起来的奋斗历程和重大事件，以及体现中国式现代化新道路和人类文明新形态的相关作品；反映和谐互助、共同富裕、改革创新、劳动创造美好生活等方面的作品	
世界文明优秀成果、科技进步、日常生活特别是儿童生活等	外国文学名著、科普科幻作品、实用性文章、中外优秀儿童文学作品等	30%～40%

上述主题的相关学习内容应根据不同学段的特点统筹安排。语言文字是文化的重要组成部分，也是文化的重要载体，语言文字的学习过程就是以文化人的过程。上述课程内容回答了通过什么去培养人的问题，突出了义务教育阶段语文课程的文化育人功能。

（二）内容组织与呈现方式

以怎样的方式组织和呈现上述课程内容呢？课程标准根据发展学生核心素养的要求，改变了“以知识点为纲和知识点线性安排的内容结构”①，而主要以学习任务群组织与呈现课程内容。设计语文学习任务，要围绕特定学习主题，确定具有内在逻辑关联的语文实践活动。学习任务群由相互关联的系列学习任务组成，共同指向学生的核心素养发展，具有情境性、实践性、综合性。② 具体内容见表 1－4。

表 1－4 义务教育语文课程学习任务群设置

基础型学习任务群	语言文字积累与梳理	本学习任务群旨在引导学生在语文实践活动中，积累语言材料和语言经验，形成良好语感；通过观察、分析、整理，发现汉字的构字组词特点，掌握语言文字运用规范，感受汉字的文化内涵，奠定语文基础

① 郑国民，李宇明．义务教育语文课程标准（2022 年版）解读［M］．北京：高等教育出版社，2022：99－100.

② 中华人民共和国教育部．义务教育语文课程标准：2022 年版［S］．北京：北京师范大学出版社，2022：19.

续表

发展型学习任务群	实用性阅读与交流	本学习任务群旨在引导学生在语文实践活动中，通过倾听、阅读、观察，获取、整合有价值的信息，根据具体交际情境和交流对象，清楚得体表达，有效传递信息，满足家庭生活、学校生活、社会生活交流沟通需要
	文学阅读与创意表达	本学习任务群旨在引导学生在语文实践活动中，通过整体感知、联想想象，感受文学语言和形象的独特魅力，获得个性化的审美体验；了解文学作品的基本特点，欣赏和评价语言文字作品，提高审美品位；观察、感受自然与社会，表达自己独特的体验与思考，尝试创作文学作品
	思辨性阅读与表达	本学习任务群旨在引导学生在语文实践活动中，通过阅读、比较、推断、质疑、讨论等方式，梳理观点、事实与材料及其关系；辨析态度与立场，辨别是非、善恶、美丑，保持好奇心和求知欲，养成勤学好问的习惯；负责任、有中心、有条理、重证据地表达，培养理性思维和理性精神
拓展型学习任务群	整本书阅读	本学习任务群旨在引导学生在语文实践活动中，根据阅读目的和兴趣选择合适的图书，制订阅读计划，综合运用多种方法阅读整本书；借助多种方式分享阅读心得，交流研讨阅读中的问题，积累整本书阅读经验，养成良好阅读习惯，提高整体认知能力，丰富精神世界
	跨学科学习	本学习任务群旨在引导学生在语文实践活动中，联结课堂内外、学校内外，拓宽语文学习和运用领域；围绕学科学习、社会生活中有意义的话题，开展阅读、梳理、探究、交流等活动，在综合运用多学科知识发现问题、分析问题、解决问题的过程中，提高语言文字运用能力

课程标准分三个层面设置学习任务群，基础型学习任务群 1 个，发展型学习任务群 3 个，拓展型学习任务群 2 个，对每个学习任务群的定位及各个学段的学习内容都进行了清晰的表达，同时给出了教学提示。6 个学习任务群贯串义务教育四个学段，螺旋发展，既有整体性，又体现学段特征。

语文学习任务群的设置改变了以知识点、能力点简单线性排列组织课程内容的做法，而以学生语文核心素养的生成、发展与提升为出发点，设置学习情境、组织学习资源、设计学习任务，让学生在完成任务的过程中实现主动积极的学习、在行动中的学习、创造性的学习。

课程标准以学习任务群的方式对语文课程内容进行组织与呈现，必然对语文教材的编写起着重要的指引作用，也引领着语文教学的深层次变革。语文教学“要落实学习任务群要求，致力于学生核心素养的整体提升，以学生生活为基础，以语文实践活动为主线，创设丰富多样的学习情境，设计有意义的学习任务，引导学生自主学习、主动积累和积极探究”①。

① 中华人民共和国教育部．义务教育语文课程标准：2022 年版［S］．北京：北京师范大学出版社，2022：52.

【思考与练习】

1. 阐述语文课程“核心素养”“总目标”“学段要求”的内在关系。

2. 分别梳理“识字与写字”“阅读与鉴赏”“表达与交流”“梳理与探究”在义务教育四个学段的具体要求，发现不同学段要求的进阶。

3. 理解语文课程内容的“主题与载体形式”，结合现行语文教材中的学习单元，分析它们在教材中的具体体现。

4. 结合语文教材的具体学习单元，说说你对语文课程学习任务群的理解。

第三节　课程实施与评价

一、语文课程实施

正确理解义务教育阶段的语文课程性质、课程理念，把握好核心素养的内涵和课程目标，全面系统理解课程内容及其组织与呈现方式，是用好教材进行课程实施的基本前提。针对当代教育教学变革方向，《义务教育语文课程标准（2022 年版）》在“课程实施”部分提出了四点“教学建议”，这也是语文课程实施的原则性要求。下面做简要说明：

（一）立足核心素养，彰显教学目标以文化人的育人导向

发展学生核心素养是语文教学的出发点，核心素养是一个整体，通过课程总目标、学段要求、学业质量标准具体体现，凭借学习任务群的学习内容得以实现。教师应准确把握语文核心素养内涵与总目标、学段要求以及学业质量之间的关系，在理解语文课程内容及各学习任务群宗旨和具体内容的基础上，分析好教材，用好教材，制订教学目标。尤其要做好学情调研，了解学生的先备知识、认知水平、能力状况、情感态度和思维特征等，分析学生的语文学习进阶需要，在此基础上确定单元目标、课时目标。

语言文字既是文化的载体，又是文化的重要组成部分，“以文化人”是语文教学的基本使命。“以文化人”要基于“文”而成于“化”。“文”即语言运用的实践活动，“化”是隐性的、动态的变化过程，语文教学应通过熏陶感染、潜移默化的方式，将思想观念、道德情操、人生态度、审美情趣和文化品位等情意教育目标渗透于学生具体的语文实践活动中。

（二）体现语文学习任务群特点，整体规划学习内容

语文学习任务群的设置改变了过去单纯以知识和技能为取向的教学，强调情境性、整合性、实践性。教师应建立整体思维，从发展学生语文核心素养的整体出发研究教学、设计教学。为此，必须把握好各学习任务群的定位和功能，同一个学习任务群在不同学段的关联和差异，以及不同学段学习任务群的纵向衔接和横向呼应，并在此基础上研读教材，设计螺旋上升的学习任务，体现序列性和进阶性。此外，还要注意加强语文与生活的联

系，创造性地使用教材并积极合理地整合、使用其他课程资源。

（三）创设真实而富有意义的学习情境，凸显语文学习的实践性

学习情境指教师为实现教育目标而设计的包含特定学习元素的学习任务和问题场景①。学生的语文实践活动是在学习情境中进行的，通过真实性、驱动性、统整性、开放性的任务与活动形成个体的知识与技能，既不是简单的抽象知识的告知，也不是“刺激-反应”的机械训练，而是强调学用结合以及通过社会性互动与协作来进行学习。

在课程实施过程中，教师应通过学习情境的创设，“引导学生关注家庭生活、校园生活、社会生活等相关经验，增强在各种场合学语文、用语文的意识，建设开放的语文学习空间，激发学生探究问题、解决问题的兴趣和热情，引导学生在多样的日常生活场景和社会实践活动中学习语言文字运用”②。在创设情境、开展多样化语文学习活动的过程中，教师一方面要创造性地做好学习任务（含作业）的设计，并为学生提供完成任务、解决问题所需的“学习支架”（知识支架）；另一方面要树立以学生的学为中心的理念，努力营造学习共同体，加强学习过程中的交流、分享、展示与评价。

（四）关注互联网时代语文生活的变化，探索语文教与学方式的变革

互联网时代，纸质阅读和写作开始向数字化阅读与交流延展，媒介融合、人机交互、人工智能等带来了语言生活的深刻变革，语言运用能力的内涵也随之发生了变化。与此同时，资源共享平台、智能互联环境也带来了语文学习模式等方面的革命性变化。如何在互联网时代突破语文教学的时空限制，引入丰富的课程资源，创设人机互动的学习环境，引导学生在真实而广阔的语言环境中学语文、用语文？这为语文课程的实施带来了新的挑战。为此，语文教师一方面要积极面对互联网、大数据、移动终端设备对语文课程目标、课程资源、教学方式、学习方式等带来的重大而深远的影响，重视资源与技术的应用以及跨媒介、跨学科、在线学习等新方式；另一方面也要注意避免信息技术带来的阅读碎片化、思维浅表化、在信息的海洋中迷失自我等新问题。

二、语文课程评价

（一）语文学业质量标准

观点

语文学业质量的内涵③

学业质量是学生在完成课程阶段性学习后的学业成就表现，反映核心素养要求。语文课程学业质量标准是以核心素养为主要维度，结合课程内容，对学生语文学业成就具体表现特征的整体刻画。依据义务教育四个学段，按照日常生活、文学体验、跨学科学习三类

① 郑国民，李宇明．义务教育语文课程标准（2022年版）解读［M］．北京：高等教育出版社，2022：243.
② 中华人民共和国教育部．义务教育语文课程标准：2022年版［S］．北京：北京师范大学出版社，2022：45.
③ 同②37.

语言文字运用情境，整合识字与写字、阅读与鉴赏、表达与交流、梳理与探究等语文实践活动，描述学生语文学业成就的关键表现，体现学段结束时学生核心素养应达到的水平。四个学段的语文课程学业质量标准之间相互衔接，体现学生核心素养发展的进阶，为核心素养评价提供基本依据。

“学业质量”是语文学习、教学和评价的基本依据。语文课程学业质量标准以学习情境为基础，以语文实践活动为主线，整体反映学生学业水平的典型表现，整体描述学生的学业成就。

语文学业质量标准框架制订的基本思路是①：

首先，确认能够充分表现核心素养的学习情境——日常生活情境、文学体验情境、跨学科学习情境，以便根据情境特点在三类情境中整体描述学生在各类语文实践活动中的水平表现。

其次，以发展学生核心素养为纲，呼应总目标与学段目标，力求具体呈现学生在“识字与写字”“阅读与鉴赏”“表达与交流”“梳理与探究”等语文实践活动中的外在学习成果和内在学习品质。将“阅读与鉴赏”“表达与交流”“梳理与探究”细化为15组关键要素，确认核心素养在学生语文学习中的观察要点（因“识字与写字”要求的能力要素比较单一，所以不做进一步拆分），进而界定各个关键要素的具体行为表现，见表1－5和表1－6。

表1－5 核心素养能力表现的关键要素

情境	实践活动		
	阅读与鉴赏	表达与交流	梳理与探究
日常生活 文学体验 跨学科学习	● 整体感知 ● 整合信息 ● 理解阐释 ● 推断探究 ● 赏析评价	● 陈述与叙述 ● 描绘与表现 ● 解释与分析 ● 介绍与说明 ● 应对与调整	● 筛选与提炼 ● 归纳与分类 ● 比较与抽象 ● 搜集与组合 ● 发现与再造

表1－6 关键要素的具体行为表现

- 整体感知：突出汉语言文字的特点，强调整体性、直觉化的思维方式，强调对文本内容、意蕴、语言等的直观感受和体会，而不是肢解文本并进行理性分析。
- 整合信息：要求学生对文本信息快速定位、识别、提取和加工。在现实生活中，阅读的目的往往是获取信息、知识或方法等，读者不必将文本从头读到尾。学生首先要具备整合信息的能力，然后根据自己的阅读需要筛选、梳理、整合相关信息。
- 理解阐释：要求学生进入文本的更深层次，在文本意义的情境中解释具体词句的内涵和作用，阐释文字背后的意义，善于发现问题，并用自己的方式解释问题出现的原因。
- 推断探究：要求学生借助相关信息理解文本的某一段落，判断某种观点。对于介绍新事物、专有名词较多或结构复杂的文本，学生要利用文本信息进行合理推断或完成探究过程，形成合理的观点。
- 赏析评价：要求学生超越文本，结合自身经历和生命体验欣赏文本，能够客观地审视、思考文本的思想内容，评价文本的表现形式。

① 郑国民，李宇明．义务教育语文课程标准（2022年版）解读［M］．北京：高等教育出版社，2022：227－230.

续表

● 陈述与叙述：要求学生能够有条有理地呈现事件，按照一定的时间、空间变化或逻辑顺序记录事件的前后经过或者变化过程。 ● 描绘与表现：要求学生能够用文字勾勒事物或景物的整体状况和局部细节，并在此过程中表现出自己对事物的感受、认识与思考。 ● 解释与分析：要求学生在充分观察事物的基础上思考，合理地说出事物变化的原因，清晰地说明事物之间的联系或事物发展的规律；能够从各个部分、方面、因素或不同层次呈现事物或事理的特征，寻找解决问题的途径。 ● 介绍与说明：要求学生依据目的和对象的需要，按照合理的顺序详细描述事物或方法，突出其主要特点，呈现其本质特征。 ● 应对与调整：要求学生针对具体的对象或情境提出合理的措施或作出合理的回答，根据对象或情境的变化重新提出措施或作出新的应答。
● 筛选与提炼：要求学生按照一定的标准选出合理的语言材料，并在此过程中提取出该类语言材料的特点或运用规律。 ● 归纳与分类：要求学生将混杂的语言现象或文字材料按照一定的目的和要求划分类别，使之呈现出类别特征或语言运用的基本规律。 ● 比较与抽象：要求学生对比同类语言现象或语言材料，抽取其共同特征，梳理其不同之处，并用概括性语言界定其异同；能够按照情境要求梳理和整理自己的生活体验，从感性体验走向理性认识。 ● 搜集与组合：要求学生积累语言材料，能够依据相关知识框架或概念体系梳理和整理自己积累的语言材料，并在不同情境中使之成为有序列、有结构、有主题的整体。 ● 发现与再造：要求学生能够发现语言材料与现实生活的联系，并能用概括的语言呈现这种联系；能够借助这种发现完成新的语言运用与实践活动，并在此基础上建构新体验、形成新思考。

在上述基础上，教师还应按日常生活、文学体验、跨学科学习三类语言文字运用情境，考虑学习进阶的一般规律，梳理学生在“识字与写字”“阅读与鉴赏”“表达与交流”“梳理与探究”等实践活动中不同学段的典型表现，按照 15 组关键要素刻画学生学业水平，完成学业质量标准的统整性描述。

一线教师、教研员和考试命题人员应充分重视学业质量标准，深入理解它与发展学生核心素养的关系，准确把握语文教学与考试评价的重点，在实现“教-学-评”一致性的过程中提升学生核心素养。

（二）语文课程评价

促进学生核心素养的整体提升是语文课程评价的基本功能定位，“包括过程性评价和终结性评价。过程性评价贯串语文学习全过程，终结性评价包括学业水平考试和过程性评价的综合结果”①。

过程性评价包括课堂教学评价、作业评价和阶段性评价三个方面，重点考察学生在语文学习过程中表现出来的学习态度、参与程度和核心素养的发展水平。教师要树立“教-学-评”一致性的意识，科学选择评价方式，合理使用评价工具，广泛收集课堂关键表现、典型作业和阶段性测试等数据，全面关注学生的学习表现，充分发挥评价的检查、诊断、

① 中华人民共和国教育部．义务教育语文课程标准：2022 年版［S］．北京：北京师范大学出版社，2022：46.

反馈和激励功能，促进学生语文核心素养的整体提升。

学业水平考试的目的主要是通过学生的学业质量表现检验学生在义务教育阶段结束时语文核心素养的发展水平。命题应以具体情境为载体，设计典型问题或任务，通过“识字与写字”“阅读与鉴赏”“表达与交流”“梳理与探究”等语文实践活动，全面考查学生核心素养的发展水平。

课程评价的设计与实施详见本书第七章、第八章。

【思考与练习】

1. 语文课程实施过程中要创设真实而富有意义的学习情境，凸显语文学习的实践性，结合具体教学实例，说说你对创设语文学习情境的理解。

2. 你怎样理解“教-学-评”的一致性？在教学实践中你打算怎样落实“教-学-评”的一致性？

第二章

小学语文教学设计

【内容提要】

本章在课程理解的基础上讨论教学设计的问题。小学语文教学设计是小学语文教师依据教与学的理论，对教学目标、教学材料和资源、教学活动与过程、评价方案等进行系统性规划的过程。教师应基于“教-学-评”一体化的思想对教材中的学习单元进行整体设计。教学设计的基本内容包括：设计理念说明，教材内容分析，学情分析，确定教学目标、重点和难点，设计教学过程与方法，设计评价方式和评价工具，等等。在设计教学过程前，对教材以及学习者的分析是非常重要的，如何分析教材、怎样调研学情是语文教师应具备的基本教学素养。

【学习目标】

● 理解教学设计的基本理念以及设计依据，掌握教学设计的基本内容与要求。

● 能够结合单元主题和语文要素，对某一单元的教材内容进行整体分析，理解单元内部各部分内容的作用以及它们之间的关系；能够依据单元教学目标，对单元中某一篇课文（含课后习题）进行教材分析。

● 理解学情分析与教学设计之间的关系，掌握学情分析的要求和方法，在此基础上能够运用多种方法对某一单元或某一课时的学习进行学情分析。

● 选择现行语文教材中的某一单元（或单元中的某一课时），依据教学设计的基本要求，写出一份完整的教学设计。

● 观察某一节语文课，能够依据教学目标反思课堂中教学环节（或学生学习活动）的意义和效果。

第一节　教学设计的基本理念、内容与要求

一、教学设计的理解及设计依据

(一) 教学与教学设计

“教学是教师与学生以课堂为主渠道的交往过程，是教师的教与学生的学的统一活动。通过这个交往过程和活动，学生掌握一定的技能，形成一定的能力态度，人格获得一定的发展。”①

教学是“教”与“学”的统一。在这个进程中，“教”始终是服务于“学”的。没有“学”，“教”则不存在；反之，没有“教”，“学”仍然可以发生。因此，“学”是“教”的前提。为了帮助、促进学生的“学”，教师的“教”是必要的，而其最终目的则是达到不需要“教”。换言之，教者的行为目的并不在于“教”，而在于“学”；“教”的真义不是“使教者教”，而是“使学者学”。

教学设计是设计者依据教与学的理论，对教学目标、教学材料和资源、教学活动与过程、评价方案等进行的系统性规划，是一项复杂且富有创意的工作。“如果说教学设计是一种教学预设，那么执行教学设计就是一种教学生成，评价教学效果就是对教学预设成功与否的评定。”②

从教学设计的角度，需要强调的是：第一，教师是设计者而不是机械的执行者。作为设计者，教师的主动性、创造性以及学情分析、学习资源的选择与组织、学习过程与方法的优化、学习评价与反思等能力就显得越发重要。第二，学习是人与生俱来的一种自然本能，“教”则是为了使人更想学、更会学以及学得更好，教学就是教学生学③。因此，教学设计说到底就是学程设计。时代发展到今天，围绕“学”设计“教”，从“教案设计”（从教师“教”的角度出发设计和组织教学内容）到“学案设计”（从学生“学”的角度出发设计和组织学习活动），越发成为一个重要命题，已经成为未来“课堂革命”和教学改革的主旋律。

拓展阅读

怎样学习才最好

任何有教学经验的人都知道，要使学生学习取得进展必须吸引学生参与到课堂进程中来。图 2-1 则是心理学从学生学习注意保持的视角得出的一个研究结论④——语文课上单纯的教师讲授，导致学生注意保持的比例最低；而小组围绕学习任务所进行的讨论、实际操作等方式，可导致较高的注意保持；当学生运用所学知识去解决实际问题的时候，将达到最高的注意保持率。

---

① 张华．课程与教学论［M］．上海：上海教育出版社，2000：73.

② 董蓓菲．语文教育心理学［M］．上海：上海教育出版社，2006：285.

③ 夏雪梅．以学习为中心的课堂观察［M］．北京：教育科学出版社，2012：代序．

④ 同②310.

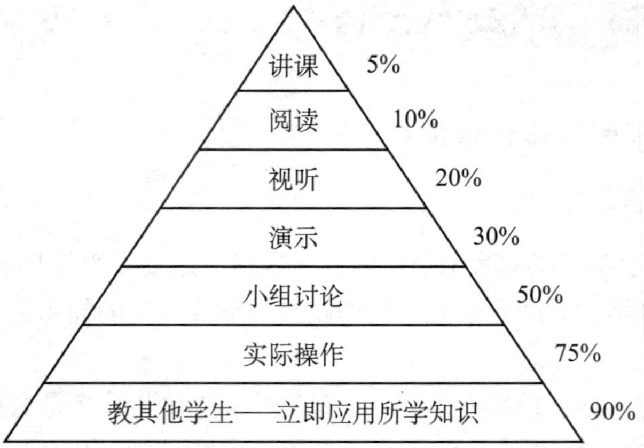

图 2-1　学习注意保持比率

有研究者指出，要使学习高效至少应遵循如下几点①：

(1) 外显化和表达——当学习者外显化并表达自己正在形成的知识时，学习效果会更好。最好的学习方式是学习者在知识尚未成型时就开始尝试进行表述，并一直贯串于整个学习过程。这样，学习与表达得以在反馈中相互促进。很多情况下，当学习者开始清晰表达某个知识时，他们才真正学会了。

(2) 参与情境性的实践——知与行是交互的，知识是情境化的，知识通过活动不断向前发展。学生在参与情境性的实践中体验了学习并获得理解。

(3) 学习共同体——当儿童积极参与共同体的知识建构时（持续协商的过程），他们对知识的理解会更深、更概括，学习动机会更强。

（二）教学设计的基本依据

教学设计涉及多种理论、模型及其变式等，基于小学语文教学的实际，下面仅从课程标准研读、教材内容分析、学生学情把握、评价的设计与使用等方面说明语文教学设计的基本依据。

1. 课程标准研读

课程标准在“课程实施”部分提出了“教学建议”，这是进行语文教学设计要遵循的基本理念，具体包括：立足核心素养的发展设计教学目标，彰显以文化人的育人导向；综合考虑教材内容和学生情况，对学习内容进行整体规划，设计不同类型的学习任务，依托学习任务整合学习情境、学习内容、学习方法和学习资源；创设学习情境，建设开放的语文学习空间，激发学生探究问题、解决问题的兴趣和热情，引导学生在多样的日常生活场景和社会实践活动中学习语言文字运用，体现语文学习的实践性；关注互联网时代语文生活的变化，探索教与学方式的变革；等等。

① 夏雪梅．以学习为中心的课堂观察［M］．北京：教育科学出版社，2012：93-96.

观点　　**义务教育语文课程标准中的教学建议（节选）**①

教师要准确理解义务教育语文课程的基本理念，把握学生核心素养发展的基本规律，根据课程目标、课程内容和学业质量的要求，创造性地开展语文教学，充分发挥语文学科独特的育人功能。

1. 立足核心素养，彰显教学目标以文化人的育人导向；

2. 体现语文学习任务群特点，整体规划学习内容；

3. 创设真实而富有意义的学习情境，凸显语文学习的实践性；

4. 关注互联网时代语文生活的变化，探索语文教与学方式的变革。

此外，课程标准中关于“课程性质”“课程目标”“课程内容”“学业质量”等方面的具体说明，都为语文教学设计提供了基本的规定性和参照，作为专业的语文教师必须深刻理解、系统把握，以使自己的教学设计符合义务教育阶段语文课程标准的基本要求。

2. 教材内容分析

小学语文教材体现语文课程的性质，是课程目标与课程内容的载体，是教师进行教学的凭借，也是学生学习语文的凭借。教材解决的是用什么去教和通过什么去学的问题。

现行小学语文教材以单元组织学习内容，是课程标准中课程内容的具体化。教材中的每个单元都承载着相应的课程目标、学段要求，是发展学生语文核心素养的基本学习单位。在进行单元内容分析时，需从发展学生语文核心素养的整体性出发，思考单元所承载的核心任务，对单元内容进行结构化分析，包括知识间的关联、知识与方法的关联、知识与生活的关联、知识与经验的关联等。在此基础上围绕学习主题，采用问题、任务等方式进行活动化、情境化教学设计。

用教材教（学）什么，取决于教师对语文教学意义（价值实现）的理解和追求，取决于教师对课程标准中目标系统、内容体系的清晰把握，取决于教师对学生语言学习过程中所存在问题的准确认识。在这一基础上，才能进入对教材内容的研读与分析，并进一步通过教学设计将其转化为教学内容。

语文课程的资源是丰富的，研读、使用教材并进行教学设计的过程，实际上也包含了教材之外的资源开发和使用。

3. 学生学情把握

学生学习的起点即教学设计和教学实施的出发点。通过有限的课堂，教师要帮助和解决的是学生的“不会”和“不能”。那么，教师就要清楚学生的“已知”和“已经能做的”是什么，学生的“不会”和“不能做的”是什么。上述问题如果摸不准，就谈不上有效教学，就不可能对教材内容进行有针对性的教学化处理。换言之，有效教学必须建立在对学生起点的准确把握和了解上，“零起点”教学或“教师起点”“教参起点”的教学既不能激

① 中华人民共和国教育部．义务教育语文课程标准：2022年版［S］．北京：北京师范大学出版社，2022：44-46.

发学生语文学习的积极性、主动性，也不能对学生语文素养的发展真正产生效果。

语文教材只是我们要“教”和“学”的内容载体，而具体用它来教什么、学什么，则取决于教师对学生学习起点的把握。基于课堂观察，我们认为这是当前语文教学最迫切需要解决的问题之一。“如果把整个语文学习的过程比作一次长长的旅行的话，那么，教师必须要随时了解我们的孩子从何处而来，他们正在什么地方，他们将继续往哪个地方前进。所以，我们要对学生曾经掌握了什么和将要掌握什么，孩子已经有了哪些本领和将要练习哪些本领，有一个通盘的了解。”① 教师必须学会根据学生的成长需求、学习动机、认知基础、语言发展水平等设计和实施教学活动，并依据学生的学业进步程度评价和调节自身的教学行为，从而达到促进学生有效学习的根本目的。

4. 评价的设计与作用

“教-学-评”一致性是指教师在进行教学设计时要系统思考“到哪里去”（目标）、“怎样到那里、需要凭借什么样的学习资源”（内容、路径与方法）、“到那里了吗”（评价）等问题，进而整体进行目标设计、内容与过程设计、评价设计，实现“教-学-评”一体化。就单元教学设计来说，要以单元学习目标为中心，以学习内容为载体设计学习任务和活动环节，通过学习评价去引领学习、反思效果。

单元作为课程单位，必须体现五个自成一体的课程要素，即需求（为什么学）、目标（期望学会什么）、内容（学什么）、实施（怎么学）、评价（学会了没有），而且只有当这五个要素体现出内在一致性时，教育事件才能变得“完整”，变得有意义。②

在以单元为单位进行“教-学-评”一体化的教学设计过程中，对学生的学习与发展进行准确观察与评估，目前还很薄弱。教师应该知道怎样开发和运用相应的评估手段，知道怎样利用评估结果来获得学生学习与发展的基本状况，并在此基础上规划教学以满足学生的需求。必须把“教-学-评”看成是相辅相成且循环往复的环节，让“评”成为课堂教学改进的重要参照。

二、教学设计的基本内容与要求

教学设计的基本内容包括：设计理念说明，教材内容分析，学情分析，确定教学目标、重点和难点，设计教学过程与方法，设计评价方式和评价工具，等等。下面分别做出简要说明：

（一）体现课程标准的基本理念

不同内容和学习任务的设计，应符合并体现课程标准的基本理念，以及语文教育与学习心理等基本理论，并在教学设计中做出相应说明。这实际上也是对该教学设计的指导思想和理论依据进行说明。

---

① 于漪，刘远．张祖庆讲语文［M］．北京：语文出版社，2008：62.

② 崔允漷．指向核心素养的单元学历案何以可能［N］．中国教育报，2022－12－01（7）．

案例 **六年级上册第二单元教学设计的理念与指导思想①**

《义务教育语文课程标准（2022年版）》在“课程理念”部分提出，“强调内容的典范性，精选文质兼美的作品，重视对学生思想情感的熏陶感染作用，重视价值取向，突出社会主义先进文化、革命文化、中华优秀传统文化”，在“课程目标”部分提出“弘扬社会主义先进文化、革命文化、中华优秀传统文化”等要求。革命文化教育是语文课程的重要内容。小学语文教学要明确新时代红色文化功能定位，重视革命文学作品的研读，注重革命文化的渗透，培植学生的革命精神，为学生打好精神底色。

六年级上册“革命岁月”单元编排了《七律·长征》《狼牙山五壮士》《开国大典》《灯光》《我的战友邱少云》五篇课文，从民族精神、国家、榜样三个领域呈现革命文化，呈现了土地革命时期、抗日战争时期、解放战争时期、新中国成立以及抗美援朝时期等不同阶段革命岁月中的重要事件、重要人物。《七律·长征》讴歌了伟大的长征精神；《开国大典》再现了中华人民共和国成立这一重大事件与重要历史时刻；《狼牙山五壮士》《灯光》《我的战友邱少云》则分别反映了抗日战争时期、解放战争时期、抗美援朝时期革命英雄群体和个人的光辉事迹。学习这一单元，有利于引导学生对中国共产党领导的不同时期的革命战争有一个整体的了解，感受革命岁月中革命领袖、革命先烈在艰苦卓绝的斗争中形成的政治觉悟、革命精神和高尚品质。

语言文字是文化的载体，又是文化的重要组成部分，学习语言文字的过程也是文化获得的过程。教学中，无论是学习诗词还是现代文，无论是阅读还是表达，始终要秉持以文化人、文以载道的教育理念，以语文实践活动为主线，以学习主题为引领，以学习任务为载体，整合学习内容、情境、方法和资源等要素，引导学生用语文的方式感受革命文化，使革命文化教育润物无声。

【案例点评】

在对本单元教学设计的指导思想与基本理念进行说明时，一方面从课程标准中的“课程理念”和“课程目标”出发，结合本单元的具体内容，阐明了为学生打好精神底色的单元设计指导思想；另一方面从以文化人的教育理念出发，阐明了教学设计中如何体现、落实化育的过程。从目标和实施两个方面为教学设计确立了基本方向。

（二）教材内容分析

教材内容是“教”与“学”的凭借，语文教师只有把握好教材的编排体系、特点，梳理好单元之间内容的前后关联，才能对本单元的教学做出准确定位。同时要做好单元内部各部分的微观分析，从单篇课文、注释插图到课后练习等，领会单元内容安排的特点和要求，明晰用这样的单元内容教什么、学什么。在此基础上，对学习资源进行整合、调整、补充。可以说，教师对教材理解的深度和准确性决定了教学内容设计的高度与合理性。

① 李作芳，夏绮云．整体建构革命文化单元系统推进“教-学-评”一体化的实施：以六年级上册“革命岁月”单元为例［J］．语文建设，2023（12）．

案例 **四年级下册第六单元的教材分析**

人文主题分析：本单元的主题是“儿童成长”。围绕这个主题，本单元一共编排了两篇精读课文《文言文二则》《小英雄雨来（节选）》，两篇略读课文《我们家的男子汉》《芦花鞋》。四篇成长故事分别以不同时代的少年求学精神、少年英雄形象、独立勇敢的小男子汉形象和勤劳淳朴的少年形象，多方面展示了成长的责任与内涵。口语交际《朋友相处的秘诀》，将单元人文主题“成长”进行迁移运用。习作《我学会了____》则是运用学得的方法写出自己的成长故事。多个环节以“成长”为主题形成一个完整的学习闭环。纵观统编版小学语文教科书，基于“成长”主题选文组合编排的单元一共有六个，从感受多彩童年到树立人生理想，从丰富多彩的童年生活到聚焦人物的精神世界，路线清晰（见下图）。

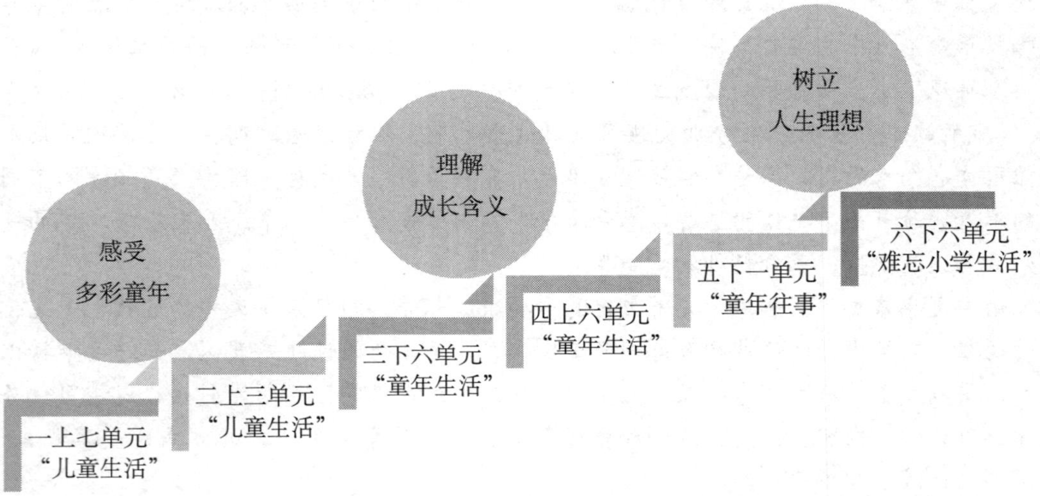

语文要素分析：本单元的语文要素是“学习把握长文章的主要内容”，习作要求是“按一定顺序把事情的过程写清楚”。三篇课文从不同角度落实语文要素，《小英雄雨来（节选）》用序号标示，《我们家的男子汉》用小标题标示，《芦花鞋》用空行的方式进行提示。“交流平台”也紧扣语文要素，以学生相互交流的形式梳理了把握长文的主要方法。本单元的习作是在四年级上册第五单元“写一件事情，把事情写清楚”、第六单元“记一次游戏，把游戏过程写清楚”、第八单元“写一件事，能写出自己的感受”的基础上，对这三个习作要求的综合运用，既要按一定的顺序写，又要把事情的过程写清楚，还要写出学做这件事的体会。

核心任务与目标：结合上述分析可以看出，如何厘清长文内容、如何把事情写清楚是本单元阅读与习作的学习重点。本单元的核心任务定位为“把握长文内容，记录成长故事”，契合四年级学生的认知水平和单元内容特点。单元教学目标如下：(1) 能认识 37 个生字，读准 5 个多音字，会写 22 个生字，会写 14 个词语。(2) 能用较快的速度默读课文，学习把握长文章的主要内容，感受人物的美好品质。(3) 能记录重要信息，有条理地汇报“我和朋友相处的秘诀”，体会成长的意义。(4) 能按学习的顺序把自己做事的过程写清楚，把心情变化写下来。

【案例点评】

围绕本单元的人文主题，教师对小学语文教材中编排的相关单元进行了纵向梳理，找准课程育人的基本定位，并结合本单元具体的学习内容进行逐一分析，理解单元内部内容之间的关联，这样就能更好地通过整体设计实现课程育人的功能。围绕本单元语文要素，教师同样对小学语文教材中的相关内容进行了纵向梳理，找准语文能力发展的进阶，进而结合本单元具体的学习内容进行逐一分析，理解它们之间的关联与侧重，这样就能从单元整体的角度通过教学设计落实语文要素的要求。基于人文主题和语文要素，进行单元之间的纵向梳理和单元内部的横向分析后，确定单元学习主题与目标。

案例　　**五年级上册第五单元（习作单元）的教材内容分析**

五年级上册第五单元是习作单元，语文要素是“阅读简单的说明性文章，了解基本的说明方法”和“搜集资料，用恰当的说明方法，把某一种事物介绍清楚”。围绕语文要素，本单元安排了两篇精读课文《太阳》《松鼠》以及习作例文《鲸》《风向袋的制作》等学习资源，这些内容的学习都服务于学生完成本单元的习作任务——“介绍一种事物”。

《太阳》《松鼠》两篇课文为学生完成单元习作任务提供了表达范例，利于学生体会使用说明方法的好处，感受说明性文章与现实生活的紧密联系。“习作例文”以批注的形式进一步引导学生领悟不同说明方法在说明中的作用，以及在对不同事物进行说明时如何将过程、特点说明清楚。

读中悟法，读写迁移，是本单元内容编排的基本思路。本单元的单元导语是：说明文以“说明白了”为成功。教学过程中可以引导学生通过《太阳》《松鼠》两篇文章的学习，发现说明文是怎样把事物“说明白”的（语言、结构、方法等），借助习作例文《鲸》和《风向袋的制作》了解更多说明事物的方法。读中悟法、得法，为本单元习作任务的完成提供支架，从而实现读写迁移，帮助学生清晰、准确地传达信息，在自己的写作实践中把不同类型的事物“说明白”。

基于上述分析，我们为本单元确定了“清楚介绍事物，有效与人交流”这一核心目标，并进一步创设了语文学习的任务情境——制作《班级博物手册》，以此作为核心任务驱动和承载核心目标的达成，涵盖和满足学生介绍不同类型的事物，引导学生介绍、了解不同的事物，感受事物的不同魅力。

【案例点评】

这是对五年级上册第五单元内容的整体分析，也是单元内部分析。对单元导语、语文要素、本单元具体内容的构成、内容之间的关系等，都做出了清晰的说明。作为习作单元，准确阐明了单元的核心任务，聚焦读中悟法、读写迁移，将各部分内容之于单元核心学习目标的支撑作用梳理得非常清楚，并在此基础上生成了单元教学基本思路和学习情境的创设。

（三）学情分析

与教材内容分析一样，学情分析也是进行教学设计的基本前提。它可以帮助教师了解学生面对某一学习内容时的学习起点，实现因材施教。必须承认，面对同样的学习内容，不同地区、不同班级、不同学生的学习起点具有差异性，体现在知识背景、认知能力、情感基础、学习习惯与方法等各个方面。学情分析可以帮助我们根据学生的具体情况，在教学设计时确定好目标、调整好内容、选择好方法、设计好过程。

案例　　四年级上册第三单元《爬山虎的脚》的学情分析

《爬山虎的脚》是四年级上册第三单元“留心观察”中的第二篇课文，是本单元的第四课时，目的是让学生不仅关注作者观察的细致，更要侧重感受作者如何进行连续观察，细细品味科学小品文语言的准确、生动、形象，并完善观察记录单。为了更好地把握学情，找准教学起点，真正做到以学定教，我对本班学生进行了学情调研（前测、观察、访谈）。本班共37名学生参与了调研，调研结果及学情分析如下：

题目1：请观察一种植物，尝试用图文结合或者表格的形式制作观察记录单。

【前测分析】

100%的学生能选择一种植物进行观察，并能初步完成观察记录单。55%的学生能对所观察植物的不同方面进行多感官的观察，观察出植物的特点和细节。45%的学生能进行长时间持续的观察，并观察出植物的变化，只有30%的学生能综合运用细致、连续、多感官、多方面的观察方法，观察出植物的特点、变化。

【教学策略调整】

从前测可知，大部分学生对观察方法有初步的理解，但在实际观察过程中还不能很好地运用，尤其是连续细致观察，观察出细节和变化是学生掌握欠缺的地方，应在教学中进行重点引导。

题目2：请你结合课文第三自然段的内容，画一画爬山虎的脚的样子。

【前测分析】

65%的学生能基本画出爬山虎的脚的形状、数量、颜色，但没有关注到脚的位置是枝上长叶柄的地方的反面。51%的学生能画出脚的形状、数量，但没有画出脚的颜色是嫩红。11%的学生能结合课文内容较为准确地画出爬山虎的脚的位置、形状、数量、颜色等。

【教学策略调整】

根据前测可知，大部分学生在本课学习中的主要困难如下：关注到文中对于爬山虎的脚的特点的仔细观察，但未能读出也未能理解文中语言运用的准确性，从而不能抓住词语准确画出爬山虎的脚的位置和特点，尤其是位置中的“反面”、颜色是“嫩红”等。因此，教学时应扣住语言，引导学生重点体会语言使用的准确性。

题目3：请你结合课文第四自然段的内容，说一说爬山虎的脚是怎么爬的？

【访谈式分析】

学生能关注到一些动词，能借助动词并加上自己的动作来讲爬山虎是怎么爬的，但不能准确地使用动词将爬的过程连续性地用语言表达出来，对“触”“巴”这两个动词的理解还有些不准确。

【教学策略调整】

作者通过"触""巴""拉""贴"等 一系列准确的动词，生动地展现出爬山虎的脚爬的过程，可以看出作者对爬山虎的观察是细致的、连续的，而体会作者准确生动的表达和连续细致的观察是本单元的语文要素。因此，本课把这部分内容作为教学的重点和难点，通过小小观察家、小小讲解员等学习任务让学生体会、理解连续性观察与准确的语言表达。

【案例点评】

围绕本单元的语文学习要素和本单元第四课时具体的学习内容，教师采用观察记录单、画一画、访谈等方法，准确捕捉到了本班学生在连续性观察、使用语言准确表达连续性观察的过程和结果方面所存在的问题。在此基础上，确认了本课时的重点、难点，并及时调整了教学策略。这体现出了教学设计前学情分析的价值，将"以学定教"落到实处。

（四）教学目标以及重点、难点的确定与描述

基于教材内容的分析和学习者的学情分析，接下来可依据教学设计的指导思想进行单元总体目标和单元内每课时的教学目标设计，并对预期的学生学习成果进行定位。教学目标是关于教学将使学生发生何种变化的明确表述，是期待通过学习过程所达成的学习结果。教学目标的设计应具有完整性、合理性和可行性，目标的陈述应具有可操作化，陈述的主体是学生。需要强调的是，教学设计中的教学目标是以课程标准中的"课程目标"尤其是"学段要求"为基准的。

教学重点是依据教学目标，在对教材内容和学情进行科学分析的基础上而确定的最基本、最核心的教学内容。教学难点，即学生不易理解、不易掌握的知识或能力，难点不一定是重点，应根据学生实际的认知水平来确定。

案例　　三年级下册第一单元教学目标设计

在本单元中，阅读方面重点需要落实的要素是"试着一边读一边想象画面""体会优美生动的语句"，写作方面要落实的要素是"试着把观察到的事物写清楚"。单元编选了《古诗三首》《燕子》《荷花》《昆虫备忘录》，以及"语文园地"等学习内容。在进行教材研读和学情分析的基础上，备课小组确定了本单元的核心任务和教学目标：

核心任务	借助想象品味语言，学习观察记录自然
教学目标	1. 能认识本单元中的28个生字，读准4个多音字，会写37个字，会写30个词语 2. 能正确、流利、有感情地朗读本单元中的课文，能够背诵三首古诗和课文中指定的段落，能够默写《绝句》一诗 3. 学习默读课文，能初步了解课文所表达的主要内容 4. 能试着一边读一边想象画面，体会并积累生动优美的语句 5. 能仿照课文中的片段，借助记录卡，写一种自己喜欢的植物

续表

教学重点	1. 能试着一边读一边想象画面，体会并积累生动优美的语句 2. 能仿照课文中的片段，借助记录卡，写一种自己喜欢的植物
教学难点	借助记录卡，写一种自己喜欢的植物

如何实现上述目标呢？备课小组进而形成了下面的教学思路：

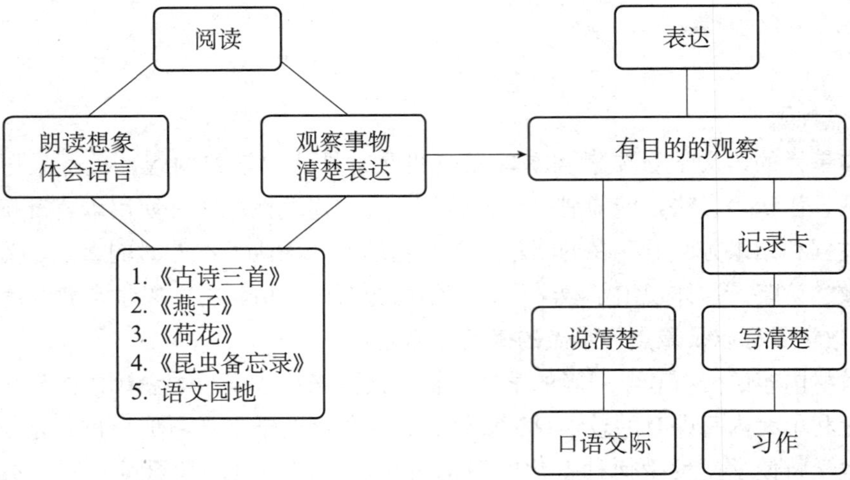

【案例点评】

单元教学目标是学生通过本单元一系列的学习过程应达成的结果，也是单元学习后进行学习评价的基本维度和标准。备课小组在对单元内容进行整体分析和学情分析后确定了上述目标，具体并具有可操作性，对教师教什么学生学什么做出了清晰的定向，进而设计出了基本的教学思路，为后面的教学设计打好了基础。

（五）教学过程与方法的设计与说明

教学过程即师生通过怎样的活动状态、方法和流程在教与学的过程中共同实现教学目标，包括单元整体的教学过程设计和某一课时、某一学习内容的过程设计。教学过程的设计不仅要考虑知识学习本身，也要考虑在知识学习过程中学生的全面发展，如兴趣、习惯、情感等。教学过程是教与学的统一，是师生的双边活动，应体现出丰富性、开放性与生成性。

案例　　**六年级上册第二单元教学过程的设计**

本单元围绕“重温革命岁月，把历史的声音留在心里”这一主题，编排了五篇课文，从红军长征到抗日战争、解放战争、新中国成立、抗美援朝战争，按这一条时间轴，展示了不同历史时期的革命英雄人物不畏牺牲、英勇奋战、严守纪律、勇往直前的革命精神。

从文本表达看，选文都采用了点面结合的描写方法，刻画了革命年代的英雄人物和典型画面，既有群像描写，也有英雄特写，既有宏大场景，也有场面细节。阅读时要引导学生发现文中点面结合的描写手法及其效果。本单元的习作要素是“尝试运用点面结合的写法记一次活动”，由阅读走向表达，实现读写迁移。

为落实本单元的语文要素，并落实课程育人的功能，设计如下单元教学流程：

学习活动1：查阅历史资料，梳理时间轴（长征、抗日战争、开国大典、抗美援朝），以及语文教材中革命类课文的时间轴，体现语文和历史的结合。

学习活动2：诵读《七律·长征》《菩萨蛮·大柏地》，感受、理解诗词所抒发的革命气概和乐观主义精神。

学习活动3：精读《开国大典》，略读《灯光》，体会点面结合写场面的方法，感受革命胜利来之不易。

学习活动4：精读《狼牙山五壮士》，略读《我的战友邱少云》，体会个人与群体描写相结合的写人方法，学习英雄的精神气概。

学习活动5：“口语交际”板块——主题演讲，革命传统教育。

学习活动6：“习作”板块——多彩的活动，点面结合写法。

学习活动7：整本书阅读——《红岩》……

【案例点评】

上述单元教学流程，以学生的学习活动为主线，体现出单元设计的整体性、层次性和情境性，实现了语文课程工具性与人文性的统一。七个主要的语文学习活动环环相扣，听说读写活动融合交织，既扣住了单元主题，又落实了语文能力，体现出单元整体设计的基本特征。

案例　　　《“精彩极了”和“糟糕透了”》单篇教学过程设计

任务1：默读课文，想想父亲和母亲对巴迪的诗会有怎样的看法，带给巴迪怎样不同的感受。填写下表的第二、三、四列。

任务2：巴迪长大后，又是如何看待这件事的。根据课文内容，梳理主要观点，填写下表第五列。

	看法	理由	带给“我”的感受	“我”长大后的看法
父亲				
母亲				

任务3：展示交流，联系生活实际，说说你如何看待巴迪父母表达爱的方式。

【案例点评】

本课教学过程以三个主要任务的设计，体现出以学生的学为中心的教学思路。从过去一连串儿的提问设计开始转变为为学生设计一系列的学习实践活动，以实现核心素养导向下培养学生发现知识、运用知识、解决问题的能力。

无论是单元教学的整体设计，还是单篇教学或某一课时的教学，设计者都应有一个整体的设计思路，为实现单元或单篇的教学目标服务，为发展学生的语文核心素养服务。

（六）评价的设计

教学设计中的评价设计是指依据单元或课时的教学目标对学生学习过程或学习结果的评价方案（工具）的设计。评价方案（工具）的设计应嵌入到学习过程或学习任务中进行，以加强表现性评价并指向预期目标，也可以以评价单的形式细化评价量规，使评价过程有所依傍。评价设计是教学设计中的重要环节，它可以确保教与学具有明确方向。

案例　　五年级下册第四单元《军神》学习评价单设计①

评价内容	评价标准	自评	伙伴评价	教师评价
阅读体验	能够找出两三处直接描写刘伯承的语句，思考刘伯承会想什么，并交流自己的体会			
	能够标划出沃克医生的表现并交流其态度变化，说出侧面描写的作用			
语言表达	请从“手术中”“手术后”中任选一段，以沃克的口吻流畅、完整地复述这个故事			
情感交流	能够说出一到两个革命战争年代与和平年代的英雄故事			

【案例点评】

评价单呈现了明确的评价内容和标准，包括阅读体验、语言表达和情感交流等，指向学生在语文学习过程中的多方面能力与素养，并分别明确了每个方面的具体要求，为教与学提出了具体的方向。好的评价设计，有助于评估学生在语文学习中的多方面表现，引导学生更全面地发展语文素养，也为教师提供了相应的反馈，以便更好地指导学生的学习。

① 本案例来自北京医科大学附属小学王含、王晶、王昕、陈頔等老师共同撰写的教学设计。

三、教学设计案例与点评

案例　**三年级上册第六单元教学设计（有删减）**

一、单元设计的理论基础和指导思想

本单元旨在让学生充分体会祖国的幅员辽阔，感受祖国河山的自然美，激发学生对祖国大好河山的热爱。与此同时，让学生通过感悟课文中的“关键语句”的位置和作用，学会“围绕一个意思写”的方法，完成对学生语言文字的理解与运用的训练。促使学生在学习中逐步发现美、欣赏美、创造美、表达美，以助于学生语文核心素养的形成。

叶圣陶指出：“阅读是吸收，写作是倾吐。倾吐能否合乎法度，显然与吸收有密切联系。”“阅读得其方，写作之能力亦即随而增长。”可见，阅读是写作的重要前提，教学要重视发挥文本对写作的引领作用，实现教材“从阅读中学习表达”的功能定位。据此，将生活观察与文中习法双线并举：在仔细观察生活的基础上，从课文阅读中吸取“围绕一个意思写”的方法，迁移运用，完成创作表达，进而提升语言文字训练的实效性。

二、单元教材分析

（一）语文教材围绕“关键语句”相关学习内容的纵向梳理

年级	册别/单元	语文要素
三年级	上册/第六单元	借助关键语句理解一段话的意思
三年级	下册/第四单元	借助关键语句概括一段话的大意
四年级	下册/第一单元	抓住关键语句，初步体会课文表达的思想感情
六年级	上册/第六单元	抓住关键句，把握文章的主要观点

统编教材围绕“关键语句”编排了四个单元，由“理解”“概括”到“初步体会”“把握”，梯度设计，螺旋上升。本单元作为“关键语句”训练的起始阶段，需循序渐进地丰富对关键语句的认识，初步体会总分型关键语句的特点和作用，实现学生阅读能力的进阶。

（二）本单元各板块内容的横向关联

内容	《古诗三首》	《富饶的西沙群岛》	《海滨小城》	《美丽的小兴安岭》	习作：这儿真美	语文园地
人文线	感受山的雄奇之美；感受水的朦胧之美	感受祖国边境的景色之美，物产之富饶	感受南国小城的迷人风光	感受北国小兴安岭物产丰富、四季更迭的不同美景	发现、描写身边的美景	进一步感受山水相融之美
工具线	通过以动写静、借景抒情、对比、想象等，表现了长江雄伟、西湖妩媚、洞庭朦胧的山河之美	第五自然段三个方面的内容都是围绕第一句话“西沙群岛也是鸟的天下”来说的，明确了关键句的位置和作用	第四至六自然段巩固了借助“关键语句”理解段落意思的方法	课文最后一句点明了小兴安岭景美物丰的特点，借助“关键语句”理解文章主旨	围绕一个意思写一处身边的美景	进一步明确一段话中关键语句的位置和作用

前四篇课文是学生感受祖国大美河山，掌握“借助关键语句理解一段话的意思”方法的途径，语文园地是对方法的聚焦、深化与延展。习作部分“试着围绕一个意思写”承担转化迁移的作用，形成了“由读到写”的学习路径，使语文要素呈现出学以致用的完整过程。

三、单元学情分析

	知识、能力、经验基础	可能遇到的困难	发展需求与学习路径
人文主题	三年级学生已领略过一些祖国各地的美丽风光，能够在阅读中，透过文字，结合自己的经历初步感受到祖国大好河山的美好	虽具有初步的阅读能力和生活经验，但通过阅读由祖国山河的美到爱的情感的生成，可能还不够深沉而浮于表面	通过“寻山访水”“走南闯北”“咫尺寻美”系列任务，加深对祖国山河之美的体验
语文要素	学生对有关“段”的概念已经有基本的理解与阅读经验，自三年级第一学期开始，已经开始由写话到写段篇的过渡	对关键语句与段的关系的理解可能还不深入，在写作过程中对于如何把意思表达清楚，尤其是围绕中心意思进行段、篇的写作，还存在问题	通过“赏最美山河”阅读活动，引导学生准确把握“关键语句”的位置、特点和作用。再借助“竞云游小作家”活动，引导学生“围绕一个意思”表达美，将景物特点写清楚

四、单元学习目标

1. 能认识36个生字，读准6个多音字，会写52个字，会写46个词语。能背诵《古诗三首》《早发白帝城》，默写《望天门山》《早发白帝城》。

2. 能借助关键语句理解一段话的意思，明确一段话中关键语句的位置和作用，并用自己的话介绍文中的景物或场景。

3. 能仔细观察一处景物，围绕一个意思用一段话写下来，并能主动运用平时积累的描写景物的词语，并乐于和同伴分享观察到的美景。

4. 阅读整本书《你好！中国》，领略更多辽阔壮丽的祖国河山。

重点：能借助关键语句理解一段话的意思，明确一段话中关键语句的位置和作用，并用自己的话介绍文中的景物或场景；能仔细观察一处景物，围绕一个意思用一段话写下来，并能主动运用平时积累的描写景物的词语。

难点：能仔细观察一处景物，围绕一个意思用一段话写下来，并能主动运用平时积累的描写景物的词语。

五、单元整体教学思路

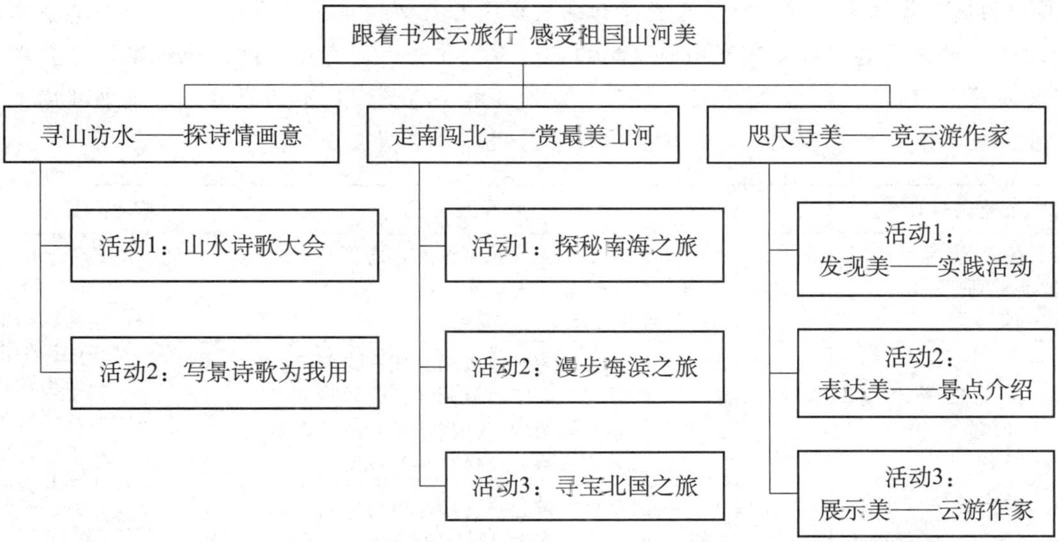

寻山访水——探诗情画意。这一任务的落实将在“山水诗歌大会”的情境下，以“多形式、多层次的读”为实践形式，具体可分以下三步：一读读准字音，读好节奏；二读读出感情，把握意象；三读品味语言，鉴赏评价。在品味诗歌中，感受祖国山河之壮美。

走南闯北——赏最美山河。在前一任务初步感受大美河山的基础上，借助子任务的引导，采取小队合作探究的形式，通过阅读感知、倾听思考，获取、整合有价值的信息，学会借助关键语句理解一段话的意思，品味用词的精妙，感受祖国山河的壮美。

咫尺寻美——竞云游作家。依托前两个任务的完成，创设情境，引导学生发现美、理解美、自由表达美。

六、课时教学设计（以本单元第8课时为例）

第8课时 习作指导课：童言童语遇见美

（一）课时教学内容分析

本单元习作部分分为三个板块。第一板块明确习作的任务，以身边常见地点唤醒学生对周围美景的记忆。第二板块提出写作要求：（1）习作之前仔细观察；（2）试着运用从课文中学到的方法，围绕一个意思写。第三板块是习作修改、交流的具体建议：(1) 自读习作，改正错别字，进一步培养自改习作的意识；(2) 读给同学听，分享各自描写的美景，体会习作的成就感和愉悦感。

本单元的习作任务是试着围绕一个意思写。在四种不同类型文本的阅读学习中，学生已感受了祖国的山河之美，掌握了借助关键语句理解一段话意思的方法，并在交流平台中进一步明确了关键语句的位置和作用，词句段运用中围绕给出的关键语句说一段话的练习则进一步加深了学生对关键语句作用的理解。本课时旨在学以致用，让学生在关键句的引领下将自己发现、感受到的美景表达出来，从体验美、鉴赏美到发现美、表达美。

(二) 学情分析

本班学生对于写景文章并不陌生，在二年级上学期已学过一些描写祖国山河的文章，如二年级上册第四单元的《登鹳雀楼》《望庐山瀑布》两首古诗和《黄山奇石》《日月潭》《葡萄沟》三篇课文。学生初步感受了祖国的辽阔与美丽。对于"观察"，上一单元学生已通过体会作者是怎样留心观察周围事物的，懂得了要全面、有序、细致地观察，并养成了坚持观察的习惯。因此，学生已具备了一定的理解、感受、观察的能力。为了更准确把握学生的已知和未知，我们对本班学生进行了前测。诊断结果如下：

<table>
<tr><th>前测题目</th><th>指向</th><th>学生表现</th><th>盲点和策略</th></tr>
<tr><td>1. 在写景时，我比较喜欢描写（　　）这一类景物。</td><td>选材</td><td>1.65%的学生喜欢写花草树木、鸟兽虫鱼。
2.30%的学生喜欢写山水。
3.5%的学生喜欢写建筑物。</td><td rowspan="5">盲点：
关于写景的方法，学生从知道到做到存在困难，如学生在从多方面具体写景时无从下手，不知道从哪些方面展开。
⇩
策略：
借助例文支架、评价支架让学生明确多角度可以从不同景物、不同时间、不同部位着手。</td></tr>
<tr><td>2. 在观察景物时，我能做到（　　）。</td><td rowspan="3">表达</td><td>1.67%的学生认为可以做到按照一定顺序。
2.51%的学生认为可以做到抓住景物特点。
3.23%的学生认为可以做到从多种感官观察。
4.11%的学生认为可以做到持续观察。</td></tr>
<tr><td>3. 通过第六单元课文的学习，我知道围绕一个意思写的方法是（　　）。</td><td>1.25%的学生知道按一定顺序写的方法。
2.92%的学生知道要从多方面来写。
3.34%的学生知道要运用比喻、拟人的修辞手法。
4.28%的学生知道要持续观察。</td></tr>
<tr><td>4. 自己动笔写景时，我感觉最困难的是（　　）。</td><td>87%的学生认为知道要从多方面来写，但是动笔时，却不知道具体从哪些方面展开来写。</td></tr>
<tr><td>5. 我会使用的常用修改符号有（　　）。</td><td>修改</td><td>95%的学生会使用第三单元所学的常用修改符号。</td></tr>
</table>

结果表明：学生已初步了解了一些观察、写景的方法，但从知道到做到对于学生而言存在一定困难。因此，在教学中，应借助例文支架、评价支架让学生明确多角度、多方面具体展开写的途径，进而突破难点。

(三) 学习目标确定

1. 能够依照标准，评价、修改习作。

2. 通过习作评改，进一步掌握围绕一个意思，把一处景物写具体。

3. 能自己改正错别字，并乐于和同伴分享观察到的美景。

重点：能够依照标准，评价、修改习作；通过习作评改，进一步掌握围绕一个意思，把一处景物写具体。

难点：通过习作评改，进一步掌握围绕一个意思，把一处景物写具体。

（四）学习评价设计

在完成写景片段后，依据标准进行自评、互评、师评，在多重评价中，促进学生主动学习，自我反思，不断提高语言文字运用的能力。

<table>
<tr><th>评价内容</th><th>自评</th><th>互评</th><th>师评</th><th>评语与修改建议</th></tr>
<tr><td>有中心意思</td><td></td><td></td><td></td><td rowspan="3"></td></tr>
<tr><td>能从多角度、多方面围绕中心意思写</td><td></td><td></td><td></td></tr>
<tr><td>能运用积累的词语或比喻、拟人等修辞手法</td><td></td><td></td><td></td></tr>
</table>

（五）学习过程设计

<table>
<tr><th>教师活动</th><th>学生活动</th></tr>
<tr><td colspan="2">活动一：对照标准——我会评</td></tr>
<tr><td>教师活动 1
1. 创设情境，激发兴趣
2. 明确标准，聚焦问题
明确习作标准
出示习作片段
指导学生评价</td><td>学生活动 1
1. 主持人开场
同学们，大家好！我们是班级“小夜莺”广播站节目组负责人，本周我们的节目主题是：“童言童语遇见美”。今天，节目组正式评选云游小作家，期待大家的精彩表现！
2. 明确评选环节及要求，小组依据标准进行评价
解读目标，明确标准
自读例文，思考标准
依据标准，评价语段
分享讨论，提出建议</td></tr>
<tr><td colspan="2">活动意图：本环节创设“评选云游小作家”活动情境，旨在激发学生参与习作评改的积极性，循序渐进地掌握习作评改的重点内容。</td></tr>
<tr><td colspan="2">活动二：美文欣赏——我会夸</td></tr>
<tr><td>教师活动 2
1. 出示习作片段一，组织学生欣赏片段之美（习作片段略）
教师小结：在写景时，用上积累的词句和一些修辞手法，能让景物的样子更加具体，让景物富有画面感。
2. 出示习作片段二，组织学生欣赏如何把段落的内容表达清楚（习作片段略）
教师小结：写景时，可以先概括写出这个地方景色的特点，然后从不同方面展开具体描写，凸显景色特点，这样就可以围绕一个意思，把景物介绍清楚了。</td><td>学生活动 2
1. 阅读语段内容，小组交流讨论
2. 组间交流评价</td></tr>
</table>

续表

教师活动	学生活动
活动意图：本环节以“标准”为支架做美文赏析，旨在通过自评、互评、分享等途径，让学生根据标准，学会欣赏，相互学习，共同进步。	
活动三：标准引路——我会改	
教师活动 3 1. 出示习作评价标准 2. 组织学生修改：自己修改—小组互评—推荐云游小作家	学生活动 3 1. 依据标准，修改习作 2. 组内互评，推荐优秀作品，选出云游小作家，写出推荐理由
活动意图：本环节运用评价工具进行自评和互评，让学生能对照标准进行有针对性的修改、评选、推荐。	
活动四：作品展示——我最棒	
教师活动 4 1. 组织云游小作家的展示活动 2. 组织云游小作家分享写作经验 3. 教师小结：用心观察，身边处处是风景，满眼尽是诗情画意，希望同学们都能拥有一双发现美的眼睛，用你们的童心童趣去看世界，童言童语记录眼中、心中的一切美好！	学生活动 4 1. 主持人组织各小组进行优秀作品展示，给出推荐理由 2. 云游小作家分享自己的写作经验 3. 宣布活动结束：本次云游小作家评选活动，圆满结束，下一期节目正在筹备中。“小夜莺”广播站期待你的加入！谢谢大家！

【案例点评】

从单元整体教学设计的角度来说，思路清晰，从纵向上将本单元的学习内容置于小学阶段语文教材的单元体系中进行了梳理，从而为本单元的学习做出了准确定位。进而对组成单元学习内容的各个部分进行了单元内部的横向梳理，明确了它们之间的关系和各自的作用。这样，就从单元间的纵向进阶到单元内部的横向关联两个方面，进行了扎实的教材分析。随之，又基于这样的单元学习内容，对学生学习可能遇到的困难和问题进行了学情分析。在教材分析和学情分析的基础上，确定了教学目标、重点、难点。如何组织相关学习资源去实现教学目标呢？设计者设计出了单元整体教学思路，并基于这一思路，依次设计出单元各课时的教学环节。在课时教学的设计过程中，从单元的整体出发，基于课时内容和学情分析，确定了本课时的教学目标，并创设情境，以任务驱动，设计了教与学的活动，为学生完成任务提供支架，同时设计了学习任务的评价标准，体现出了“教-学-评”一致性的设计理念。

【思考与练习】

以小组为单位，从现行语文教材中选择某一单元，结合单元学习主题和语文要素，对教材内容进行整体分析，然后进行初步的教学设计，教学设计应包括：指导思想、教材分析、学情分析、教学目标、单元教学思路框架。最后组间进行说课、展示、评价。

第二节　教材分析与教学设计

一、语文教材与语文课程资源

（一）语文教材

语文教材“是指实现语文课程与教学目标，承载、呈现语文课程与教学内容的基本材料或媒介系统，它是课程标准的具体化，是师生实施课程标准的重要凭借，是实现语文课程目标最重要的课程资源”①。广义的语文教材是指对人的语言文字修养产生影响的一切书面的、非书面的语言材料；狭义的语文教材是指根据语文课程标准编写的、供语文教学中师生使用的材料：既包括提供给学生的语文课本，又包括提供给教师的教学参考书；既包括纸质的教学材料，又包括多媒体教学资源。许多情况下，语文教材又专指语文教科书，即我们所说的“课本”。本书中的语文教材专指语文教科书，准确一点儿说，专指教育部统一组织编写并审定的小学阶段语文教科书。

语文教材编制实际上是依据课程与教学目标对语文课程内容“系统化”“文本化”的过程。它应具备如下一些功能：按照课程标准提供语文教与学的材料；合理组织所提供的语言材料，引导语文教与学的程序；激发学生语文学习的动机、兴趣；提供各种语文实践活动的练习、设计，以便于巩固、检验学习效果；与其他各学科学习横向协调，促进知识整合与跨学科学习，便于自我学习并提供知识拓展的路径。

小学语文教材的编写和研究包括两个方面的内容：一方面是教材内容的筛选与组成，另一方面是教材内容的组元与呈现方式。

（二）语文课程资源

语文学习是国家通用语言的学习，学生能时时处处接触到语文。语文课程资源不限于教科书和教师，也不限于课堂和校园，而是与家庭、社会生活紧密相连。具体来说，语文课程资源主要包括：教科书及其相关配套材料，各类纸质图书及网络资源，图书馆、博物馆、文化遗产、自然风光等各种社会资源，以及语文学科之外的其他学科课程内容，等等。当然，教师本身既是重要的课程资源，又是课程资源的开发者和利用者。

显然，语文教师首先要追求的是自我生命的丰富性，并以自身的丰富引领学生在语文学习中获得发展。为此，语文教师必须具有面对未来自我更新的勇气和能力。与此同时，语文课程资源的开发和利用又是语文教师应具备的一项基本能力，正如《义务教育语文课程标准（2022 年版）》所指出的那样：“教师要充分发挥自身优势与潜力，积极利用和开发各类课程资源，不断增强课程资源意识。”②

---

① 吴忠豪．小学语文课程与教学［M］．北京：中国人民大学出版社，2010：33.

② 中华人民共和国教育部．义务教育语文课程标准：2022 年版［S］．北京：北京师范大学出版社，2022：54.

二、专业化地使用语文教材

（一）树立正确的教材观

1. 为什么说“语文教材无非是个例子”

“语文教材无非是个例子”，是叶圣陶语文教育思想中的一个基本观点。之所以有这样的观点，是因为他对当时语文教学的如下思考：第一，错误的教学观。一些教师认为“教”就是讲课本、讲自己的教案给学生听，“学”就是学生听老师讲课本、讲教案，好像课本、教参就是教师用来讲的。而一“讲”一“听”之间，语文教学就能收到效果吗？第二，语文教学效率的低下。倾筐倒箧容易，画龙点睛艰难。知识是教不尽的，文章是讲不完的，如何让学生通过一篇篇课文的学习达到“举一反三”“用不着教”的效用？就此叶圣陶指出，要善于凭借、运用教材所提供的诸多语言学习的“例子”，在学生身上实现相应的语文教育意义。①

然而时至今日，在语文教学的实践领域，一些教师仍以“教完教材内容”“完成准备好的教案”作为自己完成教学任务的判断标准，以教课文代替教语文，而不是以学生语文能力提高的程度、语文教学目标达成的效果、学生语文核心素养发展的情况去判断自己的教学。教材，究竟是用来教的，还是拿来用的？教学，是“教教材”还是“用教材教”？其背后所传达出的是教师不同的教学观。前者的教学立足点是语文学习内容，所追求的是如何把书本知识较为完整、全面、高效地传递给学生；后者的立足点则放在学习对象身上，更加关注如何凭借这样的学习内容和过程，引导学生学会学习、形成习惯、提升素养。前者关注的是知识本身，后者关注的是人的发展。

2. 用教材教什么

小学语文教材体现语文课程的性质，是课程目标与课程内容的载体。韩雪屏教授梳理了语文课程从目标设计到课程实施的“三重转换”过程②，见图 2-2。

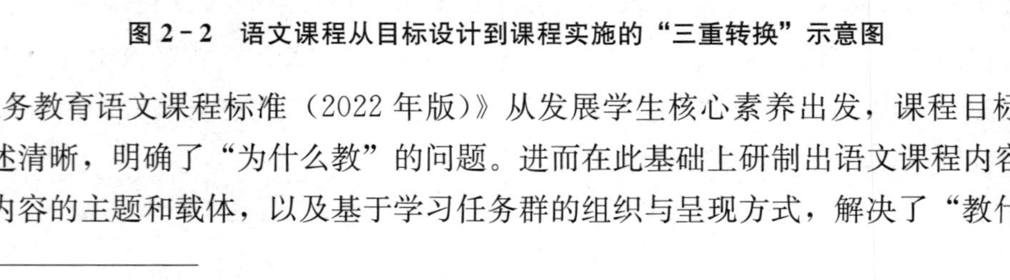

图 2-2 语文课程从目标设计到课程实施的“三重转换”示意图

《义务教育语文课程标准（2022 年版）》从发展学生核心素养出发，课程目标、学段要求阐述清晰，明确了“为什么教”的问题。进而在此基础上研制出语文课程内容，确定了课程内容的主题和载体，以及基于学习任务群的组织与呈现方式，解决了“教什么”的

① 叶圣陶．叶圣陶语文教育论集［M］．北京：教育科学出版社，2015：109-117.

② 洪宗礼，柳士镇，倪文锦．母语教材研究：7［M］．南京：江苏教育出版社，2007：7-9.

问题。这就使语文教材的编写（课程内容的教材化）有了基本的参照和依据。小学语文教材是语文课程目标和语文课程内容的教材化，是教师实施语文课程的凭借，也是学生学习语文的凭借，解决的是用什么去教和通过什么去学的问题。因此，教师面对教材，只有深入理解其背后所承载的课程目标与课程内容，才能分析好、使用好教材。

小学语文教材由学习单元组成，每个学习单元又由多篇选文组成，每篇选文都蕴含着丰富的语文教育资源，怎样凭借一个个单元的教材内容，用好一篇篇的“例子”，去实现语文课程的教育意义呢？显然，教师不能完全“各自以意为之”。这就需要教师基于语文课程的性质、功能，深入理解发展学生语文核心素养的内涵，准确把握课程目标、学段要求、学业质量评价标准，整体认识课程内容的主题、载体以及各学习任务群的宗旨、内容。在此基础上，才能进入对教材内容的研读与分析，并进一步通过教学设计将其转化为教学内容。教材是个凭借，如果只埋头于教材而不能结合课程标准而融会贯通，不去深入思考应该凭借教材促进学生哪些核心素养的发展，就不能很好地发挥教材的功能。因此，使用教材的关键是用它去做什么和如何用的问题。

只有进行理性系统的思考才会形成合理有效的行动策略。用教材教什么，取决于教师对语文教学意义（价值实现）的理解和追求，取决于教师对课程标准中目标系统、内容体系的清晰把握，取决于教师对学生语言学习过程中所存在问题的准确认识。只有了解了目标和意义追求，教材分析与教学设计才会有着落，一切的教学方法、技术、策略等才能更好地为我所用。

3. 怎样用好教材

第一，整体把握教材。要做到教材为我所用，前提是要对它做整体把握。一名优秀的语文教师在进行课堂教学时，脑子里装的不是一篇课文、一册书，而是整个小学阶段的十二册书。有了这样一个宏观的教材把握背景，便能考虑到知识的前后关联与进阶关系，将每一个课时、每一篇课文、每一个单元的教学准确定位。当然，这一准确定位还有赖于教师头脑中对另外两条线的把握，即一至六年级语文教学目标的纵向序列和不同年龄段学生语言能力发展的心理发展序列。能做到把握好内容序列、目标序列、心理发展序列不是件容易的事，许多教师教了一辈子语文也未能达到这一境界。“会当凌绝顶，一览众山小”，整体把握教材能力的高下，影响着局部钻研教材的成败。

第二，不能把单篇的“例子”按完整的语文知识与能力体系来面面俱到地教。优秀的语文教师知道应该用一篇选文去教什么，会根据选文特点、单元目标定位和学情而有所选择和侧重，从而体现出教学的针对性和目的性。做不到这一点，我们就总会觉得“课时不够”“讲不完”，其根本原因是我们未能做到整体把握课程、用好教材。

第三，不能“掉入内容的窠臼”。这仍然是目前语文教学中存在的一个严重问题。研究一篇选文，对“写了什么”的内容问题讨论很多，对“怎么写的”语言表达问题探究的很少，误以为引导学生理解了选文内容就算完成了教学任务，这种漠视语言形式本身的课堂是一种必须引起警惕的教学现象。阅读教学，不仅要关注选文的内容问题（写了什么，为什么写），而且要关注语言表达的形式问题（怎么写的，为什么这样写），从而做到“言意兼得”。此外，更为重要的是，课堂教学中通过一篇篇“例子”的教学，其终极目的并不能仅着眼于这篇文章本身，而是通过读懂这篇文章的过程培养学生读的兴趣，并使其日后愿意阅读，使其掌握阅读方法从而学会如何阅读，提高其阅读能力使其能够阅读。这样，才能做到由篇达类、举一反三，教材内容的学习也就成了学生语文素养形成与发展的媒介和途径。

第四，“潜心会本文”。这是叶圣陶在《语文教学二十韵》中指出的。用好教材是以准确分析、理解教材为前提的。教师在“潜心会本文”时，要学会从三种角色的角度切入进去，即普通读者、学生、语文教师。首先，作为普通读者，这篇文章从内容上对我的“触动点”在哪里？从表现形式上我感到的“新鲜感”在哪里？假如没有这样的“触动点”“新鲜感”，又怎样去要求和指导学生进行阅读呢？其次，假如我是即将学习这篇文章的学生，我的问题、困惑和兴趣点可能是什么？只有将这些考虑周全了，才有可能做到“知己知彼”，从学生的角度出发设计好教学方案。最后，作为语文教师，再次研读这篇文章时，我们所关注的就是如何取舍，如何运用文章中的语言材料对学生进行语文能力和人文情感的培养与熏陶。

（二）教材分析是教学设计的前提

1. “这法儿那法儿，不钻研好教材就没有法儿”

有的老师在备课时，一上来总是愿意先从方法上入手，想方设法地在形式上别出心裁，寻求与众不同。其不想，方法也好、彩头也罢，都是以对教学内容的推敲与琢磨为前提的。凡是成功的课堂教学，莫不如此。那么，该如何去钻研教材呢？

观点　　**于永正：“这法儿那法儿，不钻研好教材就没有法儿”①**

教学艺术（高明的教学方式、方法）来自执教者对所教内容的准确理解和把握，大到一篇课文的结构，小到一句话、一个词，都要了然于心，把它弄清楚、弄明白，否则就不能教，也无法教。连一般的方法都不会用，还谈什么艺术呢？这法儿那法儿，不钻研好教材就没有法儿。一个人读不懂，就和同事们一起读，人多力量大，好多高明的方法是我和同事们一起“读”出来的。一定要下功夫钻研教材，否则就不会有得心应手的方法、行之有效的方法，没有好的方法，也就谈不上艺术。教材把握不好，甚至于把握偏了，方法越高明，越会南辕北辙。

只有“入乎其内”，才能“出乎其外”，只有立足教材，才谈得上创造性地使用教材。语文教师一项最重要的基本功就是钻研并恰当地使用教材。对此，人们积累了许多经验，基本做法是从整体到局部。

首先，要做好对教材整体上的钻研和把握，通读教材，统观全局，避免只管局部不顾整体、只见树木不见森林。要确切了解学段与学段之间、年级与年级之间知识内容、能力

① 雷玲．小学语文名师教学艺术［M］．上海：华东师范大学出版社，2008：4－5.

训练点等之间的联系，从而认清所教学段、所教年级教材在全套教材中的地位、作用，从而正确地、有效地使用教材。需要注意的是，在从整体到局部钻研教材的过程中，教师心中一定要装着目标和学生，即将课程标准中所规定的总目标和学段目标与所钻研的教材建立起联系，以便准确定位每个单元、每篇课文、每堂课的教学目标，将学生语文学习的具体情况与所钻研的教材建立起联系，增加教材使用的针对性与适应性。

其次，要做好单篇课文的钻研。每篇课文都是一个“例子”，教师应组织学生学习课文，以提高其语文素养。“例子”吃不透，挖掘不出语言学习的探究点，课堂教学就会流于形式，在表面上“游来游去”，时效性也会大大降低。

从整体把握到单篇钻研，不同的教师所采取的具体途径和方法肯定有所不同，但他们的目的都是要弄清怎样利用好课文和教材去更好地实现语文教学的目的。那么，从课堂教学的事实本身来看，教材钻研怎样影响着教师的教学行为呢？

2. 字词的钻研与教学设计

王充在《论衡·正说》中说：“文字有意以立句，句有数以连章，章有体以成篇”。字（词）义乃是句义乃至篇章义的基础，它们之间的关系，正如刘勰在《文心雕龙》中所说“振本而末从，知一而万毕矣”。字词是构成汉语书面语的最基本单位，同时它又是小学阶段重要的教学任务之一。汉语教学中的教材钻研自然也应从字词入手。抓住关键字词，不仅可以引导学生更深入地走进文本，理解、感受文本内容，更能帮助他们增强语感、丰富语言积累，并形成阅读习惯。

案例　　**于永正：“饱经风霜”的教学处理①**

在《我的伯父鲁迅先生》中，作者描写车夫外貌时，使用了一个很传神的词——“饱经风霜”。教学时，老师解释一下词的含义，说一说，当然不是不可以，但我没有这样做。因为我每次读到这句话时，脑海里便出现了车夫的形象，出现了他那一张令人同情的脸。我相信学生也会这样想，于是我请他们展开想象，并要求他们写出他们想象中、理解中的车夫的“饱经风霜”的脸。学生们沉思起来，动情了，动笔了。学生描写出来的脸，虽然语句不同，但都表达了一个意思——饱经风霜。听课老师为学生的精彩描写鼓掌，也为我这个教学环节鼓掌。

案例　　**黄亢美：“字理析词”，突出汉语特点的文本研读与教学处理②**

《趵突泉》主要描写趵突泉的泉水喷涌而出、浪花翻滚的情形。在进行教材研读时，黄老师敏锐地抓住了文题中的关键词语并依据字理进行了分析。“趵”是足字旁，“趵”的本义是“跳跃”；“突”，从字形上看，是指犬突然从洞穴里窜出来，表示非常急速。

① 雷玲．小学语文名师教学艺术［M］．上海：华东师范大学出版社，2008：3－4.

② 根据作者与黄亢美老师讨论教学问题时黄老师的谈话内容整理。

顾名思义，“趵突泉”是跳跃的泉，是奔涌而出的泉！这样，在教学时，就可以从文题入手引导学生理解“趵”与“突”的本义，之后再引导学生去品读课文是怎样通过语言描写表现出趵突泉水势之“趵”与“突”的。显然，这样的处理十分有利于学生对文本的理解。

《五彩池》中有“水池周围的树木花草长得很茂盛，五光十色的倒影使池水更加瑰丽”一句。把句中的“瑰丽”换成“美丽”行吗？哪个更好呢？黄老师依据字理析词，先把“瑰丽”分解为“瑰”和“丽”。“丽”是美丽，词义学生容易理解；“瑰”是斜玉旁，斜玉旁的字与碧玉、瑰宝有关。由此可知，“瑰丽”即是像碧玉般的美丽。那么，在这个句子里，“瑰丽”为什么要比“美丽”更贴切呢？联系句段内容来看，原来“五彩池”中的水清澈透底，在阳光的映照下“五光十色”，就像碧玉般晶莹透亮、闪耀着光泽。如果换成“美丽”，就显得空泛了。

【案例点评】

“饱经风霜”在文本中只是一串文字符号，但它却有着强烈的“召唤性”①。用心研读，我们就会想：日常生活中孩子们见到过“饱经风霜”的脸吗？从课文中的这几个字他们能看到人力车夫那一张“饱经风霜”的脸吗？透过“饱经风霜”的脸，他们能读懂这张脸背后那些有关人生与生活的更加深沉的东西吗？在研读文本的过程中，于永正老师感觉到了、想象到了、思考到了，于是便有了他的教学设计与实施。

“依据字理，品词、品句、品读”是黄亢美老师倡导的并充分体现汉语教学特点的语文教学理念。在上述案例中，教师抓住了课题，从字理出发引导学生理解“趵”“突”二字的本义，进而体会到趵突泉的最基本特点，在此基础上引导学生去品读——课文是怎样通过语言写出趵突泉水势之“趵”与“突”的？在另一篇课文的教学中，教师抓住了文中关键句子中的关键词语——“瑰丽”，引导学生通过字理析词，并与“美丽”进行比较。就整篇文章的学习而言，这一处理可以说是切中肯綮。在这里，字、词教学与文本、语境实现了完美融合，在充盈着浓浓语文味儿的课堂中，既培养了学生扣住语言理解文本的能力，又使学生在体会作者遣词造句的得体与精妙之处的过程中积累了语词、语感，唤起了学生对汉语言文字的兴趣。

3. 句段的钻研与教学设计

句段是构成文章的基础，是理解文章的基础，也是培养学生基本阅读能力的重要“抓手”。句段教学是否扎实直接影响学生的阅读积累、阅读思维、阅读方法与能力，同时也通过“读写迁移”影响学生的写作能力。教师只有抓住文章关键句段进行钻研，才可能进行合理且有教学意义的教学处理。

---

① 按接受美学的理论，任何文学文本都具有不确定性和意义空白，是召唤性的语符结构。这一理论的代表德国美学家、文学批评家沃尔夫冈·伊瑟尔认为：“作品的意义不确定性和意义空白促使读者去寻找作品的意义，从而赋予他参与作品意义构成的权力。”所以说，作品的意义存在于阅读之中，是读者和作品相互关系的产物。

案例 **于永正："大约是星期六"，这个交代是多余的吗？**①

鲁迅先生写的《在仙台》（节选自《藤野先生》），记叙了藤野先生检查鲁迅听课笔记的事。这件事的开头是这样交代的：一天，大约是星期六，他使人把我叫到他的研究室……事情的最后，鲁迅写道：第二三天便还给我（指作业）。鲁迅打开一看，改得非常仔细，连文法都一一订正了。为什么鲁迅先生在故事的开头要交代"星期六"？"第二三天便还给我"，第二天是星期几？第三天又是星期几？那么藤野先生最迟是什么时间改的？他都是在该休息的时间改的！而且改得那么认真！藤野先生是个怎样的人，还要多说吗？都在字里行间！

我的"发现"使我很兴奋。在课堂上，当我引导学生也这样"发现"后，学生也变得很兴奋。我对学生说：作者这样写，叫"前后照应"，我们这样读，叫"前后联系"。学生恍然大悟的同时，听课的老师也恍然大悟了。

案例 **《花钟》第一自然段的教材分析与教学处理**

"鲜花朵朵，争奇斗艳，芬芳迷人。要是我们留心观察，就会发现，一天之内，不同的花开放的时间是不同的。凌晨四点，牵牛花吹起了紫色的小喇叭；五点左右，艳丽的蔷薇绽开了笑脸；七点，睡莲从梦中醒来；中午十二点左右，午时花开花了；下午三点，万寿菊欣然怒放；下午五点，紫茉莉苏醒过来；月光花在七点左右舒展开自己的花瓣；夜来香在晚上八点开花；昙花却在九点左右含笑一现……"

用这一段语料可以引导学生学什么呢？在听了校本研修活动中两位老师"同课异教"的两节课并进行课后讨论之后，我们发现可以至少从如下六个方面去发展学生相应的语文素养：

语词积累	"争奇斗艳""芬芳迷人""欣然怒放""含笑一现"……
朗读能力及语感积累	在理解、感悟的基础上，引导学生朗读。抓住"吹起了紫色的小喇叭""绽开了笑脸""欣然怒放""舒展开自己的花瓣"等，通过想象、联想和体悟读出情感
阅读能力：提取信息、把握顺序、概括内容	①完成表格：开放时间、花的种类、开放形态，交流修改；②用一句话概括出这一段的主要内容
怎么写的：发现与体会	①时间顺序；②时间词的使用及其位置的变化；③不同的花写法不同，抓住特点写具体；④拟人的修辞手法及其表达效果
以读促写	①仿写：模仿写法，续写几种你所了解的花；②在想象与联想的基础上创造性表达：艳丽的蔷薇展开了怎样的笑脸，写出你和她的一段对话，等等

① 雷玲．小学语文名师教学艺术［M］．上海：华东师范大学出版社，2008：3．

续表

文学情趣	将这一段改写成一首小诗并朗读： 凌晨四点， 牵牛花吹起了 紫色的小喇叭。 五点左右， 艳丽的蔷薇 绽开了笑脸。 七点，睡莲 从梦中醒来。 ………… 月光花在七点左右 舒展开自己的花瓣。 ………… 昙花却在九点左右 含笑一现 …………

【案例点评】

句和段都是学生借以发展语文素养的一个“抓手”，怎么用这个“抓手”，取决于教师在研读基础上的发现。“大约是星期六”，这个文本研读中的发现及其所带来的相应的教学行为，至少可以使学生在如下几个方面有所得：严谨的写作态度和扎实的读书态度，在字里行间中展示性格而不是说教与贴标签，“前后照应”的写法与“前后联系”的读法。“庖丁解牛，游刃有余”，于永正老师游刃有余的教学智慧依赖于他深厚的文本研读的底子。

就《花钟》的第一段而言，我们至少发现了其中六个可以将其“教学化”的点。这正是“语文教师的教学阅读”与“一般人的日常阅读”的根本区别。在“语文教师的教学阅读”中我们可以发现明显的教学意识。当然，这些“教学点”是否真的要出现在课堂教学中，还要由教师根据单元学习目标和本班学生具体的学习情况灵活选择和处理。

4. 篇章的钻研与教学设计

教师对篇章的钻研与处理往往决定着教学设计的基本思路和结构，也决定着学生语文学习过程的基本环节和步骤。有的课文可以从标题入手，探求其表达的主旨、情感、思路。如《狼牙山五壮士》，为什么不用“五战士”而用“五壮士”？他们“壮”在哪里？有的课文可以从文章结构入手，把握文章顺序、脉络，进而引导学生学会提炼信息、整体把握文本。有的则可以从文章的主旨思想和情感基调入手，揣摩、思考、体验，锻炼思维，发展审美。总之，篇章的钻研与教学处理要基于整体感知，进而去探究思路、结构、情感、思想等，培养学生提取信息、理解体验、概括分析、评价鉴赏等基本能力和素养。

拓展阅读

窦桂梅：备课要抓住课文的“课眼”①

主题即“课眼”。教师拿到教材后不要急于搜集课外资料和参考教案，一定要“啃”教材，钻进去，找到“课眼”，然后用创意进行设计。找到“课眼”就找到了策略，你的教学就会产生四两拨千斤的功效。

比如教学《圆明园的毁灭》时，我紧紧抓住“毁灭”这个中心词进行如下设计：圆明园毁灭的究竟是什么？不应该毁灭的是什么？永远也毁灭不了的是什么？比如教学《秋天的怀念》时，我仔细阅读文本，发现“课眼”是在文本中反复出现的“好好活”上，于是整个课堂就围绕“娘俩好好活”——“我俩好好活”——“我们好好活”展开体验与思考。再比如讲《七律·长征》时，我围绕“红军不怕远征难，万水千山只等闲”这句话设计，先带学生走进文本体会红军长征怎么个“难”，然后再柳暗花明——体会理解红军怎么个“只等闲”。这样，红军的大无畏的英雄气概就凸显出来了。

如何找到“课眼”？形式、手段都显得次要了，关键靠底蕴，靠教师独立思考的勇气与能力。

窦桂梅老师的教材研读经验告诉我们，在进行“篇”的钻研时，教师要以“我”为主，抓住课眼、创意设计。自然，这需要教师具有较高的文学修养和文本解读能力，教师自身对文本的解读有怎样的高度，就会引领学生登上怎样的高度。与此同时，教师必须清楚地意识到，基于教学需要的文本研读不同于一般的日常阅读，必须从学生的学习起点和语文课程目标出发审慎考虑如下问题：该如何使用这样的语言材料？解决学生身上的哪些语言能力问题？发展学生哪些语文素养？如此，才能做到有所取舍、张弛有度。否则，很容易在文本研读中迷路，为了课文而教课文。事实上，教师在研究教材、把握教材时诸多问题，大都是因为对于“教什么”不甚了了。对此，必须重申一点：语文教学不是单纯的“讲好一篇篇课文”的问题，不能只是看谁讲得精彩，讲得有深度、有新意、有水平，而是要看教师在文本研读的基础上基于何种目的，利用文本为学生设计了哪些有意义的言语实践活动，这一过程即教材内容的教学化。

5. 单元内容分析与教学设计

现行小学语文教材以单元组织学习内容，是课程标准中有关课程内容的具体化。每个单元承载的是课程目标、学段要求，是发展学生语文核心素养的基本学习单位。在进行单元内容分析时，需从发展学生语文核心素养的整体性出发，围绕大观念、大概念，思考单元所承载的任务，对单元内容进行结构化分析，包括知识间的关联、知识与方法的关联、知识与生活的关联、知识与经验的关联等。在此基础上围绕学习主题，采用问题、任务等方式进行活动化、情境化教学设计。

① 肖川．名师备课经验：语文卷［M］．北京：教育科学出版社，2006：46-48.

案例　　五年级上册第五单元教材分析与整体设计

本单元学习主题是：说明文以“说明白了”为成功。单元学习要点是：阅读简单的说明性文章，了解基本的说明方法；搜集资料，用恰当的说明方法，把某一种事物介绍清楚。为此，编排了两篇精读课文——《太阳》《松鼠》，并安排了“交流平台”“初试身手”两个活动环节，随后，为学生提供了两篇习作例文，并安排习作任务：介绍一种事物。

那么，如何从单元整体角度，理解内容之间的关联，提取出大的学习任务，进而为学生设计好学习任务和活动呢？某学校语文教研组的老师们以“学方法 明事物 享生活”为主题，关联日常生活，设计了一个大概念下的直播活动：

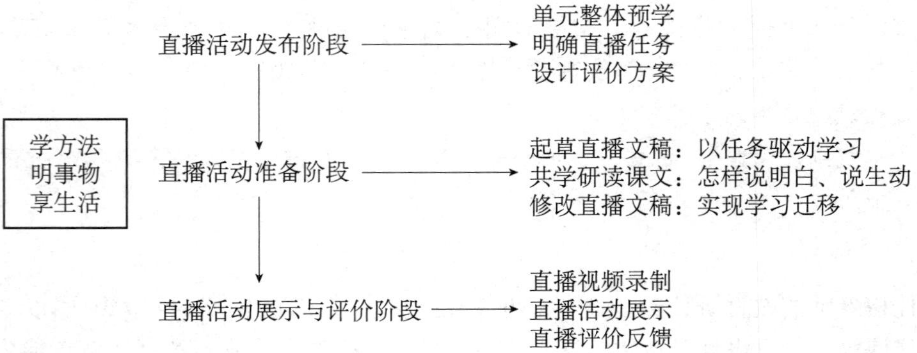

【案例点评】

如何把单元承载的知识转化为学生身上的必备品格与关键能力呢？上述案例中，教师在认真研读单元内容的基础上，联系日常生活，创设学习情境，以问题、任务、活动为主线，为学生设计出了能够诱发学习兴趣、愿意积极参与的“学习场”。在这一单元学习活动的设计中，满足了钟启泉教授所指出的六个条件：情境、协同、支架、任务、展示（外化）、反思。

三、教材内容的教学化

（一）教材内容与教学内容

教师应凭借什么去完成语文课程的内容与目标呢？最基本的凭借是教科书。语文教科书是将课程目标与课程内容教材化的结果。当然，“在课程内容教材化的同时，也要求将教材内容‘教学化’。教学化，包括人们一再重申的心理化，也包括贴近教学实际的要求形成具体而有效的教学设计。教材并不是课程内容的简单传递，也不等于课程内容的精炼表述；教材内容和编排的理想境界，是形成可供选择的教学设计”①。

① 王荣生．语文科课程论基础［M］．上海：上海教育出版社，2003：299.

抛开教材编写问题不谈，在当前的教材使用过程中，教材内容的教学化水平显然已成为决定语文教学效率高低的关键因素。要做好教材内容的教学化，我们需简单区分一下“语文教材内容”和“语文教学内容”两个基本概念。

王荣生教授的观点是：“语文教材内容，是语文教材具体形态层面的概念，指为了有效地反映、传递课程内容诸要素而组织的文字与非文字材料及所传递的信息。”“语文教学内容，则是语文教学具体形态层面的概念，从教的方面说，指教师在教的实践中呈现的种种材料及所传递的信息。它既包括在教学中对现成教材内容的沿用，也包括教师对教材内容的‘重构’——处理、加工、改编乃至增删、更换。”①

曾天山则指出：“教学内容又是教材内容的教学化。教学内容是师生在教学过程中各项活动对象及活动方式的组合，是具体而动态的，是主体与客体相互作用的过程和结果，是对静态教材内容多次教学法处理的过程与结果。”②

显然，教师在教学过程中，首先面对的是教材内容。而在研读教材的基础上，则要根据课程目标、学生语言学习的具体情况，将这一静态的内容“教学化”，并通过实践转化为教学内容。在这一转化过程中，教师需要思考的核心问题是：面对这样的学生、这样的文本内容，实际上应该教些什么？为了使学生掌握这样的内容、发展相应的能力，最好应该怎样去教？如上过程恰恰反映出了教师职业的研究性和创造性品质。

（二）课堂教学是教材内容教学化的过程

教学内容是教材内容教学化的结果，它以教学设计和课堂教学的形态具体呈现出来。而教材文本的解读，是这一切的开始。

拓展阅读

周益民：走近文本的不同角色③

我喜欢将自己设想成不同的角色身份走近文本：

——我是作者

“我是作者”是求其“真”的过程。……“认真”既是对作品的尊重，也是进一步求解的前提。……“缀文者情动而辞发，观文者披文以入情。”……要识得其“真”，就须真切地走进，实在地揣摩，从而还原抑或再建。叶老说：“作者思有路，遵路识斯真。作者胸有境，入境始与亲。一字未宜忽，语语悟其神。”

——我是孩子

“我是孩子”是对母语学习规律的认识。教材的主要阅读对象是孩子，阅读学习教材是他们语文素养提高的重要途径。儿童的阅读心理与成人有着很大差异，他们重直觉把握，重感性体验。教学的成功建筑在对儿童的理解上，需要教师有着一双孩子的眼睛。

---

① 王荣生．语文科课程论基础［M］．上海：上海教育出版社，2003：301.

② 曾天山．教材论［M］．南昌：江西教育出版社，1997：116.

③ 余文森，林高明，许玉兰．名师怎样观察课堂：小学语文卷［M］．上海：华东师范大学出版社，2009：4-5. 本书引用时在原文基础上进行了提炼和文字加工。

——我是教师

“我是教师”是多种角色的融合。……我们还要斟酌，作者所寓之意是否适于向孩子揭示？应该领着孩子求解到何种程度？……“我是教师”是一种专业解读。……同时还是一种“为他”式解读，一切皆是为着更好地辅助儿童，考虑的是如何以文本为凭借促进学生的言语发展。

周益民老师从作者、儿童、教师三个视角的教材解读经验给我们以相应的启发。对于实践者来讲，要追求优质课堂，必须考虑清楚以下三个问题：

1. 研读教材，知道凭借这样的教材内容可以教什么

教师要用好教材内容，因为学生是凭借教材内容发展语文素养的。而用好教材内容的关键是教师要在研读的基础上有所发现。研读教材的首要任务就是发现它所潜存的语文教育因素，发现能够用它来教什么、学什么。没有发现，就谈不上取舍，谈不上为我所用。

还需强调的是，在进行单篇课文的研读时，必须将其置于本册教材甚至整套教材中去整体考虑，以把握好教学的逻辑起点。因为，一篇文章，一旦选入教材，它便不再是独立存在的个体，而是整个“语文大厦”的有机组成部分，所以，那种绝对化的“我的课文我做主”的做派是要不得的。“这部分教师往往打着‘教师是课程资源的开发者’这个幌子，对教材进行随意解读和处理，置整个教材逻辑体系于不顾，一味求新和求巧，结果完全曲解了编者的意图和教材本身具有的‘例子’功能。”①

2. 把握学段目标，找准学生起点，清楚凭借这样的教材内容事实上应该教什么

语文教材只是我们要“教”和“学”的内容的载体，而具体用它来教什么、学什么，则取决于教师对学段目标及学生学习起点的把握。基于课堂观察，我们认为这是当前语文教学最迫切需要解决的问题之一。“如果把整个语文学习的过程比作一次长长的旅行的话，那么，教师必须要随时了解我们的孩子从何处而来，他们正在什么地方，他们将继续往哪个地方前进。所以，我们要对学生曾经掌握了什么和将要掌握什么，孩子已经有了哪些本领和将要练习哪些本领，有一个通盘的了解。”②

学段要求，是对我们通过研读所发现的教材中的语文教育因素进行取舍的标准。依据这个标准，我们可以判断该教什么、不该教什么，从而避免面面俱到。而学生学习的起点恰恰是课堂教学的起点。那么，学生的“已知”和“已经能做的”是什么？“未知”和“不能做的”到底是什么？这一起点找不到、找不准，就谈不上教学设计，就谈不上以学定教，就不可能对教材内容进行针对性的教学化处理。换言之，好的教学设计必须建立在对学生起点的准确把握和了解上，“零起点”的教学或“教师起点”的教学不但不能激发学生语文学习的积极性、主动性，而且也不能对学生语文素养的发展真正产生效果。

3. 把握学生语文学习的心理，知道这样的内容与目标怎样教才能取得更好的效果

显然，在语文课堂中，学生的主要任务是按照教师所预设的初步规划去进行一系列的

---

①② 于漪，刘远．张祖庆讲语文［M］．北京：语文出版社，2008：62.

言语实践活动，并通过这样的言语实践活动完成相应的个体发展目标。为此，在教学化处理过程中，教师必须了解小学生的学习心理，并在此基础上，利用教材所提供的语文材料，设计出相应的情境、任务、活动和作业，把学生带到语言的世界中去。这样，教师就需要考虑下面几个基本问题：

第一，设计语文学习情境，引导并激发学生参与语文学习活动的兴趣、动机与期望。也就是说，让学生对教材内容产生探究热情和认知欲望，使教材内容同学生的经验与体验建立联系，搭建起教材内容通向学生生活世界的桥梁。这取决于教师能否真正把握学生的学习心理。

第二，将整体性的教材内容任务化、问题化。也就是说，用具体的、富于挑战性的、序列化的任务和问题组织并推进教与学的活动，使学生处于任务或问题情境中，而不只是坐下来听讲的角色。显然，设计哪些问题、哪些任务，何种程度的问题与任务，取决于教师对文本特点的把握、本课教学的预期和学生起点的了解。

第三，将静态的教材内容活动化、实践化。现代课程理论的奠基者美国课程论专家泰勒（Tyler）说过："学习是通过学生的主动行为而发生的；学生的学习取决于他自己做了些什么，而不是教师做了些什么。"就语文学习来说，学生语文素养的发展取决于他自身言语实践活动的质量与数量，而不取决于教师在课堂上说了些什么。因此，我们坚信，语文课堂是学生进行语文实践活动的课堂，有效的语文课取决于教师是否设计出并组织学生进行了有效的语文实践活动。

当我们把目光聚焦于学生身上的时候，并不意味着教师的作用下降了。正好相反，教师的作用在各方面都得到了强化并反映在了学生身上——他要根据文本特点、教学目标、学习起点，为学生设计出有意义的学习活动；他要想尽办法高效地组织学生开展这些学习活动；当学生在学习活动进程中遇到问题或发生错误时，他要具有相应的策略和智慧对学生进行指导、给出建议；他还要具有相应的评估和激励策略，对学生的学习活动进行评价和提升。这样，在教材内容教学化的过程中，教师角色就由单一的讲授者转变为设计者、组织者、指导者、评价者。图 2-3 呈现了"以学为中心"的语文教师教学工作流程及其所应具有的基本能力。

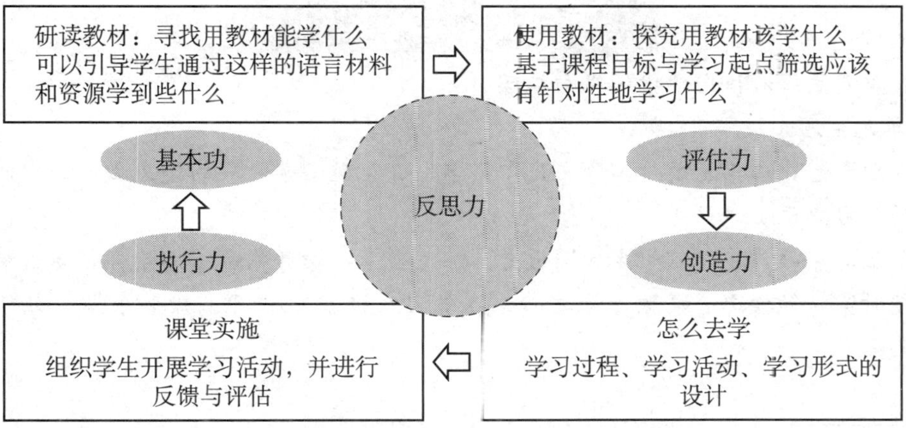

图 2-3　语文教师教学工作流程及其所应具有的基本能力

总之，作为教材内容和学生实际的语文课堂学习之间的媒介，教师要善于通过教学化过程把学生带到语言文字的活动中去。而教材内容的教学化，又以钻研好教材为基础，以理解学生语言学习的心智发展状况为条件，以教师个人的文化底蕴与教学智慧为依托。

四、教材分析案例与点评

案例　**五年级下册第四单元教材内容分析**①

统编版语文教材五年级下册第四单元的单元主题是：苟利国家生死以，岂因祸福避趋之。语文学习要素是：通过课文中动作、语言、神态的描写，体会人物的内心；尝试运用动作、语言、神态描写，表现人物的内心。

下面从单元主题和语文要素两个方面对教材内容进行分析：

一、单元主题和语文要素的纵向梳理

1. 单元主题

从主题上看，本单元属于革命文化学习单元。纵观小学阶段的语文教材，以革命文化为主题的学习单元贯串始终。

本单元的学习，应引领学生回眸历史、立足当下，切身体验家国情怀，走进诗歌与故事，穿越时空，触摸那一颗颗赤子之心，在真实的情境中展开阅读和表达，让“立德树人”浸润课堂。

① 本案例来自北京医科大学附属小学，指导及设计教师为王含、王晶、王昕、陈頔。

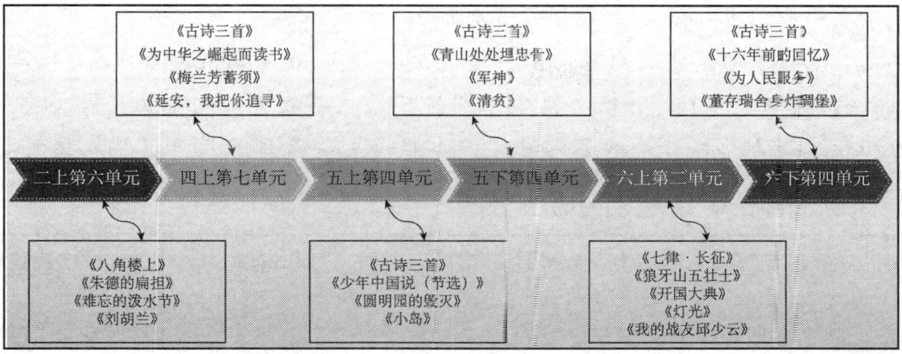

2. 语文要素

从语文要素来看，纵观小学阶段语文教材，其要求从中段到高段相互关联，阶梯式上升。本单元的学习，既要引导学生体会人物情感，又要引导学生体会人物的心理活动及变化，体会的角度变得更加多元了，学生对人物内心的体会也变得更丰富、细腻、深入。随着学生年龄的增加，对外界体会的深入，内心世界也必然变得丰富、细腻，这也为六年级下学期学生体会人物品质的课程做好铺垫。

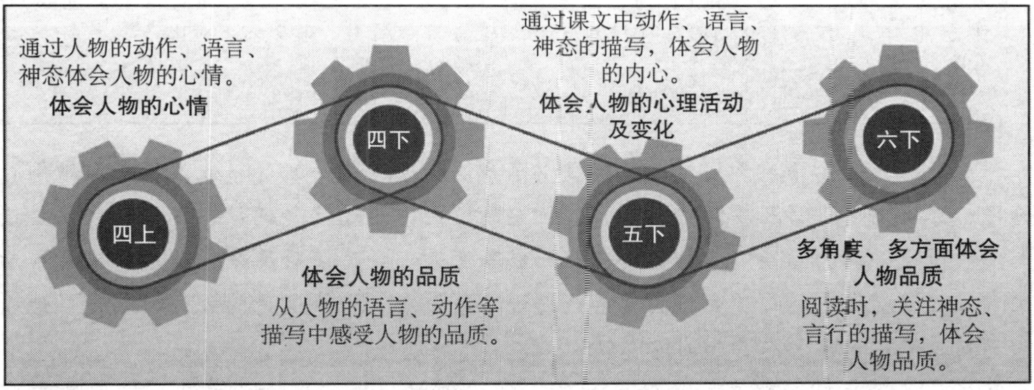

在习作方面，本单元的习作话题是“他________了”，要求写一件事，尝试运用动作、语言、神态描写，把人物当时的表现写具体，反映出内心变化。单元习作不仅要将写人与记事结合起来，还要借鉴本单元课文的表达方法，尝试运用动作、语言、神态描写，从多个角度把人物的表现写具体，反映出人物的内心。这是对本单元习作要素的具体落实。

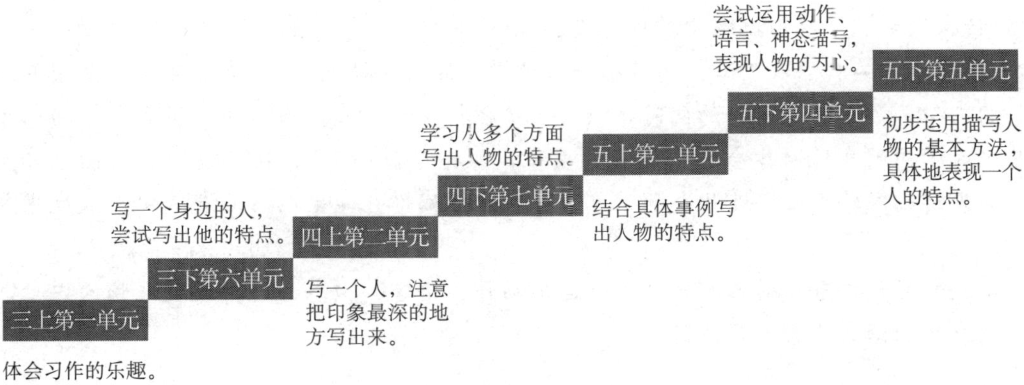

二、单元学习内容和语文要素的内部分析

本单元共编排了四篇课文内容，分别是《古诗三首》《青山处处埋忠骨》《军神》《清贫》。通过这四篇课文的教学，既要落实家国情怀的主题教育，又要落实语文要素中相应阅读能力和表达能力的目标。单元学习可以依照语文要素目标展开，将人文目标浸润其中。下面做具体分析：

	《古诗三首》	《青山处处埋忠骨》	《军神》	《清贫》
内容	分别表达了戍边战士保卫祖国矢志不渝、企盼收复失土的迫切愿望，以及平息叛军后欣喜若狂的心情	描写了毛主席惊悉爱子牺牲的噩耗后内心世界的痛苦与抉择，表现了毛主席的常人情怀和伟人胸襟	讲述了刘伯承在接受右眼手术时拒绝使用麻醉剂的故事，表现了刘伯承钢铁般的意志	本文是方志敏烈士在狱中所作的，回忆了自己被俘后国民党士兵搜身时的情景，表现了共产党员恪守清贫的美德
语文要素	扣住诗句，想象诗歌中的场景，从动作、神态中体会诗人的感情	学习通过语言、动作、神态描写，体会人物内心，领悟细节描写的作用	抓住对人物动作、语言、神态的直接描写与侧面描写，体会人物的内心世界	学习侧面描写的运用，通过人物不同表现的对比凸显主要人物的内心世界

课后习题和提示语为落实单元目标提供了方法：通过相关的资料或注释加深理解，知人论事；划出文中描写人物动作、语言、神态的语句；通过反复朗读、诵读的方法，进入文本中的情境；有的时候，人物心情并非一成不变的，会有前后反差，所以从文本前后的对比中，可以发现人物心理变化的链条；通过角色自居、转换视角的方法，创造性地复述课文中的故事，去体会人物当时的心情。

学生从“捕捉相关信息，体会人物的心情”到想一想“为什么有这样的心情变化”，再到从多个句子中“体会心情变化的过程”。在这样的练习中，学生的思维会经历从简单地“捕捉信息后的体会”到思考原因进行分析的“形成解释”，再逐步过渡到从精选的句子中梳理体会人物心情变化的过程以及原因分析和表达特点的发现这样一个复杂的过程。

“语文园地”中词句段运用的两个练习直指写作，以帮助落实表达训练要素。第一题“读下面句子，体会人物内心，再选择一种情景，照样子写一写”，启示学生，要想表达出人物的内心，加入细节描写的同时，还需要结合特定的情境。第二题“下面句子写出了人物与平时不同的表现，体会它们的表达效果，照样子说一说”。在“说”的层面，甚至提出了要表现出人物内心“变化”的维度，也可以鼓励部分学生在书面表达中尝试运用相应的方法。

单元的习作任务是对本单元“尝试运用动作、语言、神态描写，表现人物的内心”这一指向表达的语文要素的具体落实。

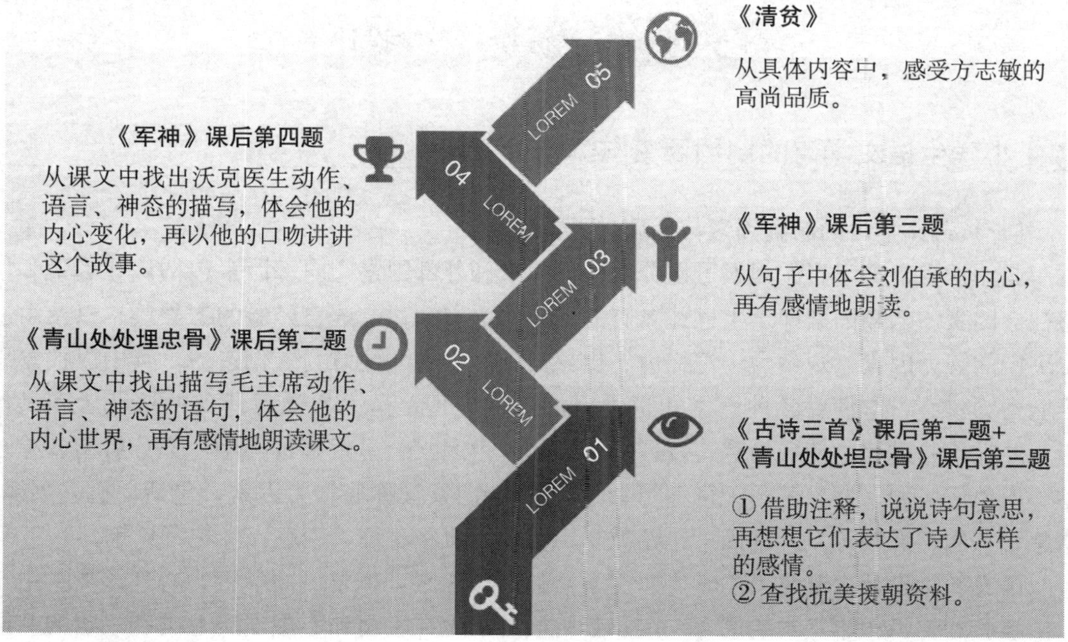

【案例点评】

上面的教材分析层次清晰，有点有面，分别从单元之间的纵向关联、单元内部各学习内容之间的关系和作用两个方面，对该学习单元的人文主题和语文要素进行了整体分析，从而为单元学习的目标、资源使用等进行定位。在教材分析过程中，宏观上梳理了整个小学阶段有关“革命文化”的教学内容，并对小学阶段有关如何通过人物的动作、语言、神态理解人物、表现人物的学习进阶情况进行了梳理；微观上则对本单元的单元导语、课文文本、课后习题、语文园地等内容进行了细致分析，指出了如何使用这些内容以落实单元教学目标。这样的教材分析，使单元学习的目标定位十分清晰，使如何使用单元所提供的内容进行教学以实现单元目标也变得十分清楚。

【思考与练习】

以小组为单位，从现行语文教材中选择某一单元，理解单元学习主题和语文要素，并结合单元中具体的课文、习题等，分析语文课程工具性与人文性的统一是如何体现在本单元学习内容中的，教学设计中又该如何落实好工具性与人文性的统一；然后组间进行交流，要注意结合教材具体内容进行分析，做到理据充分。

第三节 学情分析与教学设计

一、小学生语文学习的制约因素与学情分析

（一）语文学习的制约因素与心理差异

制约学生语文学习的因素可以分为内部因素和外部因素。内部因素包括认知因素和情感社会因素。认知因素即学生已经具有的知识（语文知识、语言经验的积累等）以及由遗传决定的智力因素（观察力、记忆力、想象力、思维力、注意力、创造力，其中以抽象思维能力为核心，它们对各种语文知识进行加工和处理，是语文学习任务的执行者和操作者，并在这一过程中使智力获得发展。学生的智力因素会呈现多种类型，如分析型、综合型、形象记忆型、抽象逻辑记忆型等）。情感社会因素又称非智力因素，包括动机、兴趣、情感、意志、性格等。外部因素包括教材、教师、班级集体、家庭、文化背景等。①

语文教学设计中既要考虑学生语文学习的制约因素，也要关注学生的心理差异。由于生活经验和知识积累基本趋同，一定年龄阶段的学生在生理和心理发展上具有一定的共同特征，这是语文课程与教学制定目标要求的重要依据。但同一年龄阶段的学生，由于影响其发展的内部因素和外部因素的不同、自身努力程度的不同以及某些偶然因素的影响，必然会在生理和心理发展的各个方面出现个体差异，可分为群体心理差异（如个体言语能力依年龄的递进呈现出的阶段性特征、语言能力发展的性别差异等）和个体心理差异（智力水平和类型的差异、学习策略和风格的差异等），这也是在语文教学设计过程中必须关注的内容。

只有全面了解儿童语文学习的制约因素以及他们在语文学习过程中的心理发展规律与个性差异，才能做出好的语文教学设计并进行有效的学习指导。

（二）学情分析与教学设计

奥苏贝尔说："影响学习的最重要因素是学习者已经知道了什么，我们应根据学生原有的知识状况进行教学。"对于小学教师而言，对学生的学习起点进行准确观察与评估，是应具备的一项基本能力。

教学内容难以纳入儿童的经验结构，儿童也就难以实现内在的知识建构，儿童在没有效率的学习中会慢慢失去兴趣。② 显然，从学生的学习起点出发，让学生在语文学习中时刻体会到成就感，保持他们的好奇心和求知欲，才能保持学习动力，激发他们的问题意识和进取精神。如果教师只是沉迷于课本——"深度解读"，沉迷于技术——"求新求异"，而无暇抬起头来看到他面前真实的儿童，不能读懂他们的困惑、兴趣与需要，那么下的功夫越大，离我们促进儿童发展的初衷可能就越远。

---

① 董蓓菲．语文教育心理学［M］．上海：上海教育出版社，2006：50－127.

② 王一军．儿童文化课程：理论、实践与案例［M］．南京：江苏教育出版社，2009：8.

拓展阅读

“习得无助”的心理学实验①

心理学家把一只小白鼠放在一个特制的箱子里，这个箱子被一个隔板分隔成两部分，当小白鼠熟悉了环境后，心理学家就会给出一个铃声作为信号，铃响之后，小白鼠所在一侧的箱底就会通电。小白鼠受到难受的电击，就会本能地逃窜，碰巧跃过隔板跳到箱子的另一侧就安全了。几次下来，小白鼠学会了铃声一响就赶紧跳到另一侧以躲避电击。可是研究者后来增加了隔板的高度，以至于小白鼠无论如何努力都跳不过去。在尝试了多次失败之后，铃声再响起来，小白鼠还跳吗？当然是不跳了，因为跳也是白跳。实验并没有到此为止，研究者后来又降低了隔板的高度，甚至比小白鼠第一次跳过的隔板还低，可是铃声响过，小白鼠仍然不跳，因为它已经“习得无助”了！

优秀教师能够借助多种手段评估学生的知识水平与能力层次，发现学生学习过程中的困惑和问题，进而利用相应的语言学习材料，设计出有针对性的语文学习活动并组织学生学习。这样，评估与分析就成为教学设计的重要参照和条件。学习起点的评估与分析不仅发生在学年之初、学期之初，更是发生在每一个学习阶段并贯串于整个学习进程；不仅要关注整个班级，还要关注每个个体。

二、学情分析的基本内容与基本方法

（一）学情分析的基本内容

语文教学的学情分析涉及方方面面，这里，我们聚焦学生语文学习起点的调研与评估进行几点分析，包括：知识与技能的起点、思维与理解的起点、情感与体验的起点、文化认识与理解的起点。

1. 知识与技能的起点

知识与技能的起点，即“学生在接受新的学习任务之前原有的知识技能的准备”②。具体来说就是学生在学习新的内容之前已经知道了什么，不知道什么，渴望知道什么；已经具有了哪些语言技能，还缺乏哪些技能，渴望获得哪些技能；“学生在语言学习方面已经习得和拥有了哪些相关的学习策略”③。

案例 **四年级上册第三单元的学情分析**

四年级上册第三单元的学习主题是“留心观察”，语文要素是“体会文章准确生动的表达，感受作者连续细致的观察”，习作要求是“进行连续观察，学写观察日记”。

---

① 曾琦．学生学习［M］．上海：华东师范大学出版社，2006：66－67.
② 王小明．语文学习与教学设计：小学卷［M］．上海：上海教育出版社，2004：19.
③ 倪文锦，谢锡金．新编语文课程与教学论［M］．上海：华东师范大学出版社，2006：207.

为把握学生起点，在进行教学设计之前，通过对学生进行常态化学习观察、问卷调查并进行数据分析，有如下发现：

已有基础	● 学生爱观察、爱想象，对观察周围的事物有着比较强烈的好奇心 ● 学生知道要仔细观察，注意事物的变化，才能把观察到的事物写清楚 ● 学生已经学习了日记的一般格式，初步养成了写日记的习惯
存在问题	● 多数学生还没有养成连续观察的习惯，有的学生观察得不够细致 ● 学生还没有真正理解语言表达的准确性与观察之间的关系，阅读时还不能抓住关键词句准确理解语言的准确性 ● 学生还没有养成一边连续观察，一边做好记录的习惯
教学难点	● 引导学生调动多种感官多角度进行连续细致的观察，学会用语言准确记录观察所得 ● 阅读中扣住关键词句，使学生理解到语言表达与观察之间的关系

通过调查分析，老师找到了围绕这样一个学习内容，学生的已有学习基础与存在问题，也就找准了发展点、进阶点、突破点，保证教学设计和实施做到有的放矢。当前，很多语文课在教学设计之初往往过于倚重教师的主观想法和经验揣测，这往往导致学生的语言学习远离其“最近发展区”——或失于简单重复，或失于晦涩艰深，远离了学生认知与发展的现实。语文课堂带给学生的常常是可以不用过脑子的应答、简单重复的训练，或者是过了脑子也解决不了什么问题的学习挫折。长此以往，学生语文学习的主动性和积极性就丧失了。有的老师自己对教材解读得很深，于是课堂中也一味追求“深入”地分析课文，处理教学内容，却忽视了学生的认知起点和发展空间，这样的课堂对学生阅读理解能力的发展基本无益。

课堂研究　　**找到学生学习过程中的问题**

通过有限的课堂，教师要帮助和解决的是学生的“不会”和“不能”。下表可以帮助我们对学生某一阶段的学习情况做出判断，进而为学生设计出更有针对性的学习活动。

学生课堂学习起点与学习效果的观察与反思					
检测内容	错误率	错误类别	错误典型	归因分析	教学建议

反思：对于如上问题与错误，我在日常的语文教学中是否有针对性地指导学生进行了练习？换言之，40分钟里学生的每一项语文实践活动是否有明晰的针对性？我是否给予了学生清晰的解决问题策略？我的教学方式是否有利于更多学生得到实践和发展？

对学生语文学习的知识与技能进行准确观察与评估，应该成为小学语文教师必备的一项基本能力。换言之，能够对学生的学习过程和结果进行准确评估的老师才是真正的专业化教师，会评估的老师才是知道教什么和怎样教的老师。而这正是当前小学语文教学中亟待解决的一个问题，同时它也是语文课堂教学效率低下的一个重要原因。

2. 思维与理解的起点

思维与理解的起点，即学生学习和认知新的知识内容时已有的思维与理解能力，它既指基于言语概念的抽象逻辑思维，又包括基于表象的形象思维与直觉思维。小学生思维的发展既表现出整体的规律性，又明显带有个体的差异性。教师只有对不同年级学生整体的思维水平有较好的把握，同时兼顾到个体差异，才能做好胸有成竹的教学。亚里士多德说："思维是从疑问和惊奇开始的"，"疑问"和"惊奇"也正是儿童语文学习中思维与理解起点的重要表征。

案例

《卧薪尝胆》教学片段①

师：现在谁能根据自己的理解说说"卧薪尝胆"的意思？

生：晚上睡在柴草上；每顿饭前，先尝尝苦胆的滋味，提醒自己要报仇雪恨。

生：为了报仇雪恨，勾践晚上睡在柴草上；每顿饭前，先尝尝苦胆的滋味。

师：如果勾践仅仅"晚上睡在柴草上；每顿饭前，先尝尝苦胆的滋味"，算不算真正的"卧薪尝胆"？

生：不算。因为勾践还亲自下田耕种，使自己的国家富裕起来。

生：他还要练兵，建设一支强大的军队。

生：勾践还会找那些有本事的人，为国家的强大出谋划策。

师：这就叫"发奋图强"！如果勾践仅仅坚持了几天，或者几个月，算不算真正的"卧薪尝胆"？

生：不算。因为"卧薪尝胆"需要很长的时间。

生：课文中讲勾践"卧薪尝胆"了二十多年，才取得了最后的胜利。

师：这就叫"坚持不懈"！现在你理解"卧薪尝胆"的含义了吗？

生："卧薪尝胆"表示为了实现一个目标，要忍辱负重、奋发图强、坚持不懈！

师：同学们，勾践需要卧薪尝胆，我们需不需要卧薪尝胆？

生：不需要。

师：为什么？

生：因为我们不用报仇雪恨。

生：我们的生活很幸福，不需要这么苦。

师：请同学们认真听老师的这句话：为了中国的航天事业，中国科学家卧薪尝胆几十年，终于将中国的第一颗人造地球卫星送入了太空。你说，中国科学家有仇恨吗？他们是否每天都睡在柴草上，每顿饭前都要尝一下苦胆？

① 根据薛法根老师的课堂教学录像整理而成，文字上进行了处理。

生：老师，我觉得我们需要卧薪尝胆。比如，中国足球队要成为世界冠军，就必须卧薪尝胆。

师：中国足球队需要的是卧薪尝胆的精神！

生：我也需要卧薪尝胆。

师：你又没有仇恨要报，怎么也需要卧薪尝胆？

生：我将来要成为一个大富豪，现在就要卧薪尝胆，刻苦学习。

师：为了实现自己远大的理想，也需要卧薪尝胆的精神！

生：我们学校正在创建实验小学，也需要卧薪尝胆。

师：我们的学校要发展，也需要这种精神！这种卧薪尝胆的精神就是：忍辱负重、奋发图强、坚持不懈！

显然，三年级学生大多还不能从卧薪尝胆的表层意思理解到其深层的本质内涵。他们知道了卧薪尝胆的故事本身，却还不能理解这个故事所传达出的内在精神，所以他们认为今天的他们不需要卧薪尝胆了。薛法根老师基于三年级学生思维发展的特点，预设到了这一点，所以没有满足学生对字面意思的阐释，就有了"今天我们要不要卧薪尝胆"的追问，以及提前准备好的关于中国科学家的一段话。一个追问，一段话，点破了这层纸，把学生的思维引向了深入，使学生经历了一个思维发展的过程。

在语言学习过程中，这样的例子比比皆是。如"雪中送炭"这个词语，中年级学生大多解释为：在下雪天去送木炭。在他们脑子里，这"雪"和"炭"是实实在在的事物，它们具体形象的特征在学生的理解中占了主要位置，所以他们对"雪中送炭"这个词语的解释是表面和片面的。如果教师启发："在下雪天，有人送来了炭，实际上就是送来了什么？"学生则可以理解到：在很冷的天气里，有人送来了炭，其实就是送来了温暖。从"炭"转换到"温暖"，需要摆脱具体形象的束缚，这对中年级学生来说，在理解上算是前进了一大步。但是尽管如此，他们仍然未必把握了这个词语的本质特征，他们会误认为这个词语只能用在冬天送温暖上。"如果是夏天，有人送来了最需要的东西，能用'雪中送炭'吗？"对这个问题，多数学生表现出迟疑，不敢做出肯定的回答。①

因此，把握住了学生的思维起点，教师才能把力量用到肯綮之处，促进儿童思维的发展。在篇章教学中尤其要关注学生对所读文章的认识与理解情况，并以此为起点发展学生的阅读理解能力。

案例　　日本写感想文阅读教学：从"初发的感想文"到"第二次感想文"②

学生初读课文后，交流感受、想法，写"初发的感想文"（当堂写）。有的要求成文，有的只要求提出问题。此为设计下一步阅读教学的线索。日本学者认为，这些"初发的感

① 朱作仁，祝新华．小学语文教学心理学导论［M］．上海：上海教育出版社，2001：33.

② 吴忠豪．外国小学语文教学研究［M］．上海：上海教育出版社，2009：139-141.

想文”是完全建立在学生现有经验基础之上的率真的感受，必须给予高度的关注、尊重和利用，也只有这样，才有可能给下一步的阅读和调动每一个学生的阅读兴趣打下基础。有人甚至强调：没有感想文的读解指导，根本不能成为有效的指导。

讲读讨论后，写“第二次感想文”。这是读写结合的重要作业，要求严格，并要求誊写清楚，由教师积累并检查、反思自己的教学效果，也作为以后教学的参考依据。

“初发的感想文”记录的是学生阅读的起点，“第二次感想文”记录的是学生阅读的成果。为写好“第二次感想文”，学生在阅读过程中必须努力去感悟、去发现、去寻求有创意的见解；读后还要积极地去反思、去归纳、去提升自己的学习成果。这样进行阅读教学，也益于使学生在阅读过程中保持一种动力，促使学生主动学习，不断发现，保持一种积极向上的学习心态。

当前，我们的阅读教学有时不大重视阅读者本人（学生）对文本的认识、理解、思考与体味情况，而是更加重视作者、评论者、教师对文本的解读与分析，并试图将这样的解读与分析（外在于阅读主体的认识结果）强加给学生，我们可借鉴日本的教学经验，关注学生的阅读体验与发展。

3. 情感与体验的起点

所谓情感与体验的起点，即建立在儿童道德与审美基础上的独特审美体验与判断。对于同一个学习内容，由于学生个体情感、体验的不同，他们会选择不同的认识角度，从而得出不同的结论。即便是同一个学生，在不同的情绪情感状态下，对认识对象的选择也会有所不同，得出的结论也可能会截然相反。因此，教师不仅要把握好儿童知识与技能的起点、思维与理解的水平，还要注意儿童语文学习过程中基于个体不同经历与生活背景的情感与体验基础。在带领儿童进入文学世界之时，语文教师需预测好儿童可能的道德冲突点和情感触发点，避免那种生硬的、贴标签式的说教。

案例　　闫学：让孩子对生命过程有所触动——《匆匆》一文的教学处理①

在对《匆匆》一文的教学中，学生身心发展的实际情况成为一个不可忽视的因素。有一首老歌名叫《童年》，里面有这样的歌词：“什么时候才能像高年级的同学有张成熟与长大的脸，盼望着假期，盼望着明天，盼望长大的童年。”对于这些十一二岁的孩子来说，时间不是过得太快，而是过得太慢。那么，要让学生真正从内心深处感受到时光匆匆、生命易逝就比较难。所以，在设计教学时，我决定从学生的生活体验出发，帮助他们感受时光匆匆、一去不返。比如，让学生思考：今年的你和去年的你有什么不同？估算自己的寿命，感受时光匆匆、稍纵即逝；讨论怎样的人生才算没有虚度，以你知道的一个人为例说明；等等。这样，让学生紧密联系自己的生活体验来思考，孩子的心灵才能真正有所触动。

比如，怎样才算是留下了生命的痕迹？怎样才是没有在这个世界上白白地走一遭？我

① 肖川．名师备课经验：语文卷［M］．北京：教育科学出版社，2006：107.

引导学生就这个问题展开了思考、讨论与交流：

生：就说安徒生吧。安徒生去世一百多年了，但是至少他的灵魂还活了一百多年，直到现在我们还在读他的作品呢！

师：他的作品就是他的灵魂！只要他的作品在，他就还活在我们的心里。

生：朱自清先生的人生是有价值的，他写了很多优美的散文……

师：很好！这些人都做出了轰轰烈烈的大事业。但只有做出轰轰烈烈的大事业的人，他的人生才有价值吗？

学生一愣，继而摇头。

生：我妈妈没有虚度人生！她是一位教师，她为她的学生奉献了青春……

师：我很高兴跟你的妈妈是同行，我更高兴的是你从妈妈——一个普通的教师身上看到了人生的价值！你们不仅看到了那些做出轰轰烈烈的大事业的人，你们还看到了生活在你们身边的人，包括你们的爸爸妈妈，他们也在自己的岗位上做出了对自己、对别人、对家庭、对整个社会都有益的工作，他们的人生也是有价值的，他们的人生也没有虚度，他们也没有白白在这个世界上走一遭。

就《匆匆》这篇文章来说，自然有作者意图言说与传达的属于个人的人生理解，也有教参中分析的或教师阅读后所理解的并认为应该让孩子也去理解的一个较为确定的主题。但上述案例中，闫学老师却以一位教育者的专业敏感，行走于儿童的生活世界与教材的文本世界之间，从而发现了一条真正属于学生自己的理解路径！她找到了儿童认知和情感体验的起点，进而带领孩子们从这里出发，去攀登他们人生理解的山。苏霍姆林斯基说过："在每个孩子心中最隐秘的一角，都有一根独特的琴弦，拨动它就会发出特有的音响。要使孩子们的心同我讲的话发生共鸣，我自身就需要同孩子的心弦对准音调。"在引领孩子们前行的过程中，教育者首先应该能够从儿童的视角"同孩子的心弦对准音调"。

语文教师始终要注意：不要忽略孩子们在语文世界中真实的情感体验，要想方设法从儿童视角出发去寻找他们的情感体验起点，并帮助他们经历真实的情感体验过程，不要因为总想着要教育他们而试图走捷径——制造情感与道德的标签。

4. 文化认识与理解的起点

语言文字及其运用属于文化现象，每个儿童又各自有其成长的环境、经历，加上民族、地域、时代等文化背景的影响，就带来了面对语言世界中的文化现象时，他们可能有着自己的一套理解、看法和态度，语文教师需要把握并尊重儿童的这些理解、看法和态度，并在这一基础上引领儿童寻找、建构起自己的精神世界。

源于儿童自身的认识与理解是儿童精神成长的逻辑起点，语文教育中的文化传承与理解要基于这个起点。儿童学习语言的过程同时形成了他们认知世界的重要方式之一——通过语言进入对世界的理解，从而获得文化理解和文化体认。要谨防在没有基本认知的时候就直接给予价值判断，并要求儿童识记。那种机械、呆板地死记不同区域、领域、国家、民族的文化"信息"的学习，是没有意义的。更要避免那种自上而下地以简单粗暴的训诫方式对儿童展开文化教育。

案例 **关注学生在传统与当代交叉点上的文化迷思**

《白杨》是小学语文教材中的一篇经典课文，文章通过父子两代人的交谈，借物喻人，热情讴歌了一代又一代献身边疆的建设者的伟大的奉献精神和高尚品格，教育人们要听从祖国召唤，到祖国最艰苦、最需要的地方贡献青春和力量。教学过程中，教师进行了细致的分析，但学生总是显得有些心不在焉。问题出在哪儿呢？课下，与几个男生聊天，他们说："我们将来的理想是到大城市工作，不想去最艰苦的地方……"

同样的情景也发生在《落花生》这一课的学习中。学生通常的想法是：他们不希望自己的一生像落花生一样默默无闻，要让自己的人生过得精彩，要向世界展现自己的才华……

你看，这就是阅读带给孩子们的理解与思考，或者说，这就是一种文化的碰撞。那么，如何引导今天的孩子们在文化的碰撞中建构起自己积极向上的人生坐标呢？我想，这就是经典阅读的意义吧。

理解并不是掌握某种知识（或某一事实），也不是为了服从和接受某种思想，而是一个视域融合的过程。我们总是带着自己的想法从自己当下所处的情境出发，去和文本的"视域"相接触，从而形成新的意义，带来个人精神世界的扩大和人生经验的成长。阅读就是这样一个过程。阅读的意义在于，阅读者遇到了一段历史、一个时代、一个与自己不同的生命状态，在这种际遇中，他思考着自己的人生与未来。既然如此，教师的价值就不是简单地把文本的意义分析给学生，而是要了解儿童的文化理解起点，并引导他们从各自的起点出发，结合文本所表达的内容，对通过阅读所生发出的观点、思想进行表达、推敲、辨别、判断，帮助他们建构起自己的精神世界，而不是简单地接受或否定文章所表达的思想。

理解与现实人生是不可分离的，理解又是在历史与文化的背景中展开的。"个体的精神的生长不仅是对客观精神的接受，而且更重要的是在理解和接受客观精神的过程中，个体在创造着自己的成长过程，创造着自己的精神，创造着自己的人生，形成自己人生的创造性的超越。"① 而要形成这样的超越，就必须尊重阅读者个体的文化视域，并以此作为阅读教学的出发点。

我们常常见到，教师根据相关文献解读作品，然后向学生讲解，认为这是最权威的解读，也是帮助学生理解作品的捷径。在这样的阅读教学模式中，学生是被动的接受者，接受的是他人对作品的解读，缺少个性化，没有创造性。对学生个体来说，这不是真正具有建构意义的阅读。

（二）学情分析的基本方法

"教"是为了促进"学"，"教"的意义在于它真实地促进了"学"的行为。要想起到这种促进作用，就必须找到"学"的起点，判断"学"的路径。教师丰富的教学经验对发

① 金生鈜．理解与教育：走向哲学解释学的教育哲学导论［M］．北京：教育科学出版社，1997：109.

现学生学习的起点有一定帮助，但是仅仅凭借经验来找寻学生的学习起点是远远不够的。要想找准学生学习的起点，需要对学生的学习状况、发展状态认真评估并进行科学分析，设计学情调研工具是一种客观、有效的方法。

策略与方法　　**教学进程中寻找学生学习起点的途径与步骤**

基本途径

● 问卷调查：教师设计调查问卷，课前让全班学生填写问卷，再进行信息收集与整理，分析数据，从而确定学生的学习起点。

● 习题前测：教师设计一组习题，在课前让学生尝试练习，再批改、分析学生对新学内容的熟悉程度，从而搜寻学生对这一内容的理解难点，确定学生的学习起点。

● 谈话交流：教师通过与部分学生交流，直接了解学生对新知识的熟悉程度，了解学生的原有知识基础，大致确定学生的学习起点。

● 作业分析：根据学生课堂作业和课外作业的完成情况，判断学生已经掌握了哪些知识，掌握到何种程度，还存在着什么问题，从而确定学生的学习起点。

一般步骤

● 调查、收集：不论哪一种评估学习起点的方式，第一步都是要想方设法去了解学生的学习现状。

● 整理、分析：第二步就是要把收集起来的信息进行全面整理和科学分析，这一步非常重要。

● 确定、调整：经分析后，确定本段内容学生的学习起点，并根据学生的学习起点，重新审视教材，设计教学内容。

学情分析常用的方法有：经验分析法、观察法、资料分析法、问卷调查法、访谈法、阶段性学业表现检测等，应从不同的目的、不同的学习内容出发，选择使用好这些方法。必须认识到，“学情分析”具有十分重要的实践价值与理论意义，是教师在教学活动中应恪守的基本环节之一。在教学设计过程中，如果每位教师都能够运用科学的研究方法，实实在在地进行学情分析，那么学情分析的实践价值与理论意义一定可以得到更加充分而全面的发挥。

三、学情分析案例与点评

案例　　**《慈母情深》学情分析及点评**

统编版语文教材五年级上册第六单元的人文主题是“舐犊之情”，语文要素是“体会作者描写的场景、细节中蕴含的感情”“用恰当的语言表达自己的看法和感受”。据此，本单元的教学设计我们设置了“读名家笔下的舐犊情深，练真情表达诉说心声”的大任务。教师在教学设计前进行了学情调研并做出如下分析：

一、关于人文主题

（一）调查内容

访谈：你从哪些方面感受到父母对你的爱？你用过怎样的方式去表达对父母的爱？

（二）结论分析

你从哪些方面感受到父母对你的爱		你用过怎样的方式去表达对父母的爱	
从父母为自己做的关键事件当中	52.1%	做力所能及的小事	49%
从父母关切的言语当中	32.4%	肢体的动作	26%
从父母对待自己和对待其他儿女的态度对比中	9.6%	送礼物	14%
从父母工作、生活场景的关键细节中	4.9%	亲口表达	6%
其他	1%	其他	5%

可以看出，能够从父母工作、生活场景的关键细节中体会到父母之爱的学生，仅占4.9%。学生基本有向父母表达爱的经历，但是大多比较含蓄。

数据显示，大多数学生能够从某一个维度分享对父母的爱的理解，例如照顾自己的饮食起居或者在特殊情况下无私的付出。但只有极少数同学可以列举父母日常细节里的爱、不同方式的爱，这也提醒教师在授课过程中应注重引导学生关注爱的独特表达方式，并能联系自己的生活去思考和发现。这也提醒我们，要将本单元的教学作为链接学生与父母之间关系的机会，打通黑板课堂与生活课堂，让学生体会舐犊情深、表达真情。

（三）教学思考

1. 大任务推动，注重整体性。

本单元的三篇文章与学生现实生活中对父母之爱的体验联系紧密，阅读教学中要培养学生抓住场景、品味细节去体会感情，为在真实情境中倾诉心声做好铺垫。

2. 创设情境，关注典型场景。

引导学生关注课文中和生活中的典型场景，在细节中体会情感，将课堂与生活关联起来。

3. 链接生活，发现、理解父母之爱。

引导学生在场景细节中体会舐犊情深，并能用恰当的语言表达自己的心声，将课内所学运用到生活实践中，能够体会发现、表达真情。

二、关于语文要素

（一）调查内容

1. 调查内容：体会作者描写的场景、细节中蕴含的感情。

分别选择《慈母情深》和《父爱之舟》中的一个细节，说说你体会到怎样的感情？		
	细节	体会到的感情
《慈母情深》		
《父爱之舟》		

2. 访谈：你是否用书面或者口头的方式，清楚地表达过对父母或身边人的感情？

3. 想到父母的爱，你联想到了生活中哪些场景？请你写一段话。

（二）结论分析

体会到单一细节中父母对子女的单向情感	55%
体会到多个细节中父母对子女的单向情感	21%
体会到多个细节中父母对子女和子女对父母的双向情感	16%
能关联场景体会细节里父母对子女和子女对父母的双向感情	8%

从调查的数据不难看出，大部分同学能够从单一细节中体会到父母对子女的单向度的情感，但是只有极少数同学能够将细节放在场景里体会父母和子女间的情感。

通过访谈发现，尝试用书面等方式向身边人倾诉感情的同学较少，没有表达过或者没有完整表达过的同学较多。

描写中没有完整场景和具体细节	47%
描写中有单一场景，没有细节	33%
描写中有单一场景和细节描绘	11%
能联系场景中的细节进行描绘并写出自己的感受	9%

从学生的习作片段来看，47%的学生描写中没有完整的场景和细节，33%的学生描绘时可以用上单一的场景，11%的学生可以在场景的描绘中加入简单的细节，只有9%的学生能够用比较恰当的场景结合着细节写出自己的感受。

（三）教学思考

1. 立足单元，整体推进，发挥教材中每一篇文本的示范作用。

教学中引导学生抓住场景、体会细节，并在单元整体任务的推进中理解父母之爱的不同表达方式。

2. 读写结合，关注情感体验过程。

教学时，注意唤醒学生自己的生活经验，引导他们发现和感受生活小事中蕴含的父母之爱，并能在习作中联系生活中的类似经历，表达出自己的真情实感。

3. 提炼写法，体会表达效果。

从作者怎样表达“慈母情深”的视角，引导学生关注文中的反复描写、对话描写在场景中的细节展示，通过特殊的语言形式体会背后深情、体会表达效果。

4. 链接生活，迁移运用，学会爱的表达。

引导学生关注与自己实际生活相关的“鼻子一酸”的经历，运用场景、细节的写法，学习表达。

【案例点评】

教师为了更好地落实本单元的人文要素和语文要素，在教学设计前进行了学情调研和分析，采用问卷、访谈、观察等多种方法，从情感体验、认知特点、能力基础等方面进行了全面分析。有了精准的学情调研，教学设计与实施也就具有了针对性。

本案例中，教师立足儿童视角，找准了教与学两者的差距，将本单元的教学作为链接学生与父母之间关系的机会，打通黑板课堂与生活课堂，让学生体会舐犊情深、表达真情。教师根据分析结果，也采取了恰当的改进措施，如引导学生关注课文和生活中的典型场景，体会父母之爱；引导学生观察和体会父母之爱在课文和生活中的细节表现，丰富对父母爱的方式的了解和认识；链接生活、迁移运用、学会爱的表达；等等。

可见，教师只有找准了学生学习的起点，才能钻研好教材，用好教材，才能有效调整教学设计与教学策略。因此，教与学的融通，教学效果的达成，必须重视对学习者的学情分析。正如陶行知先生所说："如果让教的法子自然根据学的法子，那时先生就费力少而成功多，学生方面也就能够乐学了。"站在儿童的立场，以儿童为教学的出发点，是教学设计的重要起点，也是语文教师应具备的一项基本能力。

【思考与练习】

尝试自己选择一单元或一课时，设计一个学情调研工具，包括调研的目的、内容、方法等，然后在小组内进行交流。

第三章

“识字与写字”教学设计

【内容提要】

识字与写字是小学语文课程的重要内容，是阅读和写作的前提，是生活、工作和学习的基础，也是中华文化的基石。汉字教学的设计既要体现汉字本体的构造和使用规律，又要遵循学习者接受汉字教育的心理认知规律。本章分别对小学阶段汉语拼音、识字、写字的教学目标、内容、方法进行了分析，并在此基础上结合具体案例，说明如何进行好相关内容的教学设计。

【学习目标】

- 理解汉字教与学的基本规律，观察某一识字教学片段，能够从汉字字理和学习心理角度进行专业分析。
- 掌握汉语拼音教学的目标、内容，能够进行教学设计。
- 掌握小学阶段识字、写字的教学目标、内容、方法，能够进行识字教学、写字教学的教学设计。
- 收集学生作业中出现的写字错误并进行分析，并在此基础上探究避免和纠正错别字的有效策略。

第一节　小学生怎样识字与写字

一、汉字教与学的基本规律

观点

“识字”的含义①

什么叫识字？艾伟（1890—1955）曾给出一个经典的解释：“所谓识字者谓见形而知

① 朱作仁，祝新华．小学语文教学心理学导论［M］．上海：上海教育出版社，2001：67.

声、义，闻声而知义、形也。斯二者可用下图表示之。”（图中虚线由朱作仁教授所加）

汉字是由形、音、义三个基本因素构成的复合体。学生识字，不仅要分别识记形、音、义三个因素本身，同时还要建立形、音、义三者之间的统一联系，最后达到会认、会读、会解义、会写、会用的程度。

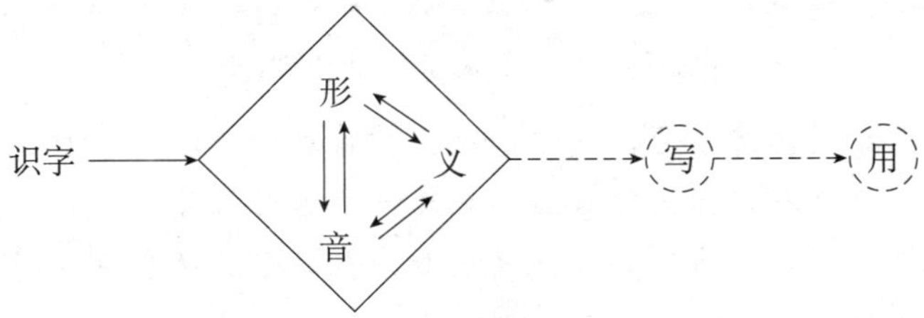

识字就是使汉字的形、音、义在学习者头脑中建立起统一的联系。同时，在汉字的识、写过程中，要帮助学生建立起对汉字的兴趣、独立识字的能力以及良好的识字写字习惯。“科学的汉字教学是两种规律的综合体现：一种是汉字本体的构造和使用的规律，另一种是学习者接受汉字教育的心理认知规律。”①（见图 3-1）

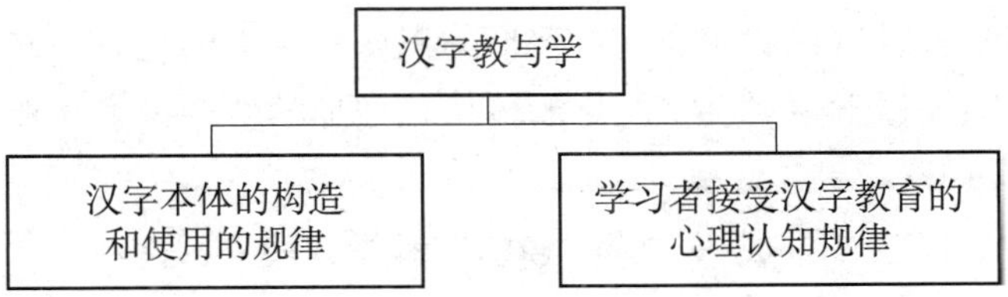

图 3-1 汉字教学的规律

第一，儿童识的是汉字。汉字是表意文字，是“观物取象”“以形达意”的产物。因此，“汉字的信息主要不是靠音来传达，而是靠形来传达的”②。必须基于汉字的构形特点，遵循象形、指事、会意、形声等基本的造字方法，挖掘汉字中所蕴含的丰富文化信息，引导儿童学习汉字。

第二，是儿童识汉字。儿童的生理、心理发展——感知觉、注意力、观察、记忆、思维等方面都有其特殊的规律，组织儿童进行识字时要认识并遵循这些规律。朱作仁教授指出：“识字需要准确而完整的观察、牢固的记忆、合理的联想；又需要精密的分析和综合，是一个复杂的观察、记忆、联想和思维的心理过程。”③

二、儿童在以汉字为基本单位的母体文化世界中学习汉字

汉字，不仅仅是记录、表达的工具，也反映着独特的思维方式。经历了几千年使用过

① 戴汝潜，等．汉字教与学［M］．济南：山东教育出版社，2000：序．
② 申小龙．汉语与中国文化［M］．上海：复旦大学出版社，2003：413.
③ 同①.

程而形成的汉字系统，不仅仅是符号的世界，也是文化的世界。所以说，一个生理学意义上的儿童，他的文化心理是在识汉字、写汉字、读汉字的过程中逐渐孕育形成的。小学生在学习汉字的过程中，不仅掌握了一种工具，也被规训着一种独有的思维方式，更被注入丰富的文化理解。所有这些，对小学生来讲，都起着一种人生奠基的作用。

观点 **方块汉字与母体文化血肉相连①**

我们整个中华民族的语文教育，受方块汉字的特点所制约，同时也受我们整个民族母体文化的制约。方块汉字与母体文化是血肉相连的。这种母体文化，如同母亲的乳汁，哺育一代又一代受教育者。由于有这种乳汁的哺养，在接受汉语教育的时候，我们民族的心理、思想思维方式以及我们民族的风俗习惯、生活方式，等等，就自然而然地深入到我们每个民族成员的血肉之中，并且成为我们中华民族生存繁衍、休养生息的一种凝聚力。

儿童是在汉字汉语的文化世界中识字的，教育者必须把识字活动置于文化的大背景中进行，让儿童的识字过程变成一种文化的穿越，尽可能地避免机械识记。从汉字的字理和文化背景出发进行识字教学，一方面能使学生更好地理解汉字形音义之间的联系，使学生不仅知其然而且知其所以然，从而加深对字形的识认和字义的理解，减少识字中的机械识记；另一方面，也能加强学生对汉字文化的体认，增加学生的识字兴趣。

案例 **成语“管中窥豹”教学片段②**

师：大家看管中窥豹这个成语，“豹”字呀就是豹子的“豹”。豹子见过吗？

生：见过，在动物园。

师：是，在动物园里见过。豹子是一种非常凶猛的动物。那么古人呀，就是根据豹子长的样子创造了“豹”这个字。

（课件出示“豹”的甲骨文、金文、楷书，讲解该字的字形演变过程）

师：大家看，这是豹子的头，张着大嘴，露出两颗牙齿，接着是它的身体、爪子、腿、尾巴，身体上还有豹子的斑纹，像不像呀？后来呀，这个字简化了一些，但是依然保留着大嘴、牙齿、爪子和身体的形状，对不对？

师：后来人们又在这个字的右边加上了一个部件表示这个字的读音，这个字就变成了形声字。现在就写成了“豹”。记住这个“豹”字了吗？来，让我们再来读一读这个词。

生（齐）：管中窥豹。

师：“管中窥豹”的这个“窥”呀，是看的意思。哪个小朋友猜一猜，窥，是怎么看呢？

① 张隆华，曾仲珊．中国古代语文教育史［M］．2 版．成都：四川教育出版社，2000：3.

② 本案例根据吴琳老师的课堂实录整理而成。

生：就是从一个管子里看豹子，但其实就看到了它的一小部分，所以不觉得豹子凶猛。

师：我知道你是知道这个成语的意思了是吧？大家观察一下，看“窥”字是什么部首？

生：穴宝盖。

师：带穴宝盖的字一般跟什么有关系？

生：洞穴。

师：对呀，跟洞穴、孔穴有关系。窥，就是从小孔当中偷偷地看。那管中窥豹，能看到什么呢？别着急，吴老师这里呀，有一根管子，哪位小朋友来窥一窥？看看你能窥到什么？

师：你看到了什么呀？你看到了什么就说什么。看到了什么？

生：看到了尾巴。

师：他看到了尾巴。请你“窥”一“窥”。

师：你“窥”到了什么？

生：看到了豹子的头。

师：你再“窥”一“窥”。

生：看到了豹子的斑纹。

师：你看呀，这些同学管中窥豹“窥”到的都是豹子身体的——

生：一小部分。

师：看得到一个完整的豹子吗？

生：不能。

师：这就是——管中窥豹。

老师在讲授“豹”字时，引入了汉字的字理，利用课件出示“豹”的甲骨文、金文、楷书，并伴随着讲解“这是豹子的头，张着大嘴，露出两颗牙齿，接着是它的身体、爪子、腿、尾巴，身体上还有豹子的斑纹”。通过一系列直观的感受及教师语言的生动描述，强化了学生的记忆，使得“豹”字在学生眼中不再是一堆毫无联系的笔画组合，而变得形象、生动、有意义。在进行“窥”字的教学时，扣住字的形符所表示的意义与“洞穴”“孔穴”相关，组织学生亲身经历“窥”的活动，使学生很容易地就理解了该成语的含义，并且直观、形象、有趣。

观点

字理识字①

汉字构成的最大特点就是它要根据所表达的意义来构形，因此，汉字的形体总是携带着可供分析的意义信息。字理识字是根据汉字的组构规律解析汉字，并引导学生认识汉字

① 黄亢美．汉字学基础与字理教学法［M］．南宁：广西教育出版社，2014：122.

形、音、义三者之间内在联系的一种识字教学法，最基本的特征就是析形索义、因义记形。

字理即汉字的构形理据。从字理出发进行识字教学，既体现了汉字的特点，又培养了儿童对汉字的兴趣，能够很好地帮助儿童建立汉字“形”“音”“义”之间的联系并精细分辨字形，从而有效地预防错别字的产生，也有利于儿童观察能力、理解能力和想象力的培养。

三、儿童在生活情境和语用生活中学习汉字

语言文字运用的学习不能封闭于课堂和教材中，汉字的识、写也是如此，必须放眼社会生活这个语言文字运用的大课堂，将语文课堂与社会生活联系起来指导学生进行汉字的学习。事实上，学生的识字途径几乎渗透到生活的每个空间。

表 3-1 和表 3-2 是南京一所小学对一年级某班 42 名学生识字途径的调查结果。① 调查可见，在课堂和课本之外，还存在一个更丰富的识字资源——生活环境。语文课堂是学生识字的主要途径，但如何更好地引导学生在生活中识字并将之与课堂中的识字学习结合起来，必须引起我们足够的重视。

表 3-1　学生识字途径统计表（对学生家长的调查）

<table>
<tr><td rowspan="2">识字途径</td><td rowspan="2">父母教的</td><td rowspan="2">通过看课外书认识的</td><td rowspan="2">在幼儿园和学校环境中认识的</td><td colspan="3">生活中无意识中认识的</td><td rowspan="2">请教父母和其他人认识的</td><td rowspan="2">翻字典认识的</td><td rowspan="2">其他途径认识的</td></tr>
<tr><td>在生活情景中认识的</td><td>借助某些物品认识的</td><td>借助影视媒体、磁带、报纸、广告等认识的</td></tr>
<tr><td rowspan="2">所占比例</td><td rowspan="2">11%</td><td rowspan="2">18%</td><td rowspan="2">7%</td><td>16%</td><td>16%</td><td>18%</td><td rowspan="2">11%</td><td rowspan="2">1%</td><td rowspan="2">2%</td></tr>
<tr><td colspan="3">50%</td></tr>
</table>

表 3-2　学生识字途径统计表（对学生的调查）

<table>
<tr><td rowspan="2">识字途径</td><td rowspan="2">父母教的</td><td rowspan="2">通过看课外书认识的</td><td rowspan="2">在幼儿园和学校环境中认识的</td><td colspan="3">生活中无意识中认识的</td><td rowspan="2">请教父母和其他人认识的</td><td rowspan="2">翻字典认识的</td><td rowspan="2">其他途径认识的</td></tr>
<tr><td>在生活情景中认识的</td><td>借助某些物品认识的</td><td>借助影视媒体、磁带、报纸、广告等认识的</td></tr>
<tr><td rowspan="2">所占比例</td><td rowspan="2">13%</td><td rowspan="2">16%</td><td rowspan="2">8%</td><td>17%</td><td>19%</td><td>21%</td><td rowspan="2">2%</td><td rowspan="2">2%</td><td rowspan="2">2%</td></tr>
<tr><td colspan="3">57%</td></tr>
</table>

儿童的语用生活是丰富的。根据全语言教育理论，儿童的语言学习是在完整的情景、

① 冯晔，陈树民．社会也是课堂，生活也是老师：一次儿童识字系列调查的启示［J］．江苏教育，2005（20）．转引自：董蓓菲．语文教育心理学［M］．上海：上海教育出版社，2006：146.

真实的言语环境中形成的，所以，儿童的语言学习应渗透在全部课程中，与他们的生活融为一体。因此，儿童的汉字学习就不仅仅发生在语文课程中，也发生在其他课程中，发生在教室、图书馆、校园环境、家庭生活、社区环境等诸多领域。在任何一个儿童能够接触到的环境，都能进行识字。也就是说，儿童的生活环境也是儿童识字的重要资源。但这并不削弱课堂中汉字教学的价值，指导学生学会观察、发现、辨析、探究、梳理、归类，帮助他们从对汉字的感性认识走向理性认识，把握规律，体认文化，学习识字的方法，提高独立识字的能力，就成了课堂教学的核心任务。

拓展阅读

《汉字与中华文化十讲》片段①

学习汉字不能仅靠记忆，要从感性走向理性，使汉字教育和语言结合，和文化结合，和读书结合，和审美结合，并把古今联系起来，让字变得不再枯燥、不再无趣。要做到这些，就需要我们了解汉字的知识、明白汉字的道理，逐渐懂得汉字。懂汉字才能更好地学习汉字和教别人汉字，才会爱汉字并有写好汉字的兴趣。

汉字是儿童了解中国文化的一座桥梁，是体会中华文化的一种路径。儿童越了解汉字，越懂汉字，就越能激发自身学习汉字的内驱力。

四、儿童在不断地“识记—复现—巩固”的过程中学习汉字

阅读与探究

帮助学生与遗忘做斗争

在“多认少写”“识写分开”的前提下，如何巩固所认的字成为识字教学的难点与重点。下面两幅图是心理学中有关记忆问题的经典理论：

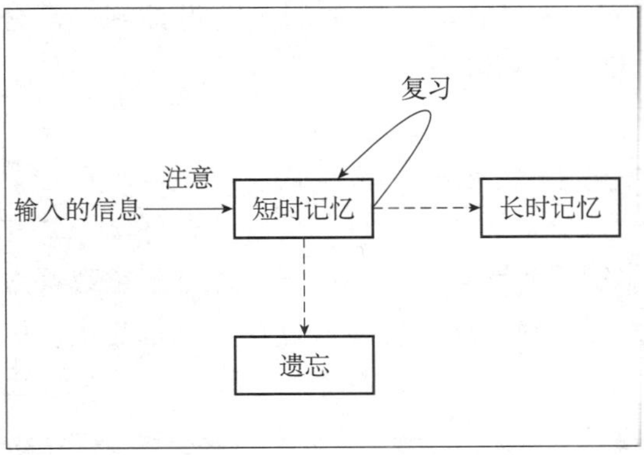

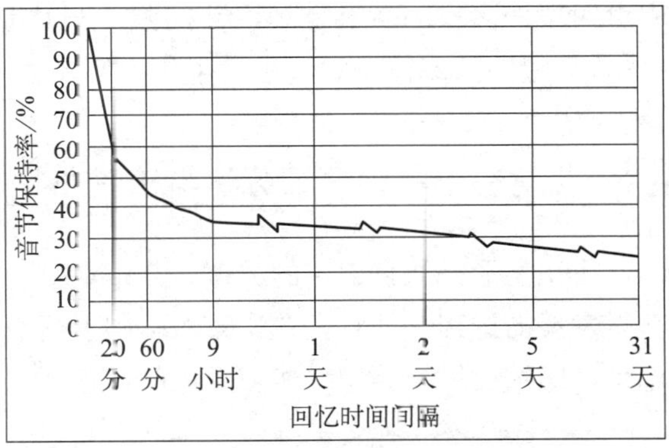

思考：在识字教学中如何强化短时记忆？怎样的出场方式才能强化儿童对汉字的

① 王宁．汉字与中华文化十讲［M］．北京：生活·读书·新知三联书店，2018：257.

“第一印象”？怎样做才能将对汉字的短时记忆变为长时记忆？为了防止遗忘，在第一次识字后你怎样选择复现的时间点？你能为自己设计一个日常教学中常规性的复习安排表吗？

识字，首先是记忆问题，教师应了解儿童记忆的规律与特点，以心理学为武器，帮助学生与遗忘做斗争。如设计新鲜多样的生字“出场方式”，全方位调动学生的感知觉等，以强化并保持儿童的“注意”；设计恰当的方式“复现”生字，并安排好“复现”的时间点（如一堂课内的复现、一天内的复现、一周的复现等）。

在小学低年级阶段，生字出现和复现的形式很重要，表 3-3 是国外一项关于“不同情境下 3～7 岁儿童识记 6 个单词的效果”的研究结果。

表 3-3　不同情境下 3～7 岁儿童识记 6 个单词的效果

年龄/岁	实验室内	游戏中
3～4	0.6	1.0
4～5	1.5	3.0
5～6	2.0	3.2
6～7	2.3	3.8

这一研究带给我们的启示是：

第一，学龄前至低年级，儿童记住事物往往从兴趣出发，日常生活中发生的、直观的东西比较容易被记住，所以要避免反复、枯燥的练习、考试，以免增大学生心理压力。

第二，要尽可能创设丰富多彩的教学情境，多采用游戏、活动等形式将识字嵌入其中，尽可能运用形象、直观的教学手段，利用好课堂外的资源引导学生在生活中认识和复现生字。

在设计生字的复现时，首先，要遵循“先快后慢”的遗忘规律，在一节课的教学中要有分时段的多次的生字复现，帮助强化巩固识字。其次，复习时的间隔要设计好，符合“先快后慢”的规律，制造小学生与生字多次“见面”的机会。

五、儿童在不断地精细分辨与梳理归类中学习汉字

辨认字形是儿童识字的关键，儿童观察、比较字体形态结构的过程，也是儿童观察力获得发展的过程。在观察、比较的基础上逐渐发现、理解汉字规律的过程，也是儿童辨析思维、归纳性思维等思维能力发展的过程。

教学反思

这个字为什么总是错

“虐”字作为生字，学生非常容易将虎字头下面的部件写错：或者方向相反，或者中间一横不出头。那么，小学生为什么常犯这样的错误？可能的原因有：

第一，汉字作为“以形达意”的“表意文字”，儿童在学习时首先要做的是感知字形结构和空间配置。但小学低年级儿童的空间知觉发展水平低，对于左右、上下等方位往往容易混淆。

第二，儿童由于认知能力发展还不完善，感知较为笼统，往往不能精确辨认字形的细微差别，而其字形的学习大致要经过泛化、初步分化、精确分化等阶段才能建立起较为稳固的记忆。

第三，“影响学习的最重要的因素是学生已经知道了什么”（奥苏贝尔）。而在这里，“山”“雪”“扫”等已经学习过的熟字可能对学生产生了负迁移。

针对上述原因，如何设计好教学，让学生准确牢固地记住“虐”字的字形呢？显然，这既要考虑到儿童识字的心理，也要考虑到“虐”字本身的字理。经讨论，大家觉得可以考虑的教学改进办法有：

（1）充分理解儿童的心理发展水平，帮助儿童精加工字形。如：将易错笔画和部件采用醒目的颜色或动画的方式，调动儿童多种感觉器官，帮助他们强化认知；也可以采用比较辨析的方式（“虎”与“虐”，“雪”与“虐”），发挥学生识字的主体性，让他们经历一个观察、比较、分析的过程，并说给大家听。

（2）充分理解汉字的字理基础，从字理出发进行字形分析，帮助学生分化汉字。小篆“虐”字（见右图），从“虍”从“爪”从“人”，以爪搏击人之意，是个会意字。隶变后楷书写作“虐”，省略了“人”。原来，“虐”字的下部为虎爪之形。那么教学时就可以灵活的把“虍”的“丿”看作虎尾，因而虎爪必须向右，这样才朝前，意为虎张开爪子朝前捕食人或动物，故有残暴、侵害之意。帮助孩子们记住虎爪与虎头朝向是一致的，就可以更好地避免学生在字形上出错了。

由于感知能力发展得不够，小学生对事物的感知以整体轮廓为主，精细辨别能力相对较差。在观察力方面，小学生能说出事物的整体轮廓，但精确观察能力较低，不能细致地观察具体的细节；观察时往往会见大不见小、见近不见远、见显不见隐，常常忽视被感知客体的被强刺激掩盖着的弱刺激部分，以至于遗漏掉重要的细节。①

“虐”字的教学案例启示我们：要想方设法地帮助学生对字形进行精细加工，防患于未然；出现错误之后，教师要科学地分析错误的原因并找出解决的策略。在帮助学生进行精细分化过程中教师必须认识到：（1）告诉学生的效果永远比不上让学生自己动脑、自己发现、自己表达，所以要让学生经历观察、比较、分析、表达的过程，自我监控，掌握方法，培养独立识字能力。（2）已掌握、已记住的笔画、部件或整字越巩固，其后续学习过程中同化的效果就越好，所以要认认真真地进行基本字（含部首变体）的教学，为学生打下扎实的识字基础。（3）随着时间的推移，学生掌握的汉字越来越多，别字开始大量增加。此时，需要从汉字“以形达意”的基本特点出发，引导学生区别形义，把握规律，归

① 朱作仁，祝新华．小学语文教学心理学导论［M］．上海：上海教育出版社，2001：20.

类识记，组织学生围绕汉字进行梳理与探究活动。

六、儿童在观察、模仿、比较、揣摩中学习书写汉字

案例 “粉”和“芬”的写字教学片段

师：我们先来看看左右结构的字，我们把“粉”字送进了田字格里。仔细观察，怎么样才能把它写好？

生：粉，米字旁有点儿瘦，“分”有点儿宽。

师：好！再观察，看老师把左右两部分标出了不同的颜色。

生：左右两部分一般高。

师：再看看，当“米”字做部首时，它发生了哪些变化？

生：“捺”变成了“点”。

师：观察仔细了，字才能写得正确、漂亮。现在，观察老师写这个字。

（师范写，生描一个，写一个，展示，评字，再写）

师：好，我们再来看一个上下结构的字——“芬”。它又有什么特点呢？

生：上边窄，下边宽。

师：非常好！上面窄一些，下面宽一些。看老师写一个。

师：（范写）草字头，不用盖住下边。分，撇和捺要伸展开，就好看了。

（生描一个，写一个，展示，评字，再写）

写字是人的大脑、眼睛、手臂、手腕、手指等器官联合协调的活动。从外表看，手的活动是关键；从内部机制看，脑的活动起核心作用。西汉扬雄说：“书，心画也。”意思是说，书写是心理的描述。上述案例中，教师指导学生经历了从“心”到“手”的观察、比较、书写、再写的基本过程，这是一个观察与示范、比较与展示、重写与修正的过程，是一个技能与审美协调发展的过程。

与此同时，我们必须注意到：小学生尤其是低年级学生手部的肌肉群还比较稚嫩，所以不要随意增加写字的量，避免机械抄写。另外，良好的书写习惯——包括坐姿、握笔姿势、书写规范、字迹工整等，都是教师要十分注意的问题。

【思考与练习】

1. 观察一节识字教学课，记录教学过程及其在教学中所使用的方法，对其合理性和教学效果进行讨论和分析。

2. 识字教学中如何更好地连接起学生的语用环境提高学生的识字兴趣？

3. 观察学生的作文本、试卷等，收集学生书写的错字，对如上错字从汉字学和心理学的角度进行归类分析，寻找避免和纠正错误的可能策略。

第二节 汉语拼音教学设计与案例分析

一、汉语拼音的教学目标与内容

（一）汉语拼音教学目标

汉语拼音课程以学习认读和运用汉语拼音为主要内容。汉语拼音既是学生识字的基础和保障，也是学习普通话的重要依据，同时还是中文信息处理的重要工具。在《义务教育语文课程标准（2022年版）》中，“汉语拼音”的目标并未单独出现，而是置于第一学段“识字与写字”的学段要求中：

> 学会汉语拼音。能读准声母、韵母、声调和整体认读音节。能准确地拼读音节，正确书写声母、韵母和音节。认识大写字母，熟记《汉语拼音字母表》。
>
> …………
>
> 学习独立识字。能借助汉语拼音认读汉字，学会用音序检字法和部首检字法查字典。①

“汉语拼音”课程的目标和内容主要包括：声母、韵母、声调和音节的认读、拼读和书写。这是第一学段需要让学生掌握和运用的内容。在上述基础上，进一步要求“能借助汉语拼音认读汉字”。课程标准还要求熟记《汉语拼音字母表》，学会用音序检字法查字典，这说明汉语拼音字母表记忆顺序的重要性。学生只有熟记《汉语拼音字母表》，才能根据字母表顺序用音序检字法查找汉字。提出“能借助汉语拼音认读汉字”“学会用音序检字法和部首检字法查字典”这些要求的目的是培养学生的独立识字能力。“汉语拼音”课程是“识字与写字”课程的重要组成部分，并对阅读和普通话的学习产生直接影响。

（二）汉语拼音教学内容

在课程标准的“课程内容”部分，在基础型学习任务群“语言文字积累与梳理”第一学段的学习内容中，对汉语拼音的学习内容进行了说明：

> 认读拼音字母，拼读音节，认识声调，借助汉语拼音认读汉字，学习音序检字法；在日常交际情境中学习汉语拼音和普通话。②

汉语拼音课程在语文教材第一册集中出现在两个单元，但这并不意味着汉语拼音的教学随着这两个单元教学任务的完成而结束，它始终与学说普通话、识字、阅读等相结合，进行持续的、分散式学习和巩固，贯串义务教育阶段语文教学的始终。

语文教材一年级上册中两个拼音单元的具体内容包括：声母，韵母，整体认读音节，音节的拼读、拼写，声调，等等。小学汉语拼音教学字母表见图3-2。

---

① 中华人民共和国教育部．义务教育语文课程标准：2022年版［S］．北京：北京师范大学出版社，2022：7.

② 同①20.

一、声母表（23个）

b p m f d t n l g k h j

q x zh ch sh r z c s y w

二、单韵母（6个）

ɑ o e i u ü

三、复韵母（9个）

ɑi ei ui ɑo ou iu ie üe er

四、前鼻韵母（5个）

ɑn en in un ün

五、后鼻韵母（4个）

ɑng eng ing ong

六、整体认读音节（16个）

zhi chi shi ri zi ci si yi wu yu

ye yue yuɑn yin yun ying

图 3-2　小学汉语拼音教学字母表

上述汉语拼音课程内容在教材中的分布见表 3-4。

表 3-4　汉语拼音课程内容在教材中的分布

一上第二单元	一上第三单元
第一课：ɑ、o、e 第二课：i、u、ü、y、w、yi、wu、yu 第三课：b、p、m、f 第四课：d、t、n、l 第五课：g、k、h 第六课：j、q、x 第七课：z、c、s、zi、ci、si 第八课：zh、ch、sh、r、zhi、chi、shi、ri	第九课：ɑi、ei、ui 第十课：ɑo、ou、iu 第十一课：ie、üe、er、ye、yue 第十二课：ɑn、en、in、un、ün、yuɑn、yin、yun 第十三课：ɑng、eng、ing、ong、ying

汉语拼音字母分散在每课内容的最后部分，在一年级上册“语文园地三”的练习中呈现出了完整的《汉语拼音字母表》，教材将《汉语拼音字母表》的内容与学生的生活实际相联系，更加体现了汉语拼音的工具性。

汉语拼音规范的书写字体是哥特体。在教科书拼音单元中的每课最后部分都是书写练习，学生应根据规范的书写字体来正确书写汉语拼音字母。拼音字母写在“四线三格”里，四线三格又分为上、中、下三格。首先，在教学中要注意讲解拼音字母的占格及笔画顺序。以占格为例，占中格的拼音字母有：ɑ、o、e、u、m、n、x、r、z、c、s、w，占中上格的拼音字母有 i、ü、b、f、d、t、l、k、h，占中下格的拼音字母有 y、p、g、q，占上中下格的拼音字母只有 j。其次，要讲清楚笔画顺序，需要注意的几个拼音字母有：i、ü、j，这几个拼音字母中的点应该最后书写，m 这个拼音字母应该是 3 笔写成，f、t 要注意区分，且它们的横画是最后一笔，x 先写右斜竖，再写左斜竖。最后，在四线三格中书写拼音字母时注意中格要写饱满，上、下格不碰第一线第四线，不占满格。

音节的拼读方法主要包括两种：一是两拼法，顾名思义就是两拼音节的拼读，拼读口诀是“前音轻短后音重，两音相连猛一碰”；二是三拼法，也即三拼音节的拼读，拼读口诀是“声轻介短韵母响，三音连读很顺当”。

二、汉语拼音的教学策略与方法

（一）创设情境，加强拼音教学的兴趣化、生活化

1. 利用教材情境，引导学生在发现中自主建构

在统编版教材中，为了供小学生更好地掌握和理解声母、韵母，在进行教材编撰时专门配套设置了故事情境。情境图生动活泼且色彩鲜明、易于识别和理解，其中包含了大量的拼音元素，十分贴合小学生心理和生活世界。因此，语文教师在进行小学拼音教学时，要充分利用好情境图这一工具，引导小学生认真观察，帮助小学生形象地搭建起字母音和字形之间联系的桥梁，让小学生在比较、听辨和练习过程中矫正音准。

汉语拼音与其他语言形式在学习上的不同是，它具有很强的抽象性，识别和记忆难度较大，而且一些拼音和拼音之间存在相似性，容易混淆。通过指导学生阅读情境图，了解其中的拼音因素来学习拼音，可以实现抽象向具象的转换，符合小学生的认知规律，也能更好地调动他们的学习积极性。

案例 **声母 b、p、m、f 的教学片段**

一、创设情境，引出声母 b、p、m、f

教师出示课文情境图，引导观察：今天我们要去声母家族，去认识一些新朋友。瞧，前面就是声母公园了，我们先去逛一逛吧！请你们认真看，仔细找，你看到了什么？

生：我看到了两个小朋友正在山脚下捉迷藏，女孩躲在山洞后面，男孩用手帕蒙着眼睛，伸开双手一步一步往前摸。而旁边的山坡上，爷孙俩正在比赛爬山。爷爷拄着拐杖小心翼翼地向前行进，孙子手拿收音机紧紧地跟在爷爷身后，收音机里放着一些欢快悦耳的歌曲。

二、争做大侦探，寻找声母

1. 出示声母 b、p、m、f，带学生读一读。引导学生在图中找一找：b、p、m、f 最喜欢玩捉迷藏了，它们就藏在这幅图里，看谁能最快找到它们？

生：小男孩的左手上拿着的收音机就是 b 的形状，他的衣服上还藏着 p，山脚下的山洞是 m 的形状，爷爷的拐杖就是 f。

2. 根据学生的回答，课件展示声母与图片重叠的效果，呈现 4 个字母的形状。

以上教学片段运用情境图，将学生巧妙带入拼音学习中，让学生在故事中练说话、寻字母、记字形，使拼音教学图文并茂，生动有趣，学生乐于参与。

2. 创设故事情境，提升课堂趣味性

拼音教学不仅要了解学生学习成效，还应当关注学生在学习过程中的情感体验。为此，教师在进行趣味拼音教学的过程中，要尽量活灵活现地为学生提供充满趣味的学习场景，让学生能够在此过程中体验到积极的情感，并逐渐意识到拼音学习的重要性。具体教学时教师可以将教材中的字母形象化，并融入趣味性强的故事中，使学生感受一个个字母的趣味组合。

案例 **创设故事情境，巩固 ɑ、o、e 四声的认读**

教师一边高举带声调的元音字母卡片，一边向学生讲解《小猪进货》，在引导学生了解故事内容的同时，让学生跟着教师跟读元音。反复进行上述操作，直至学生能够正确地拼读 ɑ、o、e 四声。

《小猪进货》：小熊在森林里开了家小卖铺，生意很火爆。于是小猪今天准备去城里进货。他开上进货的卡车舒适地行驶在道路上，心里还在美美地想着商店的生意，不由自主地哼起了歌："ā ā ā"。不一会儿，一个大斜坡出现在小猪前方，让小猪不得不紧踩油门，于是汽车吃力地在坡上爬行着，小猪此时哼唱着"á á á"。费了九牛二虎之力，小猪终于爬上了斜坡，再定睛一看前面又出现了一段陡峭的下行斜坡，随之而来的又是陡峭的上行斜坡。小猪心里感叹着，唉，这条道路真难走。但即使如此，小猪仍然乐观地启动汽车向前行进，嘴里依然哼唱着"ǎ ǎ ǎ"的歌曲。过了一段时间终于爬完了坡，小猪眼前又出现一段下坡路。小猪站在坡顶上，远远地看到了城里的一片繁华，内心十分开心，还大声呼喊着"à! à! à! 我要进城啦!"。于是轻松地开着汽车下了坡。小猪进了很多货!

处于儿童时期的学生常常具有十分强大的想象力，通过编故事、听故事能够进一步培养和开发孩子的想象力。对于小学一年级学生而言，他们通常识的字不多，教师通过讲故事的方法让他们融入故事情节中，能够充分调动他们的想象力，让他们在掌握知识的同时想象力也能得到培育。利用讲故事的方法学习汉语拼音，在激发学生想象力的同时，也能大大地发展学生的听、说能力。随着故事情节的展开，学生也能收获良好的情感体验。

3. 创设生活情境，增强学习体验

语言源于生活，应用于生活，汉语拼音教学亦是如此。因此，教师在教授学生学习拼音的过程中，要尽量为学生创设贴近生活的教学情境，从而更好地调动他们的日常生活经验，让抽象的拼音知识变得更加具象化，也让拼音学习最终服务于生活。

比如，教师在教完《i u ü y w》一课时，可以开展"拼音大搜索"活动，引导学生在班级里、生活中找一找名字里带有"yi、wu、yu"的同学、朋友或家人，将课堂内外联系在一起的同时巩固拼音知识。还可以结合实际拼音教学内容开展"拼音卡片"裁剪与制作活动，让学生用剪刀、胶水、铅笔、直尺等工具绘制拼音卡片，然后将其粘贴到对应的位置。这样生活化的拼音教学活动可以丰富学生的学习体验，使学生将拼音与身边熟知的、具体的事物建立联系，有助于学生更好地识记、内化所学拼音知识。

（二）借助跨学科学习，体现学科融合

低年级学生学习主要以直接兴趣为主，教师可以根据这一特点开展跨学科学习，将孩子感兴趣的课程融入拼音学习中，开展丰富多彩的教学活动，拓宽学生的学习空间，为学生学习创造更多乐趣。

1. 音乐与拼音组合——创编儿歌

在进行小学生拼音教学时，儿歌教学是行之有效的教学方式。儿歌本身朗朗上口、易于记忆、节奏欢快，在学唱儿歌的过程中还能充分调动课堂的气氛，激发学生灵感，让学生在学唱的过程中感受节奏韵律美，获得学习拼音的乐趣。比如在学习 ɑ、o、e 时，可以引导学生同桌合作朗读儿歌："我读 ɑ，你读 ɑ，我们一起张大嘴巴 ɑ、ɑ、ɑ……"还可以用儿歌"右下半圆 b、b、b，右上半圆 p、p、p，左下半圆 d、d、d，左上半圆 q、q、q"帮助学生正确区分 b、d、p、q。这样将拼音知识与儿歌巧妙地结合起来，既可以增强学习的互动性，也可以活跃教学气氛，让学生能够在轻松的氛围中更好地掌握知识。

2. 美术与拼音结合——手工制作

实践能够帮助学生更好地理解掌握知识，同时发展学生的动手能力。教师可以将绘画、手工制作等实践形式巧妙地同汉语拼音学习结合起来，让学生在实践的过程中掌握汉语拼音的拼读技巧。例如，在学习声母、单韵母时，教师可以为学生提供一些橡皮泥，要求学生捏出相应的字母，然后让学生跟着教师一块跟读出来。在学习了完整音节的拼读之后，可以让学生用橡皮泥制作拼音小报，拼自己的名字、拼声母表或韵母表等。这样一来，学生的动手能力得到了锻炼，对字母、字形的构成也会形成更加深刻的印象。

3. 体育与拼音融合——动手动脑

小学低年级的学生通常无法长时间集中注意力，在学习一段时间后，他们的注意力就会分散到一些与学习无关的事情上。因此教师在教学过程中每隔一段时间可以设置一些课中操之类的体育活动，在调动课堂氛围的同时也能够让学生适当地放松神经，更好地集中注意力，提高后续学习的效率。比如，在认读完字母时，可以做一做字母形状操，用手指或身体部位比画出字母形状。再如，学习完拼音字母的书写后，可以设计头部操，让学生用头来书写所学的拼音字母。这样边做边说，有利于开发利用学生的左右脑，有利于调整学生的注意力，让学生快乐高效地学习汉语拼音。

（三）创设多样化活动，在游戏中激发兴趣

通过游戏围绕教学目标来调动课堂氛围，使学生在游戏中学习并掌握知识，是学生喜闻乐见的教学方式。通过游戏的形式，可以让学生更好地掌握一些拼读的知识和技巧。

教学策略　　**拼音小游戏**

● 找朋友：学生双人或四人合作，有些学生手持韵母卡片，有些学生手持声母卡片，让他们根据手中所持的卡片正确寻找朋友，然后将两者结合起来的拼音读出来。

● 开火车：出示音节，学生开火车朗读，可以单人开、小组开，还可以增加难度，双道列车一起开。

● 顺风耳：学生每人准备一套卡片，听到老师或小老师报音，马上找出对应的卡片，看谁找得快而准。

● 打扑克牌：用拼音卡纸编制一套“打扑克游戏卡”。学生 1：我出 g，学生 2：我出 an。抢答：我们拼成“gan”，干杯的“干”。抢答正确的学生可以没收对方的扑克。谁收集的拼音卡多谁就赢。

● 猜猜猜：教师或学生做出口型，请学生猜是哪个字母的读音。

● 火眼金睛：教师出示标错声调的音节，请学生从中找出错误并改正。

● 猜一猜，谁不见：首先由教师向学生展示已经准备好的拼音卡片，然后遮挡其中的某个声母或韵母，向学生提问“到底是哪位拼音字母小朋友不见了？”最后请学生大声读出来，如“e、e、e，请出来。”

● 放鞭炮：准备一个大鞭炮，鞭炮里有很多拼音卡片，邀请学生上台抽取卡片，然后向全班学生大声朗读出来。一旦学生读正确，台下的同学都发出“咻～嘭！”的声音，鞭炮被点燃了。如果读错了，教师和台下的同学都应当鼓励学生，让他再做尝试。

● 我是表演家：学生用身体摆出拼音的形状，可以多位合作完成，其他同学猜。

好的游戏活动不仅能够活跃课堂教学氛围，而且能够激发学生的学习兴趣，使其从中找到相关发音规律，树立学习拼音的自信心。教师在日常生活中要善于积累游戏，做好游戏储备，力求拼音教学中的游戏活动新颖且实用。

（四）及时评价总结，实现“教-学-评”一致

课堂评价对于教学活动的顺利开展具有十分重要的反馈作用，能够在一定程度上影响后续的教学成效。学生作为课堂的主体应该参与到评价环节中来。教师可以在教学时设计评价量表，引导学生相互评价，在教学结束后也可以请学生分享一下自己的学习收获，进行自我评价。这样既可以及时正向地给予教师反馈，还能够形成同学之间互相鼓励互相监督的友好学习氛围。教师先进行教学评价，然后再做出总结，同时也鼓励学生学习并掌握相应评价方法。与此同时，教师还要以评价促学为行为目标，“软化”评价结果，减少对学生的负面评价，多肯定学生的进步和优点，激励学生持续提高。

案例　　**指导书写 a、o、e 的教学过程设计**

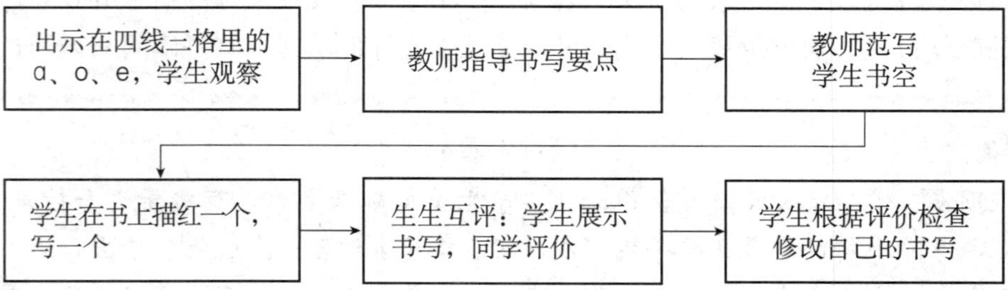

三、汉语拼音教学设计案例与点评

案例 《j q x》第一课时教学设计

一、课时目标

1. 认读 j、q、x 及其四声，能够认清形状和读准音节，并正确书写。

2. 拼读 j、q、x 与韵母组合音节，尤其要掌握 ü 的点的省略规则。

二、教学过程

（一）猜谜导入，学习声母 j、q、x

1. 猜谜语，认读 j

（1）课件出示谜语：一朵红花头上戴，一件花衣身上盖。天还没亮就起床，唱得太阳升起来。（打一动物）

学生猜谜，教师揭晓谜底（公鸡）。

（2）引出声母：公鸡的“鸡”读得轻短些，就是我们今天学的第一个字母 j 的发音。

（3）教师示范读准发音。

（4）学生练读：学生试读—领读—小组读—齐读。

2. 数气球，认读 q

（1）课件出示课文第 30 页情境图。

（2）引导看图说话。提问：图中的小妹妹手里拿着什么？请你帮她数一数，一共有几个气球？

（3）复习学过的“七”字。

（4）出示声母 q，指导读准音。学生试读—领读—小组读—齐读。

3. 看动作，认读 x

（1）教师做“切西瓜”的动作，引出 x。

（2）读准 x 的发音。教师范读—指名读—男女生读—齐读。

4. 认清 j、q、x 的形，学习正确书写

（1）情境图找字母

提问：图中哪些物品中藏着 j、q、x 呢？你能把它找出来吗？

预设：母鸡捉蝴蝶的形状像 j；气球加绳子的形状像 q；刀切西瓜的印痕像 x。

（2）动手摆搭字母

启发：请小朋友仔细观察 j、q、x 的形状，然后用你的学具、身边的物品摆出这三个字母的形状。摆好后，读一读这三个声母宝宝。

学生尝试摆搭字母，读声母 j、q、x。

也可以用超轻黏土、生活中的物品摆字母。

（3）观察位置，书写展评

①引导观察：你认为 j、q、x 在写的时候，位置和笔顺上要提醒大家注意些什么？

j 在四线格中占上、中、下三格，先写竖左弯，再写点。

q 占中格和下格，先写左半圆，再写竖。

x 占中格，先写右斜竖，再写左斜竖，两笔交叉在中间。

②教师范写，学生跟着书空。重点指导 j 的书写，强调竖弯的竖要写得直，到下格后才开始往左弯。

③学生尝试写，教师巡视，个别指导。

④围绕字母的位置和笔画进行讲评。

5. 游戏巩固字母

游戏规则：老师说声母口令，学生用字母顺口溜进行回应。

师：q、q、q，在哪里？

生：q、q、q，在这里，七个气球 q、q、q。

师：j、j、j，在哪里？

生：j、j、j，在这里，鸡追蝴蝶 j、j、j。

师：x、x、x，在哪里？

生：x、x、x，在这里，刀切西瓜 x、x、x。

【设计意图】设计不同的活动，给学生提供不同的拼音学习场景，学生在动手、动脑、协作中富有创意地学习，从而更好地掌握声母的音和形。

（二）伙伴互助，学习 j、q、x 与韵母的拼读

1. 学习 j、q、x 与 i 的拼读

（1）合作拼读。方法：同桌中一人出示 j、q、x 卡片，另一人出示四声卡片，组合在一起拼读。

（2）词语拼读挑战大赛。出示带音节的词语，请男女生轮流拼读。

qí mǎ　xǐ yī　mǔ jī　jī qì

骑马　洗衣　母鸡　机器

2. 伙伴互助学习 j、q、x 与 ü 的拼读

（1）课件出示图片，教师讲述故事：正当 j、q、x 与 i 玩得高兴的时候，小 ü 来了（戴着帽子的 ü）。它也想和 j、q、x 玩，可是你知道吗？小 ü 和 j、q、x 碰在一起，就发生了奇妙的事情。

（2）引导发现：小 ü 发生了什么变化呢？（小 ü 头上的帽子不见了）

（3）教师补充故事：为什么会这样呢？原来小 ü 和小朋友一样都是非常有礼貌的，看到 j、q、x 后好比小学生看到老师以后会非常礼貌地将帽子摘下，向它们行个礼，然后和它们亲密地在一起玩耍。因此，ü 和 j、q、x 在一起拼写时，上面的两点要省略掉，但读法不要改变哦。

教授儿歌：小 ü 小 ü 懂礼貌，一见 j、q、x 就脱帽。

(4) 教师示范拼读，学生练读。指名读—同桌互读—小组赛读。

(5) 拓展练习。

①四人小组学习 j、q、x 与 ü 的四声相拼的音节。操作方法：轮流朗读音节，读对了，为同伴点赞；读错了，有礼貌地给对方指出，让其改正。

②学生组词读，教师启发：这些音节，你在生活中的哪些词语中听到过？

例：jū“鞠躬”的“鞠”，jú“橘子”的“橘”，jǔ“举手”的“举”，jù“句子”的“句”。

③游戏：“拼音糖葫芦”。方法：学生拼读“糖葫芦”上的词语音节，要求把音节拼读准确。拼对一个，就往上“长”一个“糖葫芦”。(课件操作时，“糖葫芦”由下往上一个一个“长”上去)

(6) 教师小结，组织学生谈谈收获。

【设计意图】 把 j、q、x 与 i、ü 相拼的两拼音节放在一起教学，进行整合，让学生在不断熟悉运用两拼音节的拼读中，巩固和掌握拼读方法。

【案例点评】

第一，激趣导入，营造学习氛围。针对一年级学生的身心特征，在课堂的导入环节下功夫是非常重要的，本教学设计中引入了一个有趣的谜语，能够迅速激发学生的学习兴趣，调动其学习欲望。

第二，小组合作，强化合作意识。教师致力于改变学习方式，善于引导学生在合作中学习，在合作中得到提升。如在学习 j、q、x 与 ü 的四声相拼的音节时，组织学生四人小组学习，轮流朗读音节，读对了，为同伴点赞；读错了，有礼貌地给对方指出，让其改正。组内成员人人参与，认真巩固，互相帮助，培养了团结协作的意识，锻炼了合作能力，也实现了每个学生都有活动。

第三，生活情境，激发学习兴趣。拼音教学要具有趣味性，以游戏和活动为主。此教学设计中引导学生利用身边的物品，如彩纸、超轻黏土、绳子等，在撕一撕、捏一捏、摆一摆的过程中进行多种形式的拼读。学生在快乐的活动中体验到学习的成就感，课堂气氛热烈。

第四，及时评价，师生共同进步。课堂的完整度需要师生互评来保证，此教学设计里在课中指导书写和在课堂结尾及时询问学生获取反馈，都有对学生进行评价，这样有助于教师课后对后续教学计划做出适当的调整和修订。另外，对课堂秩序的总结评价也有利于一年级孩子养成正确的学习习惯，从而更好地开展接下来的学习。

【思考与练习】

以小组为单位，研读一节汉语拼音课的教学设计（或观察一节汉语拼音课的教学），分析该设计（或课堂教学）的教学目标是否合理，教学环节是否有效，有哪些值得讨论和改进的地方？汇总本组意见，班内进行交流。

第三节　识字教学设计与案例分析

一、识字的教学目标与内容

（一）识字的教学目标

识字是儿童由口头语言过渡到书面语言学习的桥梁。《义务教育语文课程标准（2022年版）》在“课程目标”部分要求学生在识字方面达到如下要求，见表3-5。

表3-5　小学阶段识字教学目标

第一学段	● 喜欢学习汉字，有主动识字、写字的愿望 ● 认识常用汉字1 600个左右 ● 掌握汉字的基本笔画和常用的偏旁部首 ● 学习独立识字。能借助汉语拼音认读汉字，学会用音序检字法和部首检字法查字典
第二学段	● 对学习汉字有浓厚的兴趣，养成主动识字的习惯 ● 累计认识常用汉字2 500个左右 ● 有初步的独立识字能力。能用音序检字法和部首检字法查字典、词典 ● 能感知常用汉字形、音、义之间的联系，初步建立汉字与生活中事物、行为的联系，初步感受汉字的文化内涵
第三学段	● 有较强的独立识字能力 ● 累计认识常用汉字3 000个左右 ● 感受汉字的构字组词特点，体会汉字蕴含的智慧

可以看到，识字的教学目标主要集中在第一、二学段，第三学段相对较少，这说明第一、二学段是识字教学的重点。课程标准从识字兴趣、识字数量、基本笔画及偏旁部首、识字能力等几方面对识字教学做出了具体要求。

1. 识字兴趣

汉字记录、保存了我们祖先创造的灿烂文化，其中蕴含着哲学、美学、社会学、民俗学等各个方面丰富的文化信息，体现着语文工具性与人文性的统一。

观点　**学汉字、懂汉字、爱汉字**①

学习汉字不能仅靠记忆，要从感性走向理性，使汉字教育和语言结合，和文化结合，和读书结合，和审美结合，并把古今联系起来，让字变得不再枯燥、不再无趣。要做到这些，就需要我们了解汉字的知识、明白汉字的道理，逐渐懂得汉字。懂汉字才能更好地学习汉字和教别人汉字，才会爱汉字并有写好汉字的兴趣。……对汉字有了亲和感，人文的气息就能油然而生。

① 王宁．汉字与中华文化十讲［M］．北京：生活·读书·新知三联书店，2018：257.

课程标准对识字教学的首条要求就是从识字兴趣的角度提出的。第一学段强调“喜欢学习汉字，有主动识字、写字的愿望”；第二学段则要求“对学习汉字有浓厚的兴趣，养成主动识字的习惯”。因此，在第一、二学段，应多关注学生主动识字的兴趣。而汉字学习的兴趣，主要应来自汉字本身。

2. 识字数量

课程标准中对义务教育阶段识字的数量有明确规定：累计认识常用字 3 500 个左右。这项标准是依据国家语委、原国家教委联合发布的《现代汉语常用字表》中的具体内容规定的。《现代汉语常用字表》选定了 2 500 个常用字和 1 000 个次常用字。这些字都出现在课程标准“附录”部分的《义务教育语文课程常用字表》中。

同时，课程标准选取了 300 个字作为基本常用字，在“附录”部分《识字、写字教学基本字表》中有明确说明。这些基本常用字构形简单，在小学生的阅读材料中出现频率较高，其中的大多数能够成为其他字的结构成分，所以先学这些字和部首，有利于打好识字、写字的基础，发展识字、写字能力。这些字也就成了第一学段识字的重点内容。

此外，小学阶段各学段目标对识字数量的要求也有所不同。第一学段要求认识常用字 1 600 个左右，第二学段认识 900 个左右，第三阶段认识 500 个左右。通过数量的比较，我们可以发现，课程标准对识字量的要求随着学段的增长而减少。这说明第一学段是识字的重要学段，识字任务较重；第二学段为识字内容的过渡阶段；第三学段虽然还需达到一定的识字数量，但是识字教学已经不是该学段的教学重点了。

3. 基本笔画及偏旁部首

课程标准仅在第一学段中提到“掌握汉字的基本笔画和常用的偏旁部首”，在第二、三学段均未出现相关要求。这意味着汉字的基本笔画及偏旁部首应是第一学段的教学重点，它们是汉字基础知识，是识字课程的起点。需要掌握的 13 个字附带部首变体，均出现在课程标准“附录”部分的《识字、写字教学基本字表》中。

由于第一学段学生刚开始接触汉字，所以应从基本笔画和常用的偏旁部首开始了解汉字的结构特点，这样才能为第二、三学段的识字、写字打下基础。因此基本笔画及偏旁部首是第一学段的重点内容，其他学段不做重点要求。

4. 识字能力

识字能力是指学生掌握了识字的方法，从而能够独立识字，具有了自学汉字的能力。识字能力主要包括以下几个方面：运用汉语拼音读准字音的能力；运用汉字的笔画、笔顺、偏旁、部首、间架结构及构字规律，分析字形结构，辨清字形，牢记字形的能力；能够借助字典，或通过上下文、联系生活实际等理解字义的能力。

课程标准对小学三个学段识字能力的要求的表述有所不同，体现梯度变化。如第一学段要求“学习独立识字”，第二学段的要求是“有初步的独立识字能力”，第三学段则要求“有较强的独立识字能力”。这说明独立识字能力是随着学段的不断提高，而逐渐加强的。关于“音序检字法和部首检字法查字典”的要求，第一学段要求学生“学会用”，而第二学段的要求则是“能用”，不仅有字典，还增加了词典，进而逐渐走向自主识字。

（二）识字的教学内容

《义务教育语文课程标准（2022年版）》“课程内容”部分在“语言文字积累与梳理”的基础型学习任务群的“学习内容”中，对小学阶段的识字内容做了说明，见表3-6。

表3-6 “语言文字积累与梳理”中有关识字的学习内容

第一学段	● 认识有关人的身体与行为、天地四方、自然万物等方面的常用字；认识家庭生活、学校生活、社会生活中的常用字 ● 先认先写基本字，学习部首检字法，尝试发现汉字的一些规律，初步学习分类整理课内外认识的字；在生活中主动识字，发展独立识字能力
第二学段	● 在真实的语言文字运用情境中独立识字与写字，初步梳理常用汉字形、音、义之间的联系 ● 关注校园内外汉字和标点符号的正确使用情况，整理自己的发现并和同学交流，互相正字正音
第三学段	● 主动通过多种方式独立识字，按照汉字字形结构等规律梳理学过的汉字 ● 开展校园内外讲普通话、写规范字、正确使用标点符号情况的调查，整理、分享自己的发现

识字是阅读的基础，是第一学段的教学重点，也是贯串整个义务教育阶段的重要教学内容。在小学语文教科书中，识字教学内容主要分布在“识字单元”、“课文内容”和“语文园地”中。下面就识字教学内容中的一些基本概念和重点内容做一些简要说明。

1. 汉字的构成单位

汉字的构成单位主要有笔画、偏旁、部首等。

（1）笔画。写字时，按楷书的书写要求，从起笔到抬笔，叫作“一笔”或“一画”。笔画是汉字最小的构成单位。现行汉字的基本笔画有5种，即横（一）、竖（丨）、撇（丿）、点（丶）、折（乛）。这些笔画的组合方式主要有3种，即相接（丁）、相离（八）、相交（干）。

（2）偏旁。偏旁是组成合体字的结构单位。狭义的偏旁仅指合体字左右两旁的结构单位，广义的偏旁可指合体字上下左右内外任一部分的结构单位。

（3）部首。部首是指“一部之首”。为了查检方便，编纂字典时把具有相同偏旁的字编在一起，成为一部，并把该偏旁作为标目，排在该部之首，叫作部首。一般来说，部首是表示意义的偏旁，但由于独体字只能拆分出笔画，不能拆分出偏旁，为了检索方便，便把独体字的起笔笔形横、竖、撇、点、折也作为部首。部首处于汉字字形中的不同位置时会产生变形，在《义务教育语文课程标准（2022年版）》“附录4”《识字、写字教学基本字表》中明确标出了字表中的13字附带部首变体，“人（亻）、刀（刂）、水（氵）、手（扌）、爪（爫）、火（灬）、心（忄）、玉（⺩）、肉（⺼）、竹（⺮）、衣（衤）、足（⻊）、金（钅）”①。所谓“附带部首变体”其实就是《新华字典》中的“附形部首”，之所以会出现变体，是为了保持汉字字形方正的特点。

① 中华人民共和国教育部．义务教育语文课程标准：2022年版［S］．北京：北京师范大学出版社，2022：66.

2. 汉字的字形

（1）形体。汉字的形体指的是汉字的书写形态，即字的外形特征和结构。学生需要掌握每个汉字的笔画数目、基本笔画的顺序以及笔画的形状等。

（2）结构。学生在学习汉字的过程中需要了解一些构形规则，比如左右结构、上下结构、内外结构等，这样能够更好地理解和记忆字形。

（3）造字方法。汉字的形体多样，但大部分都有其造字的规律和方法。教学时要指导学生学会辨认不同汉字的造字方法，以便更好地理解字义。

（4）象形。象形即象实物之形，就是把客观事物的形状描写出来，是最简单的一种造字方法。例如，“日”字，古文字像太阳的形状。象形字多为独体字，它们字形简单，构字能力强，作偏旁的较多。

（5）指事。指事字，有的用纯象形性符号，有的是在象形字的基础上加上提示符号。指事字在汉字中的数量很少，纯象形符号的指事字更少，如本、末、刃等。

（6）会意。会意即会合成意，是把两个或几个象形或指事字组合在一起。比如“休”，左边单人旁表示“人”，右边“木”代表“树”，整字表示人在树下休息。

（7）形声。形声字由形符和声符构成，形符表示字的义类，声符表示字的读音。现行小学语文教材中形声字占大部分。

3. 基本笔画、结构和读音的学习

（1）掌握汉字的基本笔画。小学阶段是学习汉字的关键时期，应该引导学生由浅入深地学习汉字，从字音、字形、字义等方面逐渐深入地学习。基本笔画是构成汉字的最小单位，是学习汉字字形的基础，为建立形、义之间的联系奠定基础。

（2）掌握汉字的结构。除了独体字之外，汉字都是由不同的部件构成的。教学时要帮助学生了解汉字的部首和部件，这样能够帮助记忆和理解汉字的意义和构成，从而加深对汉字的文化认同。

（3）掌握汉字的读音。同音不同字是汉字的典型特征之一，学生需要正确掌握每个汉字的读音，包括声母、韵母和声调。要借助拼音进行正确的朗读，还要明确多音字在不同情境下的发音和运用，同时要注意纠正方言和不良发音的语言习惯。

二、识字的教学策略与方法

识字教学应结合学生的生活经验，采用形象直观的教学手段，创设丰富多彩的学习情境，综合运用随文识字、集中识字、注音识字、字理识字等多种识字方法，逐步发展学生的识字能力。[①] 现行语文教材在识字内容的具体编排上呈现出先识字后拼音、识写分开、先学基本字和基本偏旁、集中识字与分散识字相结合、重视识字方法等特点。下面从字形、字音、字义的角度，对一些基本的识字方法进行说明。

① 中华人民共和国教育部．义务教育语文课程标准：2022 年版［S］．北京：北京师范大学出版社，2022：22.

(一) 运用字形规律识字

1. 笔画剖析

低年级在初步接触汉字的过程中，需要教师逐一解读每一个笔画，并且向学生解释笔画的名称、书写方式以及笔顺的规则。对于易错的地方，要引导学生观察发现笔画的特点，形成正强化，帮助识记。

2. 部件剖析

在学生熟悉偏旁部首、积累一定的识字量之后，就无须逐一解读笔画了。比如“旦”这个字，需要在“日”这个字下面加一笔横即可。假如新字是由学生已经熟悉的部件构成的，那么就以部件为基础进行分析，比如“早”字是“日”字的下面加上“十”字，这样既能复能习已经熟悉的字，又能轻松记住新字。在教学实践中，加一加、减一减、添一笔变新字皆是根据部件剖析法而来的。

3. 构字规律剖析法

按照字形构造的原则——象形、指事、会意、形声，帮助学生识字。

例如，在教授一年级上册识字课《日月水火》时，讲到“月”字，首先要讲解月牙的形状，接着引导学生观察其外形，然后将其转化为方形，并在中间添加两横，就构成了现在的“月”字。如此，像日、水、土、田等字也可以采用这种方式进行识字教学。再比如，教学一年级上册识字课文《日月明》时，明、男、尖、尘、从等，都可以用会意字的构字规律剖析字形。在一年级下册识字课文《动物儿歌》中，教学识记蜻蜓、蚂蚁、蜘蛛三个词时，可以引导学生发现这些字的左边都是虫字旁，代表动物，右边的部分提示我们这个字的读音。因为受到历史和地域方言的影响，有部分的形声字声旁发生了改变，这就需要教师根据具体情况来决定是否能够依照这个来确定声旁的发音。

4. 寻根溯源

寻找汉字源头和字形演变，运用字理帮助学生识字，以增强学生对汉字形义关系的理解。比如在“篮球”这个词中，“篮”球并非由竹子制成，那么为何却是“竹”字旁呢？那是因为篮球最早的形式是将一只竹篮悬挂在树上，然后将球投向篮子。后来，随着篮球的普及，“篮球”一词的中文翻译也开始流行，一直延续到现在。当学生了解了这一历史缘由，就不会将“篮球”误写为“蓝球”了。

5. 猜字谜

对于低年级教师来说，可以根据汉字的字形特点，采用自编字谜或猜字谜的方式进行字形教学，比如“人在云上飞”（会）、“外面宝盖（宀）像座房，屋里‘女’子坐中央，外面乱跑有危险，家里安全有保障”（安）。这些字谜既能够揭示字形的特性，也能揭示汉字的意义，能有效地帮助识字。

(二) 运用字音规律识字

1. 归类认读

在汉语里，有许多同音字，例如作、做、坐、座的发音是 zuò，然而它们的字形和含义是有区别的。在教学过程中，可以首先解析字形并阐述字义，然后再进行朗读。对于清、晴、情、请这类音调差异较大的词汇，在授课过程中，教师可以采取将其分类的方式来处理发音上的困扰，让学生通过已经掌握的词汇逐渐接触到新的发音，从而加快认字的进程。

2. 据词定音

多音字有两种类型，其中一种是同义的多音字，例如课文中经常出现的“不”，在日常口语中读作 bù，而在“不要”这个词里，“不”的读音为 bú。第二种类型的字有多个发音和意思，例如在“长大”这个词里，“长”的发音是 zhǎng，而在“特长”这个词里，“长”的发音是 cháng。尽管多音字的数量并不是很多，但它们在组合成各种词汇时发音各异，因此在教学过程中，教师需要将其置于特定的语境之下，引导学生依据词义进行发音识别，记忆字音。

3. 比较认读

近音字的特点是发音接近，声母和韵母相近，例如平舌音和翘舌音、边音和鼻音，如草与炒、令与宁。对于近音字的教学，首先要让学生复习近音字中比较熟悉的字，通过熟字练习生字的发音。其次要让学生感受两个近音字的发音差异，反复练习这些读音，结合词语讲义来识别字。

4. 绕口令正音

对于那些容易读错的字，教师可以通过编写绕口令来纠正学生发音。比方说，学习翘舌音“sh”的时候，课本选编了绕口令“四是四，十是十。十四是十四，四十是四十。四十不是十四，十四不是四十”。在识字过程中，要确保发音准确，“sh”“s”的区别也需要明确。

（三）运用字义规律识字

1. 直观教学法

在低年级字词学习过程中，教师需要将抽象的概念变得具体，利用实际的图像来辅助学生理解事物，例如宇宙、沙漠等词汇，可以借助图片、幻灯片等方式，让学生直接观察到词语所描绘的具体形状，从而获得明确的印象，并建立正确的概念。

2. 创设情境法

低年级学生充满活力和好奇心，根据这一特性，教授一些用于描述行为或者是形象的字词时，教师可以让学生通过实际行为去领悟其含义。例如，在教授拔、扛、搬这些词汇时，可以让学生进行一些表达意义的动作练习；当学习难过这个词时，可以展示难过的表情等，这样学生会对此有深刻的印象。

3. 结合生活实际

新课程理念强调小学语文教学要加强与学生实际生活的联系，因此创设生活情境可以帮助学生识字认字，如在统编版语文教材一年级下册语文园地六“展示台”中，同学们可以通过在电影院、卫生院、小卖部、报刊亭等地方认字，教师可以出示相应的词语让学生辨析。

4. 组词或结合语境

当遇到含有多个意思的词语时，需将其置于语境之下，学生便可以领悟。如“花”这个词的含义主要表示的是花朵；而“花三小时学习”里“花”则指利用一段时间间隔、度过；“花钱”中“花”是说在支付或支出上用掉钱；“花猫”中“花”指杂色、有花纹。

观点 **意义理解与识字**[①]

如果一个没有意义的笔画组合与孩子的生活毫不相关，那么他会很快忘记。意义的感受必须在亲自体验之后，意义与语音的结合是思维的成果，是与生活经验和理解分不开的。不同年龄的孩子有他们的心理词典，必须是他们的经验所覆盖、懂得意义的词语才能进入心理词典，汉字必须关联了心理词典中的词，才是“已识字”。

三、识字教学设计案例与点评

案例 **走进汉字故事，感受汉字的魅力**[②]

——二年级下册《“贝”的故事》教学设计与点评

一、设计思路

故事对儿童有特殊的吸引力，几乎每个孩子都是听着一个个精彩的故事成长的。通过将识字任务与故事相融合，原本乏味的识字教育可以变得有趣，能极大地激起学生的学习热情，让他们体验到汉语言文字以及中华文化的深远内涵。

二、教学目标

1. 通过多种方式，认识甲、骨、类、珍、饰等16个生字，提高自主识字的能力。

2. 了解“贝”字的起源、演变过程、构字作用；感受偏旁与汉字意思之间的内在联系，发现汉字构成规律。

3. 结合字形、字义，由“贝”字走进汉字故事，感受中国语言文字和中华文化的博大精深。

三、教学方法

引导学生通过字理、随文、结合生活实际等多种方法识记生字，感受汉字的魅力。

四、教学过程

任务一：观看视频，追根溯源，了解汉字发展的故事

1. 观看视频，激发兴趣

同学们，咱们中国人说中国话，写中国字。中国字也叫汉字，至今已有六千余年的历史了，它是世界上最古老的文字之一，也是持续使用时间最长的文字。同学们都爱听故事，汉字的故事更动听。下面老师就邀请大家共同走进悠悠历史长河，了解汉字的故事。（视频内容主要讲述汉字的发展过程：结绳记事、伏羲发明八卦、仓颉造字……）

2. 交流体会，分享感受

观看了这段视频，同学们有什么感受想要跟我们分享吗？

① 王宁．汉字教学的原理与各类教学方法的科学运用：上［J］．课程·教材·教法，2002（10）．
② 教学设计来自东北师范大学附属小学繁荣校区的欧欣老师。

任务二：聚焦“贝”字，借助图片，呈现汉字的演变故事

1. 初读课文，整体感知大意

汉字是象形文字，一撇一捺都有故事。这也是汉字虽历尽沧桑仍焕发活力的原因。下面，我们一起走进“贝”的故事。

2. 学生朗读课文，纠正读音。

3. 借助插图，了解“贝”字的演变过程

(1) 同学们，你见过贝壳吗？它是什么样子的？

(2) 文中是怎样介绍的？是这样的吗？(出示贝壳图片) 古人写“贝”字就是先仔细观察，再这样记录下来的。(出示课文插图) 观察书中的插图，你看懂了什么？

4. 看图猜字，学习“甲骨”二字

(1) 你觉得哪幅图是甲骨文的“贝”字？为什么这么猜？(出示“贝”字的甲骨文、小篆和楷体书写样式)

(2)“甲骨”这两个字又是怎么写的呢？(出示“甲骨”二字的字理图)

(3) 小结：甲骨文是古代刻在龟甲和兽骨上的文字，内容多是商代王室占卜的记录。甲骨文是世界上最早出现的文字之一，现在的汉字就是从甲骨文演变而来的。

任务三：偏旁归类，链接经验，讲述汉字的生活故事

1. 小组学习，梳理要点

(1) 我们刚才大体了解了贝壳的样子，那么它有什么作用呢？请同学们在小组内说一说，写一写。

(2) 学生小组交流，并对全班汇报。

(3) 教师根据小组发言，梳理要点。

漂亮、珍贵——当作饰品。

随身携带、不易损坏——当作钱币。

2. 自主识字，学生讲解

(1) 老师的板书中有几个我们要学习的生字，谁想做小老师，选择一个生字，带大家学习？(教师板书：漂 珍 饰 品 随 易 币)

(2) 学生做小老师，走到黑板前，带领同学学习 7 个生字。

(3) 教师引导，小结识字方法：

加一加：氵＋票＝漂　王＋今＝珍　日＋勿＝易

借助图片：饰品、钱币

造句：用“随身”说一句话

3. 偏旁归类，发现规律

(1) 指名读句子：因此，用“贝”作偏旁的字大多与钱财有关，比如：赚、赔、购、贫、货。

(2) 观察老师写的这 5 个汉字，它们有什么共同的地方呢？

(3) 为什么这些字都带有“贝”字呢？

(4) 小结：在古代，钱币还没有发明以前，人们是拿贝壳当货币使用的，因此跟财货有关的字，大多用“贝”作偏旁。你还知道其他贝字旁的字吗？

4. 结合习题，拓展迁移

出示课后第 3 题，学生讨论分析加点字的偏旁与什么有关。

出示：铜镜、珠宝

任务四：自主探究，制作小报，汇总汉字的研究故事

1. 交流收获，归纳梳理

(1) 学完这篇课文，同学们有什么收获？

(2) 分享汉字的故事：日、月、水。

2. 分享资料，制作小报

走进汉字的故事，同学们收获满满，课后请将你的收获用自己喜欢的方式呈现出来，一起来做故事小达人吧！

学生课后制作小报，展示分享。

【案例点评】

《“贝”的故事》是统编版语文教材二年级下册识字单元第三课，作为一篇识字课文，其核心目标是识字，以及在识字基础上学习朗读与讲述。这堂课的设计基于孩子们的认知逻辑，并且根据他们的语文核心能力的提升，把新的词汇和课程内容、日常生活经历、实际应用等元素进行了深度融合。让学生们在他们熟悉的环境中去探索汉字的起源，并体验到字形和字义所包含的丰富的文化意义。本篇教学设计体现了三个方面的联结：

联结一，字与教材的联结。本节课为了学习“贝”字，欧老师一是借助课文插图，将甲骨文的“贝”字与实物对照，发现象形字的特点。二是将抽象的“贝”溯源对照，了解汉字的发展过程，揭示甲骨文的起源和字形演变。欧老师同时关注到课后练习题，并且在课堂上尝试解决。立足于教材，教师用教材教，学生用教材学。

联结二，字与识字方法的联结。二年级的学生已经掌握一定的识字量，在课堂上给予学生自主识字的机会，通过加一加、借助图片、造句等识字方法加深印象。《义务教育语文课程标准（2022 年版）》提出：“尝试发现汉字的一些规律”，本节课重点集中识记贝字旁的字，引导学生发现带贝字旁的字多与金钱有关，并且学会偏旁归类，再交流金字旁、王字旁的构字规律。

联结三，字与汉字文化的联结。课堂伊始，欧老师与同学们分享汉字发展历程的视频，学生通过观看形象直观的视频资料，清晰了解汉字发展历史，引起学习汉字的兴趣，从而增强中华文化认同感。课后任务作为课堂的延伸，欧老师鼓励学生继续走进汉字故事，“贝”的故事就像一个引子，吸引同学们在广阔的汉字故事中探索。

识字教学是贯串整个义务教育阶段的重要教育内容，教师需要关注学生在识字过程中形成的语文素养，掌握的学习方法和养成的良好习惯。借助多元化的教育手段，增强学生阅读理解的乐趣与有效性，协助他们更深入地理解并熟练使用汉字，从而为他们未来的语

言学习打下稳固的根基。

【思考与练习】

1. 观察一节识字课的教学（或视频），做好记录，以小组为单位讨论、分析本课的识字内容、教学方法和效果，形成一份课堂观察和分析报告。

2. 自主选取一册低年级小学语文教材，从“集中识字”“分散识字”“语文园地”板块中任选一个内容进行研读与分析，并在此基础上进行教学设计，组间展示与交流。

第四节 写字教学设计与案例分析

一、写字的教学目标与内容

写字教学是小学语文教学的重要组成部分，是儿童由运用口头语言过渡到学习书面语言的桥梁。写字过程，是对字形进行精细分析和综合的过程。通过仔细观察以及一笔一画地书写，不仅能让小学生从内心深处产生对汉字的情感，也能积极促进学生认知方面（感觉、知觉、记忆、思维、想象）的发展。写字过程既能帮助学生加深对汉字的认识、促进书面语能力的提高，更能够培养学生专注、严谨的学习态度和习惯，以及横平竖直、撇捺分明、一丝不苟的人格品质。

汉字是“书写型”文字，既是表达工具，又是书法艺术，书写可以提高人的文化素养和审美情趣。写字教学以书写练习为主要方法，一方面提高了学生端正、工整地书写汉字的意识，培养了正确书写汉字的姿势和习惯，另一方面也让学生在书写汉字的过程中感受、体验着汉字的文化与美。

（一）写字教学的目标

《义务教育语文课程标准（2022年版）》在“课程目标”部分要求学生在写字方面达到如下要求，见表3-7。

表3-7 写字教学目标

第一学段	● 喜欢学习汉字，有主动识字、写字的愿望 ● 认识常用汉字1 600个左右，其中800个左右会写 ● 掌握汉字的基本笔画和常用的偏旁部首，能按基本的笔顺规则用硬笔写字，注意间架结构，初步感受汉字的形体美 ● 努力养成良好的写字习惯，写字姿势正确，书写规范、端正、整洁
第二学段	● 累计认识常用汉字2 500个左右，其中1 600个左右会写 ● 写字姿势正确，养成良好的书写习惯 ● 能用硬笔熟练地书写正楷字，做到规范、端正、整洁 ● 用毛笔临摹正楷字帖，感受汉字的书写特点和形体美
第三学段	● 累计认识常用汉字3 000个左右，其中2 500个左右会写 ● 写字姿势正确，有良好的书写习惯 ● 硬笔书写楷书，行款整齐，力求美观，有一定的速度 ● 能用毛笔书写楷书，在书写中体会汉字的优美

下面从写字态度、写字量、书写过程、书写习惯、成字要求等方面做简要分析：

1. 写字态度

写字态度是书写汉字的起点，是写好汉字的前提，是培养学生对汉字的兴趣和情感的基础。在儿童学习写字的起始阶段，必须想方设法激发学生写字的热情和动力，让学生对汉字产生兴趣，进而能够主动发现汉字、认识汉字、书写汉字。

2. 写字量

第一、二学段要求新增会写的汉字都是800个左右，第三学段为900个左右，三个学段累计达到2 500个字左右。《义务教育语文课程标准（2022年版）》“附录”部分的《义务教育语文课程常用字表》中的“字表一（2 500字）”为写字内容提供了依据。从写字量的变化来看，第一、二学段在量的积累上是相似的，而第三学段的写字量则明显增多。

3. 书写过程

书写汉字时要求学生能够按笔顺规则用硬笔书写汉字，并且能够关注汉字的形体结构。也就是说，在注意笔顺规则的同时，也要从间架结构等方面了解并体会汉字的形体美。第二学段开始提出“用毛笔临摹正楷字帖”的要求，到了第三学段，进而提出“能用毛笔书写楷书，在书写中体会汉字的优美”。

以正确的笔顺来书写汉字从第一学段开始提出，所以，在第一学段要注意培养学生以正确笔顺书写汉字的意识。这既能保证自然流畅的书写，又在成字过程中体现出了书写的规范性，而且还能够在正确的书写练习下逐渐确保写字的速度。

间架结构也是第一学段重点要求的内容，可以利用一年级两册教材后面呈现出来的《常用偏旁名称表》，通过基本笔画和常用的偏旁部首来帮助学生在书写汉字的过程中注重汉字的结构特征。

在对“笔顺规则”“间架结构”提出具体要求的基础上，到了第二、三学段则进一步提出了“熟练地书写”“行款整齐，力求美观，有一定的速度”等要求。显然，“笔顺规则”和“间架结构”是写字速度和写字美观性养成的基础。

第一学段要求“能”按笔顺规则用硬笔写字，“注意”间架结构，这对低年级小学生来说，是培养其正确书写汉字的必经阶段。到第二学段则要求“能使用硬笔熟练地书写正楷字”，这一要求是在学生掌握了汉字笔顺、了解了汉字间架结构的基础上提出的。到了第三学段则明确要求书写“有一定的速度”。在这个学段强调书写速度是适宜的，因为小学生到10岁之后手指和手臂肌肉发展迅速，加之此时学生对基本字形已经掌握，写字心理也较为成熟。

4. 书写习惯

书写习惯是从写字姿势、执笔姿势等方面对学生养成良好习惯的要求。写字过程中要求姿势保证“三个一”，这既能保证书写的端正、整洁，也是在潜移默化中培养学生良好的写字习惯。写字习惯的目标要求也体现了递进变化。在写字过程中，教师要有意识地引导学生自觉遵守“一拳一尺一寸”的书写习惯，养成良好的写字习惯和正确的写字姿势不仅有助于提高写字质量，还有利于保护学生的视力和身体健康。

5. 成字要求

成字要求同样体现递进变化。第一、二学段，要求书写"规范、端正、整洁"，到了第三学段则提升一个档次，要求"行款整齐，力求美观，有一定的速度"。写字指导过程中，教师要引导学生逐步提高写字速度，同时保持字迹的工整度和清晰度。

总之，小学生从第一学段到第三学段，在喜爱汉字、有写字愿望的基础上，能够初步感受汉字的形体美、在书写中体会汉字的优美，这个过程需要日积月累，一点一滴地养成。

（二）写字教学的内容

1. 写字习惯培养

学生在写字过程中的握笔姿势、运笔技巧、坐姿等方面，是培养良好书写习惯的基础。在这些指导中，教师对学生的握笔方式的引导尤为关键，正确的握笔方式能够显著提升学生的汉字书写水平。针对新入学的小学生，教师需要重视对他们的书写方式和握笔方式等书写习惯的引导，这样可以帮助他们形成优秀的书写习惯，从而为他们的书写技巧提供稳固的基础。

（1）握笔姿势。

古人说："凡学书字，先学执笔"。孩子握笔姿势不正确，会导致孩子形成不良的坐姿，更会让孩子写出来的字歪歪扭扭，影响书写速度和质量。正确的握笔姿势可以使手指灵活运动，笔尖灵活转动，运笔自如，从而使字写得端正、规范，并且具有一定的书写速度。正确的握笔姿势是大拇指和食指夹住笔杆，其余三指托住，笔杆向后稍斜，靠在虎口处。一年级学生可以借助儿歌帮助记忆：老大老二对对齐，手指中间留缝隙，老三下边来帮忙，老四老五里边藏，笔杆离开虎口处，拳心要空腕用力。握笔姿势如图 3-3 所示：

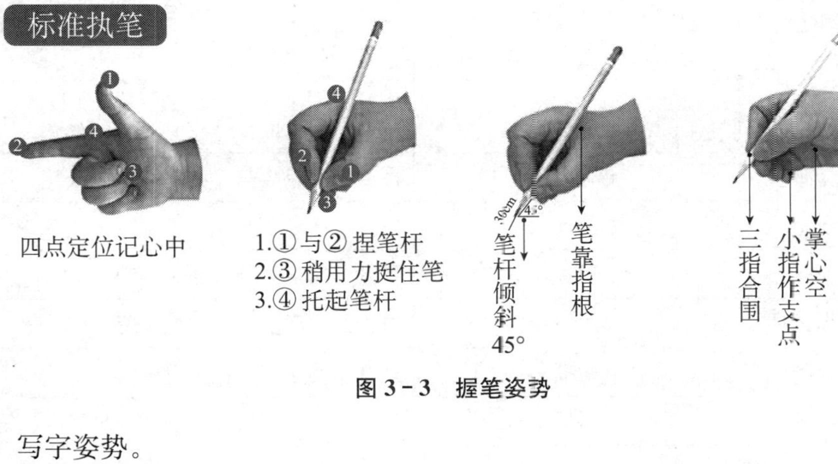

图 3-3 握笔姿势

（2）写字姿势。

写字教学要重视对学生写字姿势的指导。在语文教材一年级上册的"我爱学语文"板块，出示了写字姿势图如图 3-4。

头摆正：头要摆正，不能左右偏斜，眼离桌面大约一尺的距离。

腰挺直：不能趴着，腰杆挺直。

身前倾：身体微微前倾，就是一个比较舒服自然的状态。

一拳头：身离桌面大约一拳的距离，身体不能顶着桌边。

两点靠：手臂靠在桌面上。两手自然呈一个八字型，左手按纸，右手书写。

脚放平：双脚自然平放在地上，脚与肩平宽。

写字坐姿记得“三个一”：眼离桌面一尺，身离桌边一拳，手离笔尖一寸。

图 3-4　写字姿势

对培养学生良好写字习惯的要求，教材没有单独编排专门的教学内容，而是渗透在教材的图片、气泡等能够吸引学生关注的内容中。表 3-8 展示了写字习惯的分布和内容。

表 3-8　写字习惯在教科书中的分布情况

年级	单元/板块	分布位置	呈现内容
一上	我上学了	我爱学语文-写字	图片：写字姿势、执笔姿势
	识字单元	金木水火土-认识田字格	图片：执笔姿势
	语文园地一	书写提示	图片：写字姿势、执笔姿势 气泡：写字时注意坐端正、握好笔
	语文园地五	书写提示	图片：写字姿势、执笔姿势
	语文园地八	书写提示	图片：执笔姿势
一下	语文园地一	书写提示	图片：写字姿势、执笔姿势
	语文园地四	书写提示	图片：写字姿势、执笔姿势
	语文园地七	书写提示	图片：写字姿势、执笔姿势
二上	语文园地一	书写提示	气泡：写字时要保持正确的坐姿和执笔姿势
二下	语文园地二	展示台	图片：写字姿势、执笔姿势 气泡：写字的时候我能做到姿势正确，字也写得更端正了
三上	第二单元	语文园地-书写提示	图片：写字姿势、执笔姿势 气泡：使用钢笔，注意执笔姿势，把字写得规范、端正、整洁

2. 笔画笔顺

（1）笔画名称和含义。

汉字是由基本笔画构成的。统编版一年级语文上册教材附有《常用笔画名称表》，见表3－9。

表3－9 常用笔画名称表

笔画	名称	例字	笔画	名称	例字
一	横	开 土	㇄	竖弯	四 西
丨	竖	中 上	亅	竖钩	小 可
丿	撇	天 禾	㇁	弯钩	了 手
㇏	捺	人 尺	㇂	斜钩	我
丶	点	头 下	㇜	撇折	去 东
㇀	提	虫 把	㇃	卧钩	心
㇕	横折	口 五	㇛	撇点	女
㇇	横撇	子 水	㇆	横折钩	力 月
㇖	横钩	你	㇟	竖弯钩	儿 巴
㇗	竖折	山 牙	㇈	横折弯钩	几
㇙	竖提	长 比	㇉	竖折折钩	马 鸟

（2）笔顺规则。

笔顺是写字时的先后顺序，在统编版教材的语文园地中“书写提示”板块会涉及，要求学生掌握以下的笔顺规则：

基本规则：先横后竖；先撇后捺；从上到下；从左到右。

带点的字：点在正上及左上先写点；点在右上后写点；点在里面后写点。

两面包围：左上包围，先外后里；右上包围，先外后里；左下包围，先里后外。

三面包围：缺口朝上的，先里后外；缺口朝下的，先外后里；缺口朝右，先上后下再右上。

3. 偏旁部首

（1）认识常用偏旁。

多数汉字是合体字，偏旁是构成合体字的基本单位。一个合体字通常由两个或两个以上的偏旁构成。一个偏旁一般由两画或更多的笔画构成。统编版一年级语文上下册教材附有《常用偏旁名称表》。表3－10为一年级语文上册教材所附的《常用偏旁名称表》。

表3－10 常用偏旁名称表

偏旁	名称	例字	偏旁	名称	例字
亻	单人旁	作 们	氵	三点水	江 洞
八	八字头	公	忄	竖心旁	快

续表

偏旁	名称	例字	偏旁	名称	例字
人	人字头	会　金	宀	宝盖	它　家
⺈	斜刀头	兔	辶	走之	远　边
勹	包字头	包　句	女	女字旁	好　妹
亠	京字头	亮	纟	绞丝旁	红　绿
冖	秃宝盖	写	王	王字旁	玩
讠	言字旁	说　课	木	木字旁	树　桃
扌	提手旁	把　挂	日	日字旁	明　晚
艹	草字头	莲　芽	月	月字旁	朋
口	口字旁	叶　吗	灬	四点底	点
囗	国字框	国　回	目	目字旁	睡
彳	双人旁	得　很	禾	禾木旁	和　秋
彡	三撇	彩　影	鸟	鸟字边	鸭
犭	反犬旁	猫　狗	穴	穴宝盖	空　穿
夂	折文	夏　冬	虫	虫字旁	蛙
门	门字框	闪　间	⺮	竹字头	笔　笑

（2）区分偏旁和部首。

偏旁是汉字的合体字中不可分解的构字符号，这个不可分解的构字符号也叫“部件”。古人称左右结构的合体字的左方为“偏”，右方为“旁”。

部首是汉字的第一笔画或形旁，也是字典词典按汉字结构的意义进行分类，以便于检字的符号目录。

“部首和偏旁”常常连在一起说，学生误认为“部首”和“偏旁”都是同一作用，两者互有联系，却不相同。部首属于偏旁，是由笔画组成的构字汉字的基本单位。但是偏旁不全是部首，只有表意的偏旁才是部首。

4. 汉字结构

汉字主要分为上下结构、左右结构、包围结构和独体结构这四大结构方式，教学时要注意引导学生掌握汉字的间架结构，仔细观察字的宽窄、高低、大小，从而在书写中感受汉字的形体美。例如，上下结构由上下两个部分组成，有的是“上宽下窄”，有的是“上窄下宽”，在书写时要注意区分。

教师应该通过分析汉字结构，引导学生观察汉字结构，讲解汉字的书写习惯，演示汉字的组合，运用大量的实例分析等教学方式，帮助学生理解汉字的含义和语境应用，以提高学生对汉字的认识和理解水平。

5. 用纸布局

(1) 田字格。

田字格第一次出现在一年级上册识字单元第二课“金木水火土”的课后练习中。用田字格书写汉字从一年级上册一直持续到四年级下册。也就是说在第一学段和第二学段都是利用田字格来书写汉字的，这样能为学生写出规范、端正、美观的汉字打下坚实的基础。

(2) 方格。

在第一学段和第二学段利用田字格书写汉字的基础上，学生应该对汉字的笔顺和间架结构有了一定熟练度。于是，从第三学段开始，减少了田字格的应用，让学生在方格中展示自己的书写，进一步提高学生的书写能力和书写速度。

(3) 横线格。

用硬笔书写汉字通常是从田字格到方格再到横线的顺序，在四年级上册语文园地的书写提示中首次展示了横线格书写的段落。教材中并没有专门设计横线格书写练习，只是观察和欣赏。学生能够通过这些内容了解到每个人都可以把字写好，每个人都有自己的书写字体和特色，只要把握和遵守统一的要求，都可以写出美观的汉字，都能够展现出汉字的形体美。

(4) 描红。

描红是指在印有红色字或空心红字的纸上摹写，是初学写字的最好训练方法之一。教材中的写字表描红部分随年级的增长而逐渐减少。从描红到摆脱描红，学会自主观察和书写汉字，这个过程是帮助学生关注书写笔画、间架结构，提高书写能力的过程。

一年级上册的写字表都是“描二写一”，这说明一年级上学期重在模仿和熟悉，描红两遍有利于学生熟悉汉字的写法和在田字格的位置。

从一年级下册到二年级下册，写字表的书写由“描二写一”更改为“描一写二”，减少描红的量有助于学生学会观察和独立书写汉字，逐渐向不描红过渡。

从三年级上册开始到六年级下册，课文中的写字表都没有描红，也没有写字练习，只是呈现出会写的字，但在语文园地中有出现“写一”的情况。三年级上册到四年级下册用田字格呈现，五年级上册到六年级下册用方格呈现。

二、写字指导的策略与方法

(一) 握笔和写字姿势的指导

1. 直观示范

对于一年级的新生，教师可以通过图片或直观演示的方法，不断明确握笔和写字姿势，对握笔和写字姿势不正确的现象要及时并反复地进行纠正。

2. 口令强化

对于握笔和写字姿势，教师可以借助儿歌帮助学生进行强化。

握笔姿势：一指二指捏着，三指四指托着，小指后面藏着。

写字姿势：眼离桌面一尺，身离桌边一拳，手离笔尖一寸。

3. 课堂提醒

掌握正确的握笔姿势和写字姿势是一个习惯养成的过程，不能急于求成。在日常写字过程中教师要时常提醒。比如，教师可以用“小松树”这样的意象来提醒学生，当学生写字姿势不正确的时候，说一句“小松树”，学生自然就心领神会。

（二）激发写字兴趣

1. 巧用生动形象的教学语言

为避免学生对写字教学产生厌倦情绪，教师要善用浅显的语言、形象的比喻，深入浅出地进行指导。

朗朗上口的儿歌适合一年级学生学习。比如，在教授“鸟”这个字时，可以编写一句顺口溜：“鸟头小小，鸟背宽宽，鸟腿弯弯。”这种表述既生动形象，又清晰易懂，使学生能够轻松记住这个字的要点。

教学中，教师善于发现、联想，不仅会给写字带来乐趣，还能让学生印象深刻。比如在教学“影”这个字时，就可以引导学生联想：一个叫作“京京”的小朋友在太阳下玩耍，地上有她的影子，“三撇”就代表她的影子。再比如教学“马”字的时候，学生很容易将其写成头大身子小的样子，这时教师可以给学生看马的图片，告诉学生“马头小，马身壮，上窄下宽才精神”。这样学生就不会写错了。

2. 指导学生学会观察

对于低年级写字指导，教师应逐渐从教过渡到让学生学会自主观察。在这个过程中，要教会学生观察的方法，如一看结构，二看占格，三看关键笔画。指导学生在不断地观察、表达中积累观察字形的经验和在田字格中正确书写的经验。

3. 及时展示、评价、反馈

对于低年级学生，展示、及时评价和鼓励是激发内驱力的有效途径，要在课堂上给学生更多的展示、相互评价和欣赏的机会。

（三）分类梳理发现，提高学习效率

1. 笔画相近

笔画之间的关系，主次有别、错落对应，在学习形近字时，可以将笔画相近的字分成一类。例如八、人、入这三个汉字都有相同的笔画撇和捺，学生容易混淆。细看这三个字的结构布局，发现“八”的撇捺不相连，“人”“入”的撇捺相接。那如何区分“人”“入”这两个字呢？可以引导学生比较发现“人”撇高于捺，而“入”撇低于捺。通过比较相近的笔画，学生能够区分形近字。

2. 结构相同

这里主要针对合体字的结构，包括左右、上下、全包围、半包围等。在一课生字中，教师可以把结构相同的生字放在一起教学。通过将同一结构类型的字进行分类，并将其出示，可以有效地帮助学生发现“结构相同，细节不同”的规律。例如：二年级上册语文园地一“书写提示”部分的“作”“法”是左窄右宽，而“都”“别”则是左宽右窄。

3. 部首相同

教师也可以把一课当中同部件的汉字放在一起教学。在一年级的课本中，学生要学习基本偏旁的写法，教师就可把同偏旁的字放在一起教学。例如：统编版一年级语文下册课文单元第六课《怎么都快乐》中的“讲”“许”和“很”“行”，以及二年级上册课文第三课《植物妈妈有办法》中的“如”“娃”“她”、“顶”“领”和“看”“着”，每组字都含有相同的部首。这样归类教学可以提高教学效率，学生也不会感到枯燥。

案例　　8个木字旁生字的梳理发现与写字指导

1. 出示：杨、桐、枫、松、柏、棉、杉、桂

学生们在认读过程中发现了什么？

生：这些都是木字旁的生字。

生：桐、松、枫、柏、杉、桂是形声字。

生：木字旁作为偏旁变得又长又窄，最后一笔捺变成点。

教师小结：中国是礼仪之邦，谦让是一种美德。木字旁作为偏旁时，为了谦让其他笔画，最后一笔捺变成点。

2. 仔细观察，同样是左右结构的木字旁的字，各自有什么特点？

提示：左窄右宽，左右部分比高矮。

生：左边比右边高的有杨、桐、松、枫、柏。

生：棉、杉两个字左右相近，右边部分比较长一点。

3. 同桌交流，分享“三看”：结构、占格、关键笔画。学生分享，教师补充。

4. 教师讲解、范写

杨：左高右低，第五笔横折折折钩，一笔写成。第一横短，第二横稍长，折钩略往里收。第六笔短撇注意避让左边的点，第七笔撇稍长，轻轻出锋。

桐、枫：左高右低。右边部件不要写的太宽，“枫”的右边第一笔是竖撇，要避让点画轻出锋。

棉：右边“白”“巾”分居横中线上下，“白”稍扁小，“巾”略宽，悬针竖直而出锋。

桂：右边横画较多，注意四横之间间距匀称．第一横、第三横为短横，第二横稍长，第四横稳稳托住上面部分。

柏、杉：左右等宽。“柏”的左右写法紧凑有致。“杉”的三撇排列整齐，注意穿插，轻轻出锋，第三撇稍长。

5. 学生调整写字姿势，描红，仿写，教师巡视指导。

6. 选取学生作品，自评、他评，教师小结。

7. 拓展：在上下结构和半包围结构的字中，“木”又该怎样写才好看呢？“木”字作为偏旁，在上下结构的字中，字形不变，例如柔、杏、呆。在全包围结构的字中也要变成点，如困。

（四）师生共同参与，落实写字过程

1. 学会观察

在指导学生观察时，要给出明确的观察目的，做好写字的“三看”：

一看结构。判断字的结构。

二看占格。笔画的占格位置、起笔位置、收笔位置，有没有压到横中线或竖中线。关注那些在横竖中线的笔画，帮助学生明确笔画在田字格中的位置，引导学生关注笔画的起笔、收笔位置。

三看关键笔画。主笔画是什么，有没有变笔，笔画的穿插与避让等。绝大多数汉字都有主次笔，主笔往往是最夸张、最明显的，抓住主笔才能抓住一个字的精髓。在教学过程中，教师应当引导学生重点关注主笔。比如“中”和“来”，要引导学生把竖写长；再比如“最”和“女”，要引导学生把横写长，还要稍稍向右上方倾斜。

2. 做好示范

教师范写时力求做到边讲解边示范，学生书空。要让学生看清每一笔画的起笔、行笔、收笔以及运笔时的提、按、快、慢。教学独体字，一边说笔画，一边说要点。教学笔画较多的字，讲解部件和重点笔画。

3. 学生书写

写前要提醒学生正确的写字姿势。在学生在练习时，教师巡回指导，发现带有普遍性的问题，评议时要提出来讨论，加以纠正。发现个别问题，要给予个别指导。对于写字姿势正确、书写规范的学生，轻声表示肯定，激励学生更加规范地书写，调动学生书写的积极性。

4. 师生评价

学生完成练习后，教师可以选择有代表性的学生作品，投影在大屏幕上，进行自评、互评、教师点评，以达到取长补短、不断提高的目的。在点评后，如果有时间，让学生修改作品，再次练写，效果会更好。

三、写字教学设计案例与点评

案例　　**“高”字的写字指导教学设计**

1.（出示甲骨文“高”）同学们，这是古代的一座高楼，观察一下，这座高楼由什么组成？（上方为瞭望塔，中间为城墙，下方设有一座城门）

2. 我们比较一下这三个部分的大小、宽窄，发现了什么？（瞭望塔小，城墙大，城门小）

3. 这座高楼经过岁月的洗礼，逐渐变成我们今天要学习的“高”字。（出示“高”字的演变过程）

4. 观察田字格中的“高”字，我们怎么观察这个字？（结构、占格、关键笔画）

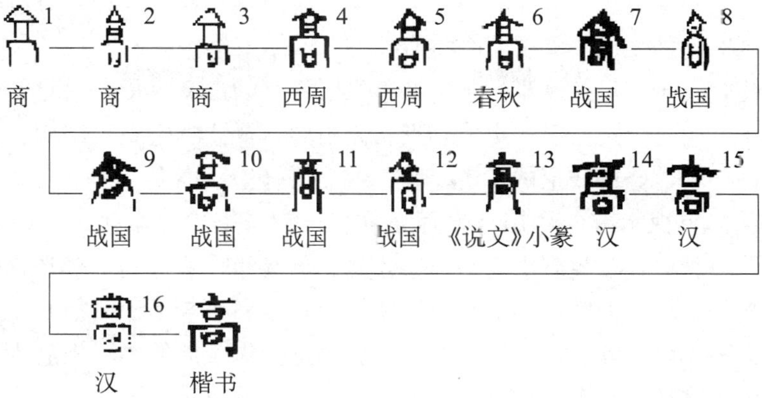

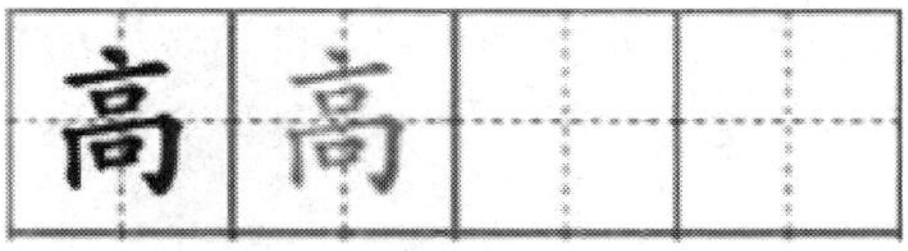

5. 学生自主观察，同桌交流，班内分享

（1）结构：上下结构。（上中下结构）

（2）占格：上窄下宽，中间的“口”小。所有笔画的中心均在竖中线，横画等距。

（3）关键笔画：点在竖中线，注意写好“冂”，两“口”略扁。

6. 教师示范书写，学生书空笔顺，教师边示范边讲解：点画居中，上横舒展。“口”部写扁，与点画上下对齐。下面的两竖向内收，左竖短，竖钩长。

7. 学生练习书写，教师巡视指导

（1）写字时我们需要注意什么？（“三个一”，一拳一尺一寸）

（2）请同学们保持正确的写字姿势，先描一个“高”字，再写两个“高”字。

8. 展示、评议、交流、修改

（1）在两个自己写的“高”字中，选一个写得更好看的“高”字。

（2）展示学生作品，教师出示评价标准，学生互评画星。

（3）根据书写提示，修改“高”字。

9. 拓展：识写“亮、离”

（1）亮：“亮”下面的“几”由“人”变来，表示明亮。我们想象一下：茶几大多放在房子里的明亮处。（出示“亮”的字形）

（2）离：与“高”字结构相同，具有上窄下宽的特征。

10. 教师小结：书写并非一日之功，需要同学们持之以恒地练习。

【案例点评】

一年级是学生学习写字的重要阶段，应该从小打好写字基础。一年级的学生，往往对事物充满新鲜感，好奇心重，有较强的学习和模仿能力。在学习的过程中，教师要引起学生的注意，调动学生自主写字、练字的意愿。一年级的写字课要一笔一笔地教，在上述案例的写字教学设计中，体现出写字指导一般要经历的五个步骤：观察、范写、描红书写、讲评、修改，同时也体现出了如下六个特点：

（1）图示化，便于字形的观察。本节课提供了汉字的古文字形，引导学生与楷书字形进行比较，便于学生充分观察字的组成和形状。由此，再让学生观察结构、占格和关键笔画，寻找位于横中线、竖中线上的关键笔画，就显得轻松了许多。

（2）直观化，重视示范的作用。教师充分利用教科书中的示例，组织学生观察、表达。在教师示范过程中，学生观察老师写字起笔、运笔和收笔过程，直观感受运笔的轻重缓急和间架结构的协调。同时，示范与讲解相结合，有利于学生记忆字形、书写要点。

（3）以评促写，多元评价。学生练习后，教师选择代表性的书写作品投影展示，学生自评、互评，师生共评。在多元评价中，增强学生写字的信心。

（4）教写评改，突出闭环设计。教师引导学生自主观察后仿写，教师巡视后展示个别书写，进行评价，强化书写重点及易错点，学生再改，完成第二次书写，在课堂上实现学习的成长。

（5）习惯的培养需要长期耐心地督促、指导，用简洁明了的口诀把坐姿阐述得通俗易懂，便于记忆，在书写之前、书写中提醒。表扬写字姿势规范的学生，强化学生正确写字姿势的意识。一旦掌握了书写的技巧，通过不断地实践和训练，学生能够逐渐理解书写的原则，并致力于保持书写的规范性和整齐性，使书写看起来更加美观。

（6）“滴水穿石”“铁杵磨针”，要想写出一手好字并非一日之功，写字贵在坚持，只要坚持不懈地努力，便能养成良好的写字习惯。

【思考与练习】

1. 从语文教材的写字表中发现笔顺易错的生字，能够以正确的笔顺规则进行书写。

2. 观察一个写字指导的教学（或视频）片段，做好记录，以小组为单位讨论、分析本课的写字内容、教学方法和效果，形成一份课堂观察和分析报告。

3. 从第一学段教材中选择一个或几个要求会写的字进行写字教学设计，写字指导的目标、过程要做到清楚、完整。

第四章

“阅读与鉴赏”教学设计

【内容提要】

阅读教学设计的前提是教师必须明晰小学生进行阅读的心理条件和过程是什么，小学阶段阅读与鉴赏的能力要求是什么，以及怎样进行评价？在此基础上，才能基于不同的阅读目的、不同的文体特征、不同学段的阅读内容和要求等进行教学设计。本章结合具体的教学案例对上述内容进行了分析，并结合课程标准中“阅读与鉴赏”的目标要求和课程内容描述，对实用性阅读、文学阅读、思辨性阅读、整本书阅读以及跨学科学习中的阅读等从不同目的出发的阅读进行了目标、内容、方法的讨论，并对一些典型的教学设计进行了分析。

【学习目标】

- 理解阅读的心理条件、过程、能力结构、评价维度等，能够从上述角度对小学阅读教学或小学生的阅读行为进行专业分析。
- 掌握“阅读与鉴赏”的学段要求，明确学段要求的进阶，能够根据学段要求和学业质量描述尝试设计（或分析）学业水平考试试题。
- 理解实用性阅读、文学阅读、思辨性阅读的目标、内容与策略，能够进行单元整体教学设计和单篇教学设计。
- 理解整本书阅读、跨学科学习中的阅读的价值，能够帮助学生推荐阅读书目、指导阅读过程、养成阅读习惯。

第一节　小学生怎样学习阅读

一、阅读的心理条件与心理过程

阅读包括对材料的感知、理解、评价和使用。儿童阅读须以一定的心理发展水平为条件（如图 4－1 所示），主要包括：字词认知，知道书面符号所代表的意义；熟悉词汇、句法等语言结构知识，能正确理解词语和不同类型的句子所表达的意义；具备一定的语篇[①]结构知识；具备一定的社会与文化背景知识；具备对文本内容和语言形式进行综合、评价的技能与策略；监控阅读的元认知能力与策略。指导小学生阅读时，要充分考虑上述条件，并通过阅读不断发展完善上述影响因素。

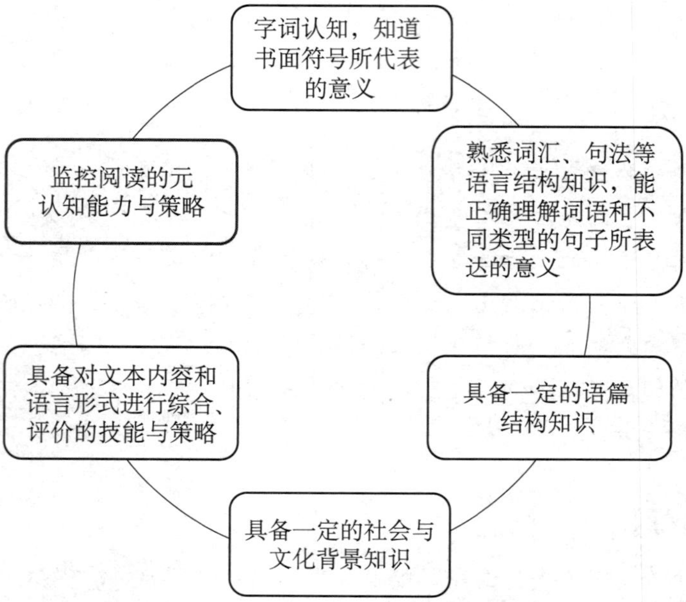

图 4－1　阅读的心理条件

语文教师还必须清楚儿童的阅读心理过程，小学语文阅读教学过程的设计也应遵循这一基本规律。董蓓菲教授在中外学者相关研究的基础上提出，可以将阅读心理过程大致分为感知、理解、表达、鉴赏评判等四个不同阶段，这四个阶段逐步发展、趋向深入，使阅读水平不断提高。谢锡金教授对阅读理解的过程也进行了具体描述。

① 心理学研究中，语篇（discourse）指交流过程中的一系列连续的语段或句子所构成的语言整体。不同形式的语篇有不同的图式，体裁就是有其自身独特结构的语篇。体裁之所以重要是它告诉我们信息在语篇中将会是怎样安排的。有关研究表明，图式影响语篇加工的证据是明显的。参见：卡罗尔．语言心理学［M］．4 版．上海：华东师范大学出版社，2007：153－185.

观点 **阅读理解的过程**

董蓓菲基于美国阅读心理学家史密斯的研究，将阅读心理过程分为①：

● 感知阶段：学生面对由语言文字所代表的一定意义的符号，经过转换补充，把抽象的转换为具体的，把间接的补充为直接的，实现对这种“外部言语”的真正理解。

● 理解阶段：学生调动已有的知识经验，转化文字符号，领悟作者透过作品传递出来的立场观点、思想感情、见闻想象等思维活动。由于学生立场观点不同、思想感情不同、知识经验不同，会对同一语句与作品做出不同的理解，产生不同的态度。

● 表达阶段：运用语言将阅读理解的成果予以外现与表达。积极阅读要求学生主动探求文章所蕴含的各种意义，不断地评价、怀疑和预测，不断地提出问题，在做出自己判断的基础上，运用自己的语言发表自己的见解。

● 鉴赏评判阶段：学生在理解的基础上，对文章的思想观点、语言文字、风格特点等进行鉴别、赏析和评价，独立地提出自己的见解。

谢锡金将阅读理解的过程描述为②：

● 字词辨识，句子处理，读者把握语篇的字面信息。

● 读者根据语篇的字面信息，推论字里行间没有明言的隐含信息。

● 连贯篇章和建立语篇结构，使语篇衔接并连贯成一个可理解的整体。

● 读者把所理解的内容与自己的生活经验对照与结合，扩展和丰富对世界的认识，进而对语篇进行评价。

二、阅读能力结构

儿童的阅读心理过程是阅读教学设计的基础，而发展儿童的阅读能力则是阅读教学最为重要的目标指向。国内外有关阅读能力结构的观点颇多，基于这些研究成果，语文课程标准的研制者制定出了相应的阅读能力目标，并将其体现在不同学段“阅读与鉴赏”的“学段要求”中。在“学业质量”部分，《义务教育语文课程标准（2022 年版）》将“阅读与鉴赏”学业成就的关键表现要素描述为整体感知、整合信息、理解阐释、推断探究、赏析评价③，如表 4-1 所示。

表 4-1 “阅读与鉴赏”学业成就关键表现要素

整体感知	突出汉语言文字的特点，强调整体性、直觉化的思维方式，强调对文本内容、意蕴、语言等的直观感受和体会，而不是肢解文本并进行理性分析

① 董蓓菲. 语文教育心理学［M］. 上海：上海教育出版社，2006：184-185.

② 转引自：王荣生. 阅读教学教什么［M］. 上海：华东师范大学出版社，2016：5.

③ 郑国民，李宇明. 义务教育语文课程标准（2022 年版）解读［M］. 北京：高等教育出版社，2022：228-229.

续表

整合信息	要求学生对文本信息快速定位、识别、提取和加工。在现实生活中，阅读的目的往往是获取信息、知识或方法等，读者不必将文本从头读到尾。学生首先要具备整合信息的能力，然后根据自己的阅读需要筛选、梳理、整合相关信息
理解阐释	要求学生进入文本的更深层次，在文本意义的情境中解释具体词句的内涵和作用，阐释文字背后的意义，善于发现问题，并用自己的方式解释问题出现的原因
推断探究	要求学生借助相关信息理解文本的某一段落，判断某种观点。对于介绍新事物、专有名词较多或结构复杂的文本，学生要利用文本信息进行合理推断并完成探究过程，形成合理的观点
赏析评价	要求学生超越文本，结合自身经历和生命体验欣赏文本，能够客观地审视、思考文本的思想内容，评价文本的表现形式

拓展阅读

PISA、PIRLS、NAEP 中阅读能力评价内容的比较①

PISA	PIRLS	NAEP
进入与检索 (Access and Retrieve)	关注并检索明确信息 (Focus on and retrieve explicitly stated information)	定位和回忆 (Locate and Recall)
综合与解读 (Integrate and Interpret)	进行直接推论 (Make straight forward inferences)	综合和阐释 (Integrate and Interpret)
	解释并整合信息和观点 (Interpret and integrate ideas and information)	
反思与评价 (Reflect and Evaluate)	检查和评估内容、语言和文本元素 (Examine and evaluate content, language, and textual elements)	批判和评价 (Critique and Evaluate)

比较 PISA、PIRLS 和 NAEP 三个典型的阅读评价项目，不难看出，它们比较强调检索信息能力、对文章内容的整体感知和概括能力、对文本细节的解释能力，以及对文章内容和表达形式的评价能力。

阅读能力解决的是如何通过阅读而能更好地阅读的问题，阅读策略则关注如何通过阅读帮助儿童会阅读的问题。阅读策略即为了达成某些阅读目标，所采取的一系列有意识的阅读方法和技巧。儿童正是在阅读策略的不断丰富中发展其阅读水平的。当前国内小学阅读教学研究中，无论是一般性阅读还是不同文体的阅读，阅读策略的研究与教学实践还不深入、不具体、不系统，但是，从技能训练转向策略教学却已是当前国内外阅读教学的一

① PISA、PIRLS 和 NAEP 是国际上三个比较著名的评价项目，这个表格是在阅读了相关文献的基础上整理而成的。

个基本发展趋势。[①]

必须明确的是：儿童的阅读不光是认知活动，还有各种其他因素的参与，如阅读的动机、兴趣，读者的情绪、意志及其生活阅历、知识视野、文化背景等，这些都会对一个人的阅读能力产生重要影响。而这些因素，也正日益受到人们的关注和研究。

三、审美心理与文学的阅读与鉴赏

文学类（文艺性文体）阅读与非文学类（实用性文体）阅读在阅读取向、阅读目的等方面有着明显的区别。前者诉之于情，指向审美体验；后者以传递信息、讲明道理为宗旨。前者的阅读过程是从语言文字经由联想与想象得到“感知、感染、感悟的过程”[②]；后者的阅读过程是从语言中提取信息、整合理解、分析运用的过程。

观点 **语文核心素养中对“审美创造”的表述**[③]

审美创造是指学生通过感受、理解、欣赏、评价语言文字及作品，获得较为丰富的审美经验，具有初步的感受美、发现美和运用语言文字表现美、创造美的能力；涵养高雅情趣，具备健康的审美意识和正确的审美观念。

文学是以审美的方式作用于读者的内心与人格的。美，“总是具有一定的感性形式，从而与人们一定的审美感受相联系”[④]；而审美感受，作为一种主观的心理活动过程，与审美对象所形成的是一种形象的和情感的关系状态，在这一形象的和情感的关系状态中离不开审美主体的想象与联想、体验与感悟的心理过程。正如苏霍姆林斯基所描述的那样：“学习文学的最终目的是形成人的内心世界——道德、修养和美。当我看到了少年因艺术形象而激动、颤动时，当他一边倾听作品一边思索个人的命运时，对我来说，这要比他做出准确回答重要得多。”[⑤] 那因艺术形象所引发的想象和联想，所带来的“激动”、“颤动”与愉悦，以及直觉、体验与沉思，正是我们所期望的文学教育中的审美心理过程。

在文学教学中，教师只有带领学生经历了这一审美过程，才能够实现潜移默化中对学生精神领域产生影响之作用。这一文学审美过程大致要经历：语言文字的感知与揣摩——想象与联想中文学形象（或文学意境）的再现与生成——基于文学形象（或文学意境）和

① 倪文锦，欧阳汝颖．语文教育展望［M］．上海：华东师范大学出版社，2002：297．该书指出，目前在学校流行的阅读课程是建立在20世纪初期和中期行为主义理论和目标分类学之上的，这些理论认为学习阅读就是掌握一系列分层级顺序的技能，从而形成阅读能力，目的是理解客观存在于文章本身的那些“意思”。而20世纪60年代的认知研究和70年代的元认知研究为阅读教学提供了新的理论框架，强调阅读的交互作用和理解的建构特征，这样，学生用来理解文章的原有知识（与所读文章有关的知识、有关人文自然的知识、有关文章组织结构的知识等）以及他们为理解文章而使用的策略（哪些策略、为什么使用、何时使用等）就非常重要了。

② 王尚文．走进语文教学之门［M］．上海：上海教育出版社，2007：277.

③ 中华人民共和国教育部．义务教育语文课程标准：2022年版［S］．北京：北京师范大学出版社，2022：5.

④ 李泽厚．美学四讲［M］．修订插图本．天津：天津社会科学院出版社，2002：56.

⑤ 苏霍姆林斯基．教育的艺术［M］．长沙：湖南教育出版社，1983：180.

个体经验的体验、感悟与沉思。这是一个“寻言以观象”“寻象以观意”的过程，是实现文学审美价值的关键。如果说一般文章的教学我们要做到“言意兼得”的话，那么文学教学我们就要做到“言象意兼得”。正如古人所阐释的：“夫象者，出意者也。言者，明象者也。尽意莫若象，尽象莫若言。言生于象，故可寻言以观象；象生于意，故可寻象以观意。意以象尽，象以言著。”（《周易略例·明象》）

案例

一首古诗的审美过程

行宫

寥落古行宫，宫花寂寞红。
白头宫女在，闲坐说玄宗。

《行宫》是唐代诗人元稹创作的五言绝句。宋代洪迈在《容斋随笔》卷二中评价这首诗为：“语少意足，有无穷之味”。那么，其“意”在哪里，“味”在何处？这就需要经历一个言、象、意三个层面的阅读与审美过程。

言	象	意
读懂	想象—联想	品味
“寥落”的意思？	怎样的行宫——昔日的行宫	盛衰之理
“行宫”是什么？	现在的宫花——昔日的宫花	自然永恒
“玄宗”是谁？	今天的宫女——曾经的宫女	青春易逝
	怎样的玄宗——曾经的玄宗	物是人非

显然，读者需要将这20字的“言”在头脑中转换为无穷的“象”，“象”越丰富、越具体、越生动，那么他所品味到的“意”也就越细腻、越独到、越深刻。可见，从“言”到“意”的阅读审美过程中，举“象”何其重要。

与一般实用性文章的阅读心理过程不同，面对文学，当我们本着审美的目的进行阅读时，在对文本语言进行感知、理解的基础上，一定要带领学生通过想象与联想，把固化的语言符号（含语言空白）化为头脑中丰富而生动的“内部视像”。这是一个充满个性化的艺术再创造过程。“内部视像”决定了每个人的审美质量与内涵的不同。

文学作品的教学要落实上述审美心理过程，一般来讲要经历如下几个阶段①：

（1）带领学生对文学文本的语言文字（包括语音、词句、修辞等）进行感知，揣摩作品语言的节奏、韵律，以及语言所含的旨意、情理等显性和隐性信息。

（2）带领学生通过想象与联想，把抽象的语言符号（含语言空白）化为头脑中的“内部视像”（内部心理视觉形象）。这是一个充满个性化的艺术再创造过程，也是重要的发展学生想象力的过程。

① 孙建龙，崔嵘．文学文本的审美育人价值与教学探究［J］．语文教学通讯，2021（27）．

(3) 基于丰富的想象与联想，引导学生去感受“言有尽而意无穷”的、丰富的、微妙的、细腻的情感，从而实现文学的审美教育意义。

当前文学作品的教学中，审美过程的缺失或审美空间的窄化，皆因“言”“象”“意”三者中某一因素的缺失或弱化，而“言”与“意”之间“象”的层面的缺失尤为严重，这也是当前小学语文文学类文本教学中存在的核心问题。

四、阅读教学与小学生的阅读学习

(一) 儿童在语词、语篇、语感及社会文化知识的积累中学习阅读

阅读是一个读者将已有的知识与阅读材料相互作用的过程。一方面，阅读依赖于阅读材料的特点；另一方面，也依赖于读者已有的知识和背景。因此，阅读教学必须不断丰富学生各方面的知识，如字、词、句、段、篇的积累，语法、修辞知识及写作知识的积累，作家、作品知识和文学、文章学知识的积累，文化、历史知识的积累，等等。只有这样，学生才能不断把头脑中已有的知识与课文中所提供的信息联系起来，达到对阅读材料的理解。

拓展阅读

传统语文语感培养对现代语文语感教学的启示[①]

古代语文教育中有关“语感”的问题是通过“悟”这一独特的认知方式来说明的。这种“悟”就是学习者对语文材料不经过逻辑上精细地推理分析，凭已有的知识、经验去进行感知从而获得整体上的认识理解的过程。这种“对语言文字的敏锐感觉”，正是今天所强调的“语感”。传统语文语感培养对今天的语文教学仍有借鉴意义，主要表现在：

(1) 重视学习的早期积累，日后再慢慢“反刍”消化。如明末清初陆世仪的观点：“凡人有记性，有悟性。自十五以前，物欲未染，知识未开，多记性，少悟性。十五后，知识既开，物欲渐染，则多悟性，少记性。故凡所当读书，皆当自十五前使之熟读。”

(2) 重视诵读，要求学生反复诵读、涵泳、感悟。如南宋朱熹所言：“凡读书……须要读得字字响亮，不可误一字，不可少一字，不可多一字，不可倒一字，不可牵强暗记，只是要多诵数遍，自然上口，久远不忘。古人云：‘读书千遍，其义自见’，谓读得熟则不待解说，自晓其义也。”

(3) 进行丰富的言语实践，实现语感正迁移。如唐彪在《读书作文谱》中介绍过自己的读写体验：“文章读之极熟，则与我为化，不知是人之文我之文也。作文时吾意所欲言，无不随吾所欲，应笔而出，如泉之涌，滔滔不竭。文成之后，自以为辞意皆己出，他人视之，则以为句句皆从他文脱胎也。”

① 史玮．传统语文语感培养对现代语文语感教学的启示［J］．陕西师范大学学报（哲学社会科学版），2004（Z2）．

汉语句子的词法、句法、语义等大部分信息不是显露在词汇形态上，而是隐藏在词语铺排的线性流程中。正如语言学家洪堡特所说，在汉语的句子里，每个词排在哪儿，要你斟酌，要你从不同的关系中去考虑，然后才能往下读。由于思想的联系是由这些关系产生的，因此这一纯粹的默想就代替了一部分语法。① 汉语学习中语感积累的重要性就在于此。王尚文在其《语感论》中曾通俗地说明语感的功能：一听就清、一说就顺、一看就懂、一写就通，而且听得真、说得好、看得准、写得美。换言之，丰富的语感能帮助我们"准确理解对方的话语形式与话语意图，精确妥帖地运用祖国语言文字表情达意，以进行有效的交流"②。

必须指出的是："语感是主体内部对语言的感觉，因此不能如同知识或技术那样可以从外部输入，而必须通过主体的语言经验去体验并习得。"③ 也就是说，语感是学生在主体的言语实践活动中通过品味、感受、积淀而形成的，教师要做的则是引导学生在阅读、表达时自觉关注语言表达是否准确，品味语言表达的效果，从而不断提高学生对语感的敏锐度。

拓展阅读

发现语篇结构类型，运用语篇结构知识进行阅读和表达④

假设语篇结构就是人脑在思维和表达过程中形成的各种有规律的思维模式，如"总分""总分总""概括与具体""所见、所闻、所感""夹叙夹议""叙述、描写、感想""几个片段并列""是什么、为什么、怎样做""时间、地点、人物、事件（起因、经过、结果）"等，那么在阅读教学中组织学生通过画思维导图的方式不断发现、强化这些语篇结构，不仅会强化这些思维模式，也会为后续的阅读与表达打下了基础。

假设我们让学生体验和发现文章中的语言结构，然后运用语言结构知识去阅读和表达，就可以有效提高学生的阅读能力和写作能力，同时也促进了学生思维的发展。这一假设在实验中得到了验证。

文章结构，有两重含义：一指文章内在的各种关系，外在的、已定型的形式，以及由此形成的静态样式；二指作者构思谋划和组织安排文章形式的过程。不同体裁的文章有不同类型的图式，它通常规定文本中信息的安排方式，同时也反映出作者布局谋篇的思维过程。叶圣陶先生说："能够引导学生把一篇文章的思路摸清楚，就是最好的语文老师。"⑤ 阅读教学，要组织并指导学生主动加工语篇材料，如寻找文章线索、了解表达顺序、厘清结构关系等，并在整体把握和揣摩的基础上将其清晰化（如画思维导图）。主动加工包括

① 转引自：申小龙．汉语与中国文化［M］．上海：复旦大学出版社，2003：411.
② 王尚文．走进语文教学之门［M］．上海：上海教育出版社，2007：165.
③ 吴忠豪．小学语文课程与教学［M］．北京：中国人民大学出版社，2010：129.
④ 江风．基于脑的语文教学［M］．广州：广东高等教育出版社，2012：8-14.
⑤ 叶圣陶．语文随笔［M］．北京：中华书局，2007：42.

一系列认知活动，包括将新信息与永久性记忆里的信息联系起来、就材料提出问题、写摘要和提纲等。如果我们被动地阅读和聆听材料，我们往往保存不了太多信息。[①]

案例 **诗句“疑是银河落九天”的教学片段**

师：你们再小声读读，共同议论一下，看能不能理解诗的意思。有什么问题可以提出来。

（学生分四人一小组议论）

生：老师，银河是不是神话中说的，把牛郎、织女分开的那条河？

生：我奶奶告诉我，银河是天上的一条大河。

师：银河实际上是由许许多多的星星组成的，民间传说是天上的一条大河。

生：“九天”什么意思？

生：我知道，“九天”是指很高的天空。

师：古人认为天有九层，九天指天的最高层。

显然，生活阅历、文化知识常常成为儿童阅读理解中的障碍。社会文化知识的积累是在生活体验及阅读中逐渐丰富起来的，生活阅历、文化知识越丰富就越有益于个体的阅读理解。阅读时，读者的各种背景知识与已有的生活经验会被文本信息激活，与文本信息产生碰撞，与文本作者的思维与意图产生碰撞，从而理解文本的意义。一方面，我们要想方设法丰富儿童的生活体验与文化知识，以促进他们的阅读理解；另一方面，我们也要认识到，所谓的生活体验与文化理解，永远处于变动不居的状态，充满发展性与独特性。以“霜叶红于二月花”为例，每个个体或人生的不同时期，对这句诗的理解都是不同的，甚至我们也不能简单地以高下对错论之。从语文教师的角度来说，丰富的人生阅历与人文知识素养会有益于指导学生进行生动有效的阅读。

（二）儿童的阅读经由相应的心理过程

儿童在语文课上的阅读，总是要经历如下的双向心理过程：从言语形式（文字、段落、篇章、修辞等）入手，理解言语内容（写了什么、为什么写这些）；再从所表达的言语内容（景物、事件、情感、思想等）出发，反过来体悟言语形式（怎么写的、为什么这样写）之妙。总是要走上这样一个来回，才叫作真正的语文阅读[②]（见图 4－2）。

“夫缀文者情动而辞发，观文者披文以入情。”（《文心雕龙·知音》）就语文阅读教学而言，我们既要在“因文悟道”的过程中引导儿童会阅读（方法的学习）、能阅读（能力的培养），也要在“因道解文”的过程中引导儿童感受文本的语言之美，领悟文章的形式

① 卡罗尔．语言心理学［M］．4 版．上海：华东师范大学出版社，2007：183.

② 阅读、语文阅读、阅读教学的区别：日常“阅读”主要关注写了什么，以获取由文字材料所传递的意义为出发点。“语文阅读”侧重从语文专业角度出发，既关注文字所传达的内容，又关注言语的表现形式。语文课程中的“阅读教学”应在“语文阅读”的基础上培养学生实现如下目标：爱阅读——培养阅读兴趣和习惯；能阅读——发展阅读能力；会阅读——丰富阅读策略。

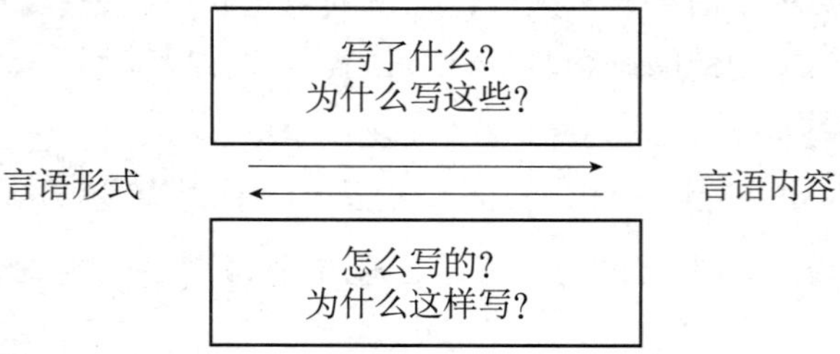

图 4-2　阅读的双向心理过程

之美。正如王富仁先生所言：一堂艺术的语文课应该是富于情境性的，一方面要“不断地把学生带进一个新的思想和感情的空间，使学生感受和体验平时极少可能直接感受和体验到的事物”；另一方面，要引导学生“掌握表达这样一些新的感受和体验的语言和语言的形式”。①

案例　　**《猴王出世》教学片段②**

《猴王出世》这篇课文节选自名著《西游记》。文中有如下一段文字：“那猴在山中，却会行走跳跃，食草木，饮涧泉，采山花，觅树果；与狼虫为伴，虎豹为群，獐鹿为友，猕猿为亲；夜宿石崖之下，朝游峰洞之中。”下面是王春燕老师的课堂教学片段：

师：读着这样的句子，你仿佛看到石猴在干什么？

生：石猴在山中活蹦乱跳。

生：我好像看见他在山中采树上的果子。

生：他在山中嬉戏玩耍。

生：他在山中自由自在、活蹦乱跳，左走走，右走走，采一朵山花，饮一点涧泉。

师：谁再来读这句话？读出他的快乐来，读出他的自由来！（指名读，略）

师：谢谢你。同学们，请你们把目光聚焦在语言文字上，从“怎么写”的角度，你们发现了什么秘密？

生：我觉得这段文字用了排比的修辞手法。

师：你能把这个排比句读给大家听吗？

生（读）：食草木，饮涧泉，采山花，觅树果；与狼虫为伴，虎豹为群，獐鹿为友，猕猿为亲。

师：你发现了四百多年前的两个排比句，真了不起！同学们，吴承恩先生写石猴，遣词造句非常讲究，里面有很多秘密。我们随着他的发现，走进去看一看。（课件出示第一分句：“食草木，饮涧泉，采山花，觅树果”）同学们自己读读，你还能发现什么？（学生自读）

---

① 王富仁．在语文教学中必须同时坚持三个主体性［J］．语文学习，2003（1）．

② 郭利萍．略读耶？精读耶?：关于《猴王出世》一课教学的讨论［J］．课程·教材·教法，2009（1）．本书在引用这个课堂实录时因篇幅的关系在语言上做了删减和处理。

生：我发现每句话都是三个字，前一个字是动词，后两个字是名词。

师：真是大发现呀！写的都是石猴的动作，如果把它读出来，会是一种怎样的节奏呢？

（指导学生读出猴子在山中快乐行走的轻快、跳跃之感，略）

师：同学们，三个字的短句，具有跳跃感，让石猴在字里行间跳起来、动起来了！往下读，你还会有发现，自己试试看。

（课件出示第二分句：“与狼虫为伴，虎豹为群，獐鹿为友，猕猿为亲”，学生自读）

生：我发现这是个四个字的排比句。

师：这四个字是随便排列的吗？

生：我还发现，前两个字都是一些动物，后面一个字是石猴和别人的关系。

师：这些动物是石猴的——

生：是石猴的亲戚朋友。

师：是哪些动物？

生：狼虫、虎豹、猕猿、獐鹿。

师：这石猴与狼虫——（生：为伴）。

师：虎豹——（生：为群）。

师：獐鹿——（生：为友）。

师：猕猿——（生：为亲）。

师：这是一只怎样的石猴呀？请你把他读出来。

（指名二生读，读得很有感情）

师：同学们，往下读，更有意思了！（课件出示第三分句：“夜宿石崖之下，朝游峰洞之中”）自己读读看，你又发现了什么？

生：（欣喜地）它们就像诗一样，对得非常整齐。

师：一对对子！你们经常诵读古诗文，一定有感觉，我们来对一对。夜对——（生：朝）。

师：宿对——（生：游）。

师：石崖之下对——（生：峰洞之中）。

师：谁能读出这样的石猴？

生（带着古诗文的韵味读）：夜宿石崖之下，朝游峰洞之中。

（众笑声、掌声）

师：非常非常好！同学们，我们一起来读这一段好不好？我来起头，你们接着读。

师（引读）：那猴在山中，却会行走跳跃——（生接读：食草木，饮涧泉，采山花，觅树果；与狼虫为伴，虎豹为群，獐鹿为友，猕猿为亲；夜宿石崖之下，朝游峰洞之中）。

师：读到这儿，你读到了一个怎样的石猴？拿出笔，在这个句子边上写下批注……

（学生默读、批注）

正因为有了这样的文字，才能读出这样的石猴；读出了这样的石猴，才能反过来品味文字的妙处。这就是经典能提供给我们的阅读。阅读经典，离开了言语精妙而独特的表达形式，我们将无法真正深入体会到其内容——细腻的情感、独到的意蕴。而没有对情感与意蕴的深层次把握，我们也无从品味并学习到新的言语表达形式与规律。显然，“言”与“意”二者不是各自独立而存在的分离的关系，而是一个整体。正如一个活生生的人，是由精神和肉体（含行为）共同构成的生命存在。在语文阅读活动中，“言”“意”同等重要。上述案例中，穿行在语言的珠玑之间，孩子们是否读出了一只与众不同的猴子？是否发现了他以前所不曾在意的某种新的语言表达形式？又是否对名著产生了某些新的兴趣？

（三）儿童阅读能力要进行有针对性的训练

阅读是阅读主体对阅读材料进行认知、理解、判断、评价、吸收与应用的复杂的心智过程。阅读能力的培养是基础教育阶段阅读教学必须坚守的最重要阵地。语文教师，只有明晰了阅读能力的具体内涵，才有可能通过阅读有针对性地、高效地去培养学生所应具备的阅读能力。《义务教育语文课程标准（2022 年版）》在“学段要求”和“学业质量”部分，分别就“阅读与鉴赏”的目标要求和学业成就的关键表现进行了具体描述。表 4－2 是课程标准“学业质量”部分对与阅读能力相关的学生学业成就关键表现的描述（部分）。

表 4－2　课程标准“学业质量”部分对与阅读能力相关的学生学业成就关键表现的描述（部分）

第一学段	喜欢阅读图画书、儿歌、童话、寓言等，在阅读过程中能根据提示提取文本的显性信息，通过关键词句说出事物的特点，作简单推测；能借助关键词句复述自己读过的故事或其他内容，尝试对阅读内容提出问题；愿意向他人讲述读过的故事，乐于向他人展示自己的作品；喜欢积累优美的词句，并尝试在口头和书面表达中运用
第二学段	（1）能阅读常见的图文结合的材料，注意图文关联，初步把握材料的主要内容 （2）喜爱阅读童话、寓言、神话等，在阅读过程中能提取主要信息，借助阅读经验和生活经验预测情节发展；能结合关键词句解释作品中人物的行为，从某个角度分析和评价人物；能发现作品中的优美词语、精彩句段，并根据需要进行摘录；能借助上下文语境，说出关键语句、标点符号、图表在表达中的作用；能复述读过的故事，概括文本内容，根据自己的阅读理解提出问题并与他人交流；乐于和他人分享阅读所得，关注有新鲜感的词句，并有意识地在口头和书面表达中运用
第三学段	（1）能概括说明性文字的主要内容或简单的非连续性文本的关键信息，初步判断内容或信息的合理性 （2）独立阅读散文、小说、诗歌等文学作品，在阅读过程中能获取主要内容，用朗读、复述等自己擅长的方式呈现对作品内容的理解；能用文字、结构图等方式梳理作品的行文思路；能品味作品中重要的语句和富有表现力的语言，注意词语的感情色彩，通过圈点、批注等多种方法记录自己的阅读感受和体验，并主动与他人分享；能通过诵读、改写、表演等方式，表达自己对感人情境和形象的理解与审美体验；能借助与文本相关的材料，结合作品关键语句评价文本中的主要事件和人物，提出自己的观点或看法；能发现不同类型文本的结构方式和语言特点，感受作品内容、表现形式上的不同，积极向他人推荐，并有条理地说明推荐理由。在文学体验活动中涵养健康向上的审美情趣

“学段要求”与“学业质量”中针对“阅读与鉴赏”的相关描述，是阅读能力培养的出发点和学业质量检测点，为日常的阅读教学指明了方向。教师在日常教学中应扣住这些能力点和检测点用好教材扎扎实实培养学生的阅读能力。

案例 **用好课后习题扎实培养阅读能力**

统编版教材五年级上册第一单元编选了《白鹭》《落花生》《桂花雨》《珍珠鸟》四篇课文，其中《珍珠鸟》为略读课文。下面分析“课后习题”或“略读提示”中的阅读能力培养指向。

课文	“课后习题”或“略读提示”	阅读能力培养指向
《白鹭》	(1) 朗读课文。说说你从哪些地方感受到“白鹭是一首精巧的诗”。 (2) 课文第6~8自然段描绘了三幅优美的图画，请你为每幅图画起一个名字。 (3) 背诵课文。抄写你喜欢的自然段。	(1) 获取主要内容，感受、理解文章所表达的情感，涵养审美情趣。 (2) 整体感知，概括能力。 (3) 语言积累。
《落花生》	(1) 分角色朗读课文。说说课文围绕“落花生”写了哪些内容。 (2) 从课文中的对话可以看出花生具有什么样的特点？父亲想借花生告诉“我们”什么道理？ (3) 小练笔：花生会让我们想到那些默默无闻作贡献的人。看到下面的事物，你会想到哪些人？选择其中一个，试着写一段话。竹子 梅花 蜜蜂 路灯	(1) 整体感知，提取信息整合加工，把握文章主要内容。 (2) 提取信息，整合加工，理解文章内涵和表达方式。 (3) 理解文本的表现形式，关联生活，读写迁移，创造性表达。
《桂花雨》	(1) 有感情地朗读课文。说说桂花给“我”带来了哪些美好的回忆。 (2) 读下面的句子，体会其中蕴含的感情。 ①桂花盛开的时候，不说香飘十里，至少前后左右十几家邻居，没有不浸在桂花香里的。 ②这下，我可乐了，帮大人抱着桂花树，使劲地摇。摇哇摇，桂花纷纷落下来，我们满头满身都是桂花。我喊着：“啊！真像下雨，好香的雨呀！” (3) 联系下面的“阅读链接”，说说“这里的桂花再香，也比不上家乡院子里的桂花”这句话的含义。（“阅读链接”略）	(1) 整体感知，提取关键信息，理解行文思路。 (2) 品味作品中重要的语句和富有表现力的语言。 (3) 能借助与文本相关的材料，理解文章内容，表达自己的观点。
《珍珠鸟》	默读课文，想想“我”是怎样逐渐得到珍珠鸟的信赖的。课文中有很多地方写出了珍珠鸟的可爱，找出这样的语句，体会“我”和珍珠鸟之间的情意。	整体感知，把握行文思路，提取关键信息，体会关键词句的情感。

（四）要加强阅读策略的指导与教学

阅读策略，即读者为促进阅读理解而采取的认知或行为活动。从建构主义理论视角来看，读者总是运用其头脑中原有的知识，并结合所读文章提供的线索以及阅读情境的暗示来建构文章的意义模式。在这个过程中，读者的原有知识和阅读策略就成为阅读理解的关键。

拓展阅读

几种有代表性的阅读策略①

提取信息，确定重要内容（区分重要和非重要信息）的策略。文章的重要内容可以从两个角度去确定：一是作者在文章中所表达的重要意思，二是读者所需要的重要信息。

概括信息策略，即在阅读中简明扼要地写出所读材料的内容梗概，包括：概括句子、概括段意、概括文章部分内容、概括一篇文章内容、概括文章中心思想、概括一本书或几篇题材相同的文章的内容。

推理信息策略，即读者在具体的语言环境中运用自己的原有知识和文章提供的信息创造出新的语义信息。

质疑释疑策略。质疑释疑在阅读中能够起到导向作用，促进积极的信息加工，提高学生的元认知能力，并有利于激活学生的原有知识。

监控理解策略，包括：定向（确定阅读目的，以便按照目的来引导信息加工）、计划（选择适合阅读目的、读物特点和自身特长的阅读策略，以使阅读活动能顺利进行）、检查（是否理解所读文章的内容）、调节（根据理解情况来调整阅读策略，改变注意水平和阅读速度）、评价（了解认知活动的结果是否达到目的，以获取反馈信息）。

激活原有知识策略。阅读前激活原有知识，能使学生产生阅读期望或图式；阅读时激活原有知识，能使学生运用原有知识来补足文章里省略的信息；阅读后激活原有知识，能促进学生对文章内容的回忆。总之，阅读教学中引导学生调动他们的原有知识和生活经历来解释和消化文章内容，具有积极意义。

如何通过阅读教学发展学生的阅读策略，是当前小学阅读教学实践中人们探索和关注的焦点。比如，《小壁虎借尾巴》《七颗钻石》《渔夫和金鱼的故事》这几篇文章都采用了反复的叙事方式，从而具有了相同的“反复结构”。在学习了其中某一篇文章的前提下，在阅读其他两篇文章的时候，就需要“激活原有知识策略”，以帮助学生发现文章与文章之间在结构、语言等表达形式上，以及情感、思想等内容理解上的关联与规律。

再比如关于阅读中质疑、释疑的策略。许多语文公开课，课堂上师问生答，如行云流水。静下来思考一下，既然老师的问题学生都能顺利甚至颇为精彩地回答，那么，这堂课的意义在哪里？并不是说老师不能问，但我们的学生不会问却是事实。说明阅读教学中质疑策略的培养远远不够，说明我们阅读课的教学观还有问题。于漪老师曾说过：“教学过程实质上就是教师有意识地使学生生疑，质疑，解疑，再生疑，再质疑，再解疑……的过程。在循环往复，步步推进的过程中，学生掌握了知识，获得了能力。”所以，我们需要思考：课堂中要解决的应该是谁的“疑”？如何使学生生疑、质疑？上述问题关涉到我们

① 倪文锦，欧阳汝颖．语文教育展望［M］．上海：华东师范大学出版社，2002：293－303.

对课堂教学价值与本质的理解。总之，阅读质疑释疑策略，该怎样扎扎实实地落实在学生的阅读实践环节，目前仍是一个重要的实践课题。

案例 “概括信息策略”培养的两个实例

例1：教学《石榴》一课时，引导学生学习段的概括。

师：课文的2、3小节是在写石榴的生长过程。你能用自己的话来简要说说这个过程吗？提示：只要你说清楚这是在什么季节、石榴怎么样了，就可以了。

【点评】教师给出了要素，让学生的概括有方向：什么季节？石榴怎样？

生：先是春天，石榴抽出了新的枝条。

师：倪老师可以更简洁地说，那就是——抽枝。春天，仅仅是抽枝吗？

生：还长出了新的嫩绿的叶子。

师：学一学老师，看看能不能说得更简洁？

生：长叶。

【点评】教师引导学生发现概括语言的规律，让学生模仿语言形式进行概括。

生：然后到了夏天，到了夏天……

师：我知道你想用刚才的规律来修改你大脑口的答案，是吗？别着急，慢慢来。

生：到了夏天，开花。

师：好！最后一个季节。

生：最后一个季节是秋天，果实成熟了。

师：现在，你们能连起来说说石榴生长的过程吗？

生：石榴在春天抽枝、长叶，在夏天开花，秋天的时候果实成熟了。

【点评】将小标题进行连缀，让学生感觉到概括并不是遥不可及的，长期练习，学生的能力培养就水到渠成了。

例2：教学《滴水穿石的启示》一课时，引导学生学习抓住关键信息进行概括。

师：通过刚才的学习，我们知道，水滴用几万乍乃至更长时间锲而不舍，最终滴穿石头。为了进一步说明这个道理，课文给我们举了三个生动的例子，请浏览课文第3自然段，试着用简洁的语言概括事例。教师出示要素性提示，在此基础上学生完成表格。①

谁	时间	怎样做	结果
水滴	几万年	锲而不舍	滴穿石头
李时珍	二十几年	不懈努力	《本草纲目》
爱迪生	一生	孜孜不倦	一千多项发明
齐白石	几十年	坚持不懈	技艺炉火纯青

① 宋尚琴．语文概括能力培养之“经”“纬”[J]．教育研究与评论（小学教育教学），2015（5）．本书在引用时有删节和文字上的修改。

上述案例，老师有针对性地抓住不同学段学生的特点和文本的文体特点进行了概括策略的培养与指导。除此之外，阅读过程中提取信息策略、推理信息策略、监控理解策略，以及适用于不同文体文章的阅读策略，还需要在教学实践层面做进一步的较为系统的研究、总结、丰富与提升。

（五）文学阅读是充分体现个性特点的体验和对话过程

文学的审美，应在语言认知的基础上，引导儿童展开充分的想象和联想，关心他们的情感体验过程，并引导儿童表达出他们的想象与联想、感受与体验。这是文学阅读作为审美过程最为关键的一步，也是读者以文本为基础、个人化色彩浓厚的文学再创造过程，它决定了文学审美的质量。换言之，文学文本只有在被主体激活并与个体生命产生对话的状态中才能生成其意义。在这一过程中，文学文本的视域与个体的视域产生融合，从而实现其审美教育价值。由于每个读者的生活经验、知识积累、文化背景、审美情趣等千差万别，阅读的动机、情绪、情感、感悟、体验、理解也就具有了鲜明的个性化特征。所以，文学审美不是被动的信息与观念的接受过程，而是读者积极参与的、主动的、充满个性化的意义建构过程，是文学文本与审美者心身的相互谐动过程。在这一过程中，读者带入进来的东西，甚至比他从读物中所找到的东西还重要。

因此，在阅读教学中，我们要尊重文本，更要尊重阅读文本的儿童，进而珍视学生独特的想象、感受、体验和理解。一方面，教师要掌握基本的审美策略，能够指导、引领儿童学会发现美、感受美、创造美、分享美；另一方面，要充分调动审美主体深度参与、经历审美过程，不能以教师的分析代替学生的审美实践，以模式化的解读窄化学生的审美空间，简单化地把小学生复制为成人心目中的读者。

总之，文学阅读中的审美过程是不可替代的，它基于文学文本而生发于儿童个体的内心世界。从儿童出发的语文审美教育，要借助语言的学习，用心呵护、培植儿童美的心灵。我们必须始终相信——儿童是发展中的读者，我们必须尊重儿童发展的自然进程及个体差异，尊重儿童审美的独特价值。

观点　　**大自然希望儿童在成人以前是儿童的样子①**

大自然希望儿童在成人以前是儿童的样子。如果我们打乱了这个次序，我们就会造成一些早熟的果实，它们长得既不丰满也不甜美，而且很快就会腐烂；我们将造成一些年纪轻轻的博士和老态龙钟的儿童。儿童有他特有的认识、思考和感情处理方式；再也没有用我们的方式去代替他们的方式更为愚蠢的事情了。

【思考与练习】

1. 观察一节阅读教学课，记录教学过程，然后从阅读心理过程的角度分析其合理性，

① 卢梭．爱弥儿：精选本［M］．2版．上海：上海人民出版社，2011：44.

从阅读能力培养指向上分析其针对性。

2. 收集学生阅读质量测评的试卷，结合《义务教育语文课程标准（2022 年版）》中“阅读与鉴赏”的学段要求和“学业质量”部分的相关描述，分析试卷中考察项目的合理性，进而反思阅读教学“教什么”的问题。也可以针对试卷中各类考察项目学生的错误情况进行统计和原因分析，并根据结果反思阅读教学的目标和过程。

第二节 “阅读与鉴赏”的教学目标、内容与策略

一、“阅读与鉴赏”的教学目标

语文教师在准备学期教学计划、设计单元教学方案、处理单篇教学的过程中，需深入研读各学段相关学习内容的具体要求，把握不同学段学生的认知特点和目标要求的差异性与关联性。为便于整体把握小学各学段“阅读与鉴赏”的具体要求，尤其是把握好其螺旋上升、前后关联的特点，我们将《义务教育语文课程标准（2022 年版）》中的具体内容以表格的方式呈现出来（如表 4-3 所示）。

表 4-3 “阅读与鉴赏”的学段要求

第一学段	第二学段	第三学段
● 喜欢阅读，感受阅读的乐趣		
● 学习用普通话正确、流利、有感情地朗读课文 ● 学习默读	● 用普通话正确、流利、有感情地朗读课文 ● 初步学会默读，做到不出声，不指读 ● 学习略读，粗知文章大意	●熟练地用普通话正确、流利、有感情地朗读课文 ● 默读有一定的速度，默读一般读物每分钟不少于 300 字 ● 学习浏览，扩大知识面，根据需要搜集信息
● 结合上下文和生活实际了解课文中词句的意思，在阅读中积累词语	● 能联系上下文，理解词句的意思，体会课文中关键词句表达情意的作用 ● 能借助字典、词典和生活积累，理解生词的意义	● 能联系上下文和自己的积累，推想课文中有关词句的意思，辨别词语的感情色彩，体会其表达效果
● 认识课文中出现的常用标点符号，在阅读中体会句号、问号、感叹号所表达的不同语气	● 在理解语句的过程中，体会句号与逗号的不同用法，了解冒号、引号的一般用法	● 在理解课文的过程中体会顿号与逗号、分号与句号的不同用法
● 借助读物中的图画阅读	● 能初步把握文章的主要内容，体会文章表达的思想感情 ● 学习圈点、批注等阅读方法 ● 能对课文中不理解的地方提出疑问，乐于与他人讨论交流	● 在阅读中了解文章的表达顺序，体会作者的思想感情，初步领悟文章的基本表达方法 ● 在交流和讨论中，敢于提出看法，作出自己的判断

续表

第一学段	第二学段	第三学段
● 阅读浅近的童话、寓言、故事，向往美好的情境，关心自然和生命，对感兴趣的人物和事件有自己的感受和想法，并乐于与他人交流	● 能复述叙事性作品的大意，初步感受作品中生动的形象和优美的语言，关心作品中人物的命运和喜怒哀乐，与他人交流自己的阅读感受	● 阅读叙事性作品，了解事件梗概，能简单描述印象最深的场景、人物、细节，说出自己的喜爱、憎恶、崇敬、向往、同情等感受
● 诵读儿歌、儿童诗和浅近的古诗，展开想象，获得初步的情感体验，感受语言的优美	● 诵读优秀诗文，注意在诵读过程中体验情感，展开想象，领悟诗文大意	● 阅读诗歌，大体把握诗意，想象诗歌描述的情境，体会作品的情感 ● 受到优秀作品的感染和激励，向往和追求美好的理想
		● 阅读说明性文章，能抓住要点，了解文章的基本说明方法 ● 阅读简单的非连续性文本，能从图文等组合材料中找出有价值的信息 ● 尝试使用多种媒介阅读
● 尝试阅读整本书，用自己喜欢的方式向他人介绍读过的书 ● 养成爱护图书的习惯	● 阅读整本书，初步理解主要内容，主动和同学分享自己的阅读感受	● 阅读整本书，把握文本的主要内容，积极向同学推荐并说明理由
● 积累自己喜欢的成语和格言警句 ● 背诵优秀诗文 50 篇（段） ● 课外阅读总量不少于 5 万字	● 积累课文中的优美词语、精彩句段，以及在课外阅读和生活中获得的语言材料 ● 背诵优秀诗文 50 篇（段） ● 养成读书看报的习惯，收藏图书资料，乐于与同学交流 ● 课外阅读总量不少于 40 万字	● 背诵优秀诗文 60 篇（段），注意通过语调、韵律、节奏等体味作品的内容和情感 ● 扩展阅读面，课外阅读总量不少于 100 万字

学段要求是课程实施的指南，是落实总目标的保证，也是设计单元教学目标、课时教学目标以及进行阅读学习评价的重要参照。课程标准中所规定的“课程内容”（实用性阅读、文学阅读、思辨性阅读、整本书阅读等）以及将其“教材化”的语文教科书中的阅读单元，都是通过教学以实现“阅读与鉴赏”学段要求的凭借。

二、“阅读与鉴赏”的课程内容与教学策略

（一）“阅读与鉴赏”的主要内容

《义务教育语文课程标准（2022 年版）》的“主题与载体形式”部分明确了语文课程的文化构成与重点：体现中华优秀传统文化、革命文化、社会主义先进文化的作品，应占 60%～70%；反映科技、自然、生活等方面的应用、说明、记叙类作品，以及外国优秀文化作品，占 30%～40%。从阅读教学的角度看，它规定了应该“读什么”的主题内容（领域）问题，如表 4－4 所示。

表 4-4 阅读的主题与阅读内容

主题	阅读内容	占比
中华优秀传统文化	主要载体为汉字、书法，成语、格言警句，神话传说、寓言故事、历史故事、民间故事、中华民族团结一家亲的故事，古代诗词、古代散文、古典小说，古代文化常识、传统节日、风俗习惯等	60%～70%
革命文化	主要载体为老一辈无产阶级革命家和革命英雄人物的代表性作品及反映他们生平事迹的传记、故事等作品，反映党领导人民革命的伟大历程和重要事件的作品，有关革命传统人物、事件、节日、纪念日活动等方面的作品，阐发革命精神的作品，革命圣地、革命旧址和革命文物等	
社会主义先进文化	主要载体为反映社会主义建设事业中取得的重大成就、涌现出来的模范人物与先进事迹的作品；反映当代中国从站起来、富起来到强起来的奋斗历程和重大事件，以及体现中国式现代化新道路和人类文明新形态的相关作品；反映和谐互助、共同富裕、改革创新、劳动创造美好生活等方面的作品	
世界文明优秀成果、科技进步、日常生活特别是儿童生活等	主要载体为外国文学名著、科普科幻作品、实用性文章、中外优秀儿童文学作品等	30%～40%

义务教育语文课程内容是以核心素养为纲，以学习任务群的形式组织和呈现的，不是以知识点为纲进行线性安排的，从而强调了语文课程内容的情境性、实践性、综合性特征，如图 4-3 所示。

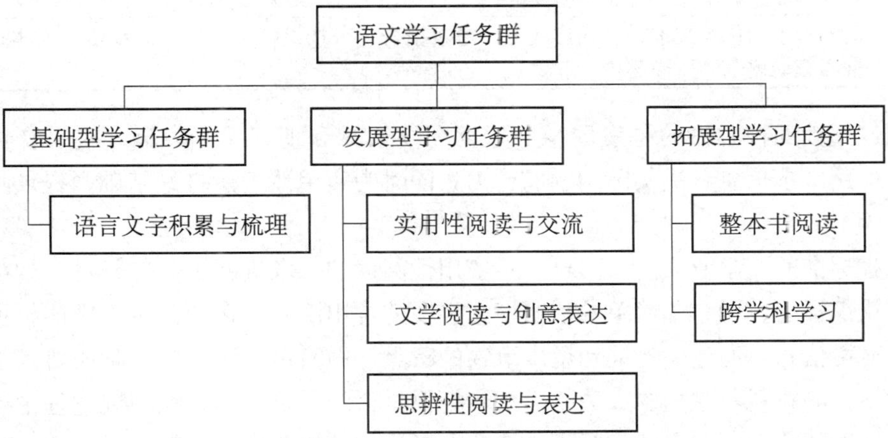

图 4-3 语文学习任务群的构成

语文学习任务群以学生的“识字与写字”“阅读与鉴赏”“表达与交流”“梳理与探究”等语文实践活动为主线组织学习内容，用学习主题来统领，以学习任务为载体，将学习情境、学习内容、学习方法、学习资源等整合起来，整体规划，从而构建成素养型课程内容体系，为学生核心素养的发展提供内容支撑。从阅读教学的角度看，主要涉及上述学习任务群中的实用性阅读、文学阅读、思辨性阅读、整本书阅读以及跨学科学习中的阅读。

（二）实用性阅读

“实用性阅读与交流”学习任务群主要包括两类语文实践活动：实用性阅读活动和以实用为目的的表达交流活动（写作、口语交际等），这体现出该学习任务群学习内容与过程的整合性特征，阅读与表达在学习任务中融合并进。从价值和定位来看，“本学习任务群旨在引导学生在语文实践活动中，通过倾听、阅读、观察，获取、整合有价值的信息，根据具体交际情境和交流对象，清楚得体表达，有效传递信息，满足家庭生活、学校生活、社会生活交流沟通需要”①。本部分侧重讨论实用性阅读活动。

1. 实用性阅读的内容与目标

实用性阅读应从阅读的目的和需要这一角度去理解，而不是从文本或文体的角度去理解。换句话说，不是因为已经有了实用性文本我们才要去阅读他们，而是因为日常生活中我们需要这种阅读活动。因此，“实用性阅读”与“实用性文本的阅读”不是同一个概念，前者是从阅读活动的目的与需要出发的，后者是从所阅读的文本或文体的本身出发的。

《义务教育语文课程标准（2022 年版）》对实用性阅读的具体内容做出了说明，见表 4-5。

表 4-5　第一至三学段实用性阅读的学习内容

学段	实用性阅读的学习内容
第一学段	有关个人生活、家庭生活、学校生活的短文；革命遗址、博物馆、公园、剧场、车站、书店、超市、银行等社会场所中的有关标牌、图示、说明书等；有关中华优秀传统文化的短文
第二学段	有关家庭生活、学校生活、社会生活的短文；说明、叙写大自然的短文；有关老一辈无产阶级革命家和革命英雄、劳动模范、科学家的事迹；反映中华传统美德的故事
第三学段	记人叙事的优秀文本；参观访问记、考察报告、科技说明文、科学家小传等文本；革命英雄和劳动模范的事迹

实用性阅读的核心目的是发展学生根据需要认知和理解文本内涵、获取有价值的信息、整合运用文本信息解决实际问题的能力，同时为实用性表达打好基础，提供相应的方法与策略等。

在课程标准的“学业质量”部分，对实用性阅读的要求进行了具体描述。如第一学段要求尝试认识标牌、图示、简单的说明性文字中的常用汉字；在阅读过程中能根据提示提取文本的显性信息，通过关键词句说出事物的特点，做简单推测。第二学段要求能阅读常见的图文结合的材料，注意图文关联，初步把握材料的主要内容；在阅读过程中能提取主要信息，借助阅读经验和生活经验预测情节发展；主动阅读成语故事、寓言故事、神话故事、革命英雄故事等叙事性作品。第三学段要求能根据积累的知识和经验初步判断信息真伪，感知情感倾向，形成自己对社会热点问题的初步认识；能概括说明性文字的主要内容或简单的非连续性文本的关键信息，初步判断内容或信息的合理性；能运用文本主要信息解决现实生活中的简单问题；能主动阅读体现社会主义先进文化、革命文化、中华优秀传统文化的作品，在阅读、参观、访问过程中，结合具体内容或时代背景丰富对作品内涵的

① 中华人民共和国教育部. 义务教育语文课程标准：2022 年版［S］. 北京：北京师范大学出版社，2022：23.

理解。①

2. 实用性阅读的教学策略与案例分析

实用性阅读的教学应突出“实用性”，采用学生喜闻乐见的形式，将识字与写字、阅读与表达、信息提取与处理等学习活动融为一体，注重学生在真实情境中语言运用的实际表现，在任务和问题解决过程中设计评价。

案例 **五年级上册《太阳》一课教学设计（有删改）②**

一、教学目标

1. 会认“摄”“殖”等 4 个生字，会写“摄”“氏”等 9 个字，正确读写“寸草不生”“摄氏度”“繁殖”“粮食”等 9 个词语。

2. 默读课文，会运用思维导图梳理课文内容，把握内容要点，了解课文从哪些方面来介绍太阳。

3. 能结合课文第 1～3 自然段内容，了解列数字、作比较、打比方等说明方法，体会运用这些说明方法的好处。

4. 能科学而生动地介绍太阳，并能借助资料，尝试运用说明方法描述太阳系中自己感兴趣的行星，发展学生的综合素养。

二、课前准备

搜集太阳系中自己感兴趣的行星，摘录相关资料，完成资料卡。

介绍对象	特点	具体介绍
选择太阳系中自己感兴趣的行星		

三、教学过程

学习活动一：认识我们头顶的太阳

1. 七嘴八舌聊太阳

组织学生交流关于太阳的知识和民间传说等，出示《后羿射日》阅读材料，阅读思考：你认为太阳能被射下来吗？

2. 认真阅读识太阳

默读思考：课文从哪些方面介绍了太阳？和同桌一起尝试用思维导图梳理课文，把课文内容呈现清楚。交流，展示，评价。

① 中华人民共和国教育部．义务教育语文课程标准：2022 年版［S］．北京：北京师范大学出版社，2022：37－41.

② 戴晓燕．参观太阳空间站：五年级上册第五单元“实用性阅读与交流”学习任务一活动设计［J］．语文教学通讯，2023（Z3）．

3. 利用你的思维导图，尝试介绍课文的主要内容。

【设计意图】课程标准在“实用性阅读与交流”学习任务群的学习内容中提示我们：可以让学生学习记笔记、列大纲、写脚本、画思维导图等整理和呈现信息的方法。《太阳》这篇文章条理清晰，内容分明，完全可以让学生以小组合作的形式用思维导图厘清文章的内容和结构。

学习活动二：制作个性资料卡

1. 制作更详细的资料卡

作者是怎么把太阳各个方面的特点介绍明白的呢？在思维导图的基础上，丰富内容，试着制作更详细的资料卡。

2. 体会说明方法的作用

说明方法的使用，让我们对事物的了解更加清晰。作者用了哪些说明方法，让我们更加清楚地了解了太阳各个方面的特点以及它与我们人类密切关系的呢？学生组内交流，组间汇报。

【设计意图】“制作个性资料卡”这一活动设计，引导学生在完善资料卡的过程中，体会说明方法的作用。真实的活动情境，融合了阅读、倾听、获取、交流等多种言语实践活动，在探究与实践中获取知识、形成能力。

学习活动三：在空间站做讲解员

1. 小小讲解员——为太阳做讲解

以小组为单位，根据已完成的思维导图，梳理、整合相关信息，运用恰当的说明方法，组织解说语言，在组内讲解。

2. 小小讲解员——为地球做讲解

在课前准备的基础上，为学生提供更多有关地球的资料，运用所学的说明方法试着介绍地球，要求能介绍清楚地球的特点，条理清楚，语言准确，运用恰当的说明方法。

3. 小小讲解员——为你感兴趣的其他星球做讲解

课后选择自己最感兴趣的一颗星球，收集整理资料，用恰当的说明方法为它们做讲解，可以选择自己喜欢的方式，把你的讲解上传到云空间，供大家交流、学习。

【设计意图】这一任务有着三个进阶式活动：首先，基于课文的学习为太阳做讲解，在前期画思维导图、完善资料卡等学习基础上进行。其次，借助关于地球的一些资料，用多种说明方法讲解地球，这一活动比前一个活动有了一定的难度，难度在于整合资料运用所学的说明方法完成讲解。最后，把学习延伸到课外，进一步查询、整理资料，运用自己喜欢的讲解方式和多种说明方法介绍自己感兴趣的星球。实用性阅读的核心是“用”，为“用”而读。

案例 **某小学五年级第二学期语文检测评价案例**

学校科学小组的同学通过应聘成了科技馆的“小小讲解员”。他们邀请你作为小组中的一员，结合两则材料，一起完成下面的任务：

材料一：

科技馆经典参观路线图

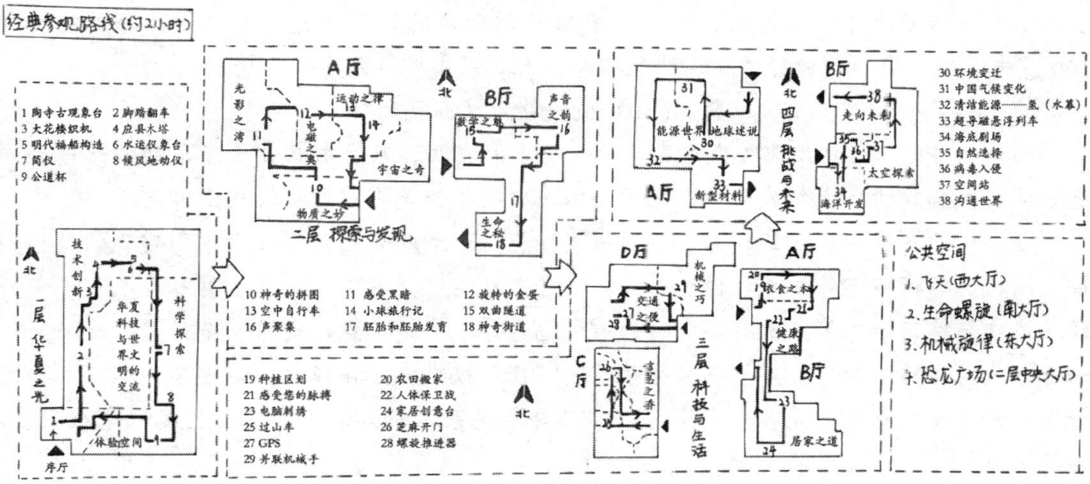

科技馆参观项目表（有删改）

楼层	展厅	参观项目
一层	华夏之光	（1）陶寺古观象台 （2）脚踏翻车 （3）大花楼织机 （4）应县木塔 （5）明代福船构造 （6）水运仪象台 （7）简仪 （8）候风地动仪 （9）公道杯
二层	探索与发现	（10）神奇的拼图 （11）感受黑暗 （12）旋转的金蛋 （13）空中自行车 （14）小球旅行记 （15）双曲隧道 （16）声聚焦 （17）胚胎和胚胎发育 （18）神奇街道
三层	科技与生活	（19）种植区划 （20）农田搬家 （21）感受您的脉搏 （22）人体保卫战 （23）电脑刺绣 （24）家居创意台 （25）过山车 （26）芝麻开门 （27）GPS （28）螺旋推进器 （29）并联机械手
四层	挑战与未来	（30）环境变迁 （31）中国气候变化 （32）清洁能源——氢（水幕） （33）超导磁悬浮列车 （34）海底剧场 （35）自然选择 （36）病毒入侵 （37）空间站 （38）沟通世界
备注：（3）（23）（33）为定时演示项目；（13）（25）（28）为定时体验项目		

材料二：

北斗赋能农业生产

（1）北斗系统是中国自主建设、独立运行，与世界其他卫星导航系统兼容共用的全球卫星导航系统，可在全球范围，全天候、全天时，为各类用户提供高精度、高可靠的定位、导航、授时服务。

（2）北斗系统的成功运用，为农业现代化提供了新的技术支撑，同时也为农业生产带来了更精准化的可能。

（3）春耕时节，浙江嘉兴的数字农场里格外热闹，无人驾驶高地喷洒机器人、起垄播种机器人等农用机器人穿梭其中，为 10 多种有机蔬果提供“照料”服务。这些机器人综合运用了北斗导航等技术，实现精准定位、智能路径规划、自主作业、智能返场、远程一键接管等功能，高效实施全程无人化作业。

(4) 在内蒙古巴彦淖尔，农机手驾驶着北斗导航播种机，将小麦种子和肥料均匀播撒在土壤里。借助北斗精准导航，当地小麦播种每千米的偏差不超过 2 厘米，每天能播种 100 多亩。不仅农田作业操作精度明显提高，人工成本也得到有效下降。

榫（sǔn）卯的魅力（有删改）

(1) 榫卯是 7 000 年前古代中国人的一项重大发明。它是木构件上采用的凹凸结合的连接方式。始建于辽代的应县木塔采用全木榫卯结构，是榫卯结构的杰出典范。

(2) 中国木结构古建筑具有良好的抗震性能。之所以如此，全在于中国建筑的结构构件之间特殊的榫卯连接方式。由于榫接的节点不可能完全密实，加上木材本身也有一定的弹性，使得建筑的各节点都有一定的伸缩余地。每一个榫接点，就像一个弹簧，能消除掉一部分地震波的能量，使得整个木构架的破坏程度被减轻。在强烈的地震中，尽管木构架会发生大幅度的摇晃，并有一定变形，但只要木构架不折榫、不拔榫，就能“晃而不散，摇而不倒”。

(3) 随着时代的发展，人们把传承的榫卯技艺融入生活，将古老精巧的结构和现代积木玩具结合，做成符合当下审美和社会文化需求的产物，让千年技艺不断传承发展。

任务一：了解展厅信息

科学小组的同学们了解了科技馆各个展厅的信息，请根据材料一判断以下信息中正确的一项是（　　）。

A. 二层的“探索与发现”展厅，展示了古代科技与信息之桥的内容。

B. 在“华夏之光”展厅，可以参观到陶寺古观象台、海底剧场。

C. 在四层“挑战与未来”展厅，可以随时参观超导磁悬浮列车的演示活动。

D. 在“科技与生活”展厅“居家之道”展区，能了解到“电脑刺绣”的内容。

任务二：实地参观展区

科学小组的小新同学进行实地参观，他先在一个展区感受到电磁现象的美妙与神奇；又到另一个展区了解到交通的发展与便利；最后在一个展区知道了海洋资源的开发与利用。请你结合材料一将小新的参观路线补充完整。

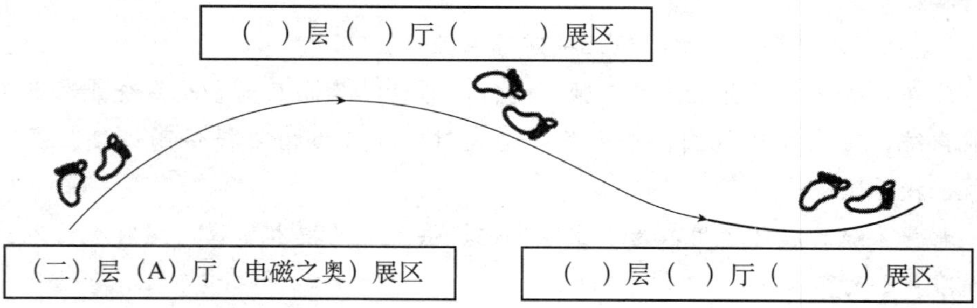

任务三：拟定讲解提纲

科学小组的小华同学收集了“北斗赋能农业生产”的资料，打算用在“科技与生活”展厅讲解。为了清晰准确地讲解，请你结合材料二帮他把讲解提纲补充完整。

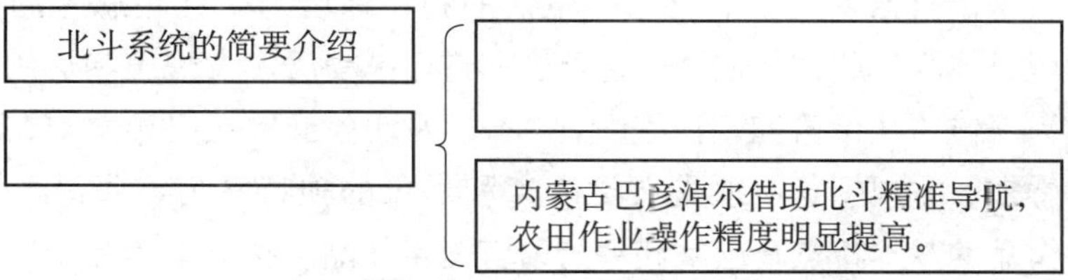

任务四：完成讲解互动

参观的同学说出了榫卯结构具有良好抗震性的原因，你认为其中错误的一项是(　　)

A. 拥有 7 000 年历史的榫卯结构建筑，可以随时随地拆装，以应对地震考验。

B. 榫接的节点不可能完全密实，木材也有一定的弹性，各节点有伸缩余地。

C. 只要木构架不折榫、不拔榫，即使在大幅度摇晃下有变形，也不散不倒。

D. 榫接点像弹簧可消除部分地震波能量，使整个木构架的破坏程度被减轻。

任务五：设计临时展厅

科学小组准备在科技馆的公共空间以“榫卯”为主题分两个区域，设计一场临时展览。作为其中的一员，请你在下面表格中完成设计，使参观者了解榫卯知识，体验榫卯的结构特点，感受榫卯的魅力。

榫卯的魅力临时展览

<table>
<tr><th>区域名称</th><th>内容设计</th><th>设计要求</th></tr>
<tr><td>展示区</td><td></td><td rowspan="2">1. 可通过张贴、摆放、操作等形式进行设计。
2. 结合材料“榫卯的魅力”及生活经验进行设计。
3. 每个区域至少设计两项内容。</td></tr>
<tr><td>体验区</td><td></td></tr>
</table>

上述实用性阅读的评价，以我们身边的科技馆为主题，设计一系列情境化任务。任务一“了解展厅信息”，要求学生依据文本判断信息真伪，评价学生信息提取能力。任务二“实地参观展区”，要求学生图文结合理解各个展区的实际功能，评价学生是否理解非连续性文本的关键信息和实用价值。任务三“拟定讲解提纲”，要求学生概括文本的主要内容并设计思维导图，评价学生概括能力、信息整合能力。任务四“完成讲解互动”，要求学生依据文本信息理解和推断，鉴别因果关系，评价学生信息推断能力、逻辑思维能力。任务五“设计临时展厅”，要求学生结合文本及生活实际设计展厅，评价学生能否运用文本主要信息解决现实生活中的简单问题，有效传递信息，满足社会生活沟通交流需要的能力。五个任务层层递进，指向实用性阅读与交流的目标，用以检测学生信息概括、提取、整合、传递和实践运用等能力。

（三）文学阅读

文学作品阅读与欣赏是义务教育阶段重要的语文学习活动。从学生发展的角度看，文学作品的阅读在发展阅读能力、提升审美素养、获得文化理解、建构精神世界等方面具有重要功能。

“文学阅读与创意表达”学习任务群主要包括两类语文实践活动：文学文本的阅读与

鉴赏活动，以及基于自己对自然、社会、生活的独特体验与个性化思考的创造性表达活动，文学的阅读、体验、欣赏与创意表达整合并进，感受美、发现美和运用语言文字表现美、创造美融为一体。从价值和定位来看，“本学习任务群旨在引导学生在语文实践活动中，通过整体感知、联想想象，感受文学语言和形象的独特魅力，获得个性化的审美体验；了解文学作品的基本特点，欣赏和评价语言文字作品，提高审美品位；观察、感受自然与社会，表达自己独特的体验与思考，尝试创作文学作品”①。本部分侧重讨论文学类文本的阅读活动。

1. 文学阅读的内容与目标

文学可以被视为一种审美形态，是指具有审美属性的语言行为及其作品，包括诗、散文、小说、剧本等。② 文学阅读即通过阅读诗、散文、小说、剧本等文学作品，帮助学生积累书面语感、激发想象力、丰富情感体验、补充社会认知、满足心理愉悦、传承民族文化、提升审美趣味的阅读活动。③

课程标准在“文学阅读与创意表达”学习任务群中的“学习内容”部分对不同学段的文学阅读的学习内容表述如下，见表 4－6。

表 4－6　第一至三学段文学阅读的学习内容

学段	基本的文学样式与阅读范畴
第一学段	阅读并学习讲述革命领袖、革命英雄、爱国志士的童年故事；诵读表现自然之美的短小诗文；学习儿歌、童话，阅读图画书
第二学段	阅读并讲述革命故事、爱国故事、历史人物故事；阅读描绘大自然、表现人类美好情感的诗歌、散文等文学作品；阅读富有想象力和表现力的儿童文学作品
第三学段	阅读、欣赏革命领袖、革命先烈创作的文学作品，以及表现他们事迹的诗歌、小说、影视作品等；阅读表现人与自然的诗歌、散文等优秀文学作品；阅读表现人与社会的优秀文学作品；阅读反映少年成长的故事、小说、传记等

文学阅读能够促进学生欣赏语言文字，积累优质语料和情感体验，体会语言文字的丰富内涵，建立语言与审美之间的直接联系；能够引导学生发挥联想和想象，感受文学作品建构的奇妙世界，发展他们的形象思维和直觉思维；能够引导学生获得丰富的审美体验，培养他们感受美、表现美和创造美的基本能力，涵养高尚、健康的审美情趣以及积极健康的人生态度。不同主题文学作品的阅读，还可以加深学生对中华优秀传统文化、革命文化和社会主义先进文化的感知和体认，以及对外国优秀文化的借鉴和吸收。

文学阅读的关键能力在课程标准“学段要求”和“学业质量描述”中有具体表述，见表 4－7 和表 4－8。

---

① 中华人民共和国教育部．义务教育语文课程标准：2022 年版［S］．北京：北京师范大学出版社，2022：26.

② 童庆炳．文学理论教程［M］．5 版．北京：高等教育出版社，2015：56－58.

③ 郑桂华．“文学阅读与写作”任务群的理解与实施［J］．语文建设，2019（1）.

表 4-7 文学阅读的关键能力在“学段要求”中的表述

学段	要求
第一学段	阅读浅近的童话、寓言、故事，向往美好的情境，关心自然和生命，对感兴趣的人物和事件有自己的感受和想法，并乐于与他人交流。诵读儿歌、儿童诗和浅近的古诗，展开想象，获得初步的情感体验，感受语言的优美
第二学段	能复述叙事性作品的大意，初步感受作品中生动的形象和优美的语言，关心作品中人物的命运和喜怒哀乐，与他人交流自己的阅读感受。诵读优秀诗文，注意在诵读过程中体验情感，展开想象，领悟诗文大意
第三学段	阅读叙事性作品，了解事件梗概，能简单描述印象最深的场景、人物、细节，说出自己的喜爱、憎恶、崇敬、向往、同情等感受；阅读诗歌，大体把握诗意，想象诗歌描述的情境，体会作品的情感。受到优秀作品的感染和激励，向往和追求美好的理想

表 4-8 文学阅读的关键能力在“学业质量描述”中的表述

学段	要求
第一学段	喜欢阅读图画书、儿歌、童话、寓言等，在阅读过程中能根据提示提取文本的显性信息，通过关键词句说出事物的特点，作简单推测；能借助关键词句复述自己读过的故事或其他内容，尝试对阅读内容提出问题；愿意向他人讲述读过的故事，乐于向他人展示自己的作品；喜欢积累优美的词句，并尝试在口头和书面表达中运用
第二学段	喜爱阅读童话、寓言、神话等，在阅读过程中能提取主要信息，借助阅读经验和生活经验预测情节发展；能结合关键词句解释作品中人物的行为，从某个角度分析和评价人物；能发现作品中的优美词语、精彩句段，并根据需要进行摘录；能借助上下文语境，说出关键语句、标点符号、图表在表达中的作用；能复述读过的故事，概括文本内容，根据自己的阅读理解提出问题并与他人交流；乐于和他人分享阅读所得，关注有新鲜感的词句，并有意识地在口头和书面表达中运用
第三学段	独立阅读散文、小说、诗歌等文学作品，在阅读过程中能获取主要内容，用朗读、复述等自己擅长的方式呈现对作品内容的理解；能用文字、结构图等方式梳理作品的行文思路；能品味作品中重要的语句和富有表现力的语言，注意词语的感情色彩，通过圈点、批注等多种方法记录自己的阅读感受和体验，并主动与他人分享；能通过诵读、改写、表演等方式，表达自己对感人情境和形象的理解与审美体验；能借助与文本相关的材料，结合作品关键语句评价文本中的主要事件和人物，提出自己的观点或看法；能发现不同类型文本的结构方式和语言特点，感受作品内容、表现形式上的不同，积极向他人推荐，并有条理地说明推荐理由。在文学体验活动中涵养健康向上的审美情趣

2. 文学阅读的教学策略与案例分析

进行文学阅读的教学设计时要注意以下几点：第一，要根据学段特点为学生创设良好的阅读情境，激发学生文学阅读的兴趣，养成良好的阅读习惯；第二，要灵活运用好教材中的文学作品选文，并根据需要适当融入更多的学习资源，保持文学阅读的开放性；第三，要注重文学阅读方法的指导，引导学生综合运用朗读、默读、诵读、涵泳、品味、复述、批注、评述等方法学习作品，感受文学作品语言、形象、情感等方面的独特魅力和思想内涵，让文学作品与学生个体建立起真正的审美联系，在发展审美能力提升审美品位的同时，获得对自我、他人、社会、人生的认知和启示；第四，关注过程性表现，设计好评价工具，如朗读表现、语言理解、感受交流、批注反思、文学阅读活动记录以及其他的学业作品等。

案例 **古诗教学的两个教学处理与反思①**

教学处理 1：统编版小学语文教材五年级上册编选了纳兰性德的《长相思》。在引导学生理解“风一更，雪一更……”这句诗的过程中，老师先解释了“更”——旧时一夜分五更，每更大约两小时。然后问学生“风一更，雪一更”你是怎样理解的？有学生就回答为“风两个小时，雪两个小时”。同样这节课，在引导学生理解“夜深千帐灯”时，老师又问：“你看到了什么？想到了什么？”学生说：“军营的帐篷很晚了还亮着灯。”老师接着问：“为什么很晚了还不熄灯？”学生说：“思乡难以入眠。”

教学处理 2：在小学古诗教学中，老师们都非常愿意引导学生在“读”中体味，这是很好的古诗学习方法。于是在课堂上，下面的教学指令也就经常出现：“危楼高百尺，可以摘星辰，你能读出楼之高吗？”“举头望明月，低头思故乡，你能读出李白内心中的思乡之情吗？”“临行密密缝，意恐迟迟归，你能读出此时母亲的内心情感吗？”……那么，学生能读出吗？怎样才能读出呢？

“教学处理 1”中，教师引导学生经历的是一个信息加工和简单的分析推理过程，而不是文学的审美心理过程，究其原因是缺少了读者积极的想象和联想。教师没有想办法引导学生将“风一更，雪一更”这几个字在头脑中生成风雪交加中随时间的推移而远离家乡的场景与意境，从而也就缺失了审美心理体验与感受。面对“夜深千帐灯”，所有的景象、联想与感受都没有出现在读者主体的头脑中，字面上的意思看似读懂了，但是作为文学阅读的审美却丝毫未见。“言不尽意”“立象以尽意”，这个“象”即诗中的意象与意境。只有扣住语言进行充分的想象与联想，在复现与创造中，读者的“内部视像”才会越丰富、越生动，学生所获得的感受、体验和沉思才能越充实、越细腻，审美过程也就愈加鲜明化、个性化。

“教学处理 2”中，“读”，如果运用恰当，可以帮助读者体会到语言本身的节奏和韵律美，也可以于吟咏中体悟诗的情感。但上述“读”的教学指令，我们需要警惕其效果。因为，能否“读”出来是有前提的，这个前提就是想象、体验与感受。忽视了这个前提，“读”就变成了纯粹的技巧与技术，所以，“读”中所悟、“读”中有感，这“悟”与“感”取决于阅读者在想象和联想基础上“内部视象”的创造与生成。每个人由文字所建立起来的“内部视象”各有不同，想象力越强，联想越丰富，个体的“内部视象”就越生动、越形象，所引起的感觉、体悟和思考也就有程度上的区别，其审美质量与内涵也就不同。因此在古诗教学中，教师要做的最重要的工作就是通过各种策略引起学生的想象和联想，而不是急着让学生“读”出所感、所悟的结果。况且，审美体验是复杂的内心活动，许多东西只通过“读”是读不出来的。除了“读”，教师其实可以在帮助学生设计更加多样化的审美表达形式上多做些探索。

① 孙建龙，崔嵘．文学文本的审美育人价值与教学探究［J］．语文教学通讯，2021（27）．

总之，文学的审美，应在语言认知的基础上，引导儿童展开充分的想象和联想，关心他们的情感体验过程，并引导儿童表达出他们的想象与联想、感受与体验。这是文学阅读作为审美过程最为关键的一步，也是读者以文本为基础、个人化色彩浓厚的文学再创造过程，它决定了文学审美的质量。

案例 **窦桂梅《卖火柴的小女孩》教学实录（片段）与点评**

师：在下面几句话中，哪个词语触动了你，把你读出的信息或感受等分享给我们。

生：我觉得“光着头、赤着脚”说明了小女孩的穷苦，大冬天却是“光着头、赤着脚”的。

师：是啊，小女孩从头冷到脚。

生：还有“大年夜”。大年夜本来应该是一家人快快乐乐温暖地在一起的，而“光着头、赤着脚”的小女孩还在街上走着，说明了寒冷不仅仅是天气的寒冷，小女孩的内心深处更寒冷。

生：“一向是她妈妈穿的”说明小女孩十分穷，没有属于自己的一双鞋。

师：那就是说，小女孩一向就没有鞋穿。好啊，就这样细细地读，慢慢地品。

生：“男孩捡起来拿着跑了，他说将来他有孩子的时候能够拿它当摇篮”——我觉得这个男孩太调皮了，也不懂事，说的话挺气人的。

师：是啊，一个“摇篮”读出了丰富的信息和情感。

生：小女孩已经够可怜的了，“她在穿过马路的时候，两辆马车飞快地冲过来，吓得她把鞋都跑掉了”——我从这个“吓”字看出小女孩当时很害怕，所以她拼命地跑，把鞋都跑掉了。（板书：“恐惧”）

师：就在这样寒冷环境里，小女孩心中充满恐惧、没有办法。（出示第二自然段，师引读：这一整天，谁也——生接读：没有买过她一根火柴，谁也——生接读：没有给过她一个钱）

师：想象那里的谁，都会是哪些人？我把你们想象的这些“谁”去掉，看看句子表达效果有什么不同。（课件出示去掉“谁”的句子）

生：我认为用上两个“谁”，我眼前就浮现了那些形形色色的、衣冠楚楚的人，他们根本没有注意这个小女孩，能够看出人们的冷漠。

生：“谁”指每一个人，“没有人”指一批人，范围很广泛，没有第一句的程度严重。“谁”字更强调没有一个人买过她一根火柴，没有一个人给过她一分钱。更能看出社会的冷漠，人们的无情。

师：还是这句话，这句话的言外之意是——（课件出示变换了角度的句子，引导学生完成：这一整天，小女孩____）

生：这一整天，小女孩没有卖出过一根火柴，没有挣到一分钱。

师：既然如此，安徒生为什么偏偏不这么写？

生：“谁”是站在别人的角度说没有人买过她一根火柴，没有人给过她一分钱。而第二句话是站在小女孩的角度来说的。

生：站在别人的角度说，让人体会到小女孩辛辛苦苦卖了一整天，也没有一个人同情她，这样更加强调了这个人世间的冷漠无情！

师：此刻，自然环境的寒冷，加上社会环境的冷漠恐惧，用一个成语来概括，这对小女孩来说那可真是——生：（齐说）雪上加霜！（屏幕出示教师的批注）你看，刚才我们在阅读的时候，能够抓住一个重点的句子，反复推敲、比较，还能够联系上下文感受，不也一样像你们这样获得了丰富的阅读体验吗？

如何扣住语言，引导学生展开想象和联想，生成个体真实的情感体验，从而经历一个完整的审美心理过程？上述教学过程很好地体现出了这一点。教师扎扎实实引导学生扣住文学语言通过想象和联想去体会小女孩的人生际遇与内心世界，没有过多的说教，却带给学生更多的体验、感悟与思考，从而实现了文学教育的审美育人价值。

案例　**某小学四年级第一学期语文检测中的阅读评价**

初雪的温暖（本文有删改）

①入夜，京城迎来了今冬以来的第一场大雪，不到一个小时古都就变成了银装素裹的童话世界。望着这美丽的雪景，我的心却(　　)一颤：开了几年车，我还没遇见过这么大的雪，漫天飞雪固然很美，可是明早路面冰雪泥泞，步行尚且艰难，何况……我开始有些担心了。

②第二天一早，雪虽停了，但路上的积雪已经结冰。停车场里，每辆车上都积了厚厚的雪，我刚想铲（chǎn）掉挡风玻璃上的积雪，却发现有人在上面写了一个字，细细分辨，是个“慢”字。字写得歪歪扭扭，估计是用手指写的。我恍然大悟，这是在提醒我要注意安全呀！我的心里暖暖的。

③这时候，小区里的居民陆续来到了停车场。“这是什么？”身后传来一声惊呼。我回头一看，原来是邻居小李。她正盯着自己车的挡风玻璃端详。我猜她一定也发现了什么，就连忙走过去。只见她车的挡风玻璃的积雪上画着一座房子，房顶上耸起一根高高的烟囱。小李不解地看着画。联想起我车上的那个“慢”字，我笑着对她说：“这是一座房子，代表着一个家，我猜画画的人可能是要提醒你，为了每个幸福的家庭，要小心开车吧。”小李听了，笑着说：“对对，是得慢点儿。”

④我很想知道，会不会还有其他的字或画呢？于是，我一辆车一辆车看过去。(　　)，每辆车挡风玻璃的积雪上都被写上了字或画上了画。有的车上写着“小心”“慢行”“安全”……有的车上画着房子、太阳、笑脸……这个人是在提醒所有人啊！

⑤大家就此议论开来，那个写字、画画的人会是谁呢？是一位邻居，社区里的保安，晨练的老人，还是路过的行人？

⑥猜不到，大家也不猜了。可是挡风玻璃上那一个个字和一幅幅画激起了人们的兴

致，大家你一言我一语地聊起来。三楼的老张是个有经验的老司机，他告诉大家，雪天开车不能猛踩刹车；小区的保安过来叮嘱（zhǔ）大家，开车要保持车距；我告诉大家，小区西边正在修路，开车更要当心；小李提醒大家，要围好围巾，注意保暖……这时，起风了，但大家（　　）在兴致勃勃地交流着，每个人脸上都洋溢着笑容。看着这久违的场景，我的心里暖暖的。

⑦我启动了车子，缓慢地驶出小区。透过挡风玻璃，只见房屋、树上都积起了厚厚的一层雪，阳光照耀下的白雪世界，更加晶莹，更加明朗……

1. 第①自然段中“我”望着美丽的雪景却有些担心，主要是因为（　　）。

A. “我”欠缺雪后驾车的经验

B. 路滑难行，“我”为行人担心

C. “我”怕美丽的雪景被破坏

2. 填空。

（1）第________自然段至第________自然段主要写：“我”发现有人在停车场车的挡风玻璃上写了字或画了画，大家都在猜测写字、画画的人是谁。

（2）第⑥自然段主要写：____。

（3）第②自然段、第⑥自然段中都写到“我的心里暖暖的”。其中，第②自然段写“我的心里暖暖的”是因为________________________________。第⑥自然段写“我的心里暖暖的”是因为________________________________。

3. 联系上下文，选择恰当的词语，将序号填在文中的括号里。

A. 果然　　　　B. 猛然　　　　C. 仍然

4. 联系全文想一想，短文第⑦自然段写到“阳光照耀下的白雪世界，更加晶莹，更加明朗……”表达了“我”怎样的心情？写在下面的横线上。

____

________________________________。

5. 想一想：假如你就是短文中写字、画画的人，你还会写下或画上什么？为什么？写在下面的横线上。

____

________________________________。

这是一篇文学类作品的阅读评价，紧紧扣住了学段要求和学业质量的相关描述，针对性强。题目涵盖了文章关键词句的理解、信息提取与整合概括、文章结构与情节的把握、文章所传达的深层含义和价值观、关联读者自身的迁移性思考和表达等。既考察了一般性的阅读能力，也体现出了文学阅读的独特属性。

（四）思辨性阅读

语言文字与思维相互依存、互为表里。“思辨性阅读与表达”学习任务群的设置体现了语文学习中对培养学生思维能力的关注，也回应了信息化时代对人们思维素养的更高要求。从价值和定位来看，“本学习任务群旨在引导学生在语文实践活动中，通过阅读、比较、推断、质疑、讨论等方式，梳理观点、事实与材料及其关系；辨析态度与立场，辨别是非、善恶、美丑，保持好奇心和求知欲，养成勤学好问的习惯；负责任、有中心、有条理、重证据地表达，培养理性思维和理性精神”①。本部分侧重讨论思辨性阅读活动。

1. 思辨性阅读的内容与目标

思辨性阅读即通过阅读科学短文、哲人故事、寓言故事等文本，以培养学生初步掌握阅读、比较、推断、质疑、讨论等思维方法，在辨析态度与立场、辨别是非与善恶美丑的过程中发展学生理性思维和理性精神的一种阅读活动。《义务教育语文课程标准（2022 年版）》对其学习内容做出了详细说明，如表 4－9 所示。

表 4－9　第一至三学段思辨性阅读的学习内容

学段	学习内容
第一学段	（1）阅读有趣的短文，发现、思考身边的鸟兽虫鱼、花草树木、家用电器等日常事物的奇妙之处，说出自己的想法 （2）大胆提出生活和学习中遇到的问题，通过阅读、观察、请教、讨论等方式，积极思考、探究，乐于分享自己解决问题的办法，说出一两个理由
第二学段	（1）阅读有关科学的短文，尝试发现日月星辰、风雨雷电、山川草木等大自然的奥秘，依据事实和细节，运用口头和图文结合的方式，表达自己的观点和思考 （2）阅读解决生活问题的故事，尤其是中华智慧故事，结合自己在生活中遇到的问题学习思考的方法，尝试运用列提纲、画思维导图等方式，表达故事中的道理
第三学段	（1）阅读关于中华传统美德、社会公德等方面的短论、简评，结合校园或社会生活中的实际事例，学习有理有据地口头或书面表达自己的观点 （2）在日常生活和学习中，发现并思考成语、对联、谚语、绕口令等多种语言现象的特点，体会不同的表达效果 （3）阅读有关科学发现、技术发明的故事，用画思维导图等方式辅助，简洁清楚地表述科学家发现、发明的过程，学习科学家的创造精神，体会猜想、验证、推理等思维方法 （4）阅读哲人故事、寓言故事、成语故事等，感受其中的智慧，学习其中的思维方法

“思维能力”是发展学生语文核心素养的重要内容，“指学生在语文学习过程中的联想想象、分析比较、归纳判断等认知表现，主要包括直觉思维、形象思维、逻辑思维、辩证思维和创造思维”②。在课程“总目标”中也特别指出要培养学生“乐于探索，勤于思考，初步掌握比较、分析、概括、推理等思维方法，辩证地思考问题，有理有据、负责任地表达自己的观点，养成实事求是、崇尚真知的态度”。上述目标也体现在“学段要求”和“学业质量”的具体说明中。思辨性阅读是实现上述目标的主要凭借。

2. 思辨性阅读的教学策略与案例分析

思辨性阅读应指向“思辨性”，根据不同学段学生思维发展特点，创设适宜的学习主题和学习情境，采用阅读、讨论、探究、表达等多种学习活动，引导学生学习发现、思

① 中华人民共和国教育部．义务教育语文课程标准：2022 年版［S］．北京：北京师范大学出版社，2022：29.
② 同①5.

考、探究的思路和方法。在评价时，要关注学生在问题研究过程中的交流、研讨、分享、演讲等现场表现，以及活动过程中产生的文字、表格、统计图、思维导图等学习成果，要特别关注学生思考的过程和思维的方法。

案例

《两小儿辩日》的教学设计①

一、教学目标

1. 借助注释，联系上下文，了解文章大意，说出故事内容。

2. 熟读成诵，说出两小儿说理的过程，明确观点与论据之间的关系，理解“思考问题要考虑角度”的思维方法。

3. 运用从不同角度说理的方式，解说《两小儿辩日》的寓意，总结寓言的写作方法，尝试学用这一方法写作。

二、教学环节与学习任务设计

任务层级	任务	策略支架	设计意图
第一层：疏通字词与文意，感知内容与形式	任务1：借助注释，联系上下文，疏通文意，说出故事内容 任务2：在把握文本内容的过程中，读准字音，读通文句，读顺文段，在此基础上正确、流利地朗读课文 任务3：理解文章的基本形式，从形式入手理解内容	在解题的基础上感知全文，以问题引导：“‘辩日’是什么意思？‘辩’的过程、结果是怎样的？”以题目为抓手提取文章中的关键字词，如“辩”“以”“为”“决”等	从“释义”基础层起步，发现进阶起点。明确学生是否已具备阅读简短、浅易文言文的能力，能否借助注释、联系上下文理解生字词；对于特定文本，能否借助关键字词把握内容，用自己的话转述文章大意，是否需要提供策略支架；是否可以结合生活经验或阅读经验理解何为“辩论”，并与生活中一般的争辩区分开来；是否可以识别观点，区别观点与论据，知道辩论中观点与论据的重要性；是否对论据中的事实与道理有区别的意识
第二层：理解推理方式，探寻寓言密码	任务1：从“辩”字入手，读出“辩”的语气，做到熟读成诵 任务2：借助句式“因为……所以……”，利用表格进行分析，区别事实和道理，发现“三段论”推理的结构模型 任务3：联系以前学过的寓言，推论、总结寓言的艺术：通过一个简单的虚构的故事来讲道理，这个故事一般要凸显矛盾	于因果关系中明推理，于矛盾关系中探寓意	以“解码”关键层递进，发现中间水平，铺设台阶。帮助学生联系生活经验，借助关联词对原因进行分析，学会区别事实和道理，为未来学习立论与驳论打下基础；利用学生熟悉的因果句式，帮助学生辨别因果关系，分析论据和观点之间的联系，初步了解“三段论”的逻辑形式；联系学过的寓言，帮助学生验证或总结寓言的写作奥秘，理解寓理于事的手法，为能力迁移打下基础，通向写作

① 陈罡．“思辨性阅读与表达”学习任务群的进阶设计：以《两小儿辩日》为例［J］．语文建设，2023（10）．

续表

任务层级	任务	策略支架	设计意图
第三层：辨析推理方式，提升说理能力	任务1：联系生活经验分析、比较两小儿各自的论据，知道从不同的角度推理会有不同的结论，理解“思考问题要考虑角度”的思维方法 任务2：合作探究，运用从不同角度说理的方式，解说《两小儿辩日》的寓意，并在表达观点时明确自己的论据与观点之间的关系，防止脱离文本任意发挥 任务3：创设情境，尝试写作，通过虚构一个内含矛盾的故事来讲一个道理，此活动可根据学情选做。如果学生对“辩日”中隐含的科学知识感兴趣，教师可以启发探究，引导学生进行跨学科学习	比较两小儿从不同角度说理的方法，启发学生从不同角度说明寓意；比较两小儿说理的方式与寓言故事说理的方式，启发学生说理可以采取逻辑论证与寓理于事两种方法	以“评鉴”高阶层升级，实现进阶目标，促进学生发展。使学生能把《两小儿辩日》故事层的说理方法迁移运用到对《两小儿辩日》寓意层的解读上来，能有自己的思考，尝试对文本进行评价，审辨文本的教育价值，乐于分享自己的观点，并反思自己观点与论据之间的关系。使学生在现实生活中可以根据表达与交流的需要，选择逻辑论证或寓理于事等说理方法

《两小儿辩日》出自语文教材六年级下册第五单元，单元人文主题是“科学精神”，阅读要素是“体会文章是怎样用具体事例说明观点的”，课文本身也充分体现出了思辨性特点。本教学设计在教学目标中明确，通过阅读要使学生能说出两小儿说理的过程，明确观点与论据之间的关系，理解“思考问题要考虑角度”的思维方法。如何实现这样的目标呢？教师设计了三个层级九个任务，从“释义”到“解码”再到“评鉴”，经历了一个很好的学习和思辨过程，发展学生的理性与智慧。课程标准在“思辨性阅读与表达”学习任务群的教学提示中指出第三学段“应引导学生分析证据和观点之间的联系，辨别总分、并列、因果等关系，有条理地表达自己的观点”，本教学设计充分体现了这一点。

（五）整本书阅读

整本书阅读是相对于现行小学语文教科书中单篇课文的阅读而言的，其所提供的阅读材料的长度、宽度与厚度，是单篇文章阅读所无法实现的，对学生成长的重要价值也是散点式、碎片化阅读所无法取代的。可以说，整本书阅读是发展学生核心素养的重要载体。

《义务教育语文课程标准（2022年版）》将整本书阅读作为独立的学习任务群进行呈现，指出“本学习任务群旨在引导学生在语文实践活动中，根据阅读目的和兴趣选择合适的图书，制订阅读计划，综合运用多种方法阅读整本书；借助多种方式分享阅读心得，交流研讨阅读中的问题，积累整本书阅读经验，养成良好阅读习惯，提高整体认知能力，丰富精神世界”①。

拓展阅读

整本书阅读的语文教育价值（摘录）②

整本书阅读与单篇短篇作品的阅读大致有以下四个方面的区别：整本书比单篇的短篇作品包含更丰富的信息；整本书往往有更复杂的组织结构；整本书中的人物有更为复杂的性格；整本书中有更为复杂的人物关系。

整本书阅读指向语文阅读的增“量”，其更重要的意义在于提升小学生的语文阅读品质。阅读是建构意义的心智活动，读者在建构文本意义时，需要理解文本提供的信息，并在这些信息之间建立关联。一个阅读文本的信息越丰富，建立信息之间关联的难度就会越大。比短篇作品信息量大的整本书对读者的记忆能力也提出了更高的要求，复杂的组织结构、人物性格以及人物关系，对儿童读者的理解力、判断力和辨析力的发展能起到很好的促进和发展作用。

除了文学类整本书，还有科学知识类的整本书。这些整本书的阅读与单篇文章的阅读性质也大有不同。一方面，它们都有讨论的主题，科学家的论述能帮助儿童读者获得相关科学领域的整体性、系统性知识，以促进儿童读者心智世界的建构；另一方面，这些整本书会帮助儿童读者形成并发展分类、归纳等思维能力。

1. 整本书阅读的内容与目标

整本书阅读内容的选择既要考虑到以文化人的价值取向问题，也要考虑到不同年龄儿童的认知特点、语文水平、情感和社会认知能力等，选择多样态的经典作品，拓宽儿童阅读视野，丰富儿童精神世界。就此，课程标准对整本书阅读的学习内容做出了具体说明，如表 4－10 所示，这些内容主要体现在现行教材第一学段的“和大人一起读”“我爱阅读”和第二、三学段的“快乐读书吧”等学习版块中。就整本书阅读的具体目标而言，在“学段要求”中也做出了明确说明，如表 4－11 所示。

表 4－10　第一至三学段整本书阅读的学习内容

学段	学习内容
第一学段	（1）阅读富有童趣的图画书等浅易的读物，体会读书的快乐 （2）阅读、朗诵优秀的儿歌集，感受儿歌的韵味和童趣 （3）阅读自己喜欢的童话书，想象故事中的画面，学习讲述书中的故事
第二学段	（1）阅读表现英雄模范事迹的图书，如《小英雄雨来》《雷锋的故事》等，讲述英雄模范的动人故事 （2）阅读儿童文学名著，如《稻草人》《爱的教育》等，感受作品传达的真善美，用自己喜欢的方式讲述故事大意 （3）阅读中国古今寓言、中国神话传说等，学习其中蕴含的中华智慧，口头或书面分享自己获得的启示

① 中华人民共和国教育部．义务教育语文课程标准：2022 年版［S］．北京：北京师范大学出版社，2022：31－32.

② 朱自强．论整本书的不同艺术形态及其阅读教学方法［J］．课程・教材・教法，2022（12）.

续表

学段	学习内容
第三学段	(1) 阅读反映革命传统的作品，如《可爱的中国》《小兵张嘎》《闪闪的红星》等，讲述自己感受到的家国情怀和爱国精神 (2) 阅读文学、科普、科幻等方面的优秀作品，如《寄小读者》《十万个为什么》《海底两万里》等，学习梳理作品的基本内容，针对作品中感兴趣的话题展开交流 (3) 梳理、反思小学阶段的阅读生活，运用口头或书面方式，与同学分享自己整本书阅读的经历、体会和阅读方法

表 4-11　第一至三学段整本书阅读的学段目标

学段	目标
第一学段	尝试阅读整本书，用自己喜欢的方式向他人介绍读过的书。养成爱护图书的习惯
第二学段	阅读整本书，初步理解主要内容，主动和同学分享自己的阅读感受
第三学段	阅读整本书，把握文本的主要内容，积极向同学推荐并说明理由

2. 整本书阅读的教学策略与案例分析

整本书阅读的核心是“读”不是“教”，只有学生进入了阅读状态、经历了阅读过程，才能实现其阅读价值。因此，整本书阅读首先要保证学生有自主阅读的时间，经历自主阅读的活动并与自己的生活世界产生联系。而整本书阅读的教学，主要应侧重于帮助学生选择阅读的书目、指导学生的阅读策略、组织阅读交流活动、设计阅读评价方案等，不能以过多的阅读之外的活动冲淡阅读本身。必须认识到，学生整本书的阅读经验只有在“读”的过程中才能形成，“教”是基于“读”并为“读”服务的。

案例　**《汤姆·索亚历险记》整本书阅读设计①**

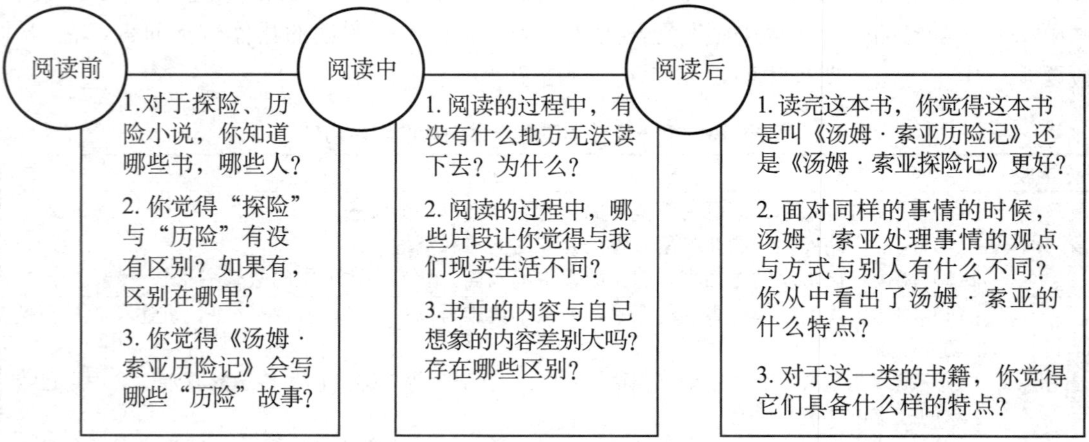

① 李祖文．“整本书阅读”与“整本书教学”的辨析：我对“整本书”的一些想法［J］．小学语文教师，2021（9）．

上面的教学设计，从书籍本身的特质出发，依据孩子阅读的需要，从阅读“这本书”的角度来引导。当然，对于“这本书”的教学，我们还可以从人物、象征、观点等角度来挖掘。但不论如何，从整本书阅读的角度而言，“如何读完、读好这本书”是聚焦点。

案例

儿童小说《小兵张嘎》整本书阅读的过程性评价

评价内容	评价标准
制订阅读计划	● 能制订一份完整的阅读计划 ● 能按计划进行“阅读打卡”，并读完整本书
我为嘎子画张像	● 能根据书中具体的情节或描写内容，用图文结合的方式制作“人物卡片” ● 能展示和介绍自己制作的“人物卡片”，并能从不同角度归纳嘎子的形象
最打动我的那一幕	● 能选择自己喜欢的情节或场景，并能与伙伴讲述和分享 ● 能把握《小兵张嘎》的故事梗概，重点情节能讲述生动
读书交流会	● 展示分享自己阅读《小兵张嘎》的读书笔记或交流自己的读书心得与收获、读书方法与经验等 ● 能撰写《小兵张嘎》的好书推荐语，吸引更多人阅读这本书

上述整本书阅读的过程性评价设计，评价内容指向的是整本书阅读的全过程，对学生阅读计划的设计与实施、阅读体验与收获，通过展示、分享、交流等方式进行了表现性考察和评价。

案例

某小学五年级期末语文检测节选

同学们围绕中国古典四大名著开展了丰富的课外阅读活动，请你也来参加吧。

1. 读句子，猜人物

①他传令曰：“重雾迷江，彼军忽至，必有埋伏，切不可轻动。可拨水军弓弩手乱箭射之。”（ ）

②春日放风筝时，他说丫头们不会放，自己放了半天，只起房高，就落下来，急的头上的汗都出来了。众人都笑他，他便恨的摔在地下，指着风筝说：“要不是个美人儿，我一顿脚跺个稀烂！”（ ）

③景阳冈打虎之后，他被阳谷县令任命为都头。后来，他历经波折，投靠梁山，成为十大步军头领之一，在梁山一百单八将中排行第十四位。（ ）

④他见了，迎着风，把头一幌，又变做一只金眼狻猊，声如霹雳，铁额铜头，复转身要食大豹。（ ）

2. 请你从上面四个人物中任选一个，结合课外阅读中的一个情节说说他给你留下了怎样的印象。

____

____

上面对整本书阅读的评价不是在考察记忆的知识，而是聚焦小说中的人物形象，考察学生阅读后对人物性格的理解和把握，以及与自己精神世界的关联和影响。

（六）跨学科学习中的阅读

《义务教育语文课程标准（2022 年版）》首次明确将跨学科学习纳入语文课程内容中，指出跨学科学习任务群旨在引导学生在语文实践活动中，联结课堂内外、学校内外，拓宽语文学习和运用领域；在综合运用多学科知识发现问题、分析问题、解决问题的过程中，提高语言文字运用能力。①

有研究者认为，跨学科学习中的阅读是一种源于语文、为了语文并在跨学科语文实践中的阅读形态，它是语文学科与其他学科的整合、学科性与实践性的统一。② 从将阅读作为目的这一维度来看，跨学科学习中的阅读旨在掌握跨学科阅读的方法与策略，并形成相应的技能、能力乃至习惯；从将阅读作为工具这一维度来看，跨学科学习中的阅读旨在运用多学科的内容、知识与思维促进创意表达；从将阅读作为过程这一维度来看，跨学科学习中的阅读旨在通过跨学科阅读实践实现对语文文本的多维解读与深度领悟。

跨学科学习中的阅读是围绕相应的主题、任务和问题解决进行的，不同领域、不同文体、不同视角、不同风格的阅读，其间的“跨度”可以使学生获得多样的文化体验、形成多角度的思维习惯和提高解决问题的能力。

【思考与练习】

1. 梳理小学三个学段“阅读与鉴赏”的进阶要求，并参考学业质量评价要求，以小组为单位，选择某一学段，尝试设计一份考查学生阅读能力的试题，并对试题进行说明。

2. 结合教材中具体的单元或单篇课文，分别对实用性阅读、文学阅读、思辨性阅读的目标进行分析，并给出教学建议。

3. 为某一学段的小学生推荐一本书进行阅读，写出推荐语，全班交流，交流时要说清楚推荐的依据和理由。

第三节 “阅读与鉴赏”的教学设计与案例分析

一、实用性阅读教学设计案例与点评

案例

五年级上册第五单元教学设计

一、教学设计的理念和指导思想

“实用性阅读与交流”学习任务群“旨在引导学生在语文实践活动中，通过倾听、阅

---

① 中华人民共和国教育部．义务教育语文课程标准：2022 年版［S］．北京：北京师范大学出版社，2022：34.

② 温小军，徐朝晖．《义务教育语文课程标准（2022 年版）》背景下的语文跨学科阅读建构［J］．课程教学研究，2023（3）．

读、观察，获取、整合有价值的信息，根据具体交际情境和交流对象，清楚得体表达，有效传递信息，满足家庭生活、学校生活、社会生活交流沟通需要”。该学习任务群第三学段的“学习内容”包括阅读“科技说明文、科学家小传等文本”“学习通过口头表述和多种形式的书面表达，分享观察自然、探索科学世界的所见所闻、所思所感”。“教学提示”中则指出应紧扣实用性特点，结合日常生活的真实情境进行教学，学习活动可以采用情景对话、现场报道等学生喜闻乐见的形式，将写作、口语交际、搜集处理信息等融为一体。①

本单元的阅读活动属于实用性阅读，而且要进一步迁移到实用性表达，在发展学生实用性阅读能力的基础上，要落实“搜集资料，用恰当的说明方法，把某一种事情介绍清楚”这一目标。

二、教材分析

单元导语页开篇明义，以“说明文以‘说明白了’为成功”点明要义。语文学习要素“阅读简单的说明性文章，了解基本的说明方法”，指向阅读；“搜集资料，用恰当的说明方法，把某一种事物介绍清楚”，指向表达。

教材精心编排了《太阳》《松鼠》两篇课文，意在让学生体会说明性文章的不同类型，了解基本的说明方法，感受不同的语言风格。《太阳》语言平实，通俗易懂，作者运用列数字、举例子、作比较等说明方法从不同方面介绍了太阳以及它与人类生活的关系；《松

① 中华人民共和国教育部．义务教育语文课程标准 2022年版［S］．北京：北京师范大学出版社，2022：23-26.

鼠》语言活泼，描述生动，抓住主要特点介绍了松鼠的外形、习性等。“交流平台”以读写例话的形式帮助学生梳理说明性文章的作用及特点。“初试身手”设计了两个写说明性文段的练笔活动，鼓励学生在语言实践中运用恰当的表达方法。“习作例文”《鲸》《风向袋的制作》等学习资源，进一步为学生提供优秀的表达范例，有利于学生体会使用说明方法的好处，感受说明性文章与现实生活的紧密联系，为他们在习作中的语言实践打下扎实基础。“习作”意在让学生对本单元所学的说明性文章的作用与写作特点进行综合运用，结合自己收集的资料，用恰当的说明方法，把某一种事物介绍清楚。

单元内容的整体设计思路是以读助写、读写迁移。先进行实用性阅读，在发展阅读能力的同时为学生提供完成“把某一件事物介绍清楚”这一表达任务的“支架”。

三、学情分析

说明性文章对五年级学生来说并不陌生，在本单元之前学过《赵州桥》《纳米技术就在我们身边》《蟋蟀的住宅》《飞向蓝天的恐龙》等课文。日常生活中，学生也会阅读科普说明文、各类说明书等，如《十万个为什么》。但当时的学习重点并未突出文体特点，本单元考虑到向第四学段的学习过渡，明显突出了实用性阅读的文体特征。因此，学生在原有基础上有关说明类文体的阅读和表达水平是怎样的，需要进行前测。前测工具与具体分析略。

本单元也并非学生第一次接触介绍类的习作，从三年级上册的《我们眼中的缤纷世界》，三年级下册《我的植物朋友》《国宝大熊猫》，四年级下册的《我的动物朋友》，到本册的《介绍一种事物》，可以说学生已经积累了关于介绍事物的前期写作经验，见下表。本单元的习作突出了要从常见的描写到运用“说明方法”进行介绍，从运用说明方法到用上“恰当方法”，在习作能力水平上有提升，这也成了教学的重、难点。

单元分布	习作内容	习作要求
三上	我们眼中的缤纷世界	把最近观察时印象深的一种事物或一处场景写下来
三下	我的植物朋友	写一写你的植物朋友，让更多的人了解它；试着把你观察和感受到的写清楚
三下	国宝大熊猫	围绕几个方面，查找资料，介绍一下大熊猫
四下	我的动物朋友	写出动物特点，表达喜爱之情
五上	我的心爱之物	介绍事物与叙述事情相结合，表达喜爱之情
五上	介绍一种事物	搜集资料，用恰当的说明方法把某一种事物介绍清楚
六上	____让生活更美好	说明与叙事相结合，并且融入议论
六下	家乡的风俗	介绍一种风俗，或写一写你参加一次风俗活动的经历

四、单元学习目标

1. 认识12个生字，会写20个字，积累22个词语。

2. 默读课文，把握课文主要内容，能分条记录获取的信息。

3. 初步了解列数字、作比较、举例子等基本的说明方法，交流、总结说明性文章的特点，能结合具体语句体会恰当运用说明方法的好处。

4. 能初步体会说明性文章不同的语言风格；试着将散文《白鹭》的部分段落改写成说明性文章。

5. 能用恰当的说明方法，分段介绍事物的不同方面，写清楚事物的主要特点，并能和同学分享习作并交流各自的感受。

重点：交流、总结说明性文章的特点，能结合具体语句体会恰当运用说明方法的好处；能用恰当的说明方法，分段介绍事物的不同方面，写清楚事物的主要特点。

难点：体会说明性文章不同的语言风格，试着将散文《白鹭》的部分段落改写成说明性文章。

五、学习评价设计

这一单元的学习评价，除基础性的字、词、朗读评价外，还设计了可视化的学习单、记录卡、评价表等，如绘制课文的思维导图、收集材料并进行归类整理、习作评价、最佳讲解员评价等。考虑到学习内容的梯度，对于基础性的学习内容，学生可以自主完成，体现学习的能动性；对于实践性较强的内容，则结合课堂学习过程中重、难点的突破，进行过程性评价和指导。对单元学习的核心任务——举办“缤纷世界推介会”，我是“最佳讲解员”的评价主要从两个方面进行，一个是“推介文稿”的评价，另一个是“最佳讲解员”的评选，需分别设计评价单（此略）。

六、单元整体教学思路

“实用性阅读与交流”从阅读出发，发展能力、获取经验，走向交流运用。基于这样的认识，本单元的学习为学生创设了一个真实而具有包容性的大情境：举办一场“缤纷世界推介会”，争当“最佳讲解员”，利用真实的语文运用情境引导学生将自己感兴趣的东西说明白，在交流与分享的过程中，学会有条理地表达。

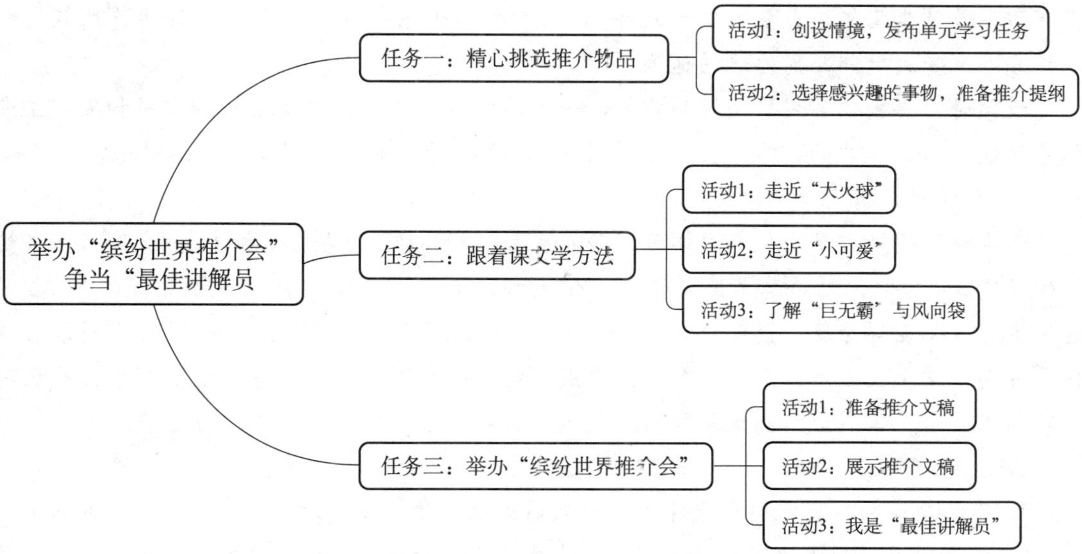

任务一：精心挑选推介物品。发布单元学习任务——“缤纷世界推介会”宣传海报，

激发学生学习兴趣。引导学生选择自己感兴趣的事物，准备推介提纲。

任务二：跟着课文学方法。活动1：走近“大火球”，学习课文《太阳》，为太阳制作个性资料卡，介绍这个“大火球”；活动2：走近“小可爱”，学习课文《松鼠》，分条梳理信息，感受作者对松鼠的喜爱，体会说明文不同的语言风格，完成《小可爱的自述》；活动3：了解“巨无霸”与“风向袋”，跟着例文学表达，确定自己的习作内容。

任务三：举办“缤纷世界推介会”。活动1：准备推介文稿，在前面学习的基础上，完成自己的推介文稿；活动2：展示推介文稿，在教室内外宣传栏展出同学们的推介手稿；活动3：我是“最佳讲解员”，开展我是“最佳讲解员”的评选活动，化身为小小讲解员，介绍自己感兴趣的事物。

七、课时教学设计（以本单元《太阳》第2课时为例，有删减）

（一）课时教学内容分析

《太阳》是本单元第一篇精读课文，课文采用多种说明方法，介绍了和太阳相关的一些知识，说明了它与人类之间有着非常密切的关系。

第1～3自然段，分别从太阳距离地球远、体积大、温度高三个方面介绍了太阳的基本情况。第4～8自然段，介绍了太阳与动植物生长、能源形成、自然气候变化、预防和治疗疾病等方面的关系。这两部分内容联系紧密。正因为太阳距离地球远、体积大、温度高，才能给地球送来适合人类生存的光明和温暖。“太阳虽然离我们很远很远，但是它和我们的关系非常密切”这个句子承上启下，将两部分内容有机结合在一起。

本文在介绍太阳的特点时，采用了列数字、作比较等说明方法，例如：“太阳离我们约有一亿五千万千米远”，用数字具体说明太阳和地球之间的距离十分遥远；“约一百三十万个地球的体积才能抵得上一个太阳”运用列数字、作比较等说明方法，突出了太阳的体积大，给人留下了深刻印象，“到太阳上去，如果步行，日夜不停地走，差不多要走三千五百年；就是坐飞机，也要飞二十几年”，用步行和坐飞机到太阳上去的时间作比较，让人很容易感受到太阳距离地球的遥远。

教学时，要扣住实用性阅读的宗旨，一方面发展学生把握文章结构、次序和提取主要信息的能力，另一方面指导学生体会说明方法的作用和不同语言风格的表达效果。

（二）学情分析

学生对说明性文章已经有过学习经验，比如《赵州桥》《纳米技术就在我们身边》《蟋蟀的住宅》《飞向蓝天的恐龙》等课文。但围绕本单元“说明文以‘说明白了’为成功”这一主旨，怎么样才算“说明白了”？在说明的结构层次、说明方法、说明的不同语言风格等方面，学生还做不到深入体会，要完成“把某一种事物介绍清楚”这个写作任务还有一定困难。这就需要通过阅读获取新的认识和理解，读中悟法，实现读写迁移。

（三）课时学习目标

1. 能结合课文内容了解列数字、作比较等说明方法，体会运用这些说明方法的好处。

2. 尝试运用说明方法进行语言实践，在实践中感受使用说明方法的好处。

3. 以“讲解员”与“小主播”的身份，体会“说明文以‘说明白了’为成功”。

（四）学习活动设计

<table>
<tr><th>教师活动</th><th>学生活动</th></tr>
<tr><td colspan="2">活动一：回顾信息，完善“太阳名片”</td></tr>
<tr><td>教师活动 1
今天这节课，老师将带着大家去参观天体博物馆。我们首先来到“太阳馆”。在“太阳馆”门口，有一张太阳的名片，需要我们完善信息才能获取参观资格。</td><td>学生活动 1
1. 明确学习任务。
2. 阅读课文，提取信息，完善“太阳名片”。</td></tr>
<tr><td colspan="2">活动意图：思维导图导入，回顾课文内容，完成学习闯关，以任务激发学习兴趣。</td></tr>
<tr><td colspan="2">活动二：聚焦特点，破解说明密码</td></tr>
<tr><td>教师活动 2
1. 对比两位解说员的解说词，引导学生发现解说密码。（学生读解说词）
鹏鹏：有这么一个传说，古时候，天上有十个太阳，晒得地面寸草不生。人们热得受不了。就找一个箭法很好的人射掉九个，只留下一个。地面上才不那么热了。其实，太阳离我们很远很远，这么远，箭哪能射得到呢？
亮亮：有这么一个传说，古时候，天上有十个太阳，晒得地面寸草不生。人们热得受不了。就找一个箭法很好的人射掉九个，只留下一个。地面上才不那么热了。其实，太阳离我们约有一亿五千万千米远。到太阳上去，如果步行，日夜不停地走，差不多要走三千五百年；就是坐飞机，也要飞二十几年。这么远，箭哪能射得到呢？
2. 读课文第 2、3 自然段，思考：课文是运用了什么解说窍门，把太阳“大”和“远”的特点说明白的？
3. 小结“说明白”的密码：突出事物的特点，用恰当的说明方法。</td><td>学生活动 2
1. 阅读两组解说词，思考：哪位解说员的讲解“更明白”？为什么？
2. 交流自己的发现。
3. 自由学习课文，发现更多密码，举一反三，全班交流。</td></tr>
<tr><td colspan="2">活动意图：不仅要让学生知道作者运用了什么说明方法，更要让学生体会到运用这些说明方法的好处，以“说明白了”为宗旨，这样才能帮助学生建立起正确的写作观念，恰当地选择说明方法为写清楚事物的主要特点而服务。</td></tr>
<tr><td colspan="2">活动三：迁移运用，竞选金牌解说</td></tr>
<tr><td>教师活动 3
参观完“太阳馆”，我们来到了“地球馆”、“月球馆”和“火星馆”，不巧的是，这三个场馆的解说员今天都休息了。不过，这正好给了同学们一个初试身手的好机会——
请大家选择自己喜欢的、感兴趣的星球，根据所提供的材料，运用恰当的说明方法，创作解说词，把它的特点说明白。</td><td>学生活动 3
1. 学生自主选材，抓住星球的特点，灵活运用说明方法把星球解说明白。
2. 以“小小讲解员”的身份展示，完成解说，学生互评。
亲爱的游客朋友们，大家好，欢迎来到“xx馆”，我是今天的解说员 xx，您现在看到的是 xx，它____
____
____
____
____________________。感谢您的倾听，祝您参观愉快！欢迎再次光临！</td></tr>
</table>

续表

教师活动	学生活动
活动意图：本环节的目的在于为单元习作做铺垫，让学生学会运用课文中的说明方法，学以致用，读写迁移。	
活动四：总结密码，激活进阶任务	
教师活动 4 小结，后续学习活动布置。	学生活动 4 谈谈自己本节课的学习收获。
活动意图：提炼、总结，为后续学习任务的完成提供经验。	

【案例点评】

实用性阅读应紧扣“实用性”特点，结合日常生活的真实情境进行教学。上述教学设计，设计者从单元学习任务的整体出发，创设了一个真实的任务情境：举办一场“缤纷世界推介会”，争当“最佳讲解员”，从而调动学生学习的积极性、主动性，为“用”而读，为“用”而写，读得扎实，写得灵活，读、写的目的性非常清晰，定位准确。

在学习活动设计上，以画出思维导图的方式帮助学生理解要想把事物说明清楚，语言表达的顺序、层次、结构很重要；以制作太阳名片的活动，培养学生提取整合有用信息的能力；以比较解说词的方式，引导学生去发现“说明白”的密码；以竞选金牌解说的活动，组织学生写推介文章并做好讲解，实现读写迁移、学以致用。

实用性阅读的评价应注重学生在真实生活情境中语言运用的实际表现，引导学生注意实用性阅读与表达的目的、对象、情境，以及交流效果等。这在上述教学设计中也表现得比较明显。

二、文学阅读教学设计案例与点评

案例

四年级上册第六单元教学设计

一、教学设计的理念和指导思想

学会“初步鉴赏文学作品”是义务教育阶段语文教学的重要目标。通过文学阅读，要使学生感受语言文字的美，“能结合自己的经验，理解、欣赏和初步评价语言文字作品，丰富自己的情感体验和精神世界”。在第二学段的学段要求中有如下说明：“学习圈点、批注等阅读方法。能对课文中不理解的地方提出疑问，乐于与他人讨论交流”，“初步感受作品中生动的形象和优美的语言，关心作品中人物的命运和喜怒哀乐”。

此外，在文艺理论领域，接受美学提倡“新的文本意识”，更重视读者对于文本的作用，与批注式阅读重视学生直观感受与个性化体验的旨归相一致。从学习理论的角度看，学生已有的学习经验和生活经验深刻影响着他们对文本进行个性化的阅读吸收与感悟。显然，重视读者积极主动的理解和个性化的感受，是文学阅读教学应遵循的基本指导思想。

本单元结合单元教学目标，围绕“学用批注方法，拨动成长心弦”这一主题，借助批注这一阅读方法，发展学生的文学阅读和审美创造能力。

二、单元教材分析

本单元以“成长故事”为主题。单元的语文要素之一是“学习用批注的方法阅读”。批注的过程是学生与文本之间对话的过程，在此过程中，必然离不开学生已有的知识和经验、个性化的感受和理解。《牛和鹅》让学生直观认识学习伙伴的批注，提示学生可以从多角度进行批注，引导学生学习批注的方法；《一只窝囊的大老虎》提示学生在不理解的地方做批注并和同学交流；《陀螺》以留白的形式要求学生在体会比较深的地方做批注。

本单元第二个语文要素是“通过人物的动作、语言、神态理解人物的心情”。这一语文要素在语文教材的学习单元中，体现了由浅入深的序列性：从体会人物心情到感受人物的品质，从体会人物的内心到理解人物的品质，体现了理解人物时从具体到抽象、从外显到内在、从感性到理性的思维进阶。

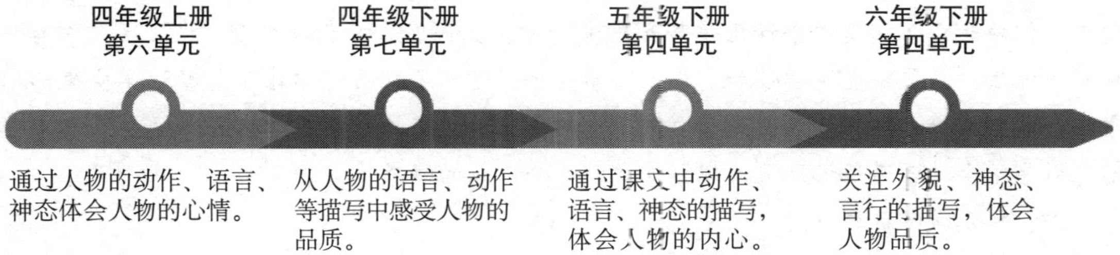

针对这一语文要素，本单元的学习内容进行了精心编排：《牛和鹅》引导学生勾画描写人物动作、神态的语句，进而体会人物心情；《一只窝囊的大老虎》引导学生提取关键语句，体会人物心情的变化及原因；《陀螺》引导学生借助梳理出的语句，体会人物心情变化的过程。口语交际安排了“安慰”主题，让学生选择合适的方式安慰有需要的小伙伴，借助语调、手势恰当地表达情感。习作内容则引导学生回忆自己的游戏经历，把游戏的过程写清楚，同时写出想法和感受。语文园地“词句段运用”的第二题要求仿照例子，用动作描写表现某种心情。

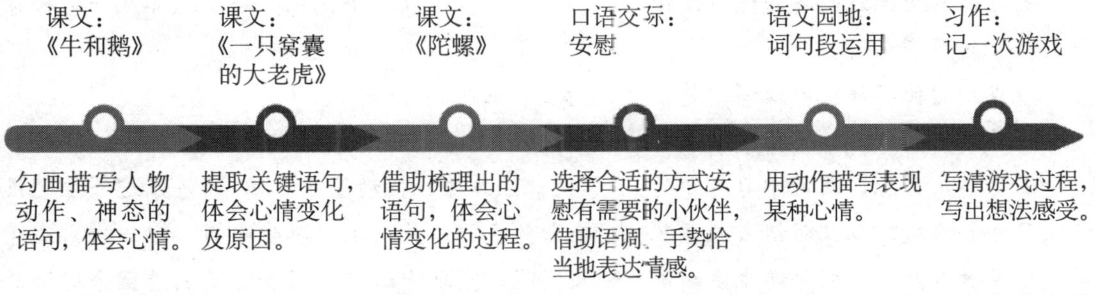

总体来看，基于对语文要素和人文主题的分析，本单元的核心学习任务是引导学生学习并运用批注的阅读方法，通过人物的动作、语言、神态描写等体会并表达成长中各种各

样的心情。

三、单元学情分析

人文主题方面，四年级学生对于“童年”“成长”主题的文章非常感兴趣。他们对于作品中年龄相仿人物的经历充满了好奇，愿意设身处地去感受人物的心情与变化，并在这种感受与理解中发现童年、体会成长。单元人文主题非常贴近学生生活，教学中也要紧密关联学生的生活世界、情感世界。

语文素养方面，前测结果表明，绝大多数学生都知道批注这一读书方法，但读书做批注的习惯还没有养成，批注的角度还比较雷同，个性化、多元化不足。三分之二的学生会在文本的疑惑之处批注，近半的学生会在文本的重要句段做批注，三分之一的学生会在思想情感体会深刻之处做批注。少部分学生在调查中认为自己具有“重读批注，产生新思考”的习惯，但访谈中发现，很少有学生能够关联多条批注并有新的发现，运用批注加深对文本的理解；另外，在学习兴趣方面，谈及批注，如果没有老师的明确要求，很少有学生愿意主动在课外阅读中使用批注这一方法，但谈及“弹幕”，大部分同学都知道，兴致勃勃地介绍自己发弹幕的经历，少数不知道的学生也充满好奇。显然，学生有重视阅读的意识，但缺乏文学阅读中个性化体验和思考的方法，同时，我们也发现，“批注”作为一种阅读方法，如果缺少情境性和实践性，学生会兴趣不足，而“弹幕”是贴近学生生活的事物，学生对此充满兴趣。因此，本单元化“批注”的阅读方法为“弹幕交流会”情境活动，引导学生学会运用批注深入理解课文，体会人物的情感。

四、单元学习目标

1. 认识 36 个生字，读准 7 个多音字，会写 43 个字，会写 47 个词语，积累 6 个八字成语，能正确理解并知道在什么情况下使用“打头阵”等惯用语。

2. 能用批注的方法进行阅读，能梳理、总结批注的方法和意义。

3. 能理解文中关键句的意思，能借助文中相关语句体会人物心情。

4. 能设身处地地理解被安慰者的心情，能借助语调、手势等恰当地表达自己的情感。

5. 能按顺序把游戏写清楚，用动作描写来表现人物心情，并写出自己的想法和感受。

6. 能自己修改习作，并把习作誊写清楚。

重点：能用批注的方法进行阅读，对作品进行多角度、个性化的理解，养成一边阅读一边批注的习惯。

难点：能按顺序把游戏写清楚，写出想法和感受。

五、单元整体教学思路

围绕单元目标，确定学习主题为：“学用批注方法，拨动童年心弦”。基于这一主题设计学习任务情境，以“对话成长弹幕分享会”为主线，将批注、感受心情、记一次游戏等学习任务融入其中，引导学生主动进行语文实践，呈现出语言运用和审美创造耦合递进的状态。具体如下：

年级举办“对话成长弹幕分享会”。请以“弹幕”的形式，将阅读文学作品过程中的体会、感想发表出来，与更多的同学分享，让大家感受成长过程中的喜怒哀乐。

任务1：成长故事知多少。阅读不同的成长故事，为“对话成长弹幕分享会”做准备。

设计意图：聚焦单元主题——“成长”，引导学生打开课内外阅读的视野，为后续学习、使用批注，养成良好阅读习惯打基础。

任务2：初识“弹幕”学批注。“对话”需要在作者与读者、读者与读者之间发生，请你以“弹幕”的形式多角度地发布你的阅读批注。

设计意图：引入表达工具——“弹幕”，使学生发现批注和弹幕一样，都是在欣赏作品的过程中写出自己的感想和体会，发布弹幕的角度也可以从内容、写法、启示等多个角度展开，让学生认识到原来自己很会、很能“批注”，从而降低了写批注的畏难情绪，增加了批注的趣味性。

任务3：再读“弹幕”助阅读。随着学习的深入，同学们陆续解锁了“弹幕”的“vip特权”：点赞、收藏、评论、回复，请你借助这些特权进行交流，让“弹幕”成为你们之间对话的平台。你也可以利用其他软件的电子书“弹幕”功能与更多的读者交流你的读书感悟。

设计意图：打通活动情境——“交流”，在课文学习中运用批注助力深度阅读，在交流中进一步感受童年生活的“真”和“趣”，通过为“弹幕”增加点赞、收藏、评论、回复等方式落实“重读批注”“交流批注”，促进同伴间交流，鼓励多角度理解。

任务4：“弹幕”漂流成文集。想让你自己的作文也被“弹幕刷屏”吗？那就请你将习作放进“漂流作文集”中，每位读过你文章的同学都会以“弹幕”的形式留下他们的感想，再传递给下一个人，而作为小作者的你可以对你感兴趣的“弹幕”进行“官方回复”“置顶”等操作。奇妙从这里发生，一切将在文集中遇见！

设计意图：达成任务目标——“对话”，在“记一次游戏”的习作中，学生互换自己的习作，运用所学的批注方法，生生互批，加强交流，养成分享交流自己习作的兴趣，实现读者与作者的对话。

六、课时教学设计（以本单元《一只窝囊的大老虎》为例，有删减）

（一）课时教学内容分析

本文写了“我”童年时的一次难忘经历：“我”在一次班级演出中扮演老虎，因不会豁虎跳遭到同学嘲笑，自己却一直不明原因。“演老虎要不要豁虎跳”这一矛盾贯串故事的主体部分，演出前后“我”丰富的心情变化是内在的线索，语言风趣幽默，充满童趣。

本课是本单元第二课，在前一课《牛和鹅》中已经引导学生直观认识了批注、了解了批注角度，本课的学习重在通过重新读文章和批注，发现批注之间的关联，体会小作者在不同阶段的心情变化及变化的原因，加深对文章的理解；同时也为下一课《陀螺》互相交流批注奠定基础。

（二）学情分析

通过前测和预习反馈可以得知，四年级学生对“成长故事”主题的文章比较熟悉，懂得童年中的任何经历都是成长中的一笔财富。学生对于这篇文章的阅读，疑惑的地方表现在以下几个方面：“我”的心情发生了哪些变化？“我”的演出真的窝囊吗？该怎样开导

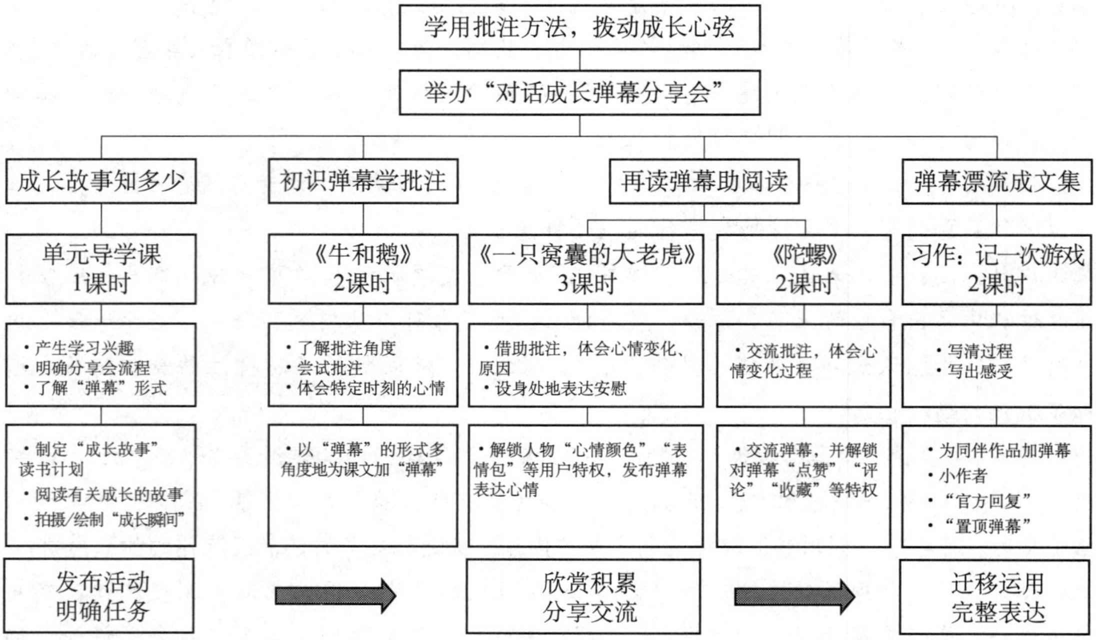

“我”？学生在学习中存在的主要问题是：能说出人物心情，但不能完整地说出心情的变化和原因；学生建立起了“重读批注”的意识，但缺乏“思考批注”的方法。

因此，本节课在学生已有批注的基础上，侧重引导学生关联自己的批注内容，借助批注深入体会人物情感的变化，提高学生重读并思考批注的阅读能力。

（三）学习目标确定

1. 能结合课文相关语句，说出“我”心情的变化及变化的原因。

2. 重读、交流批注，借助批注加深对阅读的理解。

（四）学习活动设计

教师活动	学生活动
活动一：温故知新，复习批注	
教师活动 1 回顾上节课所学，ppt 出示全班学生批注汇总后的弹幕流，组织学生重读、交流自己的弹幕，并尝试分类。	学生活动 1 回顾所学，结合自己的批注进行交流，探讨新的批注类型。 预设：内容（疑问、体会较深处）、写法、启示、人物评价、联想、联系生活、预测……

续表

<table>
<tr><td colspan="2">活动意图：学生已经阅读课文并进行了批注，本节课让学生互相交流自己的批注，梳理批注的类型，探索新的批注类型，为学生深入学习做好准备。</td></tr>
<tr><td colspan="2">活动二：聚焦“心情”，发散批注</td></tr>
<tr><td>教师活动2
组织学生分享自己的心情弹幕，提醒学生要按“学习单”整理好汇报思路，并鼓励学生把自己提炼出的心情词语写在黑板磁贴上。
从学生的分享中强调“关注神态、语言、动作体会心情”的方法，引导学生提炼、概括出期待、紧张、自信、狼狈、不明白等词语并板书，从而理解人物心情的变化。</td><td>学生活动2
按照学习单中的汇报思路，分享自己的心情弹幕。聚焦人物“心情的变化”，在分享中学习提炼方法和深度思考。</td></tr>
<tr><td colspan="2">活动意图：体会人物心情的变化和原因是本课学习的一个重要目标。学生在自己勾画、批注时，已经完成了自己与文本之间的第一次对话；在与同学的交流中完成学生与学生之间的对话；在与老师交流总结时完成与教师、文本之间的对话。如此，批注式阅读其实经历的是一个多层维度、多重交叉的对话过程，学生获得了方法，也经历了深度思考的过程。</td></tr>
<tr><td colspan="2">活动三：回顾批注，描画心路</td></tr>
<tr><td>教师活动3
1. 引导学生以图文弹幕的形式，用一条线来串联“我”的心路历程。组织学生分享自己所画的曲线。
2. 引导学生思考还能通过哪些方式在弹幕中表达心情，并说明原因。</td><td>学生活动3
1. 结合“心情”批注，画心路历程。对照自己所画的曲线，结合课文情节说清心情变化背后的原因。
2. 增加字体颜色、表情来表达心情，并解释运用该工具表达某一心情的原因。</td></tr>
<tr><td colspan="2">活动意图：从阅读文本进行批注，到依据批注体会心情，再到统观批注探索发现，层层推进，为串联心路历程进行整体理解厘清了大致的思路。学生画心路历程的过程就是深入理解课文的过程，落实了本课“体会作者心情的变化和原因”的学习目标。</td></tr>
<tr><td colspan="2">活动四：总结学法，迁移运用</td></tr>
<tr><td>教师活动4
同学们真了不起，在重读、关联多条弹幕的过程中加深了对课文的理解。刚才我们讨论的是“心情”一类的弹幕，深刻理解了人物心情的变化。下面请大家重读、思考其他类别的弹幕，并尝试发现新的规律。
组织小组交流、分享。</td><td>学生活动4
学生重读并梳理不同类别的批注，交流发现。</td></tr>
<tr><td colspan="2">活动意图：引导学生理解在文本阅读中“批注”的价值，认识到“对话”的过程会带来多角度地发现与理解。</td></tr>
</table>

续表

<table>
<tr><th>教师活动</th><th>学生活动</th></tr>
<tr><td colspan="2">活动五：立足批注，找到依据</td></tr>
<tr><td>教师活动 5
出示高亮的弹幕：说是窝囊，其实不窝囊。引导学生聚焦这一条“弹幕”并思考它是根据哪部分内容来写的，在课文中找到依据。
组织学生交流、汇报这条“弹幕”可能出现的地方，并说清原因。</td><td>学生活动 5
立足批注，重读课文，从课文中寻找“说是窝囊，其实不窝囊”的依据。
按要求进行汇报和交流，结合文本说清楚依据。</td></tr>
<tr><td colspan="2">活动意图：从依据文本进行批注，到立足批注从文本中找依据，相互照应，不仅让学生的思维得到了深度训练，还加强了学生对文本的重视。学生在生生交流、讨论中很清晰地意识到：教材编写者想传达的肯定是不窝囊的想法。引导学生从文中发现可以作为理由的细节，由情境再次回到文本，结合这些文字来说明自己的观点。从而引导学生理解、明白：童年时经历的不管是成功、欢乐还是挫折、悲伤，都是记忆中的宝贵财富，不能因一两次的失败或挫折而停滞不前，百般懊悔。</td></tr>
<tr><td colspan="2">活动六：课后延展</td></tr>
<tr><td>教师活动 6
使用“弹幕”平台，交流阅读感受，分享阅读体验。</td><td>学生活动 6
边阅读边批注，发布“弹幕”共分享。</td></tr>
<tr><td colspan="2">活动意图：衔接课堂阅读与课外阅读，掌握批注方法，养成读书习惯。</td></tr>
</table>

【案例点评】

文学阅读“旨在引导学生在语文实践活动中，通过整体感知、联想想象，感受文学语言和形象的独特魅力，获得个性化的审美体验；了解文学作品的基本特点，欣赏和评价语言文字作品，提高审美品位；观察、感受自然与社会，表达自己独特的体验与思考，尝试创作文学作品”①。上述教学设计紧紧扣住了这一目标，围绕本单元的人文主题和语文要素，设计了“学用批注方法，拨动童年心弦”这一学习主题，以“对话成长弹幕分享会”为任务情境，将文学阅读的个性化审美、运用批注阅读的方法、关联生活的独特体验与表达等学习目标统合到具体的学习任务中，设计者还关注到了互联网时代语文生活的变化，采用“弹幕”的方式，引导学生积极主动进行文学阅读，感受文学之美，对话分享充分，充满个性和活力，有助于学生精神领域的健康成长。此外，设计者还将课内外阅读紧密结合，以培养学生良好的阅读习惯。

① 中华人民共和国教育部．义务教育语文课程标准：2022 年版［S］．北京：北京师范大学出版社，2022：26.

三、思辨性阅读教学设计案例与点评

案例 **六年级上册第六单元教学设计**

一、单元设计的理念和指导思想

思维能力是语文核心素养中的一个重要维度，语文课程的“总目标”指出，要引导学生“积极观察、感知生活，发展联想和想象，激发创造潜能，丰富语言经验，培养语言直觉，提高语言表现力和创造力，提高形象思维能力”，要“乐于探索，勤于思考，初步掌握比较、分析、概括、推理等思维方法，辩证地思考问题，有理有据、负责任地表达自己的观点，养成实事求是，崇尚真知的态度”。

本单元的单元导语是“我们是大地的一部分，大地也是我们的一部分”，要通过阅读引导学生思考人与自然和谐共生的关系，进而提高保护环境的意识。教学重点在于抓住关键句，把握文章的主要观点，连接现实生活，组织学生进行思辨。

二、单元教材分析

本单元人文主题是保护环境。关于这一主题，现行小学语文教材有系列的单元内容安排，鼓励学生亲近大自然、保护大自然，同时关注人与自然和谐共生的问题。在感知自然世界、探寻自然之美的基础上，本单元要引导学生进行理性思考，认识到自然与人类的关系。

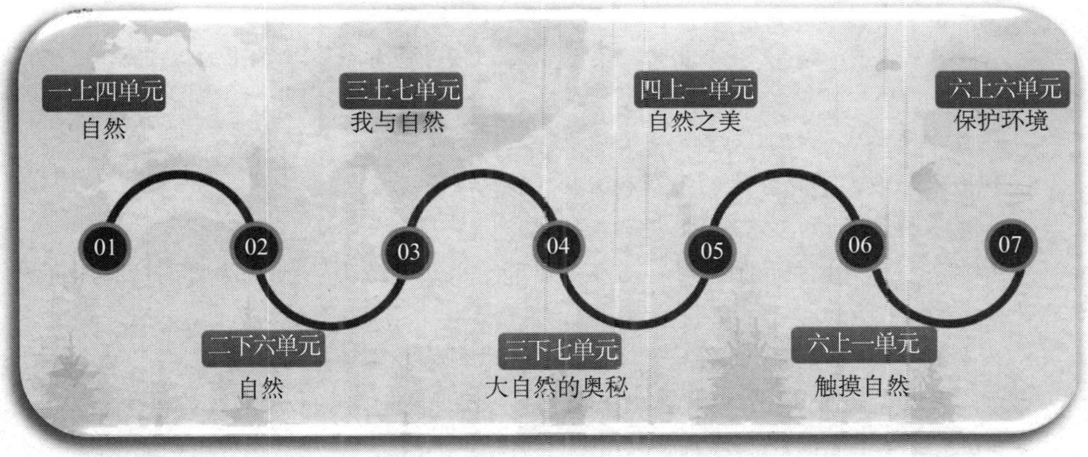

本单元的语文要素是“抓住关键句，把握文章的主要观点。”关键语句指的是对表达文章内容或文章中心起着重要作用的语句，在语文阅读学习中至关重要。“抓关键语句”这一语文要素在语文教材中，呈现出由浅入深、循序渐进、螺旋式梯度上升的序列性。本单元的学习，学生要向“抓住关键句，把握文章的主要观点”进阶，即学生需要关联文章中的多个关键句，在准确把握文章主要内容的基础之上，提炼出主要观点。

本单元的习作要求是“学写倡议书”。倡议书属于应用文，一般都有一个明确的写作目的，本次习作围绕如何珍惜自然资源、保护环境等话题展开，与单元主题相呼应。一方面可以加深学生对课文的思考和对“人与自然和谐共生”必要性的认识，另一方面可以引导学生关注现实生活中存在的问题，提高应用文写作的能力。

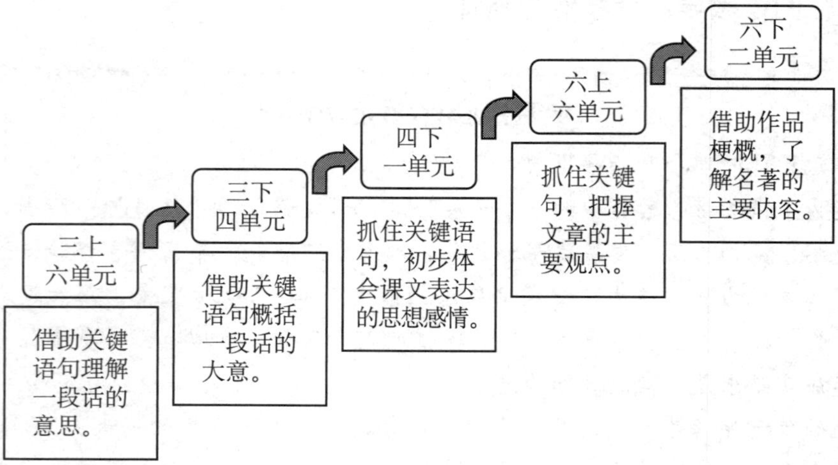

三、单元学情分析

前测表明，本班绝大多数学生都能找出文章中的关键句，但只有少数学生能够结合不同段落的关键句进行整体思考，进而梳理出文章得出结论的内在逻辑。说明在阅读说理性文章时，学生还没有掌握“抓住关键句，把握文章的主要观点”的阅读方法。可见，如何抓住文章关键句并发现它们之间的逻辑关系，从而理解文章的主要观点是如何一步一步得出来的，对于学生来说有一定的挑战性。

四、单元学习目标

1. 会写 14 个字，积累 20 个词语，有感情地朗读并能背诵本单元中的 3 首古诗，默写《浪淘沙（其一）》。

2. 能抓住关键句，把握文章的主要观点。

3. 理解人与自然和谐共生的关系和保护环境的重要意义。

4. 和别人协商事情，能准确把握别人的观点，不歪曲，不断章取义。

5. 尊重不同意见，讨论问题时，态度要平和，表达观点时，要简洁明了，有理有据，以理服人。

6. 能就自己关心的环保问题写一份倡议书，做到格式正确，内容清楚。

重点：能抓住关键句，把握课文的主要观点，感受人与自然和谐共生的重要意义。

难点：理解文章的主要观点是如何一步一步得出来的。

五、单元整体教学思路

本单元在“借助关键语句，记录天地人间”这一学习主题下，创设“撰写阐释型纪录片《天·地·人》拍摄脚本”的学习情境，呼吁大家更多地去关注人与自然和谐共生。第一课时确定任务和目标，第二课时口语交际课，围绕环保问题展开讨论，进一步确定任务主题，从天地之美、天地之间、人与天地三个方面整体设计、规划。

任务 1：天地之美。研读《古诗三首》，构思出“九曲黄河”“江南风光”“山中小屋”的拍摄画面和解说词，结合其他阅读资源，展现天地之美。

设计意图：引导学生借助具体诗句，通过想象画面，理解诗词大意，感受自然之美。

任务 2：天地之间。研读《只有一个地球》，理解并构思出“地球美丽但渺小”“地球资源有限”“目前人类还不能移居”“我们要保护地球”等拍摄画面和解说词，并拓展其他阅读材料，传递出天地之间人类只有一个家园的观点。

设计意图：引导学生结合关键语句，把握课文主要观点和逻辑关系，明晰文章是如何一步一步层层递进阐明观点的。

任务3：人与天地。研读《青山不老》《三黑和土地》，理解老人与青山、三黑与土地之间的深厚情感并构思拍摄画面和解说词，展现人与天地的和谐之美。

设计意图：启发学生结合关键语句，理解课文的主要内容，进而学会理性思考“天地人，你我他”。

任务4：写倡议书。写一份以“人与自然和谐共生”为主题的倡议书。

设计意图：落实本单元习作练习，建立语文与社会生活的联系。

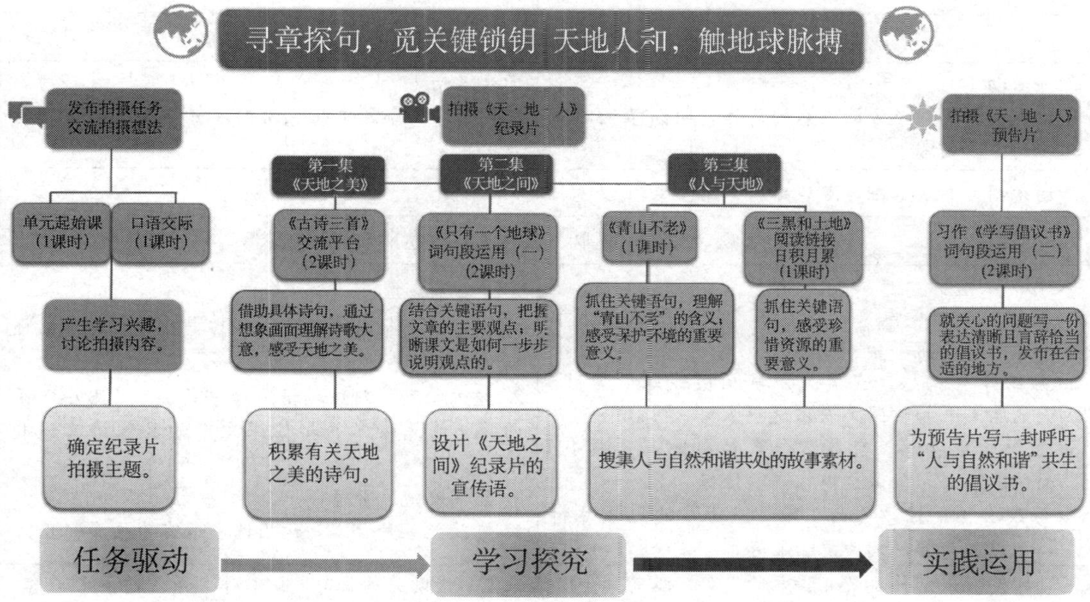

六、课时教学设计（以本单元《只有一个地球》为例，有删减）

（一）课时教学内容分析

《只有一个地球》从人类生存的角度出发，介绍了地球的相关知识，以清晰的说理逻辑阐明了人类生存只有一个地球的事实，呼吁人类珍惜资源，保护地球。

通过《古诗三首》学生已经体会到了自然之美。这一课则介绍了地球的有关知识，明确“只有一个地球”，并呼吁人类珍惜资源、保护地球，为后面两篇课文《青山不老》《三黑和土地》的学习奠定基础。

《只有一个地球》以清晰严谨的说理，层层递进地论证了“只有一个地球”的事实。本课教学的重点是引导学生通过关键句把握主要观点，进而厘清课文内容的逻辑关系，即课文是如何一步步得出最后结论的。

（二）学情分析

六年级学生对地球已有一定的了解，多数学生具有环保意识。结合四年级下册学习《千年梦圆在今朝》和六年级上册学习《宇宙生命之谜》的情况，发现学生对关于宇宙和地球相关的知识展现出了浓厚的兴趣与强烈的探究欲望。

教学前，我进行了前测，结果表明多数学生对于有关地球的事实性知识了解很多，但对于人与地球关系的理性思考不足，大多停留在感性和口号上。显然，围绕“课文是怎样一步一步表达观点的”进行教学就显得非常重要。通过这一过程，可以帮助学生学会逻辑思考，理性地面对人生、社会、宇宙。

（三）学习目标确定

1. 阅读课文，能抓住关键句并说出课文表达的主要观点。

2. 厘清课文的逻辑思路，说出课文是怎样一步步阐明观点的。

（四）学习活动设计

教师活动	学生活动
环节一：复习巩固词语，回顾课文内容	
教师活动1 展示有关课文四个方面内容的词语，组织学生回顾课文的主要内容。	学生活动1 读词语，回顾课文的主要内容并组织好语言进行表达。
活动意图：夯实基础，温故知新。	
环节二：研读文本，提取、理解关键信息所表达的观点	
教师活动2 1. 组织学生研读课文，思考课文从哪些地方阐释了地球的“美丽”和“渺小”。 2. 组织学生构思、交流、分享拍摄地球“美丽”画面的脚本并扣住课文内容说明依据。 3. 组织学生构思、交流、分享拍摄地球“渺小”画面的脚本并扣住课文内容说明依据。 4. 修改有关地球“美丽”而“渺小”的纪录片脚本，以课文为解说词为画面配音。	学生活动2 1. 以小组为单位研读课文，提取信息，理解地球的“美丽”和“渺小”。 2. 组内构思、研讨拍摄地球“美丽”“渺小”画面的纪录片脚本并扣住课文中的具体语言说明依据。 3. 组间交流、分享。 4. 修改纪录片脚本，运用课文语言为画面配音。
活动意图：以制作纪录片脚本的任务，驱动学生研读课文，借助关键语句，认真体会段落的主要内容，以配音带动朗读，进一步感受地球的美丽、渺小。	
教师活动3 1. 组织学生合作探究：如何制作出地球的“资源有限”“目前人类还不能移居”“我们要保护地球”这三部分内容的拍摄脚本。 2. 组间交流、分享，并扣住课文具体内容说明依据。 3. 启发学生思考“人类生活所需要的水资源……本来是可以不断再生，长期给人类作贡献的。”“本来”一词能不能删去？它有什么表达作用？ 4. 启发学生思考：你是如何想到要拍摄保护地球的具体行动的？ 5. 组织学生在交流、分享的基础上修改拍摄脚本，并尝试为画面进行配音。	学生活动3 1. 组内合作，阅读课文相关内容，在深入理解的基础上，讨论拍摄画面的脚本。 2. 组间分享、交流。 3. 在分享、交流的基础上，进一步研读教材，修改拍摄脚本。 4. 在课文的基础上，尝试撰写解说词，配音。
活动意图：以导演组合作探索的方式，研读课文，讨论分享。教师启发学生进一步抓住关键语句，体会“本来”等词语的表达效果，并引导学生用推想的方式进行思维。	

续表

<table>
<tr><th>教师活动</th><th>学生活动</th></tr>
<tr><td colspan="2">环节三：整体思考，厘清逻辑关系，完成纪录片内容剪辑</td></tr>
<tr><td>教师活动 4
1. 鼓励学生进一步探究：纪录片剪辑时，这部分内容的顺序是否可以调整？
2. 启发学生思考：在根据《古诗三首》剪辑《天地之美》时，“九曲黄河”“江南风光”“山中小屋”这三部分内容是可以互换的，这一集是否也可以呢？引导学生理解一步一步、层层递进表达观点的逻辑思维线。
3. 补充这篇课文的写作背景，启发学生关注其他表达观点的方法，不仅要以理服人，还要以情动人。引导学生细读文本，找出课文中打动人心的句子。</td><td>学生活动 4
1. 学生结合板书进行思考，在比较中理解思维的不同逻辑形式，从并列到因果。从整体上厘清这篇课文的逻辑关系。
2. 了解课文写作背景后，再次研读课文，交流分享课文中运用的说明方法。
3. 研读课文，在理解了以理服人的基础上，抓住课文中的典型句子，进一步理解在表达观点时如何以情动人。</td></tr>
<tr><td colspan="2">活动意图：引导学生思考课文四部分之间紧密的逻辑关系，体会文章是怎样一步一步得出结论的。同时，引导学生发现课文除了在逻辑上的层层递进外，还运用了说明方法来科学、严谨、准确地表达观点，真正做到“以理服人”。进而，引导学生发现文中抒情性的语言，明晰表达观点时，还要能“以情动人”。</td></tr>
<tr><td colspan="2">环节四：交流收获，课后延伸</td></tr>
<tr><td>教师活动 5
教师总结本课内容，布置课后阅读，完善拍摄脚本。</td><td>学生活动 5
学生交流本课收获，课后完善小组学习任务。</td></tr>
</table>

【案例点评】

思辨性阅读“旨在引导学生在语文实践活动中，通过阅读、比较、推断、质疑、讨论等方式，梳理观点、事实与材料及其关系；辨析态度与立场，辨别是非、善恶、美丑，保持好奇心和求知欲，养成勤学好问的习惯；负责任、有中心、有条理、重证据地表达，培养理性思维和理性精神”①。本单元阅读的出发点是引导学生围绕人与自然的关系从感性认识走向理性思考，指向思辨性。从《古诗三首》中的“九曲黄河”“江南风光”“山中小屋”的自然之美，到《只有一个地球》的生存空间与环境思考，再到《青山不老》《三黑和土地》中人与自然的深厚关系，再回想到一年级上册语文课本中的开篇内容《天地人，你我他》，一个重要的文化命题摆在我们面前，本单元的教学设计正是基于这样一个命题引导六年级学生进行了一个理性思辨的过程，这一过程是在任务情境和阅读思考中展开的。

① 中华人民共和国教育部．义务教育语文课程标准：2022 年版［S］．北京：北京师范大学出版社，2022：29.

四、整本书阅读教学设计案例与点评

案例　　　　　　《童年》整本书阅读的教学与反思

整本书阅读教学通常有两方面困难：内容庞杂，教学无从下手；学生关注细节，导致舍本逐末。为克服这些困难，我在教学《童年》这本书时将主题确定为“辨·变·辩”，引导学生通过辨识颜色、变换角度、思想辩论等形式展开学习活动，使复杂的整本书阅读教学变得方便、简单。但在教学中，并没有明确的界限划分：哪个环节是“辨”，哪个环节是“变”，哪个环节是“辩”。这是因为辨识颜色的过程和变换角度的过程，都是思想辩论的基础，学生只有认真研读语言文字，发现奥秘之后，才能有针对性地辩论，从而让整本书阅读教学指向言语表现。

一、辨识颜色，感受人物形象

在整本阅读教学的过程中，我们要引领学生从不同的角度阅读作家人生，审视自我人生。继续深入挖掘，就要引领学生感悟作者的本意，然后超越作者的本意，使自己的精神、品质、人格受到熏陶。语言文字中所传达的信息怎样才能转化为学生独特的感受呢？在抓住“颜色”谈童年的过程中，我在展示学生课前制作的手抄报的基础上引导他们继续体会颜色的微妙：颜色除了让我们想到一些事物，还让我们的心灵感受到冷暖。

师：提到一种颜色，我们很容易想到一种事物，往往也能感受到一种温度。很多画家把颜色分成了暖色和冷色，其中还有中性偏暖、中性偏冷。大家再回忆回忆《童年》这本书，如果要为你的手抄报添加上一种颜色，你觉得添上哪种颜色好呢？想一想，可以添加在你的手抄报上。

（引导学生思考并添加颜色）

师：哪个同学想说说添加了什么颜色，为什么添加这种颜色？注意紧密结合书里的具体情节。

生：我添加的是红色。外祖父第一次毒打阿廖沙后主动到阿廖沙的房间看望他、安慰他，给他讲自己的童年时代，还非常体贴地给他带来一些玩具。

师：你看到了具体情节，感受到了外祖父对阿廖沙的体贴，于是想到了暖色，添加的是红色。如此聚焦细节，特别好！还有哪个同学想谈谈？

生：我添加的是蓝色，是冷色，中性偏冷，因为阿廖沙第一次挨打之后，心里一定非常难过，并不是红色——特别高兴，所以我添加的是蓝色。

师：你也想到了挨打的情节，一提到挨打，心里都会觉得冷。

生：我添加的是黄绿色，是中性色。

师：这是为什么呢？

生：外祖父第一次打阿廖沙，我添加的是偏蓝色的，但他打完后，还去关心阿廖沙，所以我觉得应添加黄绿色，是中性色。

师：原来你把前后的内容联系起来看了，真棒！

生：我添加的是橙色，因为我觉得阿廖沙的童年也是非常温暖的，关心他的人很多，外祖父虽然打他，但外祖父也在关心他，而且外祖母也经常鼓励阿廖沙。阿廖沙的童年还有很多朋友，都会给他带来温暖。

从文字中看颜色，再从颜色中感受温度，这样就让抽象的文字变得鲜活。在这个学习活动中，有的学生选择的是冷色，因为他们关注的是阿廖沙挨打的过程以及父亲的去世和母亲的疏远，但是在教师的追问、引导下，学生由关注局部的细节转移到关注整体的情节，选择添加暖色，他们的理由是虽然阿廖沙有过挨打的经历，但同时有外祖母的呵护、小茨冈的帮助、朋友的欢笑……在辨识颜色的过程中，学生的认识逐渐走向纵深：人生难免会有偏冷的颜色，但是在这些颜色之外，我们也能够找到一些温暖的颜色，这或许也是高尔基创作《童年》的原因之一。

二、变换角度，思考人物关系

教师对整本书阅读教学的认识程度决定了学生的学习效果。学生在梳理人物关系时容易陷入单一线性的思考，所以我采用了变换角度的教学方式，引导学生思考人物之间的关系。

师：请最先完成阅读的小组派代表到黑板前用贴图展示、讲解人物之间的关系。其他同学认真听，如果有不一样的想法，可以进一步交流。

生：我们小组认为，母亲和阿廖沙是最远的，因为他的母亲长期不照顾他，更不了解阿廖沙心里在想什么。而且在母亲回来时，阿廖沙想和母亲说什么，但是说不出口，可见他跟母亲缺少沟通交流。我们小组还认为，外祖父和阿廖沙的距离不远不近，因为虽然外祖父对阿廖沙很凶，但是外祖父理解阿廖沙在想什么，只不过有些冷漠。外祖母和阿廖沙最近，外祖母经常给他讲故事，在他的身边照顾他。（演示下图）

师：第一小组不仅讲得特别具体，还画得很有意思，阿廖沙和外祖母之间几乎没有距离，简直是亲密无间。其他小组有需要补充或反驳的吗？

生：我们小组认为，母亲和阿廖沙的距离应画得更近。（演示下图）

师：为什么是这样呢？

生：因为外祖父打阿廖沙时，母亲一直在请求外祖父不要再打了。

师：确实是这样的。外祖父打阿廖沙时，母亲的话不多，但是她的情感表达出来了，是什么呢？

生：对阿廖沙的爱。

师：（面向第一小组）现在怎么样？这个距离你们都满意吗？

生：满意。

师：读长篇小说时一定要关注复杂的人物关系，但大家展示的贴图都只是以阿廖沙为主体的。这节课的主题中还有一个关键词——“变”，所以大家要尝试着变换角度去梳理。你们现在表现出来的外祖父和母亲之间的距离有些远了，实际上是这样的吗？

（学生思考）

师：阿廖沙和母亲回到尼日尼时，外祖父和母亲两个人紧紧挨在一起，走在众人的前面；舅舅们打架要分家产时，外祖父坚持要把属于母亲的嫁妆留给母亲。这样看的话，大家的贴图应该怎么修改呢？

（学生修改）

师：哪个小组愿意展示？

生：阿廖沙的母亲跟谁都是不冷不热的，故事中并没有说她跟谁特别近，所以我们认为她和这三个人的距离差不多。（演示下图）

师：图中母亲和外祖父之间的距离似乎并不是那么远，但是大家再看——阿廖沙遭受一次毒打后，母亲说“要不是因为他，我早就离开这个家了”。你们据此发现了什么？

（学生思考，教师绘制出外祖父与母亲之间距离的图示）

生：外祖父想和母亲的距离近一些，而母亲对外祖父是排斥的。

【起初，学生表现出来的思维特征确实如我课前预期的那样，是单一的、线性的。这说明对于小学生来说，阅读长篇小说最大的困难就是梳理错综复杂的人物关系。我引导学生通过摆一摆、说一说，有效地活跃了课堂气氛，不仅让学生的思维得到了深度训练，还

使他们对故事中的人物关系有了进一步的认识和理解。】

三、思想辩论，体会小说内涵

整本书阅读教学是小学语文教学的重要组成部分。潘新和教授在《语文：表现与存在》中这样写道：“语文教育，说到底是对人的言语表现的教育，是对人的言语生命本质加以确认的教育，是言语人格、精神发展的教育，简言之，即言语人生的教育。”激发学生的言语生命意识，辩论是一种很好的方法，其基础是辨识。学生有了自己的主观认识，才有可能参与辩论，而若想相对准确地辨识，就一定要站在不同的角度审视文本：站在故事中不同人物的角度，站在生活经验的角度，站在作者的角度，站在特定历史事件的角度……尽可能站在不同的角度看问题，才有可能让自己的认识趋于准确。

师：对阿廖沙的童年，我们通过阅读进行了细致的感受，那么你觉得阿廖沙的童年是幸福的还是不幸的？

生：我觉得阿廖沙的童年是不幸的，因为他从小就失去了父亲，虽然有母亲在身边，但是母亲对他的关爱少得可怜，而且他经常遭到外祖父的毒打。

师：你关注了阿廖沙童年中最触动人心的经历。既然说到童年，其实我们不妨把眼界放宽一些，多角度看一看，可以结合刚才在辨识阿廖沙童年颜色时的理解去谈。

生：我觉得阿廖沙的童年不能说是幸运的，也不能说是不幸的，是幸运与不幸交织在一起的。刚才那个同学说了，阿廖沙童年时总是挨打，是黑色的、灰色的。但是外祖父对他还是很体贴的，外祖母对阿廖沙也特别好，所以我觉得他既是幸运的，又是不幸的。

师：说得真好！其实你说的“幸运”替换为“幸福”这个词语更准确吧？能够站在不同角度去谈，既发现不幸，又看到幸福，这样分析，人物形象就更丰满了。

生：我觉得阿廖沙的童年是幸运的。《童年》是高尔基的自传体小说，更多的是对他自己童年经历的讲述，正是他的童年有各种各样的经历，才让他对生活更热爱，更积极地面对困难。如果站在作者的角度看，阿廖沙的童年反而是幸运的。

师：你的观点很独特啊！从作者整个的人生经历去谈，很有新意，让我想到了诗句“不经一番寒彻骨，怎得梅花扑鼻香”，真好！

【综上所述，教师在整本书阅读教学中应更多地关注整体、重要情节、人物关系、发展变化等，并且在此基础上不断拓展，鼓励学生多元理解，让他们将来继续用文学作品反观自己的人生。阿德丽安·吉尔的《阅读力：文学作品的阅读策略》中有这样一句话："特定的书可以转变我们对自己、他人或是世界的思考。"我想，我们在进行整本书阅读教学设计时应该思考这句话的意义。】

【案例点评】

整本书阅读的价值不单单指向小学生阅读量的增加，更重要的意义在于提升他们的语文阅读品质。阅读是建构意义的心智活动，一个阅读文本的信息越丰富，建立信息之间的关联难度就会越大。《童年》属于文学类长篇作品的整本书阅读，作为"发展型"故事，具有复杂的组织结构、人物性格以及人物关系，需要读者具有更高的理解力、判断力和辨析力。显然，与单篇文章的阅读相比，整本书阅读活动对学生的心智活动提出了更高的要求。科学类的整本书阅读也是如此，能够帮助学生获得科学领域的整体性、系统性认识，以促进他们心智世界的建构。这样看来，整本书阅读就不仅仅是为了获得阅读经验、养成阅读习惯，更是提高学生整体认知能力、建构心智世界的重要过程。

【思考与练习】

1. 从教材中选取某一实用性阅读的学习单元或一篇课文进行教学设计，教学设计要包括：教材分析、学情分析、教学目标、教学活动环节，可以以小组为单位进行，设计完成后，在班内进行交流和说课活动。

2. 从教材中选取某一文学阅读的学习单元或一篇课文进行教学设计，教学设计要包括：教材分析、学情分析、教学目标、教学活动环节，可以以小组为单位进行，设计完成后，在班内进行交流和说课活动。

3. 从教材中选取某一思辨性阅读的学习单元或一篇课文进行教学设计，教学设计要包括：教材分析、学情分析、教学目标、教学活动环节，可以以小组为单位进行，设计完成后，在班内进行交流和说课活动。

4. 根据年级特点为学生选择一本或几本书进行阅读，请你设计一个学生阅读后的整本书阅读指导。

第五章

“表达与交流”教学设计

【内容提要】

“表达与交流”的主要内容包括口语交际和写作，二者在儿童语言学习与发展中有着十分重要的作用。儿童是怎样学习表达的？口语交际的活动特征与能力构成是什么？写作的心理过程和能力发展的途径是什么？如何基于小学各学段“表达与交流”的目标与教材内容进行教学设计？本章对上述基本概念和理论进行简要阐述，进而结合具体的教学案例对小学口语交际教学、写话和习作教学的典型教学设计进行了分析。

【学习目标】

- 理解语言学习中“输入”与“输出”的关系，理解口语交际的活动特点与能力构成，理解写作的心理过程以及小学生写作能力发展的基本途径。
- 掌握“表达与交流”的学段要求，明确学段要求的进阶，能够根据学段要求纵向梳理和分析教材中口语交际和写作活动的具体内容。
- 能够对口语交际、写话和习作的教学进行观察和专业分析。
- 能够结合教材具体内容进行口语交际、写话和习作的教学设计。

第一节　小学生怎样学习表达

一、语言学习中的“输入”与“输出”

观点　　克拉申（S. D. Krashen）：语言学习中的“输入”与“输出”①

语言习得依赖于大量的可理解性语言的输入。而大量的可理解性语言输入的获得，

① 张国扬，朱亚夫．外语教育语言学［M］．南宁：广西教育出版社，1996：126.

不仅需要习得者广泛地接触语言材料（如听录音、广播、与他人对话、看录像等），而且还需要习得者直接参与交际，使接触到的语言材料通过说明（clarification）、证实（confirmation）、修正（modification）、重新组织（restructure）等交际手段变成可理解性的语言材料。

完整的语言学习过程由理解性“输入”和运用性“输出”两个环节构成。言语能力的获得，学习者不仅要广泛地接触语言材料，而且还要直接使用这些语言材料参与交际，通过交际变成理解性的语言材料（如图 5-1 所示）。换言之，语言使用的规则、习惯的掌握，需要在理解的基础上通过实践与运用实现转化。

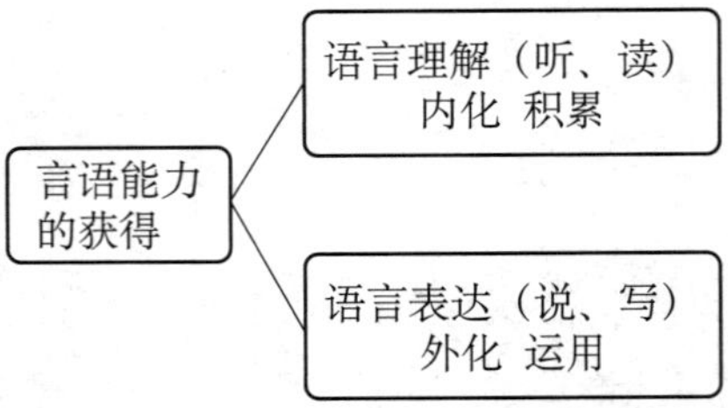

图 5-1 儿童言语能力获得示意图

小学阶段的语文教学——第一，必须保证有足够时间引导学生通过朗读、背诵、练习、巩固等方式在理解、品味、感悟和体验中丰富语文积累，包括字、词、句、段、篇等语言材料及其所表达的思想情感，语言运用的素材、案例，以及语文知识，等等；第二，必须坚持通过“运用的实践”将学生的语文积累提升到“能运用”的层次，帮助学生实现从“能理解”到“会运用”的跨越，完成从消极语言向积极语言的转化①，帮助学生在理解的过程中构建言语图式，引导学生在实践与运用中巩固言语图式，从而完成从理解性输入到运用性输出的完整的语言学习过程；第三，应遵循“言语-语言-言语”的基本语言学习模式②进行教学。

① 消极语言，即能够理解但在口头和书面语言中不会运用的语言（包括词、句等）；积极语言，指既能理解又能在口头和书面语言中运用的语言（包括词、句等）。语文教学中，既要帮助学生进行语言输入，扩大语言内存，又要促进其消极语言向积极语言的转化。

② 按瑞士语言学家索绪尔的观点，“语言”（language）是社会约定俗成的规则系统，由语音、词汇、语法等构成。人们要表达自己的思想情感，离不开他所使用语言的那一套规则系统。“言语”（parole）则是个人行为，是人们对那套约定俗成的规则系统的运用行为及其所形成的结果，包括听说读写的实践活动和成果。“语言和言语是相互依存的，语言既是言语的工具，又是言语的产物。”可见，“语言”是潜在的系统，而“言语”是潜在系统的实现，个体正是通过言语活动来表达自己的思想、情意、体验等，从而达到交际的目的。韩雪屏教授认为，区分“语言”和“言语”对语文教学的重大意义之一是：为语言的学习和研究提供了一个模式，即“言语-语言-言语”的模式。无论是儿童学习母语，还是成人学习外语，都是从模仿他人的言语开始的，之后逐渐了解某种语言的语音、词汇、语法的系统规则，但最终目的仍然在于自己能听说、能读写。参见：韩雪屏．语文课程与教学研究文集［M］．呼和浩特：内蒙古教育出版社，2008：223.

案例　**学习诗歌的结构及句式，完成《树枝上有一条路》的仿写**[①]

大山妈妈 把吃的和喝的 送给叶 送给花 送给星星似的果…… 树枝上 有一条爱的路	阳光踏上树梢 把温暖和光明 送给芽 送给根 送给树下的草…… 树枝上 有一条春的路	鸟儿登上枝头 把歌声和舞蹈 送给早晨 送给黄昏 送给整座森林…… 树枝上 有一条欢乐的路

在朗读的基础上，教师组织学生完成下面的表格，理解原诗的组织与意念表达。

送的主体	送出之物	送的对象	送的含义与收成
大山 阳光 鸟儿	吃的和喝的 温暖和光明 歌声和舞蹈	叶、花、果 芽、根、草 早晨、黄昏、森林	关怀、爱护——爱的路 生命、生气——春的路 快乐、活力——欢乐的路

组织学生仿写。考虑到学生处于小学三年级，仿写设计采取填词写句的方式，如下：

诗歌仿写工作纸设计

我走到树荫下
把________和________
送给________
送给________
送给____________________________
树枝上
有一条____________________的路

学生创作 1：

我走到树荫下
把水和食物
送给蚂蚁
送给毛虫
送给整棵树上有生命的小动物
树枝上
有一条欢乐的路

学生创作 2：

我走到树荫下
把清新的空气和轻轻的风
送给树木
送给花
送给整个树林
树枝上
有一条清凉的路

学生创作 3：

我走到树荫下
把开心和愉快
送给青青的草
送给红红的花
送给小小的叶
树枝上
有一条美丽的路

① 张永德．香港小学文学教学研究［M］．广州：广东教育出版社，2006：222－225.

学生创作4：	学生创作5：
我走到树荫下 把朝气和热闹 送给鸟儿 送给小动物 送给小朋友 树枝上 有一条幸福的路	我走到树荫下 把字和书 送给动物 送给植物 送给森林里所有生物 树枝上 有一条学习的路

【案例点评】

上述案例中，《树枝上有一条路》这首诗，不仅为学生提供了新的词语、句式和诗这种特殊表现形式的语言范例，而且也为学生提供了生动而富有意义的语境。教师首先组织学生通过朗读、完成表格，完成了理解性的语言输入。在这个基础上，教师进而组织学生结合具体语境进行具有模仿性、创造性的语言输出，这样就扎扎实实地完成了一个完整的、效率高的语言学习过程。语言心理学认为语言具有产生性①。存储无限多的句子于大脑的某个部位以备后用，这是不现实的。因为人存储的不是句子，而是生成句子的规则；所需的规则是有限的，规则可以结合使用，构成无数的句子；所以，语言输出的过程不仅是模仿和转化的过程，也是充满个性的创造过程。

二、口语交际心理与教学

（一）口语交际活动的特点

"口语交际"中的"口语"指的是"口头言语"，"口语交际"即口头言语交际，指的是人们运用有声语言传递信息、交流思想、表达感情的过程。

听说能力和口语交际能力的区别在于：听说能力是借助口头言语接收信息和表达信息的能力。而口语交际能力是言语知识和交际技能的结合，不仅要注意听说的品质，还要注意交流的恰当、得体、机敏。与听说能力相比，口语交际能力更具有动态性、复合性、临场性和简散性。

拓展阅读

口语交际的动态性、复合性、临场性和简散性②

动态性：口语交际不仅包括单向表述，也包括双向交流。在单向表述时，学生要考虑如何组织词句、言之有理，同时还要注意根据听话人的反应以调整话题。于是，话题在双向交流中在双方的配合下被逐步推进。

---

① 卡罗尔．语言心理学：第4版［M］．上海：华东师范大学出版社，2007：26．语言的产生性（linguistic productivity）或语言的创造性（linguistic creativity）指人们能够产生和理解新创话语的能力。

② 董蓓菲．语文教育心理学［M］．上海：上海教育出版社，2006：159．

复合性：对于学生个体来说，在交际过程中他是发话者，同时也极可能是受话者；对于言语行为来说，完成口语交际必须有多种系统参与，如思维、语言、情感、态势、语境等，各种系统互相配合、协调一致才能完成交际任务。

临场性：所有口语交际活动都面对特定的对象，在特定的语言环境中进行言语交流，因此交际时必须考虑两个问题：第一，要根据具体语境进行言语交流，说话看人、地、时，合乎分寸；第二，交流过程中要根据不同的反馈信息，进一步灵活采用各种交际策略，如解释、重复、停顿、迂回、猜测、转换话题等。

简散性：“简”为用语简略，“散”为结构松散，在口语交际尤其是双向交流活动中，尤为明显。

日常口语与进入教学的“口语交际”的区别在于：我们在日常生活中使用口语是为了实现某种具体的意图，如聊天、购物、面试、谈判等，以意图的实现为宗旨。而进入教学的口语交际课程所担负的任务与日常口语不同，一般而言，应实现如下任务：帮助学生掌握和理解各类口语交际过程；培养学生对自己所说的内容和如何去说的形式保持敏锐的反思力；引导学生学会相互尊重以及如何在交流过程中促进彼此的深度理解；尽可能多地让学生熟悉各类社交场合及其相关礼仪，如不同社交活动的程序和要求，以及在特定场合中哪些话是应该说的、可以说的和不能说的；使所有学生通过课程获得机会和资源以发展口语交际能力；等等。显然，尽管口语交际的教学有着不容置疑的现实针对性，但是，这并不意味着可以把日常口语原封不动地搬到课堂中来，进入教学的口语交际应该是有教学意义的。

（二）口语交际能力的构成

王志凯、王荣生在《口语交际教例剖析与教案研制》一书中认为，从语用学的角度看，口语交际能力涉及语用策略、口语交际规则的运用，以及对语境的判断、适应、利用和改造能力。[①] 从心理学的角度看，口语交际能力由口语表达能力和口语领会能力构成。口语表达能力主要由三方面构成：组织内部言语的能力，快速言语编码的能力及运用语音、语速、语调和态势语的能力。口语领会能力由口语领会过程中的注意能力、理解能力、品评能力三方面构成。

徐冰鸥、朱晓民把口语交际能力分成两个层次：核心能力层次和实现能力层次。[②] 核心层次能力层次是指思维能力，实现能力层次包含口语能力和交际能力。口语能力指发音能力、表达能力、倾听能力等；交际能力包含识别语境能力、应对能力、策略运用能力、体态语的运用与理解能力等。

（三）口语交际活动与思维能力的发展

一个人的智力发展和他形成概念的方法，很大程度上取决于语言能力。与读写相比，

---

① 转引自：王尚文．走进语文教学之门［M］．上海：上海教育出版社，2007：260－261

② 同①261.

口语交际活动对信息的接收、编码、储存、分析、转换、输出的速度要求更快更高，更能培养学生高度的注意力、理解力、表达力。① 在把思维快速转换成有声语言并根据听者的反应对表达内容和形式不断进行调整的过程中，思维的敏捷性、逻辑性、应变性起着至关重要的作用。

学生口语表达能力在某种程度上是思维品质及思维水平的一种反映，培养学生分析、抽象、概括、综合等能力，以及思维的清晰性、条理性、流畅性、逻辑性、批判性和创造性，应被置于口语交际教学的重要位置。儿童口语交际的学习，不是浮于表面的“人云亦云”的“语言游戏”，也不是“巧言令色”的技巧，更不是言不由衷、缺乏独立思维的假话、空话、套话的“言语狂欢”。在口语交际活动中，教师要引导学生在对话中学会理解、分析、判断并建构意义，指导他们用自己的语言表述自己的思考和观察所得，并在这一过程中发展他们的思维品质。

（四）口语素养与书面语素养

“口语教学内容的建构与书面语息息相关，学生口语素养的提高相当程度上依赖于书面语素养的发展。”② 一方面，书面语素养为口语素养提供滋养。比如词汇量的扩充、句式的丰富、修辞与表达方式的积累，可以使口头语言的表达更为精确、生动而富于表现力；另一方面，书面语提供了国家通用语言文字运用的基本规范，这是进行口语交际活动的重要基础，而经典书面作品的学习更是为学生提供了文化与审美的滋养。

三、写作心理与作文指导

（一）写作心理与写作的活动过程

写作是运用语言文字进行表达和交流的重要方式，是认识世界、认识自我、创造性表述的过程，是儿童语文素养的综合体现。换言之，学生的写作活动不是单一的语言文字运用的技术与能力问题，它关涉个体的生活体验、知识视野、观察与思维、价值与审美、阅读积累、语言表达等多个方面。要发展儿童的写作能力，就必须综合考虑上述因素，而不能只关注写作技能本身。

拓展阅读

为什么要写③

有人或许会问：学生为什么要学习写作？一种口号是学生需要学习写作（learning to write），另一种口号是学生需要“通过写作来学习”（writing to learn）。对许多教师来说，后者已经取代了前者，他们认为学生思维能力的发展与他们在写作过程中努力发现意义有着直接的关系，也就是说，写作是一个自我发现，自我认识以及发现和认识周围世界的过程。

---

① 倪文锦，欧阳汝颖．语文教育展望［M］．上海：华东师范大学出版社，2002：361.

② 王尚文．走进语文教学之门［M］．上海：上海教育出版社，2007：267.

③ 祁寿华．西方写作理论、教学与实践［M］．上海：上海外语教育出版社，2000：69，77.

从教学的角度来说，学生是学习的主体，写作课的目的是帮助他们提高发现、认识自我和周围世界、并有效地表达这种感悟和认识的能力。

写作是学生把思维活动转变为语言表达的心理过程。从思维到言语表达，这中间的转换是写作的关键，也带给我们很多启示。

拓展阅读

写作心理转换理论①

一级转换理论：思维—表达。提出写作是把大脑内部的思维活动转变为外部语言表达的心理过程。

二级转换理论：思维—内部语言—表达，即由思维转换为内部言语，再由内部言语转换为外部言语。

三级转换理论：第一级：从思维到内部言语的转换；第二级：内部言语到外部口头言语表达的转换；第三级：二级转换中加工充分、质量好、能直接用于书面言语表达的部分被“过滤器”放行，表达上不合乎要求的则需要进行第三级转换，即进入“再加工器”，进行增加、删改、取消、更换、修饰等加工，而后进入书面言语表达；有关内容、结构表达等方面需要再加工的部分，则返回到内部言语，直至思维。三级转换是外部书面言语表达的重要转换过程，但并非必要过程。当人们的言语表达能力达到相当水平，就不再需要经过三级转换过程，即所谓“出口成章”。

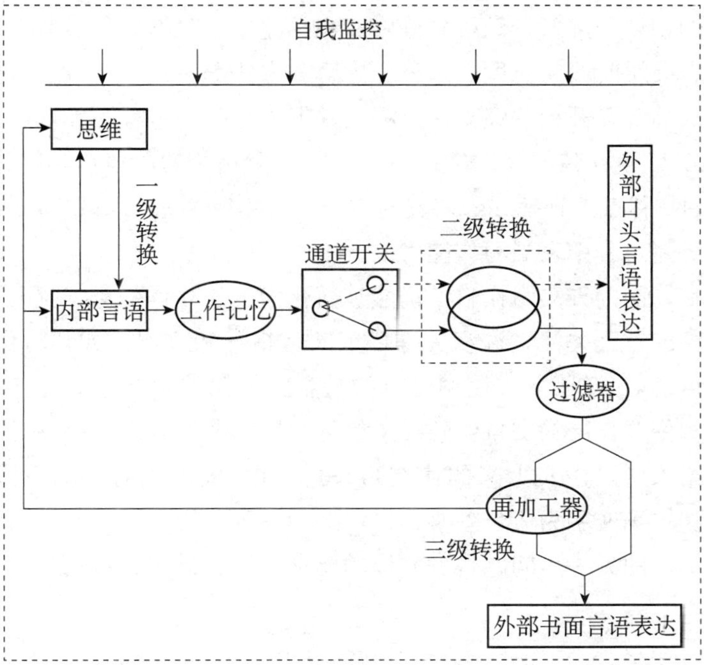

① 刘淼．作文心理学［M］．北京：高等教育出版社，2001：44.

写作心理转换理论带给我们的启示是：

第一，意念①（思维、想象）是写作心理过程的开始，也是个体写作能力发展的核心。思考力不足、阅历不丰富、创造性不够，是写不出好文章的。

第二，从意念（思维、想象）到内部言语的转换是将意念中想要表达的内容挑选并固定下来的过程，如哪些需要写进文章以及先后详略的安排等。这一环节要求作者有清晰的思路和用内部言语固定思路的能力。正如国外部分学者指出："要想写清楚就必须想清楚；要想写得充分，就必须想得充分；要想写得实在并富有想象力，那就必须在思想上想得实在并展开丰富的想象。一个学生要想较好地学习写作，那他就一定要更好地学习思考。"当然，不可否认的是，通过阅读所获得的表达经验在这里也起到了相当重要的作用。

第三，从内部言语到外部书面言语表达，需要丰富的词汇量和句法修辞知识，并且具有快速提取、准确灵活地运用这些词汇与句法修辞知识的能力。因此，语词、语感、句段、语篇的积累对写作来讲是重要的。

第四，低年级学生书面言语表达能力较低，口头言语表达能力相对优势，在内部言语向外部言语转换的过程中，可以以优势语言促进劣势语言的发展，所谓以说促写、先说后写。而到了高年级，书面言语表达的精细化会提高口头言语的表达水平。

下面再说说小学生学习写作的活动过程。写作"是一个体验、构思、写作、修改、发表、回馈和再修改的过程。只有经历过这样一个完整的过程，学生在作文能力的提高方面，才会真正有所收获"②。因此，不能仅仅关注写作结果本身，更要关注写作的整体过程，包括写作前的积累与准备、动机与读者意识的建立，写作时的过程与方法、情感与态度，写作后修改、展示阶段的态度、过程、内容和方法等。自 20 世纪 70 年代，国外研究者便从关注写作成品转而开始关注写作过程，并形成相关"过程写作法"（writing processes）的理论，认为学生在整个写作过程中，经历五个相关的阶段：预写作（prewriting）、打草稿（drafting）、修改（revising）、校订（editing）和发表（publishing）。学习者正是在一环接一环的练习过程中发展写作能力的。

而即使是现在，国内许多写作教学仍然被简化为下达写作任务、提几条要求、评判作文成品，缺乏完整的过程关注，许多关键环节缺乏指导和练习，如：写作的动机是什么？写给谁（读者意识）？怎样获取或使用已有的材料？如何计划文章的写作过程和结构？从哪些方面去复查和修改自己的文章？怎样去校订、展示或发表？……缺乏了上述关键过程与环节，只关注结果（学生交上来的作文），写作就会仅仅成为一个不得不完成的作业，一张想尽各种办法填满文字为应付差事的纸，成为一种负担。

目前小学生习作的另一个问题是——提的要求过早、过多、过高，从而使许多学生在

---

① 夏丏尊、叶圣陶二位先生在《文章讲话》中"意念的表出"部分，指出文章的内容不外乎作者的意念，意念可以从外界的事物收得（如观察与经历），又可从内部发生（如感想或意见）。"意念是无形的东西，文字是它的符号，一个意念可有许多符号。"本书沿用这一说法。参见：夏丏尊，叶圣陶．文章讲话［M］．北京：中华书局，2007：84.

② 陶本一．谈谈作文教学中的两个问题［J］．课程·教材·教法，2005（1）.

刚刚开始接触写作时就感到不容易，缺乏自信，不敢下笔。这无异于拔苗助长。学生的写作能力不是通过简单的写作知识的告知就能实现的，必须通过写的实践。因此，在写作的起步阶段，引导学生自信地去写才是最重要的。在这方面，我们需学古人。古代“蒙学”阶段的写作，大多采取先“放”后“收”的训练程序，即：第一步是“放”，大胆想、大胆写，驰骋想象，放开言路，不受约束；第二步是“收”，到一定阶段，学生写作已有了基础，就要求他们学习精炼严谨的作文方法。

观点 （宋）谢枋得：《文章轨范》（节选）

凡学文，初要胆大，终要心小——由粗入细，由俗入雅，由繁入简，由豪荡入纯粹。此集皆粗枝大叶之文……初学熟之，开广其胸襟，发舒其志气，但见文之易，不见文之难，必能放言高论，笔端不窘束矣。

（二）思维、想象是儿童写作能力发展的核心

“夫文心者，言为文之用心也。”（《文心雕龙·序志》）指出写作的实质是“用心”，也就是思维（包括形象思维和抽象思维）。写作过程的实质就是思维活动的物化过程。

案例 面对“一条不规则曲线”的思考与表达

一位教师在黑板上随意画了一条不规则的曲线，让六年级的学生观察、思考，然后写一篇文章。学生拟出来的题目有《远山的影子》《崎岖之路》《“曲”之美》《记忆有痕》等，还有同学以《拐弯的地方》为题，先写了“拐弯的地方有很多，需要我们用眼睛和心灵去观察、去感受____”，然后从“拐弯在图画上”“拐弯在路上”“拐弯在思考时”展开，最后的收尾是：“生活中拐弯的地方就是那么常见、那么新奇、那么耐人寻味。我喜欢拐弯的感觉！”

你看，写作过程其实就是思维的延展过程。文章的好坏，首先取决于我们的思维与情感，取决于我们的内心。在这一过程中，零乱的思绪得到条理化，混沌状态下的思考经过提炼而清晰，浅层的思考在纸笔的伴随下向纵深拓展，想象与联想如同舞动的翅膀，让我们的大脑飞翔，让我们的情感跃动。总之，在写作过程中，我们能感受到从逻辑到想象的思维之美。写作指导，表面上看是技术、方法的指导，但如果你真的只盯着技术和方法，其结果很可能是失败的。

事实上，小学作文中的许多问题不是出在语言表达上，而是出在思维上。比如，由于受到思维定式的影响，小学生在写作前常常遇到“没得可写”“不知道写什么”的难题。这时，教师就要帮助学生突破限制，打开思路，引导学生进行写作思维的训练。

案例　　如何帮助学生打开思路——中年级作文《说说心里话》的思路设计

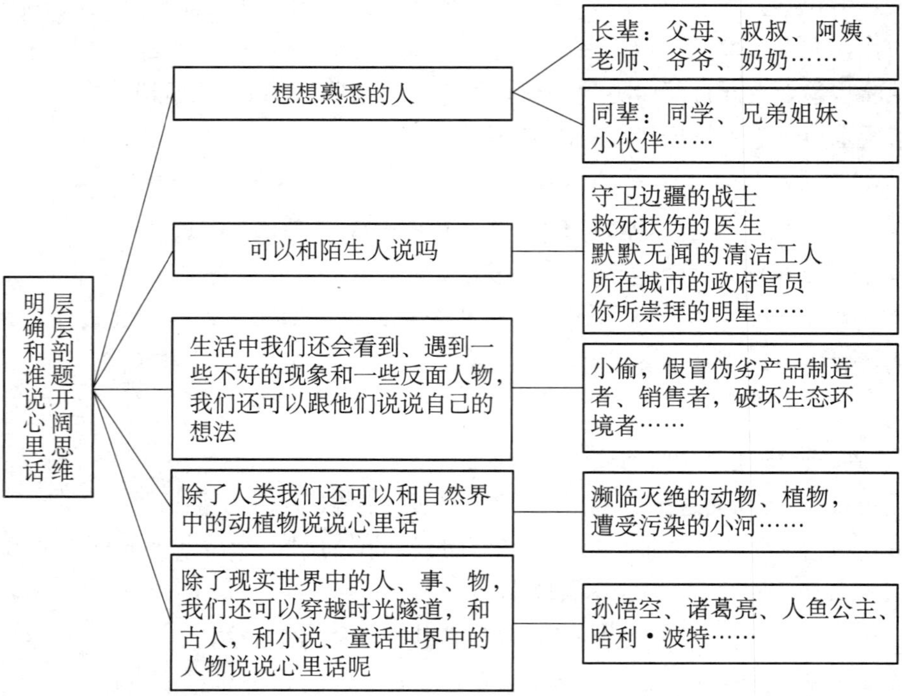

许多学生看到“说说心里话”这个题目时会觉得可写的太少了，心里话无非一些学习和生活中的烦恼，倾诉的对象也无非父母、同学、老师等一些熟悉的人，写作思路局限。这时教师采用层层剖题、犹如剥笋的审题方法，对学生的写作思维进行引导，从惯常地对熟悉的人说心里话，到可以和陌生人说心里话，再进一步可以和一些不好的现象、反面人物说心里话，最后彻底打破常规可以和动植物、古人及小说、童话中的虚拟人物说话。教师一步一步地引导打开了学生的大脑仓库，深化了学生的思考，激活尘封的记忆，让学生产生了倾吐的欲望。

提起思维，人们往往想到的是抽象思维，却忽视了形象思维——与情感相伴的想象与联想。当回答“树叶为什么落下来”时，儿童的回答是：“天冷了，小蚂蚁在树下睡着了，小树叶赶紧给它盖上被子。”当回答“花儿为什么会开”时，儿童回答：“她睡醒了，想看看太阳。”这就是儿童阶段的思维，仿佛天使在说话。苏霍姆林斯基说，每一个儿童，就其天资来说，都是“诗人”。小学阶段，儿童形象思维的呵护和培养相比知识的掌握和技能的训练来说，更为重要。

总之，作文的过程是为自己的思想意识寻求表达的过程，思维在这一过程中处于核心的地位。思维不仅决定着写作的内容（如新颖性、深刻性、丰富性），也决定着语言表达的形式（如层次性、准确性、生动性）。置身于丰富多彩、变化多端的自然与生活之中，只要善于调动思维，就会有不同的感受和见解，就会有充满个性的文章。

(三)“以说促写”“读写迁移”是发展儿童写作能力的基本策略

“写前说”是一种有效的写作准备策略。在这个过程中，学生们互相借鉴想法和评价自己的思路是否清晰。不仅可以搞清楚自己的想法，了解别人的想法，还可以刺激自己发现未曾发现的领域。尤其在低、中年级，这个阶段，儿童的优势语言仍是口头语言，书面语言属于劣势，“以说促写”起到了以优势语言促进劣势语言发展的作用。

案例 低年级《我想变》的写话指导片段①

一、先说后写

师：你想变成什么呢？谁来说一说。

生：我想变成一只小鸟。

生：我想变成一朵鲜花。

生：我想变成一个超人。

……

师：下面我们开一列小火车，听一听，有没有非常奇妙的想法？

【这样做，不仅培养学生倾听别人发言的好习惯，而且能对别人的发言做出判断。】

生：××说变成超人很好，我喜欢超人。

生：××说想变成恐龙，我家里有十多只恐龙玩具呢！

生：我觉得自己变成鲜花好，那妈妈就不用花钱再去买花了。

……

师：现在请大家从抽屉里拿出作业纸，将填空题完成。

【先说后写，符合低年级儿童身心发展的特点。】

二、先写再说

师：刚才××同学说想变成一只小鸟，那么，你想变成一只怎样的小鸟呢？我们请她来说一说自己的想法。

生：我想变成一只鸟，一只自由飞翔的小鸟。

师：谁还会说想变成一只怎样的小鸟？

生：我也想变成一只小鸟，一只美丽的小鸟。

生：我也想变成一只小鸟，一只会唱歌的小鸟。

……

师：大家说得真好呀！小鸟已经会说了，你自己想变的东西会说吗？如果老师让大家把想法直接写在作业纸上，行吗？

【有了从说到写的基础，学生直接写话，也不再有困难。】

师：写好了仔细读一读，可以站起来，也可以把这句话读给同学听，或者自己边表演边读，你会发现自己真的变成小鸟、鲜花、超人了。谁愿意来读读刚才自己写下的

---

① 本案例根据郭莲凤老师的教学实录整理而成。

想法？

生：我想变成一列火车，一列长长的火车。

生：我想变成一个地球，一个充满欢乐的地球。

生：我想变成一只小狗，一只白色的小狗，一只可爱的小狗。

师：他不但写了自己想变成小狗的想法，还对小狗进行了两处具体描述，真棒。

……

三、说写结合

师：你变了之后，还想做哪些有意义的事呢？四人一组讨论一下，等会儿连起来说。

生：我想变成一盆花，一盆美丽的花，把马路打扮得更漂亮。

师：一般我们都是把盆花放在房间里的，说成“把马路打扮得更漂亮”妥当吗？

生：我想变成一盆花，一盆美丽的花，把房间打扮得更漂亮。

师：有进步，该表扬！

生：我想变成一个好学生，一个听话的好学生，让自己的成绩变得更好。

师：听了你这句话，老师相信你一定会成为一个非常优秀的学生，你对自己有信心，老师对你更有信心。

生：我想变成一架战斗机，一架飞快的战斗机，那我就能保卫祖国了。

师：老师今天才发现班级中有一位小英雄，从小就懂得保卫祖国，从小就懂得热爱祖国，大家都要学习他。（大家报以热烈的掌声）

……

师：请把刚才自己说的写下来，比一比，看谁写的比说的更好？

【这个内容比较长，且偏难，故采用“先说后写”的方式进行，易于学生动笔。学生写完后，在小组内边做动作边读。】

口头语言的训练有助于书面语言能力的提高，但不能以口头语言或口头作文代替书面作文，而是要寻求说与写的有机结合，具体应注意以下几点：(1) 依据低、中、高年级学生发展的不同阶段，有所区别地设计并利用好口头语言和书面语言的优势互借。(2) 创设有利于说与写的各种情境，如先行动后表达，自由交谈所见所闻，选择图画实物，给学生讲有趣的童话故事，让学生自由地复述与扩展等。(3) 低年级，可借助文字、拼音、符号、图画等各种方式促进口头语言向书面语言的转化，以提早进入书面表达状态。(4) 在写前说的基础上，做好书面语言表达上的指导，如书面语言的规范性、词语的多样性、上下文的一致性与连贯性等。

下面再说“读和写”。古人认为：“勤于读书，逸于写作”，“读书破万卷，下笔如有神”。心理学研究表明，文章阅读对儿童写作具有迁移作用，表现为：(1) 积累语词、句等语言材料；(2) 不断从作者创作思路的“原型”中得到启发，优化并建构起新的作文心理图式；(3) 打开视野，积累丰富的内容材料；(4) 发展学生的观察、感受与理解能力，发展学生的想象力及思考问题的能力。因此，“阅读—写作迁移策略”就成为写作教学与指导中有科学依据的一个基本方法。

观点 **丁友宽：读写对应规律七条**

丁友宽老师开展了有效的读写结合教学实验，以发展语言能力与思维能力为中心，以读为基础，倡导从读学写，写中促读，读写结合，突出重点。归纳出七条读写对应规律：

1. 从读学解题——作文练审题和拟题；
2. 从读学概括中心——作文练怎样表达中心；
3. 从读学分段、概括段意——作文练拟写提纲；
4. 从读学区分课文主次——作文练怎样安排详略；
5. 从读学捕捉中心段——作文练怎样突出中心；
6. 从读学品评词句——作文练怎样遣词造句；
7. 从读学作者怎样观察事物——作文练观察的方法。

引导学生通过学习实现“从读学写，以写促读”，这是丁友宽读写结合训练的核心思想。正如李伯棠先生所表达的：“对小学生进行作文训练，首先要抓源，把作文训练跟生活结合起来，让学生有话可写；其次要抓流，把作文训练跟阅读结合起来，让学生懂得有话该怎样写。源和流一起抓，才能收到实效。”①

说到“读写结合”，必然讨论一下仿写。当学生已有心理结构中的相关知识不足以应对写作要求和写作中遇到的困难时，仿写可以及时为学生提供相应参照，降低小学生作文起始阶段的难度。在“阅读-写作”迁移的过程中，仿写以中介身份，通过“阅读-模仿-写作”的模式，成为建立稳定的作文认知结构的重要手段。

仿写一般有四种基本形式：仿其文（语言文字，如词语、句式等）、仿其格（文章结构、布局、思路、顺序等）、仿其义（通过具体事物传达出意义或情感）、仿其法（文法特点）。

观点 **模仿的局限性和保守性②**

模仿的局限性表现在它要受到模仿者知识经验的制约，儿童受其知识经验的影响，往往不能真正意义上去模仿名人佳作，或者说，模仿的范围和程度是有限的。

模仿的保守性表现在，模仿能加强“追随别人”的动机，“所以模仿提高了一致性，然而一致性有时意味着中庸之道，它可以挫伤革新者和创造者的锐气。”

模仿是一种手段。儿童学习写作可以始于模仿，但不能止于模仿。要在仿写过程中有

① 李伯棠．小学作文训练的源与流［J］．四川教育，1984（Z1）．
② 索里，特尔福德．教育心理学［M］．北京：人民教育出版社，1983.

意识地引导学生，发展其创造性思维，逐渐由以模仿为主走向独立的创造性写作。必须强调，不应当让“仿写”沦为“套路”，那种着眼于“套路”的仿写，肯定是束缚个性的，甚至会形成新“八股”。

（四）观察、体验、探究是组织儿童写作活动的基本途径

观察是个复杂的思维过程。观察首先要用到我们的五种感觉器官，即：用眼看、用耳听、用鼻嗅、用嘴尝、用手摸。而换个器官去感觉又往往带给我们新的写作视角，如用听觉去感受春天、以触觉去感受文化等。但是，感受到的东西要真正成为作文材料，还需要大脑对其进行综合，这就是卢梭所说的“第六感觉”。这“第六感觉”并没有一个对应的单独的器官，它源自每个人的内心。“第六感觉”的核心是：思维能力和情感感受力，它使文字更具生命力和感染力。

案例　　用“五觉”所获得的直接感知与思维·想象·情感

例 1：“……那时，泪水是酸的，透过它，我看到了母亲那慈祥的脸。”从“泪水是酸的”到“那慈祥的脸”，这中间发生了情感与想象的飞跃，正是这个飞跃，使这句话具有了动人的力量。

例 2：假设以“手”为观察对象作文。如果仅仅盯着手本身来写，难以写出好文章。手没有思想、没有情感，但是如果我们能看到“手”的背后——有妈妈的爱，也有家庭暴力；岳母刺字的那双手寄托了一份报国情怀，董存瑞炸碉堡的那双手寄托了一份为人民求解放的情思……你看，这就是我们所说的“第六感觉”。

例 3：现在，让我们来设计以“一张 A4 纸”为观察对象的作文——

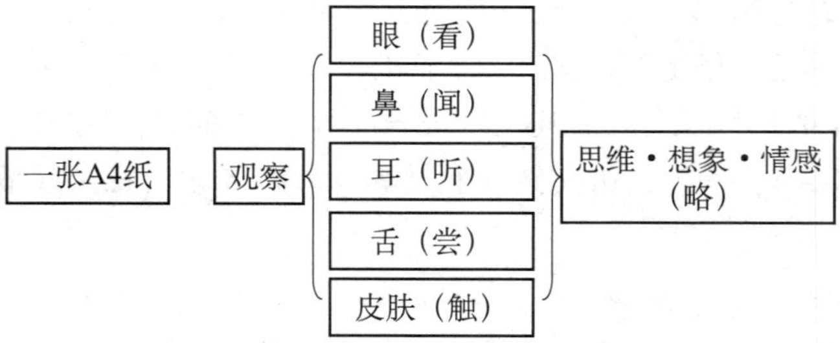

作家的过人之处在于，他们不仅仅是用手去触摸、用眼睛去看、用耳朵去听、用鼻子去闻、用嘴巴去尝等，他们更善于用他们的头脑和内心将“五觉”所得到的东西进一步进行提炼、品味，从而得到更具深度和高度的东西。因此，比观察能力，比的是谁的大脑管用。面对我们周围的世界，每个人观察到的、感受到的、体验到的、想象与联想到的都不同。每个人生命的丰富性恰是在这样的一种动态过程中延展的……

写作是表达个体内心体验和感受的个性化的创造性活动，所以要重视引导学生在生活中体验，在活动中感受，进而表达出他们的真情实感。儿童的生活世界与生活体验和成人不同，丰富而独特。写作教学贴近学生生活，不仅使小学生“有得可写”，而且他们所写的恰恰是自己真实成长足迹的记录，这样的表达过程会促进他们对生活、对自我的理解。

观点 **孙绍振：没有个人体验的生活，就不能成为写作意义上的生活**①

作文不仅仅是客观生活的反映，而且是自我情思的升华和结晶，是生活的特征和情思特征的猝然遇合。作文的冲动以情思的活跃为前提。

没有体悟，哪怕自以为“贴近”了生活，充其量也只是感觉到了人所共知的现象。生活离不开体验，没有个人体验的生活，就不能成为写作意义上的生活。一些理论家，把那种与作者情感和思绪无关的现象当成了“生活”，是极大的误导。

因此，作文表现生活，最终就是通过作文表现真实的自我。明代思想家李贽说：“夫童心者，真心也。……若失却童心，便失却真心；失却真心，便失却真人。”（《焚书·卷三·杂述》）

案例 **妈妈回来了**②

前段时间，妈妈去杭州学习，去了好长时间，可能有一个月吧。今天，妈妈终于从杭州回来了，我非常高兴！因为妈妈的怀抱很暖和，因为妈妈回来了，爸爸的生日就能过得更好，因为妈妈在家里会给我读书……

妈妈不在家的时候，我很想她，想妈妈的感觉，是一种想哭的感觉。

这就是童心，真切地表达了“妈妈回来”带给自己的温暖和喜悦，以及曾经有过的伤感和思念。透过文字，我们看到了儿童本身，没有了“矫揉造作”“刻意拔高”“成人化语言”等现象。

要引导学生经历真实的体验和表达过程，教师需要注意：（1）尊重并设法去了解、体验丰富而独特的儿童生活；（2）引导学生留意并学会观察周围看似平淡的生活；（3）引领学生学会体悟和思考身边的生活；（4）指导学生多角度、有创意地反映身边的生活。在具体的写作教学指导中，教师则应该鼓励并组织学生更广泛地参与校园活动和社会活动，也可以有目的、有计划地设计一些活动，创设一些生活情境，如比赛、游戏、小实验、走访、调查等，以供学生参与和体验、观察和思考。

离开了儿童真实的生活和体验，追求大而空的思想，往往会使学生的写作落入胡编乱造或者套用别人文章的境地，以至于造成说的、做的、想的不一致，甚至出现严重的人格

① 刘正伟．名家解读：语文教育意蕴篇［M］．济南：山东教育出版社，2009：引言．

② 本文的小作者是浙江省诸暨市实验小学教育集团城东小学一年级（5）A班的郦思哲同学，这篇作文获得了首届“冰心作文奖”。参见：郦思哲．妈妈回来了［M］//首届冰心作文获奖作品集：小学卷．杭州：浙江少年儿童出版社，2006：93.

背离现象。因此，我们要倡导小学生写成长体验作文，让写作伴随儿童成长。

探究，即探索研究。以对现实社会的探究为出发点，并在此基础上组织学生写调查报告、研究性文章，是一种非常好的写作训练方式。其价值在于有利于激发学生的写作动机；有利于丰富学生的写作内容，将写作活动与社会生活紧密结合起来；有利于培养学生的创新思维和实践能力。

案例 **日本四年级教材中调查作文一例①**

调查报纸的形式和内容

（1）有哪些报纸？有哪些报道？有哪些写作手法？调查之后进行发表。

（2）思考制作怎样的报纸，在报纸上刊登怎样的文章？向其他小组、班级、年级或者家里的人展示自己制作的报纸。

a. 阅读对象。

b. 内容。

c. 报纸的大小、排版、报道的量。

（3）根据选定的话题进行取材。

（4）写下报道的草稿。

（5）制作报纸。

a. 决定报纸的名称。

b. 进行排版。

c. 与大家一起讨论排版。

d. 将内容刊登在报纸上，注意错别字。

会观察周围世界，会思考、能提出疑问，会表达自己的所见、所思、所想，这是儿童应该发展的重要的学习能力。探究性作文的价值也正在于此。通过一系列综合性活动过程，学生的主动性和创造力被唤醒，在这一基础上的发现、探究、表达，正是写作从书本向生活世界的回归，从技术主义向促进个体整体发展的回归。

（五）良好的动机与习惯是写作活动与能力发展的保证

动机是行动的直接动力。人天生就有表达与交流的愿望。就小学生的写作动机而言，在写作活动中遇到的困难、来自他人的消极评价以及读者意识模糊等因素，都会影响学生写作的动力。

观点 **创设自由表达情境，激发学生习作动机②**

美国学者克莱默认为，能促进儿童习作能力发展的主要因素是创作。因此，在教学

① 吴忠豪．外国小学语文教学研究［M］．上海：上海教育出版社，2009：192.

② 吴忠豪．小学语文课程与教学［M］．北京：中国人民大学出版社，2010：209－210.

中，应创设鼓励学生自由表达的情境，以激发学生的习作动机。在这样的情境中，最为重要的有以下三点：第一，让儿童有机会运用自己的经验。每个儿童都拥有一定的词汇储备和决定这些词语意义和作用的经验，教师应当帮助儿童整理自己的经验，并在经验和语言之间建立恰当的联系。第二，激励儿童写符合自己需要和感兴趣的东西。第三，应当使儿童的作文具有实用的目的。

“当前许多学生在写作时并没有意识到这是一种人与人的交流活动，只感到是在完成一项要交给老师看的作业，奉命行事，毫无写作兴趣可言。”① 因此，从单一的“应试”功能走向多元的交际功能，突出作文实际的社会效用和写作者的读者意识，才能真正激发学生的写作内驱力。

习惯是行为的动力定型。写作习惯主要包括：对生活的留心观察与思考体验；用心积累自己的语言库和素材库；心里装着读者，认真书写与表达；乐于分享，自主修改；等等。下面重点强调一下修改的问题。必须认识到“修改”环节在儿童写作能力发展中起着超乎我们想象的作用，有西方学者指出，写作是一个复杂的智力、心理、社会和技术过程，“修改”不仅是这个过程中的一个重要步骤，而且更准确地说，它贯串于写作的整个过程。②《义务教育语文课程标准（2022年版）》也特别强调要重视引导学生在自我修改和相互修改中提高写作能力。

案例　美国母语教材二年级“写一个自述”的修改环节举隅（有删减）③

读你的草稿：抄写下面的句子，对你的自述做自我评价。

优秀	有待提高
我的开头很精彩。 我写了很多细节来说明五“w”。 所有的句子有条理并围绕一个主题。 最后一部分说了故事是怎样结束的。 我有什么感受和我学到了什么。 只有一点拼写错误。	开头可以更有趣。 需要更多的细节来说明五“w”。 有些句子没有条理，没有围绕一个主题。 故事需要一个更好的结尾。 拼写有许多错误。

思考你和你的同学交谈的内容。为你的草稿做一些改动。下面的修改策略会帮助你。

---

① 陶本一．谈谈作文教学中的两个问题［J］．课程·教材·教法，2005（1）．

② 祁寿华．西方写作理论、教学与实践［M］．上海：上海外语教育出版社，2000：176．

③ 转引自：吴忠豪．外国小学语文教学研究［M］．上海：上海教育出版社，2009：75-77．

<table><tr><td>

修改策略

● 单词的选择

通过使用恰当的词，你可以加一些细节使你的作文更清晰。

在故事中找一处可以通过使用恰当的词语来添加的细节。

使用“我的第一本词典”，来找寻恰当的单词。

● 流利的语句

开头的句子使用不同的方法。

在故事中的每句句子的开头单词下面画一条线。如果两个或多个句子以同样的单词开始，那么就改用别的单词开头，使句子有变化。

</td></tr></table>

校对你的自述：

校对草稿，使用校对清单和校对符号（略）。

校对清单

每句句首使用大写字母。

句末使用正确的标点。

每句句子都有名字部分和动作部分。

每个单词拼写正确。

发表你的自述：

写：通过电子邮件发送给你认识的人。把故事制作成一本连环画。

说：以作者的身份来朗读这个故事。当你或同学表演的时候说这个故事。

展示：加照片或为故事画图。把故事画在一件滑稽的运动服上。

美国母语教材对写作活动的过程性非常重视，从选择话题到习作构思、起草、修改、校对，一直到最后的发表，都有具体的要求与策略。该案例选取的是其“修改”“校对”“发表”环节的内容。可以看到，每个步骤都编写得非常具体，有明确要求，并提供相应的可操作性策略，比如评价参照、修改策略、校对清单等。而在“发表”这一环节，教材通过对写、说、展示的不同要求，指引学生将自己的作品以不同的形式进行展示与交流，在这一过程中，学生不仅获得了写作价值的情感体验，也锻炼了综合实践的能力。

拓展阅读

作文修改改什么①

修改过程对学生作文能力的发展是重要的。清人唐彪说：“文章不能一做便佳，须频改之方入妙耳。”文章“入妙”须“频改”，而只有习作者本人在“频改”中才能

① 孙建龙．作文修改改什么［J］．小学教学研究，2005（12）．

领悟文章“入妙”之法。

对修改的要求不能仅停留在文章语言本身的技术性要求上，而要关注写作主体的内部精神世界，力求做到人文统一，促成写作者的表达期望与表达结果的统一。正如叶圣陶先生所指出的：“修改文章不是什么雕虫小技，其实就是修改思想”，“改动者固为语言文字，推其根源，则思想认识有异于初时之故也”。

在指导学生进行修改的实践中需注意：

- “改”的优先权应该属于作文的本人。修改要从学生出发，而不是向教师看齐。
- 激发修改动机，强化修改意识，使学生意识到修改的必要。
- 引导学生学会从读者的角度、以读者的眼光对已完成文章进行修改。
- 改变并丰富作文修改指导的方式与方法，为学生提供操作性强的参照性修改指标与策略。

【思考与练习】

1. 语文教学中如何落实好语言的“输入”与“输出”?
2. 阅读文献，明晰口头语言、书面语言的概念以及二者之间的关系。
3. 谈谈你对古人“先放后收”写作训练程序的理解。
4. 阅读文献，梳理阅读与写作之间的关系。
5. 调查目前小学写作教学中存在的问题，形成一个调查报告。

第二节 口语交际的教学设计与案例分析

一、口语交际的教学目标与内容

（一）口语交际的教学目标

《义务教育语文课程标准（2022年版）》在总目标中提出：“学会倾听与表达，初步学会用口头语言文明地进行人际沟通和社会交往。”这是对国家通用语言文字中口头言语运用的总体要求，表明了口头言语的运用是语文课程的重要目标之一，这也是对口语交际的明确定位。其中，口头语言是主要工具，通过倾听与表达的方式，目的指向人际沟通和社会交往。

下面就学段要求“表达与交流”中的口语交际部分进行讨论，以便更好地基于课程标准进行教材分析与教学设计。

1. 第一学段口语交际目标及解析

> 第一学段口语交际的学段要求
>
> ● 学说普通话，逐步养成说普通话的习惯，有表达交流的自信心。
>
> ● 能认真听他人讲话，努力了解讲话的主要内容。听故事、看影视作品，能复述大意和自己感兴趣的情节。能较完整地讲述小故事，能简要讲述自己感兴趣的见闻。与他人交谈，态度自然大方，有礼貌。积极参加讨论，敢于发表自己的意见。

第一，从语言规范和习惯的角度强调：学说普通话，逐步养成说普通话的习惯。

第二，从听的角度强调基本能力和习惯：认真听他人听，努力了解讲话的主要内容。

第三，从表达的角度提出“复述”和“讲述”的要求。

第四，将听、说置于交谈、讨论的语境，构成交际情境，明确交际定位。

第五，强调表达与交流中的态度、礼貌，并鼓励学生积极参与交际活动。

上述基本的能力、习惯、态度等在第一学段的口语交际教学中要打好基础。

2. 第二学段口语交际目标及解析

> 第二学段口语交际的学段要求
>
> ● 乐于用口头、书面的方式与人交流沟通，愿意与他人分享，增强表达的自信心。
>
> ● 能用普通话交谈，学会认真倾听，听人说话时能把握主要内容，并能简要转述。能就不理解的地方向人请教，就不同的意见与人商讨。
>
> ● 能清楚明白地讲述见闻，说出自己的感受和想法。讲述故事力求具体生动。能主动参与日常生活中的文化活动，根据不同的场合，尝试运用合适的音量和语气与他人交流，有礼貌地请教、回应。

第一，由第一学段的“学说普通话”提高到“能用普通话交谈”，继续强调要用国家通用语言进行交流沟通。

第二，在倾听能力上，强调能把握主要内容。

第三，在表达能力上，强调了“转述”与“讲述”两种形式并提出具体要求。

第四，在交流能力上，在第一学段“交谈”“讨论”的基础上，本学段提出“请教”“商讨”的要求，指向更高层次的交际能力培养。

第五，在态度、习惯和交际礼仪方面，要培养学生“乐于”“愿意”、有自信地、主动地与人交流沟通和分享，能“运用合适的音量和语气与他人交流”“有礼貌地请教、回应”等。

与第一学段的要求相比，可以看到各方面要求在第二学段有了明显进阶，在口语交际教学设计时在目标上要体现出进阶点。

3. 第三学段口语交际目标及解析

第三学段口语交际的学段要求
●听人说话认真、耐心，能抓住要点，并能简要转述。乐于表达，与人交流能尊重和理解对方。注意语言美，抵制不文明的语言。 ●表达有条理，语气、语调适当。参与讨论，敢于发表自己的意见，说清自己的观点。能根据对象和场合，稍作准备，作简单的发言。

第一，在语言规范和习惯上，提出“注意语言美，抵制不文明的语言”，这是在第一、二学段使用国家通用语言文字表达与交流的基础上，提出的更高要求。

第二，在倾听能力方面，要求进一步提高，从第二学段的“把握主要内容”进阶到“能抓住要点”，着力培养提取、筛选、处理关键信息的能力。

第三，进一步提高了表达能力的要求。一方面在表达的语气、语调等方面提出要求；另一方面提出表达要“有条理”，参与讨论要“说清自己的观点”，强调了表达的逻辑性以及记忆、理解、概括、综合、分析等思维活动的参与。此外，增加了“能根据对象和场合，稍作准备，作简单的发言”的要求。发言者需要在具体情境中，短时间内明确交际意图，考虑到当时的对象、场合、时间长度等因素，整理思路形成交际内容，通过口头语言的形式表达出来，这就要求发言者应具备快速反应的能力，难度明显加大。

第四，在交流能力方面，进一步强调交际的对象与场合，通过讨论互动的方式练习交流能力。

第五，在态度、习惯和交际礼仪方面，提出“与人交流能尊重和理解对方”，表明交际双方进行沟通、交流的基本态度和条件是尊重与理解。交流时不但要通过外显行为表现出礼貌、自然，而且要从内心深处尊重他人人格，理解对方立场，从自我表现到学会站在他人的角度考虑他人的想法。

小学三个学段口语交际的目标内容体现了整体性和阶段性相统一、基础性和发展性相结合的特点，为实际的教学提供了可操作的抓手。教师应从纵向上把握好不同学段培养交际素养的侧重点以及三个学段在要求上螺旋上升式的进阶点。

（二）口语交际的教材内容

小学语文教材中的“口语交际”是与“语文园地”“习作”等板块平行的独立板块，通常位于各单元阅读课文之后、“习作”板块之前。总体来看，“口语交际”课程为独立、完整的体系，系统性强。一般每册书设置4个“口语交际”板块，六年级上册设置了3个，共47个板块，涉及不同的交际主题，呈梯度分布，以利于学生口语交际能力的提升。

整体而言，语文教材中的口语交际内容体现出以下特点：编排体系独立、清晰，训练目标具体、完整，训练内容情境化、生活化。这为教师的教学设计与实施提供了很好的依据。下面呈现的是三个学段语文教材中口语交际板块的主要内容和目标，见表5-1、表5-2、表5-3。

表 5-1　第一学段语文教材中口语交际板块的主要内容和目标

册别	单元	标题	小标签
一上	一	我说你做	大声说，让别人听得见
			注意听别人说话
	四	我们做朋友	说话的时候，看着对方的眼睛
	六	用多大的声音	有时候要大声说话
			有时候要小声说话
	八	小兔运南瓜	大胆说出自己的想法
一下	一	听故事，讲故事	听故事的时候，可以借助图画记住故事内容
			讲故事的时候，声音要大一些，让别人听清楚
	三	请你帮个忙	礼貌用语：请，请问，您，您好，谢谢，不客气
	五	打电话	给别人打电话时，要先说自己是谁
			没听清时，可以请对方重复
	七	一起做游戏	一边说，一边做动作，这样别人更容易明白
二上	一	有趣的动物	吐字要清楚
			有不明白的地方，要有礼貌地提问
	三	做手工	按照顺序说
			注意听，记住主要信息
	五	商量	要用商量的语气
			把自己的想法说清楚
	七	看图讲故事	按顺序讲清楚图意
			认真听，知道别人讲的是哪幅图的内容
二下	一	注意说话的语气	说话的语气不要太生硬
			避免使用命令的语气
	三	长大以后做什么	清楚地表达想法，简单说明理由
			对感兴趣的内容多问一问
	五	图书借阅公约	主动发表意见
			一个人说完，另一个人再说
	八	推荐一部动画片	注意说话的速度，让别人听清楚
			认真听，了解别人讲的内容

表5-2 第二学段语文教材中口语交际板块的主要内容和目标

册别	单元	标题	小标签
三上	一	我的暑假生活	选择别人可能感兴趣的内容讲
			借助图片或实物讲
	四	名字里的故事	把了解到的信息讲清楚
			听别人讲话的时候，要礼貌地回应
	七	身边的“小事”	清楚地表达自己的看法
			汇总小组意见时，尽可能反映每个人的想法
	八	请教	有礼貌地向别人请教
			不清楚的地方及时追问
三下	一	春游去哪儿玩	说清楚想法和理由
			耐心听别人讲完，尽量不打断别人的话
	二	该不该实行班干部轮流制	一边听一边思考，想想别人讲的是否有道理
			尊重不同的想法
	七	劝告	注意说话的语气，不要用指责的口吻
			多从别人的角度着想，这样别人更容易接受
	八	趣味故事会	运用合适的方法，把故事讲得更吸引人
			认真听别人讲故事，记住主要内容
四上	一	我们与环境	围绕话题发表看法，不跑题
			判断别人的发言是否与话题相关
	三	爱护眼睛，保护视力	小组讨论时，注意说话的音量，避免干扰其他小组
			不重复别人说过的话。如果想法接近，可以先表示认同，再继续补充
	六	安慰	选择合适的方式进行安慰
			借助语调、手势等适当地表达自己的情感
	八	讲历史人物故事	用卡片提示讲述内容
			使用恰当的语气和肢体语言，可以让讲述更生动
四下	一	转述	弄清要点，转述时不要遗漏主要信息
			注意人称的转换
	二	说新闻	准确传达信息
			清楚、连贯地讲述
	六	朋友相处得秘诀	根据讨论的目的，记录重要信息
			分类整理小组意见，有条理地汇报
	七	自我介绍	对象和目的不同，介绍的内容有所不同

表 5-3　第三学段语文教材中口语交际板块的主要内容和目标

册别	单元	标题	小标签
五上	一	制定班级公约	发言时要控制时间
			讨论后作小结，既总结大家的共同意见，也说明不同意见
	三	讲民间故事	讲故事的时候，可以适当丰富故事的细节
			讲故事的时候，可以配上相应的动作和表情
	六	父母之爱	选择恰当的材料支持自己的观点
			尊重别人的观点，对别人的发言给予积极回应
	八	我最喜欢的人物形象	分条讲述，把理由说清楚
			听人说话能抓住重点
五下	一	走进他们的童年岁月	认真倾听，交流时边听边记录
			根据整理的记录有条理地表达
	二	怎么表演课本剧	主持讨论时，要引导每个人发表意见
			尊重大家的共同决定
	七	我是小小讲解员	列提纲，按照一定的顺序讲述
			根据听众的反应，对讲解的内容作调整
	八	我们都来讲笑话	避免不良的口语习惯
			用心倾听，做一个好的听众
六上	二	演讲	语气、语调适当，姿态大方
			利用停顿、重复或者辅以动作强调要点，增强表现力
	四	请你支持我	先说想法，再把具体的理由讲清楚
			设想对方可能的反应，恰当应对
	六	意见不同怎么办	准确把握别人的观点，不歪曲，不断章取义
			尊重不同意见，讨论问题时，态度要平和，以理服人
			有条理地表达，如分点说明
	七	聊聊书法	对感兴趣的话题深入交谈
六下	一	即兴发言	提前打腹稿，想清楚先说什么，后说什么，重点说什么
			注意说话的场合和对象
	二	同读一本书	引用原文说明观点，使观点更有说服力
			分辨别人的观点是否有道理，讲的理由是否充分
	五	辩论	听出别人讲话中的矛盾或漏洞
			抓住漏洞进行反驳，注意用语文明

二、口语交际的教学策略与方法

口语交际教学，不仅仅是培养学生的口头言语表达能力，更重要的是要培养学生在交际实践中与人交流的意识、能力和习惯。因此，口语交际课应重视语言学习的实践性，要跳出语言符号和意义的机械识记，通过语境学习语言，获得真实的语言运用能力。实际教学中，要根据口语交际教学内容的类型及特点，采用有针对性的教学方法开展口语交际的训练，使学生在实践中习得相应的交际策略，获得发展与提升。

教学策略是实现教学目标的实践路径。口语交际的教学活动要在具体的交际情境中进行，应努力选择贴近学生生活的话题，采用灵活的方法和形式组织教学。教师需在课堂上通过创设情境、增加互动、提供示范、多方评价等，使学生充分参与到“听”与“说”的交际活动中，以培养其表达、倾听、应对的能力。

（一）情境创设策略

《义务教育语文课程标准（2022 年版）》的课程理念提出要“增强课程实施的情境性和实践性，促进学习方式的变革”，要“从学生语文生活实际出发，创设丰富多样的学习情境”。课程标准关注“情境”，强调在“学习情境”中实现学生语文核心素养的发展。

1. 生成交际情境

日常生活中，学生要表达某种观点，都是通过和他人交流的方式进行意见交换，以实现交际的目的。在教学活动中，教师要充分利用语言创设具有交互性的“交际情境”，以使学生饶有兴趣、主动地投入到交际中去，习得方法，提高口语交际能力。

案例 **四年级下册“转述”教学片段①**

创设情境一

师：（出示教材中的第一幅图）你们从图上看明白了什么？

师：小明和小军是好朋友，他们经常结伴去图书馆借书。有一天，小军因为有事不能去图书馆，小明就一个人去了。可是，走到图书馆门口时，小明发现了一个通知——《关于更换借阅卡的通知》。

师：如果你是小明，你会怎么想？

师：这个事情太重要了，如果小军不更换借书卡，以后就不能借书了，所以，小明一定要把这个通知转告给小军。那么，应该怎样转述呢？

创设情境二

师：（播放视频）请同学们认真观看视频，按照刚才学习的方法，从老师的话中捕捉关键信息。（明天；参观博物馆；早上 8 点集合；集合地点是学校北门；要求：不能迟到，带好笔和本子）

---

① 冯璐．“转述”教学设计［J］．小学语文教学，2021（13）．

师：原来老师的话中有这么多信息啊！小红和小丽是好朋友，小丽请假了，小红要把老师的话转告给小丽，谁来教教小红应该怎样转述？

创设情境三

(1)“突发情况”：正在上课时，隔壁班的林老师来到教室门口。

林老师：冯老师，不好意思打扰一下，请问您看到你们班的数学老师张老师了吗？

冯老师：我在上课，没有看到她，请问有事吗？

林老师：刚才教导主任打来电话，说明天上午8点在市教育局三楼会议室有一个数学教研活动，学校安排张老师去参加，要带数学教材，请她不要迟到。能否麻烦您等会儿看到她的时候，跟她说一下吗？

冯老师：好的，没问题！

林老师：谢谢啦！

冯老师：不用谢！

(2) 师生交流。

师：同学们，大家都听清楚林老师说的事情了吗？待会儿看到张老师，我们就需要把这件事转告给她，我们应该怎么跟张老师说呢？

交际情境的创设，需要关注交际时涉及的对象、信息、场合等要素，交际要素的组合不同便会生成不一样的交际情境，在具体的交际情境中又需要运用适切的交际技巧以实现交际的目的。上述案例中，教师通过多个情境，使学生意识到不同情境下的“转述”需要考虑信息、对象以及场景等，这样学生在实践时就会采用合适的方式开展交际活动以达成“转述”的目标。日常生活中经常要用到“转述”的口语交际方式，交际情境可以帮助学生归纳总结技巧，有效迁移并运用到生活的具体场景中，让自己更加顺利、自如地与人交往。

2. 联系生活情境

教材中的口语交际内容具有很强的生活性，多数话题都是学生真实生活场景的再现。如“我们做朋友”“请你帮个忙”“图书借阅公约”“我的暑假生活”等，教学中应充分利用教材内容，努力勾连学生的校园生活、家庭生活、社会生活，立足生活实践，培养交际能力。

案例 **三年级上册“我的暑假生活”教学片段①**

板块一　回忆假期，引出话题

1. 创设情境，引起回忆

在舒缓的音乐声中播放课前收集到的学生暑假生活的图片和视频，引导学生回忆自己经历的暑假生活：说一说自己在暑假里到过什么地方，做了什么事。（根据学生交流的情况，梳理假期中所做的事情）

① 张丽娟．“我的暑假生活”教学设计［J］．小学语文教学，2021（31）．

2. 揭示话题，板书课题

漫长的暑假过去了，假期中同学们或旅游，或运动，或学习，或劳动，或娱乐……经历的趣事让大家难以忘怀。今天这节口语交际课我们就来聊一聊“我的暑假生活”。

板块二 绘制导图，选择话题

听了同学们刚才的交流，老师发现大家暑假中做的事情真丰富。老师对你们的暑假生活充满了好奇。下面请大家完成“我的暑假生活”导图，写出你假期中发生过的新鲜事，要注意“新鲜”这一特点。请用几个关键词写在导图上。

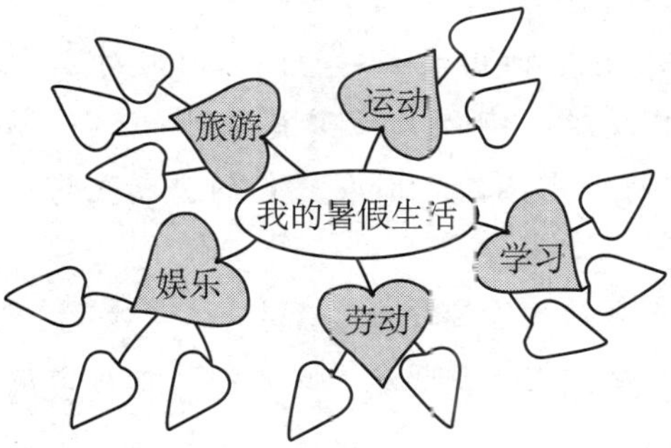

你在哪几个方面发生过新鲜事，用几个关键词备注在图上。

生活是口语交际的源泉，交际情境越真实，学生参与的愿望就越强烈，交际的氛围就越浓厚。案例中，教师通过图片和视频唤醒学生的暑假记忆，帮助学生回忆暑假中经历的事情，有效联系了学生的生活经验，在课堂上再现了生活情境，将生活与课堂融为一体，让学生学以致用，发挥了口语交际的实效。这样的情境来自学生的生活，实用性强，能引导学生全身心投入到“交际”中去并习得方法。

3. 构建活动情境

实践是培养和发展学生语文核心素养的重要路径。口语交际教学坚持从实践中来到实践中去的理念，通过实践训练学生的应变能力，根植交际意识，发展自身的交际能力。教师在教学中应努力将实践转化为多回合、多形式的活动，让学生在活动中寻“真”、拓“思”、促“说”，由浅入深，梯度推进，真正让学生在“游泳中学会游泳”。

案例 **六年级下册“辩论”教学设计①**

一、主持人介绍赛事

1. 出示辩题。

2. 第一组辩题双方成员。

3. 两名计时员负责正方反方用时。

① 王国健．“辩论”教学设计［J］．小学语文教学，2021（13）．

二、开篇立论（时间4分钟，各2分钟）

双方一辩分别陈述观点。

【重点指导】立论陈述方式：采用“观点＋理由”的方式进行立论陈述；陈述句式：采用“首先……其次……再次……最后……”条理有序、分点叙述的方式开展论证。

三、盘问攻辩（时间3分钟，各1.5分钟）

1. 正方二辩、三辩向反方二辩、三辩任一辩手提出一个问题，并要求独立回答。

2. 反方二辩、三辩向正方二辩、三辩任一辩手提出一个问题，并要求独立回答。

规则：上述提问人员与问题均不得重复。

【重点指导】以最精练的语言问出最深刻的问题，使对方无法快速回答，在气势上压倒对方；引述对方发言进行反驳，“刚才对方辩友提到……”；抓住对方发言中的矛盾或漏洞，“在对方辩友观点中，有一点不能不引发我们的重新思考……”“按照对方辩友的说法……”。

四、自由辩论（时间4分钟，各2分钟）

观众代表分别向正方、反方提一个问题，正方和反方自由辩手可一人独立回答，也可经讨论后再指定专人回答。

规则：盘问攻辩和自由辩论环节的提问人员、回答问题人员与所提的问题均不得重复。

【重点指导】提醒学生注意倾听，指导“听出矛盾或漏洞”，抓住对方辩手与辩手之间的矛盾或者论点和论据间的矛盾，记下要点，以其之矛攻其之盾，并连续追问迫使对方紧紧跟随己方，牵着对方盘问攻辩；提醒学生重视仪表举止，尊重对方，用语文明，不能恶语攻击对方，不能重复提问对方已经回答的问题，也不能回避对方问题不回答；掌控课堂辩论节奏，提倡积极交锋，引导攻防双方有序转换。

五、总结陈词（时间3分钟，各1.5分钟）

正方四辩、反方四辩先后总结陈词。

【重点指导】根据盘问攻辩、自由辩论等环节及对方发言中的新信息，结合事先准备的材料，适当补充己方的总结陈词，增强说服力。

生活中处处有辩论。现代社会中人与人的交流活动更加频繁，我们在面对选择的时候，也需要用辩论的方式说服别人，以适应信息时代和社会发展的需要。案例中，教师在课堂上让学生进行辩论赛的活动，通过辩论，锻炼学生认真倾听、边听边思边记、抓住对方讲话中的矛盾或漏洞敏捷地进行反驳的能力，引导学生在辩论过程中清晰、有条理地表达自己的观点。活动情境的搭建能够使学生置身其中，多角度、多方位进行体验，学生进入“立体型”的活动情境后，方可实现口语交际的多向交流互动，全面提高其口语交际能力。

（二）互动交际策略

口语交际课强调的是语言学习的实践性。统编小学语文教材中每一课的口语交际策略均以交际小贴士的形式呈现，一目了然。教师需根据教材的提示，在教学时通过交际话题和交际任务的设置着重引导学生在实践中习得交际策略。

1. 挖掘交际话题

教材中口语交际的内容多与学生生活密切联系，如二年级上册的《做手工》、四年级上册的《安慰》、五年级上册的《制定班级公约》等，教师可以在教材内容的基础上，挖掘交际的话题，以话题激发学生交际的欲望和信心。如《做手工》一课可以让学生介绍自己做的一件手工作品，《安慰》一课可提醒学生选择合适的方式安慰好朋友，《制定班级公约》一课可以引导学生参与班级管理，建设团结友爱的班集体等。交际话题的确定为交际教学的开展明确了方向，也是打开交际场域的钥匙。

案例 三年级上册“身边的‘小事’”教学设计①

一、引出话题，知“小事”

1. 出示图片，聊聊最近发生的大事

（1）出示庆祝中国共产党成立100周年图片。

（2）出示神舟十二号载人航天飞行任务完成图片。

（3）说说自己了解的大事。

2. 关注身边，小事不小

（1）（出示照片）每天早晨，家长志愿者都在为我们开车门，守护同学们过马路。今天早晨，看到了这样一幕，两位家长志愿者看到行动不方便的同学，急忙跑过去，接过他手里的袋子，拿过他的书包，保安叔叔背着他进学校。

（2）看到这两张照片，你有什么感受？

（3）小结：我们的身边每天都发生着各种各样的“小事”，这样的事却影响着我们的生活，所以“小事”不小，我们要在小事上加上引号。这节口语交际课，我们就来聊聊身边的“小事”。

二、观察例图，说“小事”

1. 出示四幅情景图：四幅图上呈现的是哪些小事

（1）一位青年为后面的人扶住门。

（2）清理宠物的粪便。

（3）上公交车插队。

（4）景点乱涂乱画，爬树拍照。

2. 聚焦图一，学说看法

（1）出示图一，思考：你看到了什么？你有什么感受和看法？

（2）个人练说。

（3）交流反馈，根据评价要点进行点评。

① 臧学华．“身边的‘小事’”教学设计［J］．小学语文教学，2021（31）．

☆能讲清楚图上发生的事。

☆能清楚地表达自己的感受和看法。

☆声音响亮，注意语速。

3. 选择交流，同桌交际

(1) 出示图二、图三、图四，想一想：图中的人做得对不对？如果对，会产生什么好的影响？如果不对，会产生什么不好的后果？应该怎样做？

(2) 选择其中一幅图与同桌交流，比一比谁说得更清楚。

(3) 推荐交流，集体点评。

温馨提示：说理由的时候可以联系其他事例作为补充。

4. 教师小结

同学们能够说清楚事情，表达自己的感受和看法，并且说出理由。大家觉得图一和图二是令人感到温暖的，图三和图四是不文明的行为，是令人讨厌的，所以，我们要讲究公共礼仪、保护公共环境、遵守公共秩序、注意旅游文明。

三、联系生活，议“小事”

(1) 在我们的身边，哪些小事引起过你的注意？

(2)（出示墙壁上的手印图）看到这些手印，你有什么看法？

(3)（播放一群同学运动后回教室时在墙上拍下手印的小视频）这是篮球运动结束后回教室的同学留下的。

(4) 原来是这么回事。你现在又有什么想说的吗？请你连贯地说一说，说清楚这件事，表达自己的看法，可以联系生活中相关的事情说。

(5) 教师小结：同学们对于这件“小事”能够有理有据地表达自己的看法。是的，有时一些不文明的行为并不是我们有意做的，而是因为好玩、好奇无意做的。我们要时时刻刻规范自己的言行，避免无意间发生不文明的行为。勿以恶小而为之，勿以善小而不为。

“风声雨声读书声声声入耳；家事国事天下事事事关心”，无论大事还是小事，都是生活的一部分。这样的导入，让学生通过辨析大事与小事，引出口语交际的话题——“描述自己身边的‘小事’，并表达看法”，话题密切对接学生的生活，有效激发了学生的交际兴趣，唤醒学生的记忆，引发学生的思考，为后面的学习做了充分的准备。交际话题很多都来源于学生的生活，这些话题都是学生熟悉的生活，学生不仅有话可说，而且对学生来说有较强的生活指导意义。

2. 提取交际任务

交际任务很多都是学生生活中可能遇到的问题，如二年级上册的《商量》可设计两个交际情境：“向同学借的书没有看完，想再多借几天。”“最爱看的电视节目就要开始了，但爸爸正在看足球比赛。”遇到这样的情况，“你会怎样跟别人商量？和同学说一说”。这样的任务情境真实自然，有实际意义，学生可以把口语交际课上学到的原则和方法直接运用于自己的生活实践。

案例 六年级上册“请你支持我”教学片段①

在日常生活中，我们也许会碰到形形色色的人和各种各样的问题，这时我们又该如何自如面对呢？请从以下三个任务中任选其一。

（1）说服妈妈，让她同意你在家里养一只小狗。

（2）说服同学，在班里成立“生物角”。

（3）说服校长，在学校组织一次义卖活动。

小组内选择任务，分配角色，根据席卡的提示在相应区域入座并展开讨论，讨论成果可记录在发言卡上，稍后进行情境展示。

请三组同学依次上台进行情境展示，结合方法，师生共评。

精彩片段：

生 1（扮演学生 1）：魏校长，您好，请问您现在有时间吗？

生 2（扮演校长）：我现在有空，你们找我有什么事情？

生 1（扮演学生 1）：您看，现在我们的生活衣食无忧，尽情地享受着快乐的校园时光，可是很多来自贫困山区的孩子却为了一个书包、一套文具、一件保暖的棉衣发愁，所以，我们想在学校组织一次义卖活动，需要您的同意与支持。

生 2（扮演校长）：同学们，你们的提议很好，真是有爱心的孩子。可是义卖活动的策划、组织与后期统计工作会占用你们很多的学习时间啊！

生 3（扮演学生 2）：我们可以把活动安排在下午的大课间时间进行，这样不会占用大家的学习时间。

生 2（扮演校长）：可是，大课间时间老师们都有自己的任务或安排，无法参与活动，不能给予你们更多的支持。

生 4（扮演学生 3）：我们可以请一些家长志愿者来帮忙。

（校长扮演者沉默……）

生 5（观众）：可是家长不能随意出入校园，需要经过比较复杂的审批程序。

（学生扮演者沉默……）

师：我来帮你们支支招……

1. 结合刚才同学们在寻求别人支持时成功与失败的经验，想一想，面对不同的人，解决不同的问题，需要特别注意些什么？

2. 学生发表观点，师生交流互动。

源于生活的交际话题、交际任务，强调交际主体“我”的在场，有益于培养学生的目的意识、角色意识、对象意识、场合意识、礼貌意识，有效形成交际素养。案例中，老师以任务为导向，激发学生解决问题的欲望，并通过情景展示，呈现学生利用沟通与交流解

① 马赫．“请你支持我”教学设计［J］．小学语文教学，2021（31）．

决问题的过程，既训练了学生的交际能力，又发展了学生的交际思维。

（三）评价反馈策略

统编教材中口语交际的训练在第一、二、三学段均有精准的目标要求，呈现出螺旋上升的梯度变化。教学目标是开展教学活动的舵手，也是进行教学评价的重要依据。口语交际的评价应按照不同学段的要求，综合考查学生的参与意识、情意态度和表达能力。

评价要尊重和保护学生学习的自主性和积极性，鼓励学生运用多种方法，从不同的角度进行探究。对有新意的思路和表达以及有特点的展示方式，尤其要给予足够的重视。评价的基础在于认真倾听，认真倾听表达者讲话就是一种尊重。

案例　　一年级下册“请你帮个忙”教学片段①

1. 看图识图（课本插图）。

师：同学们，有个小朋友遇到了一点困难，我们看看他是如何请别人帮忙的。

出示第一张插图。

师：看看图上画了什么。请小声跟同桌说一说。

2. 同桌一起表演汇报。在学生说的过程中，通过评价强调：使用“请”“您好”等礼貌用语，并板书。

师：刚才的表演，让我们不仅看到了一个有礼貌、会请求别人帮忙的小朋友，还看到了一个热心的学习伙伴。两个人的对话，声音清晰、问题清楚，非常有礼貌。先称呼对方，又用到“请”“您好”，回应的小朋友也表现得非常热情，用到了“不客气”“没关系”。

3.（出示其余图片）师：四人小组合作，认真观察，选择其中的一幅说一说，演一演。说的同学要声音响亮，听的同学要专心，积极回应。

4. 小组汇报。在评价中，继续提炼关键词。板书：请问、您、谢谢、没关系。

5. 小组互评，要求用上“老师，我认为他……”这样的句式。

6. 出示三句话，寻找异同。

叔叔，您好！请问书店怎么走？

李山，我忘了带水彩笔，可以用一下你的吗？

大姐姐，我想请你帮个忙。

师：以上三幅图所反映的事情不同，句子也不同，但是相同的是什么？

生汇报，再次回归黑板上的礼貌用语。

7. 小结：刚才三个小组都分别进行了汇报，首先为他们的合作点赞。其次，我们也看到了三组同学说话声音响亮、语气诚恳，对话的同学也做到了有礼貌地热情回应。

好的评价是导向标，对教师和学生具有监督和强化作用。此处经过教师的详细评价，强调了交际中如何做到有礼貌，不但肯定了汇报中同学的表现，也将有效地推动课堂学

① 梁胜娟．“请你帮个忙”教学设计［J］．小学语文教学，2021（13）：31.

习。四人小组的合作学习，能培养学生关注别人、耐心等待、认真倾听的好品质。而此处的互评，能够培养学生学会欣赏别人的好品质。点评汇报小组合作状态，点评表演人的说话语气、语调、是否用到礼貌用语，点评观众是否认真倾听，不但让学生了解到自己是否掌握本节课的学习重点，也强调学生要有意去关注别人。

三、口语交际教学设计案例与点评

（一）第一学段口语交际教学设计案例与点评

案例

“图书借阅公约”

——二年级下册第五单元口语交际教学设计（有删改）①

一、教学目标

1. 能针对图书馆借阅的问题，主动发表自己的意见，有理有序表达。

2. 耐心倾听，听清别人的发言，尊重不同看法。

3. 交流时，能做到等别人说完，再发表自己的意见。

二、教学过程

（一）课前：走进学校图书馆

1. 走进学校图书馆，采访图书管理员，了解学校图书馆的借阅情况。

2. 关注学校图书馆借阅公约栏，读一读。

3. 采访：(1) 学生借阅图书，有哪些常见问题？怎么解决？(2) 图书借阅公约是怎样形成的？执行效果怎么样？(3) 对班级图书借阅公约有什么建议？

（二）情境入课：书的抗议与借阅问题

1. 书的自述——倾听、交流、表达

小朋友们，老师高兴地看到，你们已经慢慢成长为爱读书的小少年。学校图书馆、班级图书角成了很多同学最爱去的地方。不过，有一天，那些被小朋友读过的书不高兴了，它们一个个苦恼着脸，怨声一片。（播放书的对话）

1号书：唉，我是最可怜的童话书，小朋友们都喜欢读我，你们看，我的漂亮外衣已经在抢书大战中被撕破了。

2号书：你们瞧瞧我，根本叫不出我的名字吧！我的名字一直贴着墙壁。我们恐龙类的书可惨了，那些男孩子拿我们时总忘记“轻拿轻放”“书脊朝外”。我自己没有力气翻身，只好等另一个细心的小朋友来帮忙。

3号书：我躺在黑暗的书包里好几天了，借书的孩子大概把我给忘了。图书管理员几次问有没有人书没还，他从不吭声。我还要在这里躺多久啊，太无聊了！

你看，同学们这样对待书，它们不提意见才怪呢。这些书还会有哪些意见呢？（学生

① 丁素芬．“图书借阅公约”教学设计［J］．小学语文教学．2021（13）：41.

交流，以“书的自述”的口吻表达书的抗议）。

2. 借阅的问题——调查、梳理、归类

结合课前小调查，教师组织学生梳理问题、归类。（1）借书时间集中，太挤了；（2）有的同学没有及时归还图书，影响其他同学借阅；（3）在借阅的书上“动笔墨”，影响美观；（4）书损坏了，丢失了，没有好的解决办法；（5）书的摆放混乱，书脊没有向外，分类不清……

板书：图书借阅公约（交流：公约就是共同遵守的规则）。

（三）确定问题，提供指导

1. 确定讨论问题

班级图书角管理“智慧点子”收集表		
我们申请解决的问题是：		
点子一：	点子二：	点子三：

2. 讨论小贴士

小组内每个人都要主动发表意见；认真倾听同组伙伴的看法，记录员做好记录；有序发言，一个同学说完，另一个同学再说；共同把小组内的想法整合起来，完成“智慧点子”收集表。

（四）分组讨论：献计献策，制订公约

1. 分组讨论，整理意见

组长组织讨论，有序发言；教师巡视，观察各组讨论情况，适时参与，听取意见，指导推进；各组整理讨论意见，准备汇报。

2. 分组汇报，评价指导

提示：各小组汇报时，用上“我们组认为……”“我们组的看法是……”等语言，注意发表的是小组意见，不是个人意见；汇报员汇报，其他组员补充；一个组汇报完毕，其他小组对汇报内容提出看法或补充，相同意见不重复表达，如“我们组同意某小组的意见，还有一点补充……”“我们组对借书的管理有不同的看法，……”等。

3. 梳理，形成班级图书借阅公约

图书管理员梳理记录，形成图书借阅公约初稿。

（五）创意设计：让公约成为美好的约定

【案例点评】

口语交际的功能性体现在对真实问题的关注和解决上。班级图书角管理存在共性的问题，也有个性差异。结合二年级学生年龄特点，以“书的自述”的方式呈现，更容易入情入境。课前针对图书使用情况做的小调查也很有必要。以“书的自述”和小调查为基础，教师组织学生进行问题梳理，明确了为什么要制定公约，从哪些方面制定公约。

本次口语交际有两个核心：一是内容上的，要解决图书管理中的现实问题；二是交际方式上的，讨论时既要积极主动表达，也要认真倾听，合作有序。分组讨论，让每个人都有机会发表意见，细化目标，采集到更多意见。

讨论的过程如何展开，讨论的结果如何整合汇报，是本课的教学难点。这个环节分三步走：小组讨论——汇报讨论结果——形成班级图书借阅公约初稿。整个过程围绕“主动表达”“有序发言”展开，不同层面的讨论交流需要教师有效调控、追问推进。

口语交际具有交际性、功能性，口语交际的设计要有整体性、连贯性。经过讨论产生的班级图书借阅公约，要在班级阅读生活中产生真正的效能。最后一个环节将口语交际与创意设计同步，从而生成交际成果。

（二）第二学段口语交际教学设计案例与点评

案例

“爱护眼睛，保护视力”

——四年级上册第三单元口语交际教学设计（有删改）①

一、教学目标

1. 通过交流让学生掌握正确的用眼方法，引导学生纠正错误的读写姿势。

2. 在口语交际中，注意说话的音量，不能打扰到别人，不要重复别人说过的话。

二、教学过程

（一）引入交际话题

1.（出示视力图）同学们，屏幕上有一幅图，请你仔细看看，说说你看到了什么。注意，戴眼镜的同学取下眼镜再看图。（同学们仔细看图，发表自己的看图结果）

2. 这是一张医学视力测试图。同一幅图，为什么每个人看到的不一样？造成大家不一样看图结果的正是每位同学视力的不同。

（1）近视眼患者看到的图是一个女人的脸。

（2）非近视眼患者看到的只是竖条，视力好的还可以看出阴影。

现在你可以初步判断一下自己的视力情况。有近视倾向的同学请举手，祝贺没有举手的同学，你们的视力不错，继续保持。

（二）从感性到理性，深入认知眼睛的脆弱

1. 请看看我们身边有没有戴眼镜的同学，问问他们，如果摘下眼镜，看到的世界是什么样子的？（现场采访：让戴眼镜的同学向其他同学讲述摘下眼镜后的感受）

---

① 刘秀娟．“爱护眼睛，保护视力”教学设计［J］．小学语文教学，2021（31）．

2. 让我们随着一个视频，了解我们的眼睛。(播放眼睛科普视频)

3. 发言：说说你观看视频后的感受?

4. 数据分析，小组合作探讨影响视力的原因。出示班级学生视力现状图，分析图表中的数据，引导学生多角度分析，不重复他人的观点。

5. 小组交流，说一说有哪些原因影响着我们的视力。提示：(1) 四人为一组，做好分工(组长、记录员、发言人、音量控制员)。(2) 通过结合课文插图、联系生活以及搜集的资料多方面分析。(3) 音量控制员依据评价表对本组讨论情况进行评价。不合格不打星，完成较好获得一到两颗星，表现优秀获得三颗星。

小组成员	音量能让小组成员听清	听的时候能看着说话人的眼睛	不重复、会补充
组员 1	☆☆☆	☆☆☆	☆☆☆
组员 2	☆☆☆	☆☆☆	☆☆☆
组员 3	☆☆☆	☆☆☆	☆☆☆
组员 4	☆☆☆	☆☆☆	☆☆☆

结合课文插图分析：看书姿势不正确，不良坐姿，眼保健操不规范……

联系生活分析：长期看电子设备，光线问题，用眼过度……

联系资料分析：先天遗传、缺乏户外运动、喜欢吃糖、特定营养成分缺乏……

6. 分小组全班汇报。提示：(1) 关注每组发言人的观点，组内先补充。(2) 小组汇报时，观点相同的注意引导，观点不同的补充发言，组与组之间互相补充。(3) 教师相机呈现学生分享的观点，以备总结补充。(4) 同样使用评价表，进行小组评价，强化交流要求。

(三) 追根溯源，提出保护视力建议

1. 依据刚才找到的影响视力的原因，从不同角度想一想怎样保护好我们的眼睛，例如，怎样做才能避免用眼不当? 如何减少病菌侵入? 怎样避免外力伤害我们的眼睛? (温馨提示：尽量做到“不要重复，学会补充”；做好记录，汇总保护视力的建议)

2. 全班交流，小组代表汇报本组护眼建议，其他小组认真倾听，从以下三个方面指导学生互相补充：

(1) 生活中正确使用眼睛，如正确做眼保健操，看书写字的姿势要正确，看书和使用电子产品的时长要适当，不要在强烈或昏暗的光线下看书写字。

(2) 养成良好的生活习惯，如：不挑食；早睡早起，积极锻炼身体；多参加户外活动，多与大自然接触，经常眺望远处。

(3) 特殊环境下注意保护眼睛，如阳光太强烈时戴上墨镜保护眼睛；风沙太大时使用防尘面罩保护眼睛。

3. 梳理各小组提出的建议，形成全班护眼建议。

(四) 设计、制作护眼主题海报

【案例点评】

设计交际情境，引发交流兴趣：通过一张医学视力测试图，聚焦看图结果，引起学生的交流兴趣，引出导致看图结果差异的原因，顺势引入交流话题“爱护眼睛，保护视力”。

从感性到理性，让交流有内涵：从身边近视学生的感受到播放科普视频，让学生从感性上认识到眼睛的脆弱，视力变化带来的各种影响。进而从视力下降的原因出发，通过组内交流，组间分享，多维度探究保护视力的途径和方法，让学生有针对性地交流，有补充性地思考。

以评价为导引，落实交际目标：利用评价表，进行组内评价，优化发言。全班交流汇报，再次利用评价表进一步规范和强化交流要求，养成良好的倾听习惯，不断达成“音量合适、不重复发言、会补充”的口语交际目标。

（三）第三学段口语交际教学设计案例与点评

案例 **“演讲”——六年级上册第一单元口语交际教学设计①**

一、教学目标

（一）能理解什么是演讲，并围绕话题拟定演讲题目，根据一定的要求写好演讲稿。

（二）用适当的语气、语调进行演讲，态度大方。

二、教学过程

（一）看一看，感受演讲魅力

1. 同学们，你们做过演讲吗？看过别人的演讲吗？记得当时的感受吗？播放演讲视频，让学生感受演讲的魅力。

2. 谈一谈自己的感受。

3. 明确：演讲又叫演说，是指在公众场合，以有声语言为主要手段，以体态语言为辅助手段，针对某个问题发表自己的见解，说明事理或抒发情感，进行宣传的一种语言交际活动。

（二）选一选，确定话题范围

1. 出示话题范围：科学、读书、锻炼身体、健康饮食（或自定）。

2. 交流：同学们对哪方面的话题感兴趣？请你说说感兴趣的理由。也可以认真想一想，确定其他话题。提示：要站在听众的角度去考虑，除了可讲性之外，还要能激起听众的兴趣。

（三）想一想，拟定演讲题目

1. 涵泳例题，分析拟题注意点。（1）主题要突出，目标要明确。（2）题目需完整，选材更有效。

对比一：①“远离垃圾食品”——目的不够明确，难以快速了解演讲者的观点。②“远离垃圾食品，关注身体健康”——题目完整，目的明确。

---

① 李洪怡．“演讲”教学设计［J］．小学语文教学，2021（31）．

对比二：①“节约用水”——题目只有做法，没有目的。②“节约用水，保护地球水资源”——题目完整，目的明确。

对比三：①“学会垃圾分类”——题目只有做法，没有观点。②“学会垃圾分类，变废为宝，减少污染”——主题突出，目标明确。

2. 根据选定的话题，拟定题目。题目要直观、鲜明，能体现演讲的主题。

（四）试一试，学写演讲稿

1. 阅读一篇演讲稿（略），讨论怎样写好演讲稿。

2. 学生试着草拟一篇演讲稿。

（五）练一练，自信登台演讲

1. 教师指导演讲时的注意事项，以身示范。“演”，就是要注意姿态大方：双脚自然站立，抬头挺胸，注视全场，面带微笑，眼神和观众有交流，根据表达的需要可以辅以手势、表情等体态语言。“讲”，就是要注意语气、语调适当，吐字清晰，声音要抑扬顿挫，语言不能太平淡，要生动、有感情，这样才能打动听众。可利用停顿、重复、结合动作强调要点，增强表现力。

2. 组内演练，听听大家的建议。

3. 小组内推选代表上台演讲。

（六）评一评，选出“小小演说家”

1. 制订评判标准：主题鲜明，内容充实；仪表端庄，表现自信；声音洪亮，口齿清楚；目光交流，辅以手势；感情充沛，表达流利。

2. 学生评选自己最喜欢的“小小演说家”——围绕演讲稿要求以及评判标准进行自评、互评。

【案例点评】

演讲，需要晓之以理，动之以情，同时要求学生具备一定的思辨能力。教学设计中教师提供范例，目的是指导学生了解演讲稿的结构和写演讲稿的要求，明确思路。在同桌互动交流中，培养学生沟通协调的能力，以及倾听的能力。在学生登台练讲的过程中，教给学生一些演讲的技巧，并以身示范，将理论与实际结合起来，对学生进行了有效的指导和帮助。过程中，利用评价标准引导学生关注自己表达中存在的问题，进行自我评价和相互评价，能有效地提高口语表达水平，逐步达到“愿说、敢说、会说、善说”的目标。在互动点评中，学生不断完善自我，逐步提高判断正误、优劣的能力，并养成良好的听、说态度和习惯。

【思考与练习】

1. 梳理小学三个学段“口语交际”的进阶要求，明确不同学段“口语交际”教学的侧重。

2. 从小学语文教材的口语交际话题中，任选某一内容的教案（或教学实录）进行分析，反思教学环节以及师生活动，给出评价与建议。

3. 自选小学语文教材中的某一口语交际内容，以小组为单位完成一篇口语交际的教学设计，班内展示、交流。

第三节 写话与习作的教学设计与案例分析

一、写话与习作的教学目标

《义务教育语文课程标准（2022 年版）》在总目标第五条中提出“能根据需要，用书面语言具体明确、文从字顺地表达自己的见闻、体验和想法”。这是义务教育阶段对学生书面语言运用能力提出的总体目标。落实到具体的学段要求中，又包括第一学段的写话和第二、三学段的习作。下面分别对三个学段的目标要求进行分析：

（一）第一学段写话的学段要求

写话是写作的初级阶段，即让学生用书面文字记录口头语言。它是口语表达向书面表达过渡的衔接转换阶段。口头语言基于口头交际的简明性、交互性和现场性，随意性较强，语句往往不完整，结构松散，日常词汇较多。相较而言，书面语言则结构严谨，句式完整，用词雅正。因此，写话从表面上理解是让学生把想说的话写出来，但这并非口头语言的书面复制过程，其间必然包含着对口头语言形式上的纠错与修改，使语言学习者经历一个由“言”（口语）到“文”（书面语）的学习和转换过程。

在义务教育语文课程中，写话出现在第一学段，即小学阶段的一、二年级。写话的主要目标，是让学生有能力依据语境或相关具体要求，写出一句或几句完整的话。在这个过程中，学生要注意把句子的意思表达清楚，并且注意在写话的同时，建立好句与句之间的逻辑关系。

第一学段写话的学段要求

- 对写话有兴趣，留心周围事物，写自己想说的话，写想象中的事物。
- 在写话中乐于运用阅读和生活中学到的词语。
- 根据表达的需要，学习使用逗号、句号、问号、感叹号。

第一学段的写话，教师的关注点应在学生表达兴趣的培养上，不要设置过多、过高的写作要求。学生能够并且愿意写出自己“想说的话”或“想象中的事物”即可。在学生学习使用书面语进行表达的起始阶段，这样的要求能减轻学生的心理负担，让他们对使用书面语进行表达产生兴趣，形成基本的文字习惯，进而为后续的“习作”打下基础。

写话的内容源于学生的生活经验以及基于经验的想象，这样，写话活动就必须贴近学生的生活，所以“留心周围事物，写自己想说的话，写想象中的事物”这一要求就很重要。语文教师从一年级开始就应积极引导学生学会观察周围世界，体验、想象、思考周围世界，并在这一过程中学习用文字（辅之以拼音、图画等）进行表达。

从语言形式的角度来说，低年级的写话是从口语向书面语的转换过程，这涉及词语、句式及标点等书面语的运用问题。教师要指导学生把在生活和阅读中将学到的、积累的词语和句式运用到书面语的表达中，尤其要做好从说到写、从读到写的迁移。因此，在第一学段的语文教学中，必须帮助学生扎扎实实地进行词语和句式的理解、积累，并在此基础上落实到运用的层面。

掌握标点符号也是学习运用书面语言的基础之一。在第一学段，逗号、句号、问号和感叹号这四种基本的标点符号是学生学习的重点。要重点帮助学生感受并掌握标点符号的含义及作用，为连句成段、组段成篇打好基础。

此外，在写话活动中，对基本的书写、标点、行文等方面的要求要保底、落实，以帮助学生养成良好的书写和书面表达习惯。

（二）第二学段习作的学段要求

习作是学生的写作练习。习作相较于写作而言，更强调练习的性质，特指学生的写作训练。与写话相比，习作对学生的要求更高，需要学生连句成段，进而要连段成篇。《说文解字》说，习，数（shuò）飞也。“习”的本义为小鸟反复地试飞、反复练习。小学阶段的习作，须多读多练，必要的量的积累是实现习作质的飞跃的必要前提。从传统写作训练的经验来看，古代学者一向主张训练学生作文要经过“先放后收”的过程——首先鼓励学生大胆地写，等有了一定的基础再要求精练、严谨，以免打击学生的信心，限制他们的思维。

第二学段习作的学段要求

- 乐于用口头、书面的方式与人交流沟通，愿意与他人分享，增强表达的自信心。
- 观察周围世界，能不拘形式地写下自己的见闻、感受和想象，注意把自己觉得新奇有趣或印象最深、最受感动的内容写清楚。
- 能用便条、简短的书信等进行交流。
- 尝试在习作中运用自己平时积累的语言材料，特别是有新鲜感的词句。
- 学习修改习作中有明显错误的词句。
- 根据表达的需要，正确使用冒号、引号等标点符号。
- 课内习作每学年 16 次左右。

第二学段开始进入习作阶段。教师需要关注的是如何让学生乐于表达、增强自信，并在此基础上培养学生愿意与他人分享的习惯。这是从学生习作的情感、态度方面所提出的要求。

本学段要求学生“观察周围世界，能不拘形式地写下自己的见闻、感受和想象”，是为第三学段提出的“记实作文”和“想象作文”打基础。同时要求“把自己觉得新奇有趣或印象最深、最受感动的内容写清楚”，这一方面强调的是积累写作素材，另一方面则从语言表达的层面强调要“写清楚”，即思路清晰、内容清楚，句、段之间要有一定的逻辑关系。

“观察”是第二学段习作训练的重点。观察，是有目的、有计划的知觉活动。观，指视觉、听觉、嗅觉、味觉、触觉等感知行为；察，即分析思考。因此，观察不只是视觉过程，而是综合感知活动，其中更包含着积极的思维活动。“观察周围世界”的过程，总是于见闻中伴随着主体独特的感受、想象与理解。

语词、句段等语言材料的积累可以为学生的习作活动奠定语言基础。随着阅读量的增加，学生语言积累会越来越丰富。第二学段的习作活动，一方面要加强对积累的语言材料的运用，在运用中积累语言（而不仅仅是记忆中的积累）；另一方面要特别注意突破自己的心理词典和语言定式，不断建构和发展自己的语言能力，所以特别强调了对“新鲜感的词句”的积累和运用。上述语言积累和运用的习惯养成，是学生语文素养发展的重要基础。

在二年级，学生已经初步接触了“便条”和“信”这两类实用文体。第二学段对学生提出了“能用简短的书信、便条进行交流”的具体要求，意在帮助学生在运用中进一步体会实用性文体的作用与价值。

修改能力是写作能力的重要组成部分，学生独立修改作文能力的强弱，是其写作水平高低的重要标志。自第二学段起开始对“修改”提出要求，从“学习修改习作中有明显错误的词句”开始，培养学生的修改能力和良好习惯。具体到教材中，每个“习作”板块也都出现“交流、分享并修改”这一环节，从最基础的词语搭配、句意通顺，到结构完整、构思新颖等，都有具体要求。伴随自主修改能力的提高和习惯的养成，学生书面表达能力会不断提高。

关于习作的量，要求“课内习作每学年 16 次左右”。

（三）第三学段习作的学段要求

第三学段仍为习作阶段，同时开始向“写作”阶段过渡。小学生的写作活动是一种综合性实践活动，涉及学生的多种心理因素。它不仅是学生语言文字表达能力水平的一种体现，也是他们思想认识水平、生活经验、知识基础等方面的表现。心理学的研究表明：写作活动一般涉及知识（日常生活知识、自然和社会科学知识、写作知识）、能力（观察事物能力、表象操作能力、思维加工能力、语词表达能力）、情操（情绪、情感、道德观、审美观、价值观）三个方面的素养。如上各项素质并非完全靠语文课中的写作教学来达到，但它们却一起对小学生的写作活动产生着重要影响，所以我们说，写作活动不是单纯的语言文字运用问题，而是处于发展过程中的小学生作为一个“人”的整体性活动。因此，作文的发展与做人的发展是同步的，那种仅仅从写作知识与能力两方面去考虑小学生写作活动的做法是不对的。

第三学段正式提出了“记实作文”和“想象作文”的文体概念。记实，就是要真实、准确地表现人、事、物、景，以及面对人、事、物、景的所思所感。真实的表达首先需要有真实的生活实践和真实的生活体验。记实作文要求学生从真实的现实生活中获得真实的体验，关注现实、热爱生活，留心观察周围事物，珍视个人的独特感受，使学生能够说真话、说实话、心里话，不说假话、空话、套话。想象，是人在头脑里对已储存的表象进行加工改造、创造新形象的心理过程，是一种特殊的思维方式。联想也是一种想象，是感物联类、由此及彼所发生的想象。人们时常借助联想，发现新结构、创造新形象。想象作文便于学生倾吐自己的心声、情感，能够让他们获得一种自由创造的乐趣。写好想象作文，对于开阔视野、丰富思维、培养和提高学生的创新能力大有裨益。

第三学段习作的学段要求

●懂得写作是为了自我表达和与人交流。

●养成留心观察周围事物的习惯，有意识地丰富自己的见闻，珍视个人的独特感受，积累习作素材。

●能写简单的记实作文和想象作文，内容具体，感情真实。能根据内容表达的需要，分段表述。

●学写读书笔记，学写常见应用文。

●修改自己的习作，并主动与他人交换修改，做到语句通顺，行款正确，书写规范、整洁。

●根据表达需要，正确使用常用的标点符号。

●习作要有一定速度。课内习作每学年 16 次左右。

第三学段，学生要在喜欢写、乐于与他人分享习作乐趣的基础上，理性认识到写作活动的目的是“自我表达和与人交流”。写作，对内有益于个体精神生活的充实与改进，对外则具有传达社会信息的功能；前者主要是在“为自己写作”，而后者则是“为不同读者写作”。“为自己写作”注重培养学生的自主意识与人格，但其读者往往也并不只是自己，写作的成果一般也不会被束之高阁，我们鼓励将作品与人交流、分享。“为不同读者写作”则表现出写作活动面向社会的一面，写作者必须考虑到言语交际的目的与情境，考虑到特殊的读者对象而进行写作。

第三学段，要在学会观察的基础上养成留心周围生活的习惯，有意识地丰富自己的见闻，珍视个人的独特感受。要开始帮助学生认识到——写作是一种个性化行为，并帮助他们在这样的一个强调个人反应与自我感受的活动中使个体的人格不断地得到发现与培养。

在习作内容上，这一学段提出了记实作文和想象作文的文体写作要求，并要求做到“内容具体、感情真实”。对实用文体的学习，新增了读书笔记和常见应用文的内容。

在行文结构上，要求学生“能根据内容表达的需要，分段表述”，从而建立起了“篇”的概念，关注到了文章的呈现形式。这已明显不同于第二学段的“不拘形式”的要求。

在习作修改上，不但要求学生能修改自己的习作，还强调了与他人交换修改的主动性，最终要通过修改做到“语句通顺，行款正确，书写规范、整洁”。

二、写话与习作的教学内容

（一）第一学段写话的教学内容

语文教材中，一年级没有设置独立的“写话”板块，写话内容主要体现在课后习题和“语文园地”中的“词句段运用”中。这些写话练习贴近学生生活，体现情境性和指导性。此外，在实际教学中教师亦可以在识字、阅读等课程内容的学习中适当安排针对性的说话与写话练习。

二年级“写话”练习出现的次数大幅上升，除课后习题外，每册书的“语文园地”也都设计了“写话”板块。与一年级相仿，在具体的情境下鼓励学生进行写话的尝试，并给出建议。从写话的主题内容来看，体现为以下几个方面：第一，介绍某物或某人；第二，看图写话；第三，给出一个具体情景，按照要求写话；第四，尝试简单实用类文体（如留言条）的写作。表 5-4 是出现在二年级语文教材中的“写话”内容。

表 5-4 二年级教材中的“写话”板块的内容

位置		主题内容
上册	语文园地三	**介绍自己的玩具** 每个人都有自己喜爱的玩具。你最喜爱的玩具是什么？它是什么样子的？它好玩在哪里？先和同学交流，再写下来。 提示：我会写在方格纸上；我知道标点符号也要占一格。
	语文园地四	**学写留言条** 图片展示留言条的组成部分：先写留言条的标题，再写是留给谁的，然后写有什么事，最后写自己的名字和时间。 选择下面一种情况，写一张留言条。 ● 去办公室还书，老师不在。 ● 去小红家里，通知她明天九点到学校参加书法小组的活动，但是她家里没有人。
	语文园地七	**看图写话** 看看下面这幅图，小老鼠在干什么？电脑屏幕上突然出现了谁？接下来会怎样？快把你想到的写下来吧！
下册	语文园地二	**介绍自己的好朋友** 照样子，写一写你的一个好朋友。向大家介绍一下：他是谁？长什么样子？你们经常一起做什么？
	语文园地四	**看图写话** 看图，想一想：小虫子、蚂蚁和蝴蝶用鸡蛋壳做了哪些事情？它们有什么有趣的经历？把它们这一天的经历写下来吧！ 写的时候，可以用上下面的词语。 早上 过了一会儿 到了下午 天黑了
	语文园地六	**写出自己的疑问与想法** 为什么星星会眨眼睛？ 为什么雨后天上挂着彩虹？ 树叶的形状为什么是各种各样的？ 花为什么是五颜六色的呢？ 下雨前蜘蛛逃到哪儿去了？ 是谁告诉蝉要下雨了？ 石头上怎么会有贝壳呢？ …… 大自然真是奇妙啊！你的心中是不是也藏着很多“问号”？把它们写下来吧！ 写完后可以做成卡片，问问小伙伴知不知道答案。
	语文园地七	**写话** 如果可以养小动物，你想养什么？写写你的理由，试着多写几条。

（二）第二学段习作的教学内容

第二学段语文教材中的习作内容主要分为两部分：每个单元后面的习作板块和每册书中的习作单元。

1. 习作板块中的教学内容

涉及的具体内容大致可分为：记实类（写人、写物、写景、叙事），想象类（编创故事），应用文类。表 5-5 为第二学段教材中的“习作”板块的内容。

表 5-5　第二学段教材中的“习作”板块的内容

类别	所在单元及习作内容	单元语文要素（习作）
写人	三上第一单元：猜猜他是谁	体会习作的乐趣
	三下第六单元：身边那些有特点的人	写一个身边的人，尝试写出他的特点
	四上第二单元：小小“动物园”	写一个人，注意把印象最深的地方写出来
	四下第七单元：我的“自画像”	学习从多个方面写出人物的特点
写物写景	三上第六单元：这儿真美	习作的时候，试着围绕一个意思写
	三下第一单元：我的植物朋友	试着把观察到的事物写清楚
	三下第七单元：国宝大熊猫	初步学习整合信息，介绍一种事物
	四上第一单元：推荐一个好地方	推荐一个好地方，写清楚推荐理由
	四下第一单元：我的乐园	写喜爱的某个地方，表达出自己的感受
	四下第四单元：我的动物朋友	写自己喜欢的动物，试着写出特点
叙事	三上第七单元：我有一个想法	留心生活，把自己的想法记录下来
	三上第八单元：那次玩得真高兴	学写一件简单的事
	三下第二单元：看图画，写一写	把图画的内容写清楚
	三下第三单元：中华传统节日	收集传统节日的资料，交流节日的风俗习惯，写一写过节的过程
	三下第四单元：我做了一项小实验	观察事物的变化，把实验过程写清楚
	四上第六单元：记一次游戏	记一次游戏，把游戏过程写清楚
	四上第八单元：我的心儿怦怦跳	写一件事，能写出自己的感受
	四下第六单元：我学会了________	按一定顺序把事情的过程写清楚
创编故事	三上第三单元：我来编童话	试着自己编童话，写童话
	三上第四单元：续写故事	尝试续编故事
	三下第八单元：这样想象真有趣	根据提示，展开想象，尝试编童话故事
	四上第四单元：我和________过一天	展开想象，写一个故事
	四下第二单元：我的奇思妙想	展开奇思妙想，写一写自己想发明的东西
	四下第八单元：故事新编	按自己的想法新编故事
应用文	三上第二单元：写日记	学习写日记
	四上第三单元：写观察日记	进行连续观察，学写观察日记
	四上第七单元：写信	学习写书信

显然，第二学段的写作板块所占比重最大的是“叙事”类习作，从写清事情发展的过程开始，逐渐加入对所叙述事件的细节要求。叙事，首先必须把事件交代清楚，事情叙述完整。事件都是由起因、经过、结果三个环节构成的，而“经过”是事件要叙述的主要部分，写作时就需要注意事件的细节，使内容具体、生动。此外，还需注意选材以及叙述时的思路脉络、过渡与照应、详写与略写、各种叙述手法的运用等。

与叙事类习作较为接近的是“写故事”，这类习作侧重培养的是学生的想象力。想象不是凭空进行的，而是要求学生有条理地呈现出自己头脑中的想象世界。“习作”板块中的“写故事”类习作包含童话创编、续写故事、故事新编三种形式，内容上同时关注到叙事应包含的要素，如人物、地点、事件等。

在“写人”类的习作上，着重引导学生关注自己所写人物的特点，但侧重点也有不同，包括围绕特征化词语形容对应的人物，运用比喻抓住人与动物的相似点来写人物的特点，通过对外貌、性格的陈述和具体事例等细节来刻画人物形象。

写物、写景类的习作，重在引导学生关注所写之物、所写之景的特点，但教材在呈现这部分内容时，多数情况下还是采用介绍的形式，这样的形式能帮助学生确立一个清楚的写作目的——介绍，即你要向别人介绍什么，就要有条理、写清楚，否则你的目标就不能完成。另外，学生还要思考：我要向谁介绍呢？这么一来，写作对象也就清晰起来了。

关于应用文的写作，第二学段主要有日记和书信。其中有两次涉及日记。三年级上册第一次出现日记这个文体的时候，教材系统地呈现了日记的格式与应有的内容，从整体上介绍了日记并积极培养学生“写日记的习惯”。第二次以“观察日记”为主题，帮助学生写好日记，练习的具体内容也更加具体。

2. 习作单元中的教学内容

习作单元是聚焦写作教学的独立单元，有独立的写作学习要点。每册教材安排一个单元，单元内的选文、习作例文围绕学习要点安排。第二学段共有四个习作单元，具体分布见表 5-6。

表 5-6　第二学段教材中的习作单元的内容

册别	习作单元导语及习作内容	单元习作要素
三年级上册 第五单元	单元导语：生活中不缺少美，只是缺少发现的眼睛。(法国·罗丹) 习作：我们眼中的缤纷世界	● 体会作者是怎样留心观察周围事物的 ● 仔细观察，把观察所得写下来
三年级下册 第五单元	单元导语：想象力比知识更重要。(美国·爱因斯坦) 习作：奇妙的想象	● 走进想象的世界，感受想象的神奇 ● 发挥想象写故事，创造自己的想象世界
四年级上册 第五单元	单元导语：我手写我心，彩笔绘生活。 习作：生活万花筒	● 了解作者是怎样把事情写清楚的 ● 写一件事，把事情写清楚
四年级下册 第五单元	单元导语：妙笔写美景，巧手著奇观。 习作：游________	● 了解课文按一定顺序写景物的方法 ● 学习按游览的顺序写景物

从第二学段"习作"单元的主题内容来看，三年级的习作单元，主题词分别是"观察"与"想象"，这两方面恰与第三学段的"记实作文""想象作文"相对应，作为基础性练习出现。学生经过第一学段的学习，应该已经养成了"留心周围事物"的习惯，此时再以"细致地观察"作为习作主题，能够帮助学生掌握并运用细节描写的技巧，丰富自己的书面语言。在"想象"方面，也是学生在"写故事、编童话"时已经接触过的，单元选文以及课后习题都在鼓励学生大胆展开想象，运用书面语言进行创造性写作。

四年级的"习作"单元，扣住的是"叙事"与"写景"。上册的习作单元，针对的是叙事类习作，其中明确指出，"叙事"要把事情写清楚，要完整地呈现事情的起因、经过、结果等内容，让整篇作文变得更完整；如果想让作文内容变得吸引人，则要重视"冲突"的产生和解决。下册的习作单元，针对的是写景类习作，利用"游记"这种形式，从写景的顺序、景物的特点等方面对学生进行写作方法上的指导，不仅要把所见的"景物"写得生动传神，更要关注到"游记"这一类文章的特点——顺序清楚、逻辑清晰。

(三) 第三学段习作的教学内容

第三学段的习作教材与第二学段一样，主要分为两部分：单元中的"习作"板块和每册书中的习作单元，下面分别进行介绍和分析。

1. 习作板块中的教学内容

第三学段的单元"习作"板块，在文体安排上紧扣课程标准，可分为记实作文、想象作文、常见应用文三类，具体见表 5-7。

表 5-7　第三学段教材中的"习作"板块的内容

类别	所在单元及习作内容	单元语文要素（习作）
记实作文	五上第一单元：我的心爱之物	写一种事物，表达自己的感情
	五上第二单元："漫画"老师	结合具体事例写出人物的特点
	五上第七单元：________即景	学习描写景物的变化
	五下第一单元：那一刻，我长大了	把一件事的重点部分写具体
	五下第四单元：他________了	尝试运用动作、语言、神态描写，表现人物的内心
	五下第七单元：中国的世界文化遗产	搜集资料，介绍一个地方
	五下第八单元：漫画的启示	看漫画，写出自己的想法
	六上第二单元：多彩的活动	尝试运用点面结合的方法记一次活动
	六上第三单元：________让生活更美好	写生活体验，试着表达自己的看法
	六上第七单元：我的拿手好戏	写自己的拿手好戏，把重点部分写具体
	六上第八单元：有你，真好	通过事情写一个人，表达出自己的情感
	六下第一单元：家乡的风俗	习作时注意抓住重点，写出特点
	六下第四单元：心愿	习作时选择适合的方式进行表达

续表

类别	所在单元及习作内容	单元语文要素（习作）
想象作文	五上第四单元：二十年后的家乡	学习列提纲，分段叙述
	五下第六单元：神奇的探险之旅	根据情境编故事，把事情发展变化的过程写具体
	六上第一单元：变形记	习作时发挥想象，把重点部分写得详细一些
	六上第四单元：笔尖流出的故事	发挥想象，创编生活故事
	六下第五单元：插上科学的翅膀飞	展开想象，写科幻故事
常见应用文	五上第六单元：我想对您说	用恰当的语言表达自己的看法和感受
	五上第八单元：推荐一本书	根据表达的需要，分段表述，突出重点
	五下第二单元：写读后感	学习写读后感
	五下第三单元：写一份简单的研究报告	学写简单的研究报告
	六上第六单元：学写倡议书	学写倡议书
	六下第六单元：难忘的小学生活	策划简单的校园活动，学写策划书
其他	五上第三单元：缩写故事	提取主要信息，缩写故事
	六下第二单元：写作品梗概	学习写作品梗概

在第三学段，记实作文所占的比重最大，包括写人、叙事、写景、写物。其次是想象作文和常见应用文。除上述三种文体以外，第三学段的习作板块中还出现了“缩写故事”和“写作品梗概”两个主题。

在记实作文和想象作文的习作板块中，教材提示的重点直指内容具体、感情真实，紧扣学段要求。在常见应用文的板块中，教材的重点在于：明确写作对象、写作内容和文体功能。此外，针对习作修改，教材在每个习作板块后面也都给出了明确要求，鼓励学生互评、修改。

2. 习作单元中的教学内容

第三学段四个“习作单元”中的习作安排见表 5-8。

表 5-8 第三学段教材中的习作单元的内容

册别	习作单元导语及习作内容	单元习作要素
五年级上册第五单元	单元导语：说明文以“说明白了”为成功。——叶圣陶 习作：介绍一种事物	● 阅读简单的说明性文章，了解基本的说明方法 ● 搜集资料，用恰当的说明方法，把某一种事物介绍清楚
五年级下册第五单元	单元导语：字里行间众生相，大千世界你我他。 习作：形形色色的人	● 学习描写人物的基本方法 ● 初步运用描写人物的基本方法，具体地表现一个人的特点

续表

册别	习作单元导语及习作内容	单元习作要素
六年级上册 第五单元	单元导语：以立意为宗，不以能文为本。（梁·萧统） 习作：围绕中心意思写	● 体会文章是怎样围绕中心意思来写的 ● 从不同方面或选取不同事例，表达中心意思
六年级下册 第三单元	单元导语：让真情在笔尖流露。 习作：让真情自然流露	● 体会文章是怎样表达情感的 ● 选择合适的内容写出真情实感

第三学段习作的侧重点在于“养成留心观察事物的习惯，有意识地丰富自己的见闻，珍视个人的独特感受，积累习作素材”。具体表现在教材提示中，就是指导学生观察要细致、收集资料要讲求方法，在写一个人或一种事物时，要抓住他们的主要特点或典型特征，注意在行文安排上段落清晰，段落之间的衔接要合理。

立意是写作活动的“灵魂性环节”。一篇文章写出来，如果想让它有价值，就必须立意明确。对此，教材提示告诉学生，习作要注意“围绕一个中心去写”，要学会“列提纲”，以此来保证行文内容是紧扣文章立意的。另外，要想让自己的立意能够凸显出来、打动读者，就要“让真情自然流露”。这就要求学生在习作时，叙事要有技巧，在行文过程中注意凸显情感的变化，在语词的选择上要恰到好处，使情感表达出来真实可信。

习作单元核心是读中悟法、读写迁移。学生只有在真正阅读和理解文章的基础上才能根据提示进行写作，可见阅读为写作提供了方法上的指导，体现了读写的整体性。

以五年级上册第五单元为例，本单元以能“搜集资料，用恰当的说明方法，把某一种事物介绍清楚”为习作目标。围绕这一目标，教材编排了六个板块：《太阳》《松鼠》两篇精读课文，主要让学生体会说明性文章的不同类型，了解基本的说明方法，同时感受不同的语言风格。“交流平台”梳理总结了说明性文章的作用和它在表达上的一些特点。“初试身手”安排了两次练笔，第一次练笔让学生有意识地进行观察或搜集资料，试着运用多种说明方法介绍身边的事物，把它的特点说清楚；第二次练笔让学生借助搜集的相关资料，将散文《白鹭》的部分段落改写成说明性文章，介绍清楚白鹭的外形特征，再与原文作比较，体会散文与说明性文章的不同，进一步了解说明性文章的语言特点，为单元习作做好准备。“习作例文”提供了介绍事物和介绍制作流程两种不同的说明性文章，通过批注和课后题，引导学生学习如何恰当地使用说明方法，有条理地表达。最后是习作任务——介绍一种事物。可见，本单元正是基于读写迁移的观念整体建构单元学习内容的。教师要把握好单元整体及其内部各部分之间的关系，具体分析各个部分的教学价值，使之紧密配合于整体功能。在作文指导过程中，不能把写作教学简化为“下达写作任务——提几条要求——评判作文成品”，而是要体现指导的完整性和过程性。

三、写话教学设计案例与点评

二年级上册语文园地七安排了写话内容，选择了学生喜爱的猫和老鼠作为话题。教材插图上画着一只吃惊的老鼠和一只出现在电脑屏幕里的猫。提示语：看看下面这幅画，小老鼠在干什么？电脑屏幕上突然出现了谁？接下来会怎样。……引导学生把想到的故事写下来。下面是一个教学设计。

案例　**看图写话——二年级上册第七单元写话教学设计（有删改）①**

一、教学目标

1. 整体观察，了解图意，能展开想象，猜测故事的发展。

2. 认真观察画面中猫和老鼠的动作、表情，能借助词语串写故事，把故事写清楚。

3. 能在自评、互评中完善写话，对写话有兴趣。

二、教学过程

（一）创设情境，引出任务

1. 播放动画片《猫和老鼠》片段，猜一猜紧接着会发生什么事，学生交流。

2. 引出学习任务：看图编故事。

（二）观察图画，生成故事

1. 观察图画，了解图意

（1）观察图画：小老鼠在干什么？电脑屏幕上突然出现了谁？试着用一句话完整地说一说。小老鼠__________，突然电脑屏幕上__________。

（2）想象猜测：学生交流插图中的内容。猫出现之前发生了什么，猫出现之后又会发生什么？

2. 想象情节，生成故事

（1）出示学习卡 1，想一想，画一画，通过想象生成故事情节。

（2）小组内交流，试着用一两句话讲述自己想象的故事情节。

（3）组间交流。

① 徐潇潇．巧借支架，助力低段写话：二上“语文园地七·写话”教学设计［J］．小学语文教学，2022（15）．

学习卡1：电脑屏幕上出现猫之前，发生了什么？出现猫之后，又会发生什么呢？小魔法师们，请你挥动“魔法棒”想一想、画一画吧！

（三）借助词语，让画面动起来

1. 细节观察，抓住表情动作

(1) 指导学生仔细观察图中老鼠的表情、动作。如“皱着眉头”“张大嘴巴”“跌倒在地”“眼泪都流出来了”等。

(2) 指导学生仔细观察猫的表情、动作，也试着用几个词语来形容并交流，如“张着大嘴”“瞪大眼睛”“露出尖牙”“恶狠狠地盯着”等。

(3) 教师将这些词语分类摘录在黑板上，指导学生用上这些表示表情、动作的词语再讲一讲故事内容。

2. 借助词语，让写话更生动

(1) 出示学习卡 2，引导学生进一步观察想象，把表示动作、表情的词语写下来。

(2) 同桌之间交流自己写的词语。

学习卡2：小魔法师们，请你仔细观察图画，再次挥动“魔法棒”，把表示小动物表情、动作的词语填在对应的卡片上吧！

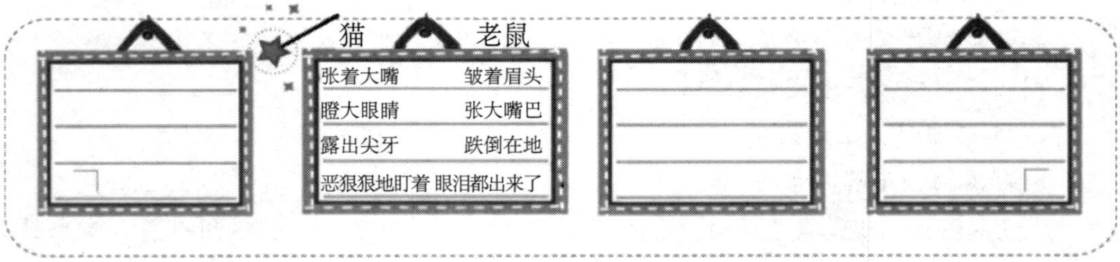

（四）自主写话，完善表达

1. 出示写话要求，学生根据要求独立写话。

写话要求

- 借助观察和想象，把故事写通顺、写完整。
- 用上表示动作、表情的词语，让画面动起来。
- 注意书写格式，正确使用标点符号。

2. 把故事读给同桌听，同桌互相修改

要求：语句是否通顺？有没有错别字？标点符号用得对不对？

3. 展示交流，师生共同评议

4. 给故事取个好题目

（五）个性作业，激发兴趣

1. 亲子共读共评

把创编的故事读给爸爸妈妈听，请他们评一评，改一改

写话·亲子评价单

1.我写清楚了图中的内容，故事完整。

2.我的这段话格式正确，句子通顺，标点正确。

3.我用上了表示动作、表情的词语，让故事变得有趣。

爸爸妈妈的修改建议：

____

____

自评	父母评
1.（ ）魔法帽	1.（ ）魔法帽
2.（ ）魔法帽	2.（ ）魔法帽
3.（ ）魔法帽	3.（ ）魔法帽
共（ ）魔法帽	共（ ）魔法帽

2. 创编绘本故事，鼓励有兴趣的学生将“猫和老鼠”的故事继续创编下去，形成绘本

【案例点评】

为了充分调动学生的写话兴趣，教师以动画片引出任务，在猜故事中激发起了学生观察想象的热情，为接下来的创意表达做好铺垫。在学生自主写话前，教师引导学生经历了“观察图画，了解图意”——“想象情节，生成故事”——“借助词语，让写话更生动”等环节，环环相扣，层次清楚，指导扎实，一步步引导学生从说清楚到说生动。在这个基础上，再由口头转为书面，进行写话，提出明确要求。通过独立写话、同桌互评、展示交流等环节，落实写话的教学目标。

四、习作教学设计案例与点评

（一）记实作文

小学阶段的记实作文以记人、叙事、写景、状物为主，重点在于写真人真事，记下真切体验，反映真情实感。

以五年级上册第七单元“________即景”为例。本单元主题为“四季之美”，语文要素是“初步体会课文中的静态描写和动态描写”“学习描写景物的变化”。本单元选编的四篇文章运用到了静态和动态描写，以体现景物的独特魅力及作者的情感。本次习作是在“初步体会课文中的静态描写和动态描写”的基础上，进行由学到用、由读到写的训练。本次习作之前，学生在三年级下册已经学习运用优美生动的语句，试着把观察到的事物写清楚，写出感受；四年级上册已经学习抓住景物特点，写清楚推荐理由；四年级下册学习过“按照一定的顺序写景物”，侧重于能有条理地观察并描写景物。本单元习作是在以上基础上的进阶，对观察的敏锐度提出更高要求，要求写出景物变化。

案例 “________即景”——五年级上册第七单元习作教学设计（有删改）①

一、教学目标

1. 能多角度、多感官观察身边景物的特点，发现景物的变化。

2. 有序观察，运用合理想象、动静结合的方法写出画面感。

3. 通过展示评价发展学生的习作修改能力。

二、教学过程

（一）创设语境，定格心中最美

1. 诗画家乡，激发表达欲望

家乡的哪个地方、哪一刻的景象，让你印象深刻？静静地想一想，自己曾经看到过的最难以忘怀的画面是什么？

2. 立足语用，建立读者意识

打动大家的画面很多。如果你是读者，你会对怎样的描绘感兴趣呢？

3. 阅读教材，明确习作要求

如何用文字描绘美景，进而打动人、感染人呢？按照一定的顺序，写出景物的动态变化。“即”是指那一刻、当下、当时、当地等，“即景”是指眼前所见的景色。

（二）融入语境，初写生活之美

1. 作者角度，梳理心中美景

完成表格：在你写“即景”前，想想哪些景物会出现在你的眼前？

交流分享：景——序。（习作提示：时间顺序、上下远近、整体-部分、部分-整体等）

作品	关键词	顺序
________即景		

2. 读者角度，评评热力值

口述即景：“诗画家乡”让手机用户能足不出户就领略到景色的美丽、生活的美好。小组合作，依据表格提纲说说即景画面，看看你的“诗画”热力值是多少。

组间分享：建立读者群。

内容	自评	同学评价
有特点		
有顺序		
有变化		

① 冯雪芹．诗画语境，促美好即景表达：五年级上册第七单元习作“____即景”教学设计［J］．小学教师参考，2021（31）．

3. 领悟方法，初写心中美景

如何写出景物的变化？教师提供结构与方法支架：《四季之美》的并列式结构和秋季的语段；《月迹》中的盼月、寻月、追月递进式画面；《鸟的天堂》的对比式结构，榕树由寂静到热闹的画面。

明确要求：要写出景物的形状、姿态、气势的变化和发展，让静的景物显示出“动”的景象；注意展开丰富的想象、联想，表达自己感受等。

初写心中美景：依据表格提纲，写出最主要的画面，注意有特点、有顺序、有变化。

（三）依托语境，修改笔下美景

1. 交流比较，了解读者喜好

习作一《夏雨即景》，习作二《窗外即景》，师生评议。

2. 依托语境，聚焦“变化”

通过交流评议，我们发现描绘出画面感、有特点、富有变化的“即景”更能打动人。如何提升我们的“诗画”热力值呢？让我们一起读读下面这份习作，你觉得有什么地方特别值得自己借鉴学习？

习作三《瀑布即景》

望妙高台对面的山，满眼高矮不一的树木，只有千丈岩的水声在山谷间回响着。瀑布飞流直下，到了山腰撞击突出的山岩，激起的水珠，时而像一朵朵美丽的白莲，时而像一颗颗洁白的珍珠。山下是一座古朴的石拱桥，桥下有水潭，那是瀑布冲积而成。伫立桥上，飞散的水汽会扑向你，十分凉爽。离开石拱桥，顺着潭水前行，听它发出各不相同的音响，也很惬意。

小结：由上而下有顺序，动静结合有变化，合理想象融感受。

3. 提提建议，自主修改，二次交流，同桌分享

（四）语境拓展，评选最动人即景

1. 展示发布，现场点评

2. 平台发表，评选最动人“即景”

【案例点评】

教师通过创设“诗画家乡”的情境，让学生领悟“即景”的含义，激发学生的写作热情，同时也让学生清楚习作的阅读群体，树立读者意识。课堂上，教师通过“作者角度，梳理心中美景”“读者角度，评评热力值”两个环节，先让学生口头描述即景，然后再让学生依据评价标准，生生之间互为读者，帮助他们在打腹稿时进行构思与调整，降低难度，同时也让学生感受到分享的乐趣。接着，在书面表达后，继续依托语境，以提升“诗画”热力值为目标，在分享、点评、建议中引导学生将自己想说的与读者想听的联系起来，让学生发现情境任务与写作经验的落差，并积极主动地在构思、试写、修改的过程中不断去对应语境关联，同时通过分析、处理、整合来顺应话题、读者、目的、文体等要素的要求。最后通过手机 app，让学生进行真实发表，这样能进一步强化习作的交际

功能。

（二）想象作文

想象作文的概念具体来自课程标准的描述："能写简单的记实作文和想象作文，内容具体，感情真实。"这里主要是和记实作文相区分，即内容不是基于事实的客观描述，而是侧重于主观的想象、联想和创造。这顺应了小学生喜欢想象、爱好幻想的心理特点，有益于发展学生的形象思维和审美创造能力。

三年级下册的第五单元是以"想象"为主题的习作单元。单元导语是爱因斯坦的一句话："想象力比知识更重要。"本单元的语文要素有两点：走进想象的世界，感受想象的神奇；发挥想象写故事，创造自己的想象世界。为落实单元语文要素，教材安排了课文、交流平台、初试身手、习作例文和习作五个板块。两篇精读课文，旨在让学生感受不同角度的想象；"交流平台"中有两个关键词：大胆、奇异，强调想象要做到大胆，区别想象世界与现实世界，鼓励学生发散思维，大胆想象现实中不存在的事物；"初试身手"是借助游戏的方式帮助学生感受想象的乐趣；"习作例文"在于让学生进一步丰富写作方法，比如要根据事物原本的特征进行想象、反方向想象等，同时树立习作典范。最后进入单元的核心任务——习作："奇妙的想象"。这是在编写童话和续写故事后的第三次想象文习作，结合第二学段"表达与交流"方面的要求以及学生已有的基础，本次习作的第一个要求就是让学生能够打开思路，大胆想象，把故事写得有趣，同时让学生运用阅读中学到的想象方法，把想象的内容写清楚。

案例　　"奇妙的想象"——三年级下册第五单元习作教学设计（有删改）①

一、教学目标

（1）通过关键词学习审题，并从题目猜测习作内容。

（2）借助思维导图拓展思路，培养学生的想象能力。

（3）能用通顺的语言写下自己奇妙的想象片段，把意思表达清楚。

（4）交流评改，学习修改符号修改作文。

二、教学过程

（一）学习审题，展开想象

1. 名言导入，明确任务

伟大的科学家爱因斯坦曾经说过："想象是一切创造之源。"今天，让我们也天马行空地想象一回。（板书课题：奇妙的想象）

2. 自主选题，学习审题

出示教材中的七个题目。在想象的世界里，什么都有可能发生，一起读一读这七个题目，想想你最喜欢哪个题目。

互动交流，说说喜欢的理由。

---

① 胡雅芳．《奇妙的想象》习作教学设计（第一课时）[J]．小学教师参考，2019（7）．

关注关键词，学习审题。认真仔细地审题能帮助我们打开思路。出示题目《躲在草丛里的星星》。读到这个题目，你关注的是哪个关键词？引导：（1）星星原来是在天上的，现在在哪里？（2）它躲在草丛里，你觉得哪个词很关键？（3）看到“躲”字，你想到什么？可能会发生哪些有趣的事？（4）星星原来在天上，怎么躲在草丛里呢？这中间会发生什么事情？

交流其余六个题目的关键词。尝试自己取个题目。

3. 围绕题目，展开想象

好的题目，可以激发读者的兴趣，让人有所期待；好的题目，还能帮助我们推测可能发生的故事呢！

出示1：一支铅笔的梦想。看，铅笔有很多的梦想：第一个梦想来到山坡，第二个梦想跳进荷塘，第三个梦想躲到菜园，第四个梦想来到小溪边，第五个梦想跑到运动场。故事讲的就是铅笔带着它的梦想，来到这些地方发生的事情。

出示2：尾巴它有了一只猫。这个故事中，这条尾巴的想法特别新奇：说自己有一只猫。之后的故事，都是由它这个想法引发的。

引导学生从自己的题目想象内容，交流，评价。

（二）导图引路，拓展想象

1. 学习“想开去”

围绕题目，我们有了大胆的想法。那到底怎样把它变成一个故事呢？

动画呈现发散图《一支铅笔的梦想》。一支铅笔来到山坡上，萌出嫩嫩的芽，开出漂亮的花；它跳进荷塘里，为小虾撑起阴凉的伞；它躲到菜园里，长成长长的豆角，伪装成嫩嫩的丝瓜……

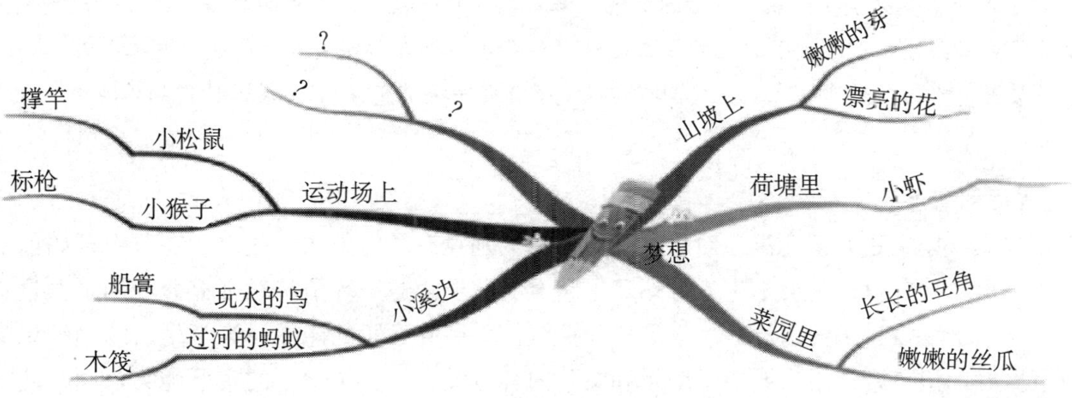

提炼方法：像这样，围绕着梦想，从铅笔本身的特点想开去，想成了一些细细长长的东西，这真一个想象的好办法。

2. 学习“想下去”

动画呈现《尾巴它有了一只猫》链式图。这个故事中，有一条尾巴，很自豪地说：“我有一只猫！”跳蚤听到了，哈哈大笑：“是猫有尾巴，不是尾巴有猫！”尾巴坚持自己的想法……

提炼方法：像这样，从这条尾巴“我有一只猫”这样的想法想下去，想出了一个接一个新奇又有趣的故事，这也是一个想象的好办法。

尾巴：我有一只猫。→ 跳蚤：是猫有你这条尾巴。→ 尾巴：我就是有一只猫。→ 另一条尾巴：原来我有一只狗。→ 狗：原来我有一个人。

3. 展开想象，绘制“助想图”

根据你刚才选择的题目，你可以选择一种方式，或想开去，或想下去，画一画简单的“助想图”，编一编有趣的故事。

4. 交流评价，修改“助想图”

（三）展开想象，独立习作

1. 语言赏析，感受有趣

出示《一支铅笔的梦想》第 2 节。自己读一读，说说哪里写得很有趣？

出示《尾巴它有了一只猫》第 7 节。再来看看这一段，你觉得哪里特别有趣？

2. 展开想象，独立写作

结合“助想图”，把自己最想表达的、最有趣味的故事写出来。学生独立写片段。

（四）习作评赏，交流修改

1. 同桌互评（先说优点，后提建议）

2. 班内交流（哪里写得好？哪里更有趣？哪里要修改？）

3. 学生独立修改，学习使用修改符号（改正、增补、删除、对调、移动）

（五）回顾小结，肯定收获

有人说：想象是人们热爱生活的标志。今天，我们一起展开想象的翅膀，画了“助想图”，写了故事的片段，创造出了自己的想象世界。大家想得很开心认真，写得也很用心。课后，请继续展开想象，把故事写完整，我们将在教室里开辟一个“想象岛”，展示你们的作品！

【案例点评】

本次习作主题非常宽泛，对想象的内容和类别没有具体要求，所以，在习作开始前引导学生审清楚题目，帮助学生充分拓宽思路至关重要。这一环节，教师充分利用了教材资源，从七个题目入手，引导学生学习抓住关键词去展开大胆的想象，为学生后续创编想象故事做好铺垫。既让学生明白了题目和文章内容有关，培养了学生的审题能力，同时还开阔了他们的写作思路。本次习作中，如何引导学生展开想象？这是教学的重点、难点。教师结合两篇例文，利用思维导图，归纳梳理，提炼出想象的两种方法——“想开去”和“想下去”，让学生选择其中的一种方法进行想象构思，并借“助想图”拓展思路，层层推进、逐步深入，有效地突破了教学的难点。最后，教师为学生提供了展示交流的平台，注重评价的多元互动，将教师的评价、学生间的互评和学生的自我评价相结合，增强了学生的习作成就感。

（三）应用文

根据不同的目的和对象，应用文可以分为很多种类，小学阶段主要涉及书信、便条、读书笔记、研究报告、倡议书、活动策划书等。基于应用文的实用性特点，在进行应用文体的教学设计时更需要注重创设真实的语用情境，让学生知道自己写作的动机是什么？写给谁（读者意识）？同时注重开发功能情境，着力解决生活中的问题。

以六年级上册第六单元习作“学写倡议书”为例。本单元以“保护环境”为主题，编排了《古诗三首》《只有一个地球》《青山不老》《三黑和土地》四篇课文。在习作之前，学生通过四篇文章的学习，已经对自然与环境问题有了理解和思考，为写倡议书打下情感和理性的基础。单元习作中进一步引导学生关注现实生活中的环境问题，结合自己的生活实际或自己关心的其他问题写一份倡议书。在进行倡议书的教学设计时需要注意以下几点：第一，倡议书作为应用文体是为解决实际问题而写的，教师要注重创设真实的习作动机情境和运用功能情境；第二，倡议书具有模式化的格式要求，教师需要引导学生阅读、发现、提炼；第三，倡议书看上去简单，其实内含抽象思维的训练，要做到理由清楚、做法具体、有一定的号召力，其实并不容易。

案例 “学写倡议书”——六年级上册第六单元习作教学设计①

一、教学目标

1. 借助例文，提取关键要素，认识倡议书的格式与结构。

2. 能根据语境提出合理的倡议，做到理由清楚、做法具体、有一定的号召力。

3. 了解倡议书的适用范围和作用，通过校园平台发布倡议书，增强社会责任感。

二、教学过程

（一）学习活动一：融入语境，认识倡议书

1. 创设语境

宁波在创建全国文明城市的过程中，还存在一些不文明的现象。播放三则本地新闻的短视频。

2. 语境交际

要改变身边这些不和谐的现象，我们可以做些什么呢？讨论交流。

为了让全体市民都能讲文明，我们可以提出倡议，号召大家做一个文明的市民。这时，我们需要用上一种应用文——倡议书。

3. 阅读教材

倡议书怎么写呢？请打开课本，浏览单元习作内容，看看我们今天写作的任务是什么。

4. 范文比照

教材很贴心地为我们准备了倡议书的样本。瞧，这就是一份倡议书。与我们学过的应

① 王渊．选创语境 链接生活 真实表达：六年级上册第六单元习作“学写倡议书”教学设计［J］．小学教师参考，2021（31）．

用文，如留言条、信的格式是一样的，都有称呼、署名和日期，不同的是倡议书开头要写标题。

你发现正文主要由哪两部分组成？（提示：倡议原因和倡议的内容）

信、留言条、倡议书这些应用文在语言表达上有什么共同点呢？提示：简洁明了。

（二）学习活动二：选择语境，初写倡议书

1. 选择语境，初写倡议书

同学们，为了给宁波创建文明城市助力，请就你关心的一个问题，与同桌交流。可以是刚才谈论过的问题，也可以是自己平时留心观察到的现象。

请你就交流的语境来写一份倡议书，让我们的城市更文明。（温馨提示：写清倡议的原因和内容，语言要尽量简洁明了）

2. 例文比照，讲评倡议书

出示学生习作并组织评议：倡议书的格式与结构；倡议的理由是否清楚，有没有写出倡议的必要性，感受其有没有感染力与鼓动性。

共创文明城市倡议书

同学们：

宁波是一座文明的城市。为此，我们向全校的同学发出以下倡议：

1. 每一位同学都要讲文明。

2. 从小事做起，争做一位文明的宁波市民。

3. 不乱丢垃圾，要分类。亲爱的小伙伴们，让我们行动起来吧！为创建文明城市贡献自己的力量！

镇海区艺术实验小学全体少先队员

7 月 15 日

出示两份习作，在比较中评议，引导学生发现例二在理由部分写清楚了此次倡议的重要性与紧迫性，使倡议书更有号召力。

例一	例二
…… 宁波是一座文明的城市。为此，我们向全校同学发出以下倡议：……	…… 宁波是全国知名的文明城市，为了获得全国文明城市“六连冠”，我们要改变身边那些不文明的现象。为此，我们向全校同学发出以下倡议：……

小结：看来要把倡议的原因说清楚，可以列举危害，也可以用正反对比、举例子等方法来说明。原因明了，自然就会有更多人的响应。

再出示两份习作，组织学生进行比较、评议，提出修改意见。

例一

…… 1. 每一位同学都要讲文明。　　倡议笼统 2. 从小事做起，争做一位文明的宁波市民。　　内容重复 3. 不乱丢垃圾，要分类。 ……

例二

…… 1. 认真学习垃圾分类知识，严格进行分类投放。　　做法具体 2. 从我做起，从小事做起，一起爱护花草树木。　　由己推人 3. 节约能源，随时关灯、关好水龙头。 4. 积极参加文明宣传，劝说、阻止不文明行为。　　角度多样 ……

3. 借助表格，学写倡议书

所见现象	相应倡议
垃圾投放不分类	学习垃圾分类知识，垃圾分类投放
随意浪费资源	随手关灯、关水龙头
……	……

通过所见的现象，提出相应的倡议，这样能帮助我们厘清倡议的内容，避免出现重复的现象，还能丰富倡议的角度。

（三）学习活动三：模拟读者，评改倡议书

1. 同桌互改，提修改建议

展示修改模板，请“读者”参照。

“垃圾分类”倡议书 亲爱的同学们： 随着生活水平的提高、物质生活的富裕，人们每天产生的垃圾也越来越多。我国的部分城市已经陷入了“垃圾围城”的困境中。那些难以处理的垃圾不但破坏了城市的环境，还影响大家的健康。在此，我向大家发出以下倡议： 1. 监督乱投垃圾的人。 2. 学习垃圾分类知识。 3. 宣传垃圾分类的好处。 4. 分类投放垃圾。 镇海区艺术实验小学 小明 7月15日	读者修改建议 1. 第一条建议应改到最后，先做好自己再去影响别人。 2. 宣传垃圾分类的好处比较笼统，可以把如何宣传的做法说得更明确。 3. 监督乱投垃圾的人如何能落实？可以采用居民相互监督与社区共同监督的方式。 ……

2. 根据建议，修改倡议书

下面就请同学们根据同桌的建议来修改自己的倡议书，让原因更清楚，倡议更明确。

3. 完成修改，展示修改后的倡议书

"垃圾分类"倡议书

亲爱的同学们：

随着生活水平的提高，物质生活的富裕，人们每天产生的垃圾也越来越多。我国的部分城市已经陷入了"垃圾围城"的困境中。那些难以处理的垃圾不但破坏了城市的环境，还影响大家的健康。在此，我向大家发出以下倡议：

1. 认真学习垃圾分类的知识。
2. 坚持正确投放垃圾，养成垃圾分类的好习惯。
3. 制作垃圾分类的标语与标识，贴在适合处。
4. 居民与社区共同监督，及时制止那些乱投混投垃圾的人。

镇海区艺术实验小学　小明

7 月 15 日

4. 自主修改自己的倡议书

（四）学习活动四：语境拓展，发布倡议书

1. 现场发布倡议书

黑板贴上"公告栏"，请学生把作品贴在公告栏下。

2. 拓展发布渠道

课后，让我们一起发布这份倡议书，并收集反馈意见，再优化倡议书，以号召更多的人一起行动起来，让宁波这座城市更加文明和谐。

【案例点评】

本单元的表达任务有明确的交际情境，"读者意识"直接影响着学生完成单元表达任务的质量。在教学时，教师从当地在创建全国文明城市中出现的不良现象出发，激发学生表达的欲望，帮助学生明确写作的目的和价值；然后利用范例明确倡议书的格式、结构等，并组织学生在比较分析中明白倡议书该如何写，怎样才能使自己的倡议书更加具有号召力等，让学生在真实的学习过程中习得写倡议书的方法；最后，还创设了张贴倡议书的环节，进而告诉孩子要根据不同的倡议对象，发布在不同的渠道，且在发布完倡议书之后，还要继续跟进了解倡议的效果如何，如何收集反馈意见，充分体现了应用文的功能。

【思考与练习】

1. 查阅文献，阐述小学"写话"指导过程中"以说促写"的理论依据。

2. 从小学语文教材的"写话"内容中，任选某一内容的教案（或教学实录）进行分析，反思教学环节以及师生活动，给出评价与建议。

3. 收集某个班某一次的小学生作文，尝试从不同视角对这次作文中出现的问题进行归纳和分析，在此基础上反思习作教学，形成一份分析报告。

4. 自选小学语文教材中的某一"习作"教学内容，以小组为单位完成一篇习作教学设计，班内展示、交流。

第六章

“梳理与探究”教学设计

【内容提要】

梳理与探究作为语文实践活动，突出梳理、探究等学习过程，重在引导学生学会学习，是学习者通过对信息的筛选、分类、整理等，将其与已有知识结构联系，进而建构个性化言语经验体系的学习历程。结合语文课程标准和小学语文教材，在进行教学设计前我们应明确其目标和教学内容，进行教学设计时应关注其情境性、综合性、实践性特征。本章分别以字词梳理与发现、跨学科学习与探究为例，对教学策略与方法进行梳理，并借助具体案例讨论如何进行教学设计。

【学习目标】

- 能够准确把握“梳理与探究”的学段要求以及所包含的学习内容，理解梳理与探究活动的教学意义及其对儿童发展的价值。
- 理解“梳理与探究”中字词梳理与发现、跨学科学习与探究的具体目标和学习内容。
- 能够结合教材中的具体内容或者学生感兴趣的语文学习问题，尝试进行教学设计。

第一节 “梳理与探究”的教学目标与内容

一、“梳理与探究”活动与儿童发展

（一）“梳理与探究”的内涵

“梳理”是指对事物进行归类、分析，使之条理化。① “梳理”也是一种加工信息的途

① 中国社会科学院语言研究所词典编辑室．现代汉语词典［M］．7版．北京：商务印书馆，2016.

径，很大程度上来说是一种分类，能够较为有效地聚焦信息，并将不易看见和察觉的信息变得更加清晰化、可视化，从而实现思维条理化。“梳理”是一种常见的语文学习实践活动，是促进学生对语言文字现象形成更深入认识和理解的重要途径。通过梳理，学生能够在积极的语文学习活动中获得成功体验和有意义的发展，其间内含思维训练。在课程标准中，“梳理”一词后常伴随目的性表述，这意味着梳理是对语言文字的整合，进而使言语经验结构化，并转化为个体的方法和策略。

“探究”是指探索、研究，探寻、追究。① “探究”既是一种态度，也是一种能力，可以帮助人们发现知识、拓展思维、解决问题。在语文教学中，“探究”更倾向于是对一种学习方法、学习过程的表述。在语文学习中，发现并确定要探究的主要问题，通过调查、阅读等方式收集与处理信息，通过表达与交流进行研讨，借助文字、图表等形成探究成果，这一过程可以发展学生自主学习、运用知识解决问题的能力以及合作探究的精神。

小学语文课程中的“梳理与探究”，既包括知识的整理与发现，如“尝试分类整理学过的字词。尝试发现所学汉字形、音、义和书写的特点”，也包括一些综合性体验或指向问题解决的语文活动，如“策划简单的校园活动和社会活动，对所策划的主题进行讨论和分析，学写活动计划和活动总结”，“利用图书馆、网络等渠道获取资料，解决与学习和生活相关的问题”等。

（二）“梳理与探究”之于儿童发展

语言文字运用在每个人的生活中无处不在，在语文课程中，要培养学生观察语言文字现象，发现问题并从中找到语言文字规律的能力。“梳理与探究”突出运用归纳、分类、比较等方法，通过学习者自身对所学知识的梳理，将所学知识结构化，融入并改善大脑中原有的认知结构。“梳理与探究”指向主动、个性、探究、建构，指向知识的情境化、结构化。换言之，“梳理与探究”是将散点式的言语经验转化为结构化的言语策略，在具体的语言实践中，自觉运用这些经验和规律，解决问题，建构经验，发展语文核心素养。

《义务教育语文课程标准（2022 年版）》在“课程目标”部分，对小学阶段“梳理与探究”的学段要求进行了具体描述（见表 6－1）。

表 6－1　小学阶段“梳理与探究”的学段要求

第一学段	第二学段	第三学段
（1）观察字形，体会汉字部件之间的关系。梳理学过的字，感知汉字与生活的联系。	（1）尝试分类整理学过的字词。尝试发现所学汉字形、音、义和书写的特点，帮助自己识字、写字。	（1）分类整理学过的字词，发现所学汉字形、音、义和书写的特点，发展独立识字能力和写字能力。

① 中国社会科学院语言研究所词典编辑室．现代汉语词典［M］．7 版．北京：商务印书馆，2016．

续表

(2) 观察大自然，热心参加校园、社区活动，积累活动体验。结合语文学习，用口头或图文等方式整理、表达自己在活动中的见闻和想法。 (3) 对周围事物有好奇心，能就感兴趣的内容提出问题，结合其他学科的学习和生活经验交流讨论，尝试提出自己的看法。	(2) 学习组织有趣味的语文实践活动，在活动中学习语文，学会合作。结合语文学习，观察大自然，观察社会，积极思考，运用书面或口头方式，并可尝试用表格、图像、音频等多种媒介，呈现自己的观察与探究所得。 (3) 能提出学习和生活中的问题，有目的地搜集资料，共同讨论，尝试运用语文并结合其他学科知识解决问题。	(2) 感受不同媒介的表达效果，学习跨媒介阅读与运用，初步运用多种方法整理和呈现信息。 (3) 初步了解查找资料、运用资料的基本方法。利用图书馆、网络等渠道获取资料，解决与学习和生活相关的问题。尝试写简单的研究报告。 (4) 策划简单的校园活动和社会活动，对所策划的主题进行讨论和分析，学写活动计划和活动总结。对自己身边的、大家共同关注的问题，或影视作品中的故事和形象，通过调查访问、讨论演讲等方式，开展专题探究活动，学习辨别是非、善恶、美丑。

可见，针对“梳理与探究”这一语文实践活动，主要从汉字、词语的分类、整理与探究，综合性语文学习活动与跨学科学习中的问题解决两个大的方面进行学段要求的描述，体现出层级性、融通性与高阶化的基本特点。

就字词的“梳理与探究”而言，在识字、写字、词语积累达到一定量的基础上，通过分类、整理与分析、探究，关注字词内部的关系与规律，引导学生发现汉字构形规律、词类特点等，进而体会汉字与生活的关系，感受汉字所蕴含的丰富的中华文化。这样，就从字词的识记与积累走向理性的认识、发现与概括，实现知识融通与结构化。

就综合性的语文学习活动和跨学科学习中的问题解决而言，从语文实践活动的设计、组织，运用语文及跨学科知识发现、解决问题，到运用多种方式呈现过程、表达结果，充分体现出语言文字运用的综合性、实践性特征，以及它与生活的紧密联系，将学语文、用语文统一起来，并在这一过程中发展学生融会贯通、解决实际问题的综合素养。

基于“梳理与探究”的“课程目标”，课程标准在“评价建议”的“学业水平考试”部分特别指出：“梳理与探究类问题或任务要从具体的文本材料出发，拟定有育人价值和探究空间的活动，考查学生提取信息、筛选分类、比较概括、归纳总结等思维能力”①。

二、“梳理与探究”的教学内容

应该说，课程目标中“梳理与探究”的学段要求，与作为课程内容的六个“语文学习任务群”有着整体关联。换言之，六个“语文学习任务群”都隐含着“梳理与探究”的目标要求。本章仅对突出体现“梳理与探究”语文活动特点的两个学习任务群进行具体分析，即“语言文字积累与梳理”和“跨学科学习”。

① 中华人民共和国教育部．义务教育语文课程标准：2022年版［S］．北京：北京师范大学出版社，2022：51.

（一）语言文字积累与梳理

“语言文字积累与梳理”学习任务群作为六大学习任务群之首，其重要性和关键地位不言而喻。作为唯一一个基础型学习任务群，其强调了积累语言材料和言语经验的必要性，并明确提出应通过“观察、分析、整理”发现汉字的构字组词规律，进而掌握规律，形成良好语感，感受文化内涵。也就是说，通过本学习任务群的学习，既要完成识字与写字的教学目标，也要通过梳理与探究的活动，初步探究语言文字的规律，使自己的语言经验条理化和结构化。表 6－2 是“语言文字积累与梳理”学习任务群第一至三学段的学习内容。

表 6－2　“语言文字积累与梳理”学习任务群第一至三学段的学习内容

<table>
<tr><td colspan="2">语言文字积累与梳理
本学习任务群旨在引导学生在语文实践活动中，积累语言材料和语言经验，形成良好语感；通过观察、分析、整理，发现汉字的构字组词特点，掌握语言文字运用规范，感受汉字的文化内涵，奠定语文基础。</td></tr>
<tr><td>学段分布</td><td>学习内容</td></tr>
<tr><td>第一学段（1～2年级）</td><td>（1）认识有关人的身体与行为、天地四方、自然万物等方面的常用字；认识家庭生活、学校生活、社会生活中的常用字；学习书写笔画简单的字，初步体会汉字结构的主要特点。
（2）先认先写基本字，学习部首检字法，尝试发现汉字的一些规律，初步学习分类整理课内外认识的字；在生活中主动识字，发展独立识字能力。
（3）认读拼音字母，拼读音节，认识声调，借助汉语拼音认读汉字，学习音序检字法；在日常交际情境中学习汉语拼音和普通话。
（4）诵读、记录课内外学到的成语、谚语、格言警句、儿歌、短小的古诗等，感受中华优秀传统文化，养成自主积累的习惯。</td></tr>
<tr><td>第二学段（3～4年级）</td><td>（1）在真实的语言文字运用情境中独立识字与写字，初步梳理常用汉字形、音、义之间的联系。
（2）关注校园内外汉字和标点符号的正确使用情况，整理自己的发现并和同学交流，互相正字正音。
（3）诵读、积累成语典故、中华文化名言、短小的古诗词和新鲜词语、精彩句段等，丰富自己的语汇，分类整理、交流，初步认识中华优秀传统文化蕴含的思想；在语言积累和运用过程中，体会同义词、反义词等词语的作用，发现、感受语言的表现力和创造力。</td></tr>
<tr><td>第三学段（5～6年级）</td><td>（1）主动通过多种方式独立识字，按照汉字字形结构等规律梳理学过的汉字。丰富自己的词语积累，注意词语的感情色彩。
（2）开展校园内外讲普通话、写规范字、正确使用标点符号情况的调查，整理、分享自己的发现。
（3）诵读优秀诗文，分主题梳理自己积累的成语典故、格言警句、对联等语言材料，并尝试运用到日常读写活动中，增强表达效果。</td></tr>
</table>

上述“语言文字积累与梳理”学习任务群中，既有识字与写字、语言积累等学习内容，也有在此基础上进行梳理与探究的学习内容，而有关语言文字梳理与探究的学习内容是从第二学段开始出现的，例如：第二学段的有关要求“初步梳理常用汉字形、音、义之间的联系”“关注校园内外汉字和标点符号的正确使用情况，整理自己的发现并和同学交流”，第三学段的有关要求“按照汉字字形结构等规律梳理学过的汉字”“开展校园内外讲普通话、写规范字、正确使用标点符号情况的调查，整理、分享自己的发现”“分主题梳理自己积累的成语典故、格言警句、对联等语言材料，并尝试运用到日常读写活动中，增

强表达效果”。

也就是说，这一学习任务群的价值和意义不能仅仅停留在获得识字写字的知识和技能的学习，也不能仅仅停留在语言材料的积累、堆砌层面，而是提出了进一步的要求，即对语言材料进行分类整理、初步探究、发现规律。这一方面可以使语言经验从散点化走向结构化，并在这一过程中培养学生对汉字的情感和态度，认识到汉字的特点和文化属性；另一方面，也可以通过校园内外语用情况的探究，建立起语言学习与生活的联系。

在学习内容的编排上，体现出从认识、认写、认读感知开始进行初步学习和积累，到在此基础上独立梳理、整理、分类，而后主动按照规律进行梳理、分析、分享、运用。其内在逻辑为，从形成浅表的理解、记忆，逐渐过渡到深层认识，学生先后将无序的言语经验学习内容，整合为有序的言语经验规律，最终服务于自身言语体系。

（二）跨学科学习

“跨学科学习”学习任务群，实际上是对2011年版课程标准中“综合性学习”的深化，渗透了学科融合的课程理念，体现了语文课程的综合性和开放性。表6-3是“跨学科学习”学习任务群第一至三学段的学习内容与教学提示。

表6-3 “跨学科学习”学习任务群第一至三学段的学习内容与教学提示

<table>
<tr><td colspan="2">跨学科学习
本学习任务群旨在引导学生在语文实践活动中，联结课堂内外、学校内外，拓宽语文学习和运用领域；围绕学科学习、社会生活中有意义的话题，开展阅读、梳理、探究、交流等活动，在综合运用多学科知识发现问题、分析问题、解决问题的过程中，提高语言文字运用能力。</td></tr>
<tr><td>学段分布</td><td>学习内容</td></tr>
<tr><td>第一学段（1～2年级）</td><td>（1）围绕爱图书、爱文具、爱学习等主题，走进图书馆、阅览室、书店、文具店，在借用、购买、整理图书和文具的过程中，学习识字、说话、计算、设计、美化，学习与他人沟通、交流，养成爱书、爱文具的好习惯。
（2）在班级、学校或家里养护一种绿植或者小动物。综合运用语文、科学、数学等多学科知识，学习日常观察和记录。
（3）参与学校、社区举办的节日和风俗活动，留意身边的传统节日、风俗习惯等文化现象，感受和学习生活中的中华优秀传统文化。</td></tr>
<tr><td>第二学段（3～4年级）</td><td>（1）尝试运用科学、艺术、信息科技等相关知识和技能，富有创意地设计并主动参与朗诵会、故事会、戏剧节等校园活动。
（2）参观物质文化遗产，了解非物质文化遗产；关注传统节日节气、民俗风情、民间工艺、历史和传说等；探寻日常生活中龙凤、松竹梅兰等中华文化意象。积极参加学校、社区举办的文化主题活动，在活动中学习语文，获得多样的文化体验。
（3）选择自己发现和关心的日常语言、行为、校园卫生、交通安全、家庭教育等方面的问题进行调查研讨，尝试写出简单的研究报告，与同学交流。</td></tr>
<tr><td>第三学段（5～6年级）</td><td>（1）积极参加校园文化社团，参与学校和社区举办的戏曲、书法、篆刻、绘画、刺绣、泥塑、民乐等相关文化活动，体验、感知、传承中华优秀传统文化，运用多种形式分享自己的经验与感受。
（2）综合运用语文、道德与法治、科学、劳动等多方面的知识和技能，通过小组研讨，集体策划、设计参观考察活动方案，运用跨媒介形式分享研学成果。
（3）选取衣食住行、学校、地球、太空等某个方面，设计人工智能时代的未来生活，运用多样形式丰富自己的语言表达，呈现与分享奇思妙想。</td></tr>
</table>

续表

教学提示
(1) 充分发挥跨学科学习的整体育人优势，增强跨学科学习的计划性和目标意识。根据不同学段学生生活的范围、学习兴趣和能力，精心选择学习主题和内容，组织、策划多样的学习活动。考虑每学期的课时安排，把握活动周期和难度。第一至第三学段以观察、记录、参观、体验为主，第四学段以设计、参与、调研、展示为主。 (2) 要引导学生在广阔的学习和生活情境中学语文、用语文，提高交流沟通、团队协作和实践创新能力。注意引导学生掌握问题探究的基本步骤和方法，学会提炼、表达、呈现学习成果，着重培养学生综合运用多学科知识解决实际问题的能力。 (3) 要拓展学习资源，增强跨学科学习的综合性和开放性。充分利用图书馆、互联网、社区生活场景、文化场馆等，为学生开展跨学科学习提供必要的支持；也可以结合学校和社区开展的文化活动进行语文跨学科学习。 (4) 评价主要以学生在各类探究活动中的表现，以及活动过程中完成的方案、海报、调研报告、视频资料等学习成果为依据。教师可以针对主要学习环节和内容制订评价量表，邀请相关学科教师、家长、社会人士参与评价。评价要关注学生综合运用多学科知识思考问题、解决问题的态度和能力。评价以鼓励为主，既充分肯定学生的发现和创造，又引导学生自我反思提升，不断提高跨学科学习的质量。

表6-3分别从“跨学科学习”的内涵、学习内容、教学建议三个方面展开，通过指向性强、目标明确的文字对本学习任务群所包含的学习意义进行阐述，并对开展跨学科学习提供了可操作性的指导。其中，“开展阅读、梳理、探究、交流等活动”“发现问题、分析问题、解决问题”，与“梳理与探究”的“学段要求”中的目标相对应，并结合具体学习内容分学段为教学设计提供参照。

从目标指向来看，在综述部分明确提出本学习任务群指向：拓宽语文学习和运用领域，在综合运用多学科知识发现问题、分析问题、解决问题的过程中，提高语言文字运用能力。同时，不同学段根据学生年龄特点确定学习内容，从鼓励参与、学习沟通交流，到尝试参与、积极参加、试写研究报告，再到运用多种形式分享、综合多个学科。随着学段的变化，学生的跨学科学习路径从留意身边、日常观察记录、参与感受，转向主动参与、探寻、记录体验，最终达到综合运用，从旁观者转向参与者，再向设计者、分享者的角色转变。

从学习内容来看，分别从不同学段出发，在不同学段中围绕学习主题、跨学科学习的方式提出了具体的要求，例如，围绕“文化体验”，从参与活动，留意身边的文化现象，初步感受和学习，到参观物质文化遗产、探寻中华文化意象、积极参加文化主题活动，最终在体验感知的过程中传承。这不仅贴合教材中内容的编排，也遵循了学生的发展规律，更顺应了文化体认的基本规律。

从教学建议来看，对教学实施过程中提出了相关要求。例如：“要引导学生在广阔的学习和生活情境中学语文、用语文，提高交流沟通、团队协作和实践创新能力”，体现了转向真实生活的探究，不再局限于学校课程、班级活动，从而为学生在生活中用语文奠定基础；“要拓展学习资源，增强跨学科学习的综合性和开放性”，体现了打破学科知识相互独立的状态，致力于追求学习内容、学习方式的协调与融通，从而提升学生知识迁移的能力；“要关注学生综合运用多学科知识思考问题、解决问题的态度和能力”，体现了培养发现、分析、解决问题的能力，从而让学生在梳理与探究的过程中提升语言文字运用能力、综合思考能力和实践创新能力。

可见，“跨学科学习”学习任务群具有很强的综合性、融通性，其学习过程所涉及的学科、媒介更广泛，指向发展学生综合运用语言文字的能力。在学习形式不断丰富、学习路径不断拓宽的基础上，不再是单一的语文学科、语文课堂，而是延长学习周期、着重培养学生综合运用多学科知识解决问题的能力。

从现行语文教材来看，语文综合性学习内容和跨学科学习的设计主要集中于中高年级，见表6－4、表6－5。但必须注意的是，在低年级学习过程中也不能忽视综合性语文实践活动和跨学科学习。此外，除了教材中较为集中编排的综合性学习单元外，教师还需建立起跨学科学习的理念和意识，用好零散分布在教材中的可用于跨学科学习的其他资源，通过主题性探究活动，拓宽语文学习和运用领域，帮助学生逐渐形成相互融通的学习意识和发现问题、解决问题的能力，进而发展学生的核心素养。

表6－4　小学语文教材中的综合性学习内容

<table>
<tr><th>册别</th><th>学习主题</th><th colspan="2">学习内容</th></tr>
<tr><td rowspan="3">三下</td><td rowspan="3">中华传统节日</td><td>《古诗三首》</td><td>活动提示：自由组成小组，先商量一下，打算了解哪些传统节日，怎么了解，用什么方式记录，然后各自开展活动。</td></tr>
<tr><td>《纸的发明》</td><td>活动提示：整理收集到的资料，再商量商量，打算怎样展示活动的成果，还可以补充哪些资料。</td></tr>
<tr><td>综合性学习：中华传统节日</td><td>(1) 写一写过节的过程；
(2) 展示活动成果。</td></tr>
<tr><td rowspan="3">四下</td><td rowspan="3">轻叩诗歌大门</td><td>《短诗三首》</td><td>活动提示：可以通过阅读报纸、杂志、书籍等方式，收集喜欢的现代诗。准备一个摘抄本，把它们工整地抄写下来，注意写清楚作者和出处。</td></tr>
<tr><td>《白桦》</td><td>活动提示：这段时间，我们阅读、收集了许多诗歌，还做了自己的诗歌摘抄本，大家可以交流一下。还可以试着当个“小诗人”写写诗，把自己的感受表达出来。写的时候要注意分行。写完后，和同学交流。</td></tr>
<tr><td>综合性学习：轻叩诗歌大门</td><td>(1) 合作编小诗集；
(2) 举办诗歌朗诵会。</td></tr>
<tr><td rowspan="2">五下</td><td rowspan="2">遨游汉字王国</td><td>汉字真有趣</td><td>活动建议：搜集字谜，开展猜字谜活动；搜集体现汉字特点的古诗、歇后语、对联、故事等资料，办一次趣味汉字交流会。
阅读材料：《字谜七则》《门内添“活”字》《有意思的谐音》《“枇杷”和“琵琶”》《有趣的形声字》。</td></tr>
<tr><td>我爱你，汉字</td><td>活动建议：搜集更多的资料，围绕汉字历史、汉字书法或其他感兴趣的与汉字有关的内容，开展简单的研究；调查同学的作业本、街头招牌、书籍报刊等，围绕生活中用字不规范的情况，开展简单的研究。
阅读材料：《汉字字体的演变》《甲骨文的发现》《书法欣赏》《制定国家通用语言文字法的必要性》《关于“李”姓的历史和现状的研究报告》。</td></tr>
</table>

续表

<table>
<tr><th>册别</th><th>学习主题</th><th colspan="2">学习内容</th></tr>
<tr><td rowspan="2">六下</td><td rowspan="2">难忘小学生活</td><td>回忆往事</td><td>活动建议：（1）填写时间轴；（2）分享难忘回忆；（3）制作成长纪念册。
阅读材料：《老师领进门》《作文上的红双圈》《如何制作成长纪念册》。</td></tr>
<tr><td>依依惜别</td><td>活动建议：（1）举办毕业联欢会；（2）写信。
阅读材料：《我为少男少女们歌唱》《聪明在于学习，天才在于积累——华罗庚1956年在北京大学的演讲》《给家乡孩子的信》《毕业赠言》。</td></tr>
</table>

表6-5　小学语文教材第二学段跨学科学习素材举例

主题	出处
就自己关心的现象或问题谈谈想法	三上第七单元习作：我有一个想法
尝试制作植物记录卡	三下第一单元习作：我的植物朋友
开展跨学科阅读进行文化理解	三下第三单元综合性学习：中华传统节日
记录实验过程	三下第四单元习作：我做了一项小实验
就自己关心的现象或问题谈谈想法	四上第一单元口语交际：我们与环境
就自己关心的现象或问题谈谈想法	四上第三单元口语交际：爱护眼睛，保护视力
写观察日记	四上第三单元习作：写观察日记
写写自己学会的某项技能	四下第六单元习作：我学会了

【思考与练习】

1. 理解“梳理与探究”学段要求中有关字词部分的内容，结合教材中具体的字词学习内容，说说可以指导学生从哪些方面进行梳理与探究？对小学生而言这样的学习活动的价值是什么？

2. 理解“跨学科学习”的内涵和目的，结合具体教学内容，分析语文跨学科学习的价值。

第二节　“梳理与探究”的教学策略与案例分析

梳理与探究，作为语文学习活动，突出体现综合性、情境性、实践性的鲜明特征，从而实现知识的融会贯通与规律发现，同时发展学生运用知识发现问题、解决问题的意识和能力。梳理与探究，既穿插于识字与写字、阅读与表达之中，也可以以跨学科学习活动的方式单独设计。下面针对“梳理与探究”学段要求的具体内容，对字词梳理与发现和语文跨学科学习的教学策略做具体阐释。

一、字词梳理与发现的教学策略

字词的梳理与发现的目标在于：第一学段“梳理学过的字，感知汉字与生活的联系”，第二学段“尝试分类整理学过的字词。尝试发现所学汉字形、音、义和书写的特点，帮助自己识字、写字”，第三学段“分类整理学过的字词，发现所学汉字形、音、义和书写的特点，发展独立识字能力和写字能力”。①

如何通过教学实现上述目标呢？

（一）以积累为主线，凸显梳理意义

积累是字词梳理与发现教学的出发点和落脚点。一方面，梳理与探究活动需在一定量的字词学习与积累的基础上进行；另一方面，积累也不是一味地文字堆砌，而是通过观察、分析、整理，发现汉字的构字组词特点，将零散的知识和积累的语言材料结构化，获得更为深刻的言语经验，实现学习的进阶。小学阶段的字词学习，应充分体现“积累-梳理-积累-梳理……”的往复过程，在积累的基础上梳理，在梳理的过程中实现高质量的积累，以积累为主线，凸显梳理意义。

在组织小学生进行字词梳理与发现的过程中，教师要为学生提供适当的条件性知识和一些可操作的方法，例如，在梳理前教师做出过程、方法与成果展示的示范，为学生提供一些知识资源、表格工具等，并对梳理与发现成果的描述与展示给出具体要求。

教师一定要确保字词梳理与发现这一学习过程的真正主体是学生，要体现出主动、兴趣、自主选择、任务导向等活动要素，而不是学生被动地完成老师主导并布置的复杂性作业。同时，教师要准确理解小学生进行字词梳理与发现的核心意义，即突破死记硬背、机械抄写的碎片化积累，助力学生获得可以转化的有活力的、可持续的言语经验，进而感受到语言文字的魅力，热爱祖国的语言文字。因此，字词梳理与发现的学习过程并不是简单的重组排序，而是在形成理解的基础上建立意义联结从而有序分类，这样才能在头脑中建构起完整的知识体系。

案例　**一年级有关象形字的梳理与发现任务设计②**

一年级是学生识字的起始阶段，为帮助学生理解象形字，刘老师设计了一个“猎人日记”学习任务，通过三个学习活动，帮助学生理解、发现象形字的造字方法、字形与物象的关系，并通过“猎人日记”的方式模拟人类早期生活的场景，引导学生经历造字、认字和用字的过程。

在汉字学习的初期阶段，教师要善于利用汉字的造字规律，针对不同类别的汉字，设计梳理与发现的学习任务，帮助学生建立汉字的基本观念，实现认识的突破。

① 中华人民共和国教育部．义务教育语文课程标准：2022 年版［S］．北京：北京师范大学出版社，2022：7-13.

② 这个教学设计来自北京市海淀区翠微小学的刘安逸老师。转引自：吕俐敏．“语言文字积累与梳理”学习任务群的理解与实践：以第一学段识字教学为例［J］．福建教育，2022（36）．

活动一：我来造个象形字。看看下图中的羊，如果给它造个字，会是什么样子呢？

活动二：我来认识象形字。

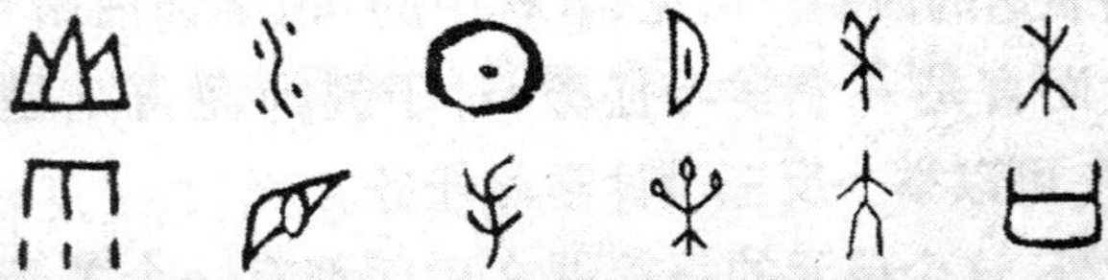

活动三：记录猎人日记。（为了帮助学生完成猎人日记，教师可以给学生提供一些帮助，比如一些猎物、狩猎工具、狩猎的天气情况、狩猎时间、地点等的甲骨文图片。）

猎人日记

时间：
天气：
地点：
发生了什么事情：

（二）基于语用生活，立足真实情境

在真实的语用生活和任务情境下开展学习，可以调动学生的学习兴趣和探索欲望。在设计字词的梳理与发现学习活动时，将真情境中的真问题转化为学习任务能够使随之开展的相关学习过程达到事半功倍的效果。因此，要始终保持“情境意识”，让梳理有活力，让发现有意义。

在任务情境的创设过程中，一方面，要结合学生生活经验以及教材内容，避免出现游离于教材或脱离生活的孤立化、抽象化教学；另一方面，要注意情境的创设要指向真实的语用情境，要在校园学习生活、社会语用情境中开展实践活动。

案例 “我是校园汉字博物馆推广人”学习活动设计①

学习任务	学习内容	学习活动
任务一 遇见象形之美	1. 巩固复习一、二年级6个识字单元的象形字	瞧，书中那些文字图案
	2. 在生活场景和课外读物中至少积累20个象形字，并能在汉字手账本上分类整理	与象形字的不期而遇
	3. 选择一个最喜欢的象形字，根据其构字特点手绘象形文字海报，进一步感受象形字的特点	手绘最美“象形海报”

① 董庭菲．课内外语言材料的特点体认与分类整理：第一学段“语言文字积累与梳理”学习任务群教学讨论[J]．语文建设，2022（18）．

续表

学习任务	学习内容	学习活动
任务二 玩转形声之趣	1. 巩固复习一、二年级6个识字单元的形声字	猜，书中那些汉字的音、义
	2. 在生活场景和课外读物中至少积累20个形声字，并能在汉字手账本上分类整理	与形声字家族会面
	3. 选择一个最有趣的形声字，根据其构字特点设计家族成员谱，进一步感受形声字音、形、义之间的关联	制作“形声字家族成员谱”
任务三 揭秘会意之谜	1. 巩固复习一、二年级6个识字单元的会意字	解锁，书中那些字义密码
	2. 在生活场景和课外读物中至少积累20个会意字，并能在汉字手账本上分类整理	与会意字的一见如故
	3. 选择一个最喜欢的会意字，根据其构字特点设计会意字“推理刮刮卡”，进一步感受会意字的构字规律，理解会意字的字义	设计会意字“推理刮刮卡”

这一教学设计创设了丰富的学习情境发展学生的独立识字能力，设计了扎实的实践活动引导学生形成分类整理的意识，从而引领学生逐渐走向结构化的梳理，走向汉字思维的建构，在建构中感受汉字文化的魅力。

（三）以实践为始终，助力思维提升

梳理与探究的学习活动是“通过积极的语言实践，积累语言经验”的过程，实践性、探究性是其基本特征。在进行字词梳理与发现的教学设计时，应以实践为始终，让学生在参与语文学习实践活动的过程中发现语言规律、积累言语经验、指导言语实践，让梳理有载体，让发现有路径。

首先，要关注实践的历程。字词梳理与发现是较长周期内的渐进过程，这其中包含观察、分析、交流、修正等，不仅要关注学习结果，更要关注学生的学习路径。例如，可以在每学期不同学习阶段开展字词梳理与发现，帮助学生将零散、碎片化的语言经验结构化。其次，要关注实践的主体。不论是进行语言实践还是积累语言经验，其主体均是学生，因此在实践过程中要尽可能关注实践主体的覆盖面以及参与度，不能做表面文章。最后，要关注实践过程中的指导。字词梳理与发现全程伴随思维的参与，体现高阶化思维。对于小学生而言，他们需要教师进行适时的点拨，从而促进思维发展，收获方法、经验。

二、跨学科学习与探究的教学策略

跨学科学习与探究，其教学内容集中体现于“跨学科学习”这一拓展型学习任务群中。现行语文教材，单独、完整的“综合性学习”单元只在五、六年级出现，其他或是嵌入在教材的学习单元内，或是由教师结合教学内容自主设计开展。在教学设计与实施过程中应该注意如下问题：

（一）依据学段要求，体现学习进阶

在进行跨学科学习设计时，教师应根据不同学段的学习内容和要求，积极与相关教师展开多方合作，建立教学共同体，共同展开学习设计，形成跨学科协同育人机制。要充分注意各个学段学习任务所体现的能力进阶，把握好学生核心素养发展的连续性和阶段性。

比如，第一学段的跨学科学习和探究活动要注重激发学生的好奇心和求知欲，培养学生喜欢观察、提出问题的习惯和品质，用自己喜欢的方式呈现学习所得。而到了第二学段则进阶为：乐于观察、提问、交流，能参与简单的活动策划、组织工作；能根据不同的学习活动主题搜集、整理信息和资料，提出自己感兴趣的问题；能用照片、图表、视频、文字等展示学习成果，并与他人分享。

因此，教师在整体规划跨学科学习的主题和任务时，必须考虑不同学段的侧重、难度和进阶。

（二）立足主题，准确定位学科连接点

确定好学习主题之后，教师首先要考虑如何根据学习主题找准学科连接点，创设真实的任务情境，实现学科之间的关联对接和深度融合。学科连接点可以从学习内容、思维方法、关键能力等多个维度来探寻，这需要拥有不同学科和知识背景的教师共同协商、讨论。此后，根据学科的“跨度”，教师要适时为学生提供相应的跨学科学习资源，引导学生充分利用图书馆、博物馆、互联网、社区生活场景等开展跨学科学习和探究。

总之，教师要基于特定的学习主题，从学习内容、思维方法和关键能力等维度设计和开展语文实践活动，实现学科之间的跨越与融合，引导学生在广阔的学习情境中学语文、用语文，提升沟通交流、团队协作和实践创新能力。

（三）落实探究路径，赋能思维空间

跨学科学习具有鲜明的过程性、探究性特征。

就过程性来说，教师要注意系统设计并全面收集学生参与学习活动的真实表现，并将其作为评价学生学业水平的现实依据。比如，教师可以为学生建立过程性学习档案袋，记录学生学习过程中的重要环节和学习成果，如方案设计、海报、调研报告、视频资料等。

就探究性来说，教师要重点关注学生跨学科思考和解决问题的能力，为学生设计具有思维空间的学习活动。比如，以问题发现和解决为目的的跨学科知识检索与文献阅读活动，聚焦问题核心寻找探究路径和解决问题方法的学习活动，围绕探究成果交流研讨的活动，等等。总之，要聚焦运用多学科知识和思维方式去探究、发现，解决问题这一核心，为学生设计探究活动并进行针对性的评价。

三、“梳理与探究”的教学设计案例与点评

案例　　**教学设计：三年级上册第一单元新鲜词句的梳理与发现**

制作校园生活手账

一、单元整体设计说明

本单元以“学校生活”为主题，语文要素指向“有新鲜感的词语和句子”，编排了两

篇精读课文和一篇略读课文，有边疆小学、神奇的花的学校、民国时期的私塾，新奇的景物，天马行空的想象以及特别的时代背景，为学生阅读时产生“新鲜感”奠定基础。“我眼中的暑假生活”和“猜猜他是谁”也隐藏着尚待学生发现的“新鲜感”。

立足本单元人文主题及语文要素，并结合三年级学生学情特点，确定了“四海校园漫游会”的大情境，学生以“制作校园生活手账”为任务贯串整个单元的学习，最终参展“新鲜博览会”。学生作为校园的小主人，通过本单元三篇课文的学习了解不一样的学校生活，层层递进积累有新鲜感的词句和表达，同时丰富自身语言结构，最终指向表达与交流。

二、单元整体教学框架说明及课时分解

聚焦本单元内部结构。三篇课文主题相同且都有关于新鲜感的词句：首篇要求学生从不同方面初步感知“新鲜感”；第二篇从开放走向集中，从内容走向形式，引导学生感受拟人这一“有新鲜感的表达”；第三篇略读课文在迁移运用中加深对“新鲜感词句”的理解感悟。口语交际是把“新鲜感”讲给别人听，“猜猜他是谁”作为小学阶段首篇习作，以“乐趣”为导向，要求用几句话或一段话写一写他人的“新鲜之处”。阅读教学侧重“理解与积累”，后者侧重“运用”，语文园地重在梳理提升。

能够发现，本单元各部分间呈现出一条从关注到感受积累再到体会的层层递进、螺旋上升的“能力发展”脉络。同时阅读要素和习作要素呈隐性相关，最终指向“新鲜语言的积累运用”，实现学生语言质量的提升与发展。

因此，本单元在进行单元整体设计时，将“新鲜感”贯串始终并遵循学习规律，设计了“新鲜”放大镜、“新鲜”万花筒、“新鲜”收藏家等一系列学习任务，力求在语文实践活动中发展学生的语文能力、提高语文素养。

单元设计的整体框架如下页图所示。

三、单元学习任务设计

（一）学习目标

1. 能在具体语境中识记“摔”“跤”等28个生字，会写“晨”“绒”等26个字，会写“穿戴”“早晨”等28个词语。

2. 能边读边想象画面，初步了解略读课文基本学习要求，体会有新鲜感的词语和句子，体会新鲜表达的好处。

3. 能在阅读时，从不同角度关注有新鲜感的词句。能在表达中迁移运用有新鲜感的词句，并逐渐养成积累有新鲜感的词句的习惯。

4. 能通过有新鲜感的词句，感受边疆民族小学校园生活的幸福，体会散文的美好意境，养成“不懂就要问”的学习习惯，产生对校园生活的热爱。

（二）学习过程

学习活动一：生字朋友新鲜点

1. 创设情境，走近文本

承接上一任务，进入阅读篇目的学习，开启一场校园生活新鲜之旅。

别样校园，处处新鲜

单元任务：制作校园生活手账								
教科书教学							整本书阅读	跨学科学习
学习任务一 “新鲜”放大镜	学习任务二 “新鲜”校园生活手账			学习任务三 “新鲜”万花筒		学习任务四 “新鲜”收藏夹	学习任务五、六 “新鲜”收藏家	学习任务七 “新鲜”博览会
播报暑期新鲜事 口语交际+发布任务 （1课时）	走近边疆小学 《大青树下的小学》 （2课时）	游览花的学校 《花的学校》+《所见》 （2课时）	重返民国私塾 《不懂就要问》 （1课时）	认识我们的老朋友 习作：猜猜他是谁 (2课时)	我们学校的新鲜事 社团名字（0.5课时）	新鲜记录册 交流平台+词句段运用 （0.5课时）	争做小小收藏家 自主阅读《稻草人》 摘录+读书交流分享 （2课时）	举办“新鲜”博览会 将本单元所学以手账为呈现方式进行展览 （2课时）
↓	↓	↓	↓	↓	↓	↓	↓	↓
说 分享新鲜事	学 关注有新鲜感的词句	学 关注有新鲜感的表达方式	练 关注有新鲜感的思想	用 写同学的新鲜之处	用 创作新鲜名字	归纳 整理新鲜词句 积累新鲜词句	整本书阅读 阅读《稻草人》收藏新鲜词句并与同伴分享	运用 “新鲜”可视化 见证“新鲜”
↓	↓	↓	↓	↓	↓	↓	↓	↓
宣读“假日话新鲜”茶话会会议议程，畅聊新鲜	借助学习单初步感受新鲜词句	借助学习单展开想象感受拟人的表达方式	借助学习单聚合新鲜词句及思想	用文字记录与众不同的“他”	梳理与提升 通过回顾、朗读 分类整理并积累		借助阅读汇报单 寻找、发现、朗读新鲜词句，评选最佳“收藏家”	通过美术、信息技术等学科整合 争做“新鲜”发言人

2. 初览课文，借助学习单疏通字词句

（1）自主阅读本单元三篇课文，注意读通句子。

（2）借助学习单，学习本单元的生字词语。

新学期·新课文·新朋友				
内容		《大青树下的小学》	《花的学校》	《不懂就要问》
生字词语	我的易错字			
	不认识的生字			
	不理解的词语			
新鲜语句要读好		将读起来有困难的句子用括号标记，并多读几遍。		
发现课文不同之处				

（3）关注略读课文，浏览本册其他单元是否还有略读课文。

（4）选择部分段落组织学生朗读。

学习活动二：走进边疆小学

1. 聚焦新鲜事物

（1）揭示课题，聚焦“大青树”，引导学生围绕题目展开所思、所想并进行交流。

（2）圈画新鲜感的词句。

①交流有新鲜感的词语、短语。

第一组：傣族 景颇族 阿昌族 德昂族

借助课后资料袋发现少数民族小朋友们的穿戴不同，但即便穿戴不同，却都来到学校成了好朋友。

第二组：山坡 坪坝 绒球花 太阳花 凤尾竹

借助图片及字典解释理解“坪坝”“绒球花”等，并学写“绒”字。

第三组：鲜艳的服装 欢唱的小鸟 粗壮的枝干

感受短语的表达方式，并尝试在文中寻找类似的短语。如：古老的铜钟。

②交流有新鲜感的句子。

2. 感知新鲜词句

（1）自主积累，感受新鲜。

关注有新鲜感的表达，以及新鲜感带来的感受。借助“‘新鲜’校园生活手账”学习单完成，并记录自己的想法。

“新鲜”校园生活手账	
远方的学校——大青树下的小学	
“新鲜”之处	“新鲜”之感
（课文中认为有新鲜感的词句）	（写下这些新鲜感词句带给你的感受）

(2) 读出新鲜，各抒己见。

学习活动三：游览花的学校

1. 初步感知，记录“新鲜感”

(1) 师生对读，交流课前预习。

①对读课文中的句子，暗示学生聚焦把事物当作人来写的句子。

②结合“‘新鲜’校园生活手账”，分享印象深刻的词句及感受。

“新鲜”校园生活手账	
想象的乐园——花的学校	
“新鲜”之处	“新鲜”之感
（课文中认为有新鲜感的词句）	（写下这些新鲜感词句带给你的感受）

2. 展开想象，对话“新鲜感”

(1) 根据词语展开想象，感受花的学校特点。

(2) 在自主发现中想象，体会“拟人”的表达方式。

3. 回扣作者，拓展“新鲜感”

学习活动四：重返民国私塾

1. 对比发现“新鲜”

(1) 关注课文，发现略读课文与精读课文的不同，并了解略读课文的学习方法。

(2) 借助阅读提示，思考课文讲了一件什么事并与同学交流对这件事的看法。

2. 自读聚合“新鲜”

(1) 自主学习，摘录新鲜词句。

“新鲜”校园生活手账	
民国的私塾——不懂就要问	
“新鲜”之处	“新鲜”之感
（课文中认为有新鲜感的词句）	（写下这些新鲜感词句带给你的感受）

(2) 汇报交流

围绕摘录的新鲜感词句展开交流，并说说自己的看法。

【案例点评】

本单元的语文要素为“阅读时，关注有新鲜感的词语和句子”，单元内容与“字词梳理与发现”的学习紧密相关。同时，作为由低年级向中年级过渡的首个单元，其衔接意义不言而喻。因此，在进行教学设计时，设计者结合“梳理与探究”的相关要求以及单元内部构成及篇章特点，开展了系统、有梯度的单元整体教学设计。

第一，依托情境，任务驱动，组织学生发现、探究有新鲜感的词句。教学设计从学生生活中的“手账”出发，创设情境，设计任务。篇章的学习指向发现、体会、记录、梳理有新鲜感的词句，口语交际与习作的学习指向运用有新鲜感的词句进行表达。

第二，建立联系，注重积累，促进学生语言的建构与提升。积累，是梳理与探究的核心。教学设计以“别样校园，处处新鲜”为学习主题，以“‘新鲜’放大镜”“‘新鲜’万花筒”“‘新鲜’收藏家”等学习任务为载体，整合单元内容。通过这些具体的学习活动，引导学生发现、梳理零散的新鲜词句，进而在理解、体会、运用中发现语言规律，建构语言能力。

第三，对话“新鲜”，多元评价，发挥单元整体育人的功能。教学设计紧扣单元人文主题——“校园生活”，在发展学生语言能力的同时充分挖掘单元内学习资源的育人价值。三篇课文指引学生发现不同校园生活的美好，在口语交际和习作中促进学生语言能力的发展，在整本书阅读、跨学科学习中发展学生的核心素养，全方位落实课程育人功能。

案例　　五年级下册第三单元“遨游汉字王国”的教学设计①

一、单元整体设计说明

《义务教育语文课程标准（2022年版）》指出：“跨学科学习”学习任务群旨在引导学生“联结课堂内外、学校内外，拓宽语文学习和运用领域；围绕学科学习、社会生活中有意义的话题，开展阅读、梳理、探究、交流等活动，在综合运用多学科知识发现问题、分析问题、解决问题的过程中，提高语言文字运用能力”。

“遨游汉字王国”是统编版语文五年级下册第三单元的学习主题，围绕这一主题安排了“有趣的汉字”和“我爱你，汉字”两大板块。虽然学生在三、四年级开展过专题综合性学习，但开展历时较长、整组集中、课内外一体化的综合性学习活动还是一种全新的体验。教学设计以任务驱动的方式指导、带动学生展开活动，通过创设“汉字文化馆”这一大情境、大任务调动学生的学习兴趣，激发学生的梳理与探究动力，通过层层递进、富有挑战性的学习活动，激发学生潜力，在贯串始终的学习活动中开展自主探究式学习。在教与学方式的转变中，师生共同收获、感受祖国语言文字的有趣和神奇。

二、单元整体教学框架说明及课时分解

本单元的导语“横竖撇捺有乾坤，一笔一画成文章”提炼出了汉字文化探究的非凡意义。语文要素明确提出了本单元的三项学习任务：感受汉字的趣味，了解汉字文化；学习搜集资料的基本方法；学写简单的研究报告。其中“搜集”“研究”是两项关键能力，学写“简单的研究报告”对学生来说是一种全新的尝试与挑战，需要经历搜集、整理、调查、分析、研究、总结或提出建议等复杂过程。

① 本案例的设计者为北京市房山区燕山向阳小学的于欢老师。

首先通过“开启汉字之门”这一情境渲染氛围，灵活利用阅读资料为学习引路，指导学生搜集资料的方法，然后在任务驱动下以“建设汉字文化馆”为大任务，自主探究汉字，通过“溯汉字之源”“品汉字之趣”“秀汉字之美”“悟汉字之魂”的实践活动，引导学生由课内走向课外，由书本走向生活，在超越课堂、超越学校的开放性的系列学习活动中完成本单元的综合性学习。

单元内容框架如下：

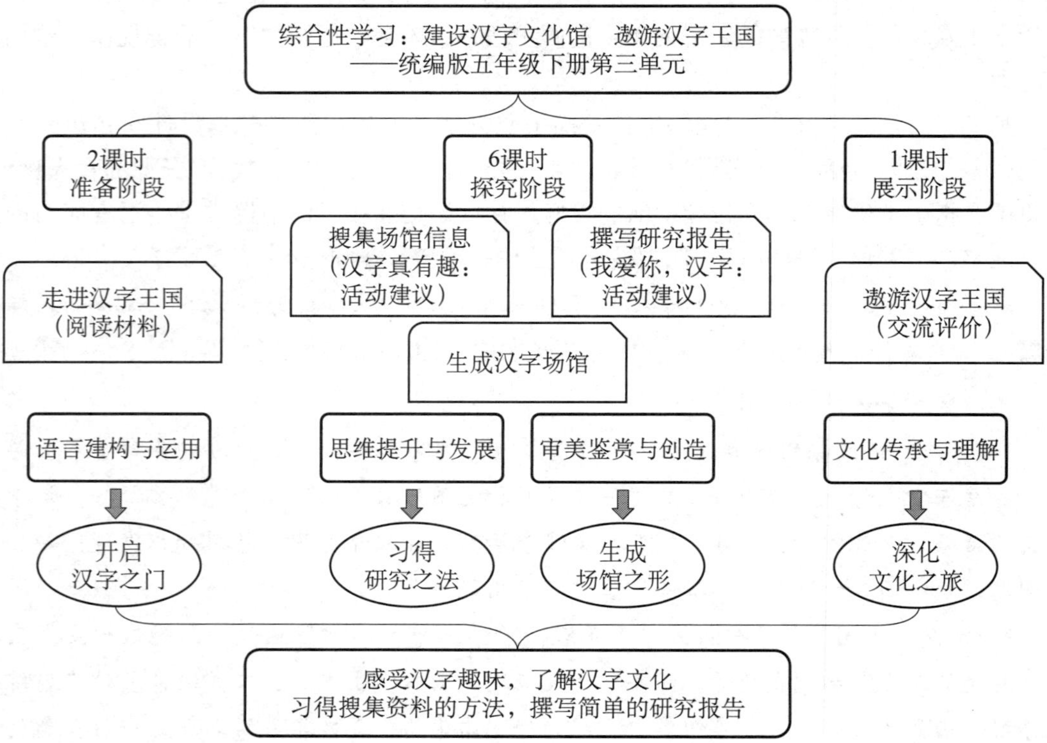

三、单元学习任务设计

（一）学习目标

1. 感受汉字的趣味，产生对汉字的热爱之情。

2. 了解汉字历史和现状，增强对汉字的自豪感，树立规范使用国家通用语言文字的意识。

3. 借助材料习得搜集资料方法。小组合作制定“汉字文化馆”的活动计划。

4. 掌握研究报告的格式，制定活动计划。整理资料，为写研究报告做准备。

5. 整合汉字“源”“趣”“美”三方面的资料，衔接场馆的生成。通过感悟汉字之魂，开展简单的研究并撰写研究报告。

6. 通过开展一次全校范围内的“汉字文化馆”的交流评价实践活动，宣传汉字文化，做汉字文化的传承者。

（二）学习过程

【准备阶段：汉字文化馆项目启动】

汉字文化馆建设倡议书

同学们：

汉字承载着中华文明，书写了数千年的辉煌历史。它不仅是中华文化传承与交流的工具，更是一门独特的艺术。为将这一珍贵的文化流传与发扬，本学期，我校决定建设汉字文化馆，现在特邀你为汉字文化馆的建设出谋划策，献出自己的一份力。

汉字文化馆筹备组

2022 年 3 月

同学们，你们想过要想建设汉字文化馆需要了解哪些汉字知识吗？现在就让我们走进《汉字真有趣》《我爱你，汉字》，感受汉字的趣味，了解汉字的文化！

第 1 课时：走进汉字王国（汉字真有趣：阅读材料）	
学生学习活动	设计意图说明
学习活动 1：项目启动 1. 观看视频《汉字里的中国人》，交流对汉字的了解。 2. 阅读单元导读与综合性学习前言，明确学习任务。 3. 拓展阅读“喜鹊造字”创始人叶天宇，感受汉字浓浓的“中国味儿”。 4. 阅读中感受汉字描绘的生活大义。 学习活动 2：品汉字之趣 1. 使用“阅读材料”，明确阅读方法。 2. 自主阅读并交流反馈。 3. 拓展延伸，开启字谜大挑战。 （1）看图猜字。  （2）看图猜成语。 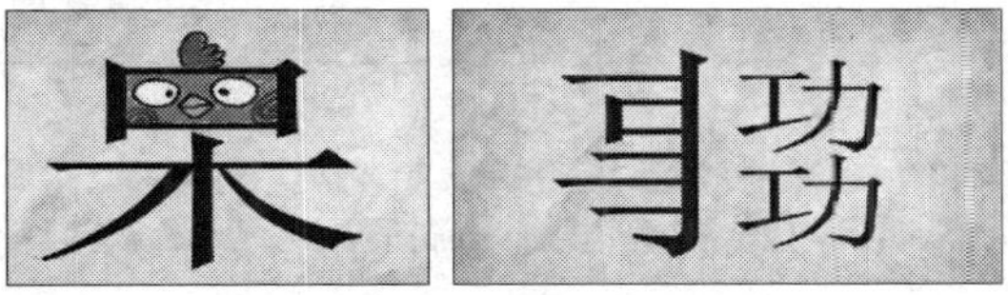 （3）读题猜字。 山上还有山。谜底是：（　　） 王先生白小姐坐在石头上。谜底是：（　　） 四面都是山，山山皆相连。谜底是：（　　） （4）汉字之“最”。 最贵的汉字——鑫 最牛气的汉字——犇 最土的汉字——垚 4. 交流分享，那些有趣味的汉字。	本次综合性学习历时较长，活动开始前，要充分激发学生的学习兴趣。通过自主阅读单元导读和前言，有助于学生从整体上把握本次综合性学习活动。 “阅读材料”是学生开展活动的参考，要让学生根据需要使用。给学生阅读指引方向，学生在任务驱动、交流合作中感受汉字乐趣的同时也得到启发，获得知识，并为接下来的活动做了坚实的铺垫。 拓展延伸部分在处理好课内教学和课外活动关系的基础上，通过操作性强、趣味性浓的教学内容促进本课时的学习，拓宽学生的学习空间，增加语文实践的机会，促进学生学习的灵活性和时效性。

续表

<table>
<tr><th colspan="2">第 2 课时：走进汉字王国（我爱你，汉字：阅读材料）</th></tr>
<tr><th>学生学习活动</th><th>设计意图说明</th></tr>
<tr><td>学习活动 1：欣赏汉字艺术
1. 阅读名人名言，感受“汉字的美”。
鲁迅先生说过：汉字具三美，意美以感心，一也；音美以感耳，二也；形美以感目，三也。
2. 欣赏汉字作品，了解书法作品的九大形式。
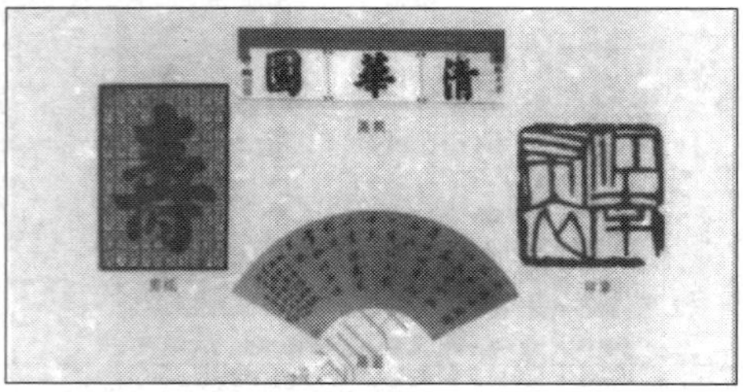
学习活动 2：溯汉字之源，品汉字之美
1. 阅读材料，打开活动思路。
2. 溯汉字之源，品汉字之美。
（1）探究汉字起源文化之美，体验先人造字智慧之美。
阅读链接：《汉字王国》
（2）感受汉字演变书法之美。
阅读链接：楷书四大家、草书的发展……
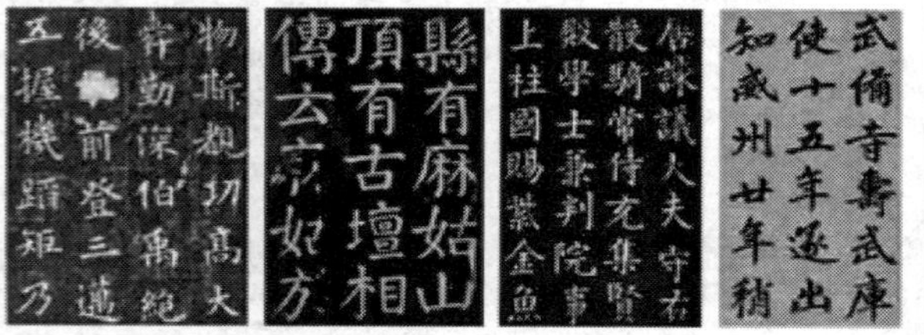
欧阳询　颜真卿　柳公权　赵孟頫
（3）小小辩论会：处于信息时代的今天，我们还要学书法吗？</td><td>在导入环节，通过多元资料层层渗入，在文化的浸润中引领学生从最初对文本的陌生感逐渐走向熟悉和理解。

以“阅读材料”为桥梁，为学生多角度展示汉字历史、汉字文化的内涵；在自主阅读、交流的过程中增进学生对汉字历史文化的了解，同时梳理出汉字研究的方向。</td></tr>
</table>

【探究阶段：汉字文化馆项目实施】

同学们，汉字文化馆已经进入实施阶段，让我们制定活动计划，搜集场馆信息，建设汉字文化馆吧！

<table>
<tr><th colspan="2">第 3、4 课时：制定活动计划，搜集场馆信息</th></tr>
<tr><th>学生学习活动</th><th>设计意图说明</th></tr>
<tr><td>学习活动 1：规划与设计
1. 任务目标：建设汉字文化馆。
2. 小组合作，讨论交流：建设蓝图——目的与素材。
3. 制定“汉字文化馆”活动计划。</td><td>搜集资料方法的学习关键在于操作。通过教师演示，学生尝试，能让学生较清楚地把握搜集资料的流程，明白过程中出现问题应该如何应对，从而提高搜集资料的效率。</td></tr>
</table>

续表

<table>
<tr><td colspan="2">第 3、4 课时：制定活动计划，搜集场馆信息</td></tr>
<tr><td>学生学习活动</td><td>设计意图说明</td></tr>
<tr><td>
建设“汉字博物馆”活动计划表
<table>
<tr><td>组长：</td><td>组员：</td></tr>
<tr><td>活动时间</td><td></td></tr>
<tr><td>活动地点</td><td></td></tr>
<tr><td>活动内容</td><td></td></tr>
<tr><td rowspan="3">活动过程</td><td></td></tr>
<tr><td></td></tr>
<tr><td></td></tr>
<tr><td>展示方式</td><td></td></tr>
<tr><td>计划分工</td><td>搜集资料　编辑　抄写　插图……</td></tr>
</table>
学习活动 2：搜集资料
1. 回顾以往用的搜集资料的方法、步骤。
2. 借助“阅读材料”，习得搜集资料方法并交流。
3. 利用班级图书角和电脑查找资料。
4. 交流并解决搜集资料过程中的问题。
</td><td></td></tr>
<tr><td colspan="2">第 5、6 课时：搜集报告资料，撰写研究报告</td></tr>
<tr><td>学生学习活动</td><td>设计意图说明</td></tr>
<tr><td>
学习活动 1：研究报告怎么写
1. 学习范例，掌握研究报告的写作格式。
(1) 自主阅读《关于“李”姓的历史和现状的研究报告》。
(2) 交流阅读中的发现。
(3) 明了研究报告的步骤：发现问题——调查研究——搜集资料——分析问题和解决问题。
2. 阅读教材中提供的活动建议，制订活动计划。
“火眼金睛”活动计划
<table>
<tr><td>组长：
组员：
活动时间：
活动地点：
活动分工：
1. 调查研究阶段
2. 搜集资料阶段
3. 解决问题阶段
4. 成果展示</td></tr>
</table>
学习活动 2：撰写研究报告
1. 整理资料，为写研究性报告做准备。
(1) 交流搜集到的资料。
(2) 整理搜集到的资料。
2. 明确各部分的写作要求。
3. 撰写研究性报告。
</td><td>
以完成一份简单的研究性报告的总目标倒推本阶段学习活动的过程，可以让学生更快开展学习活动，更准确地把握本次学习活动的方法和步骤，更有效地完成本次学习活动的任务。
针对搜集资料、实地调查两种调研形式，再按照写研究报告的思路，指导学生整理资料，在梳理内容的同时渗透研究报告的写法。写研究报告是此次综合性活动的任务。在写的指导环节，以《关于“李”姓的历史和现状的研究报告》为范例，通过拟标题、列提纲来搭支架，为初次学习写研究报告的学生降低难度。
</td></tr>
</table>

续表

<table>
<tr><td colspan="2">第 7、8 课时：小组资料整合，生成汉字博物馆的内容</td></tr>
<tr><td>学生学习活动</td><td>设计意图说明</td></tr>
<tr><td>本课时教学以学生为主，通过上一课时的学生讨论，教师引导，最后围绕汉字的“源”“趣”“美”三方面搜集到的资料小组合作，衔接场馆的生成。</td><td>本环节使学生在主动实践项目活动中创造性地开发和挖掘自身潜在的能力。用不同的方式演绎自己的项目，选择多元的方式呈现。</td></tr>
</table>

各小组部分学习成果（略）

【展示阶段：畅游汉字文化馆】

同学们，汉字文化馆已经落成，让我们走进汉字文化馆，感受汉字的魅力！

<table>
<tr><td colspan="2">课时题目：遨游汉字王国</td></tr>
<tr><td>学生学习活动</td><td>设计意图说明</td></tr>
<tr><td>1. 汉字博物馆布展，定时向全校师生开放。
2. 每组安排讲解员讲解，请参观者填写评价单。
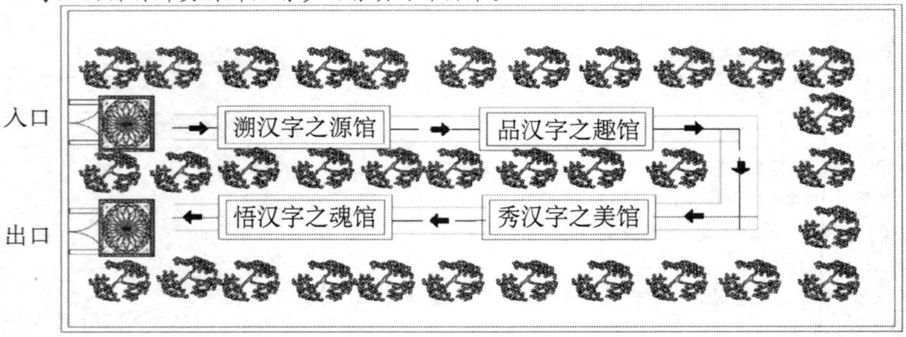

3. 观众评价维度：内容丰富有内涵；形式多样有创意；讲解生动有自信；人人参与有分工。</td><td>学生自主评价小组学习成果，做有针对性的评价，能激励学生更好地打磨、审视自己的作品，梳理活动经验和方法，从而发展学生的综合素养，提高学生解决复杂问题的能力。</td></tr>
</table>

【案例点评】

梳理与探究的语文学习活动指向学生高阶思维发展和运用知识解决问题的能力，任务的规划、行动的路径、知识加工的过程、学习成果的展示与评价等环节是保证高质量活动的关键，教师在这一过程中要做好组织、给予指导。在活动设计上，要参考教材所提供的学习路径和工具，利用好教材所提供的学习资料，调动课内外、校内外以及跨学科资源，从而保证活动的质量。

上述教学设计是教材中的一个综合性学习单元，在进行教学设计时，设计者遵循《义务教育语文课程标准（2022 年版）》中提出的“引导学生在语文实践活动中，联结课堂内外、学校内外，拓宽语文学习和运用领域”“开展阅读、梳理、探究、交流等活动”的学习内容要求，进行了有梯度、有宽度、有参与度的单元整体教学设计。第一，重视跨学科探究活动的任务性、情境性，以“建设汉字文化馆”这一大的任务情境，带动整个单元的学习过程。扣住梳理与探究的目标，灵活使用教材，引导学生投入汉字文化馆的筹备和建设中。通过契合的情境设置、合理的任务设定、精准的过程设计，学生在多元的活动任务驱动下，把课内与课外、语文与生活紧密联系起来，溯汉字之源，品汉字之趣，秀汉字之美，悟汉字之魂。第二，立足语文学科，凸显学生主体，体现探究过程的开放性、多元性。该教学设计尊重学生的个性和创造性，由项目启动到汉字文化馆的汇报展示，诸多富有创意的项目学习层层递进，拓展了学生探究的空间，激发了探究汉字文化的热情，也发展了学生知识整合、创造性思维以及通过沟通、交流解决问题的能力。第三，重视跨学科学习活动的展示与评价设计，过程性评价与表现型评价贯串单元教学设计的始终，体现出了“教-学-评”的一致性。

【思考与练习】

1. 请你选择某一字词学习内容，为二年级学生设计一个字词梳理与探究的学习活动。

2. 请你结合教材内容并考虑学生的兴趣，确认一个语文跨学科学习主题，定位好学科连接点，为学生提供相关的学习资源支持，并设计出完整的活动流程。

第七章

语文作业与学业评价设计

【内容提要】

作业是贯串课前、课中和课后的学习任务，是课程实施与过程性评价的一部分。作业的设计要服务于学生核心素养的发展，在识记、理解和应用的基础上加强综合性、探究性和开放性，为学生创新力的发展提供空间。语文课程评价包括过程性评价和终结性评价。过程性评价贯串语文学习全过程，终结性评价包括学业水平考试和过程性评价的综合结果。评价能力是教师核心素养中的重要组成部分。

【学习目标】

● 理解语文作业设计的目的，掌握作业的类型和要求，能从不同目的出发进行多种类型的作业设计。

● 理解课程目标与学业质量之间的关系，掌握不同学段学业质量描述的基本内容。

● 理解过程性评价的基本原则和方法，掌握学业水平考试命题原则和命题要求，能够编制一份语文测试卷。

第一节　语文作业的设计与案例分析

一、语文作业设计的要求和原则

“作业”在《辞海》中的解释为“为完成生产、学习等方面的既定任务而进行的活动”。从教育教学的领域，《现代汉语词典（第7版）》将其解释为“教师给学生布置的功课”。结合课程理论和“教-学-评”一致性的思想，本书认为作业是教师设计并布置给学生的贯串课前、课中、课后的各类学习任务。

作业设计要符合国家关于作业政策的相关要求，《教育部办公厅关于加强义务教育学校作业管理的通知》提出要加强作业管理，把握作业育人功能、严控书面作业总量、创新作业类型方式、提高作业设计质量。[1] 作业设计既要符合学生的认知规律，比如循序渐进、由易到难等，也要符合学科本身的逻辑，为实现学科育人服务。

拓展阅读

作业设计的七个原则[2]

(1) 要从学生视角理解作业的特征；

(2) 要关注学生作业品质的养成；

(3) 要以尽可能少的作业量促进尽可能多的认知投入；

(4) 要让学生有更积极的作业情感体验；

(5) 要让学生参与作业的设计和选择；

(6) 让学生在作业中体会知识的关联和应用；

(7) 让作业成为学生与他人共同走过的一段旅程。

语文作业的设计应注意如下几个方面：

第一，体现价值引领，在作业内容的选编、改编和创编时，关注作业内容所体现的政治立场、思维观念、世界观、方法论等，凸显语文以文化人的课程功能。

第二，以促进学生素养发展为导向，“作业评价是过程性评价的重要组成部分，作业设计是作业评价的关键。教师要以促进学生核心素养发展为出发点和落脚点，精心设计作业”[3]。

第三，加强情境设计，促进学生思维发展和运用知识解决问题的能力。语文作业设计要注意情境的创设，让学生在情境中“做事”，可以参考课程标准提出的文学体验情境、社会生活情境和跨学科学习情境三种类型，在设计时还要考虑作业的思维含量、思维类型、对学生思维品质发展的贡献等。

第四，根据学段要求、具体的学习内容等统筹规划设计作业内容，处理好下面几对关系：一是要处理好前置性作业、课堂中的作业和课后作业的关系；二是要处理好语文要素及其进阶序列与作业内容的关系，厘清每一个学段、每一个年级、每一个单元在落实这个语文要素上的侧重点是什么；三是要处理好语文作业与学生所学的其他学科内容的关联，

---

① 教育部办公厅关于加强义务教育学校作业管理的通知［R/OL］. http://www.moe.gov.cn/srcsite/A06/s3321/202104/t20210425_528077.html.

② 方臻，夏雪梅. 作业设计：基于学生心理机制的学习反馈［M］. 北京：教育科学出版社，2014：45-67.

③ 中华人民共和国教育部. 义务教育语文课程标准：2022年版［S］. 北京：北京师范大学出版社，2022：48.

尝试进行语文跨学科作业设计，促进学生形成跨学科理解；四是要处理好课堂、书本与社会生活的关系，让作业与学生的生活产生关联，书面作业和实践探究类作业兼顾，从而形成积极的作业体验。

第五，语文作业设计要兼顾作业类型、难度和完成时长等因素，要符合学生的认知规律，不能妨碍学生的身心健康。

二、语文作业设计的类型和目的

关于语文作业的类型，课程标准“作业评价建议”中提到“要合理安排不同类型作业的比例，增强作业的可选择性，除写字、阅读、日记、习作等作业外，还应紧密结合课堂所学，关注学生校内外个人生活和社会发展中的热点问题，设计主题考察、跨媒介创意表达等多种类型的作业，培养学生自主学习和综合学习的能力。随着学段升高，作业设计要在识记、理解和应用的基础上加强综合性、探究性和开放性，为学生发挥创造力提供空间”①。从这段话可以看到，语文作业的类型可以有写字、阅读、日记、习作、主题考察、跨媒介创意表达等。低学段可以在作业中侧重识记、理解和应用能力，高学段可以侧重作业的综合性、探究性和开放性。

如果按照时间顺序，语文作业也可以分为课前作业、课堂作业和课后作业，见图7-1。课前作业就是学习新内容之前布置给学生的作业，主要目的是带入情境，诊断学情，引发学习兴趣，了解学习起点。课堂作业是发生在课堂教学过程中的，它既是学习任务本身，又是评价学习情况的手段，是实现语文课程从教师“教”向学生“学”转变、凸显语文课程的实践属性、减轻学生课下学习负担的前提条件。课后作业是我们最熟悉的作业类型，一般是在学完一个课时或一个单元之后布置的作业，可以巩固课堂所学，更可以基于课堂所学而延展，比如培养学生跨学科素养所关联的调查、访谈等学习任务。

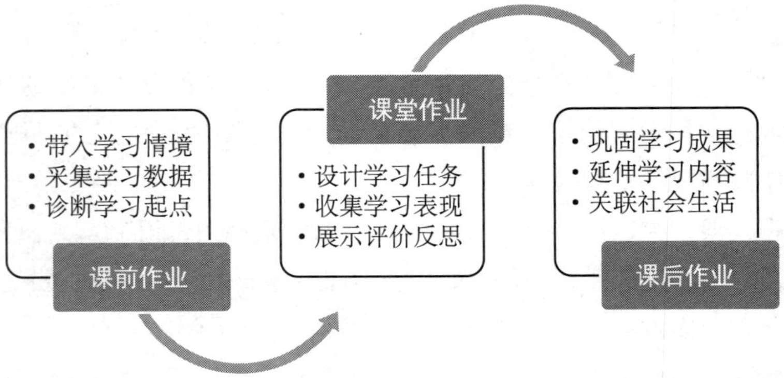

图7-1 课前、课堂、课后作业的目的与内容

① 中华人民共和国教育部．义务教育语文课程标准：2022年版［S］．北京：北京师范大学出版社，2022：48.

案例　　**某小学青年教师作业设计评价指标点**

评价维度	权重	评价要点	得分	备注
科学性	25%	作业的育人导向正确		
		作业设计符合成长规律		
		作业的表述科学规范		
		作业预估完成时间合理		
匹配性	25%	作业内容与单元学习目标匹配		
		作业内容能较好达成学业目标		
		单元课时之间的作业设计有衔接		
		作业设计的难易度适合学生		
选择性	20%	作业完成形式多样		
		作业内容设计丰富		
		作业有可选择性		
综合性	20%	素材关联真实情境		
		任务指向问题的解决		
		体现动手、动脑相结合		
		关注高阶思维的培养		
创新性	10%	作业的素材选取丰富		
		作业的评价形式多元		

三、不同类型的语文作业设计案例与点评

作业是过程性评价的重要组成部分，设计作业是教师的必备素养。下面呈现两份作业设计案例，一份是针对单篇课文的作业设计，包括课前作业、课堂作业和课后作业；一份是单元作业设计，也包括单元前置性作业、单元学习过程中的作业和单元学习之后的作业。期待读者了解作业设计的思路，掌握作业设计的一般方法。

案例　　**四年级下册第三单元《绿》的作业设计（部分）**

第一课时

一、课前作业

预学任务1：朗读诗歌

大声朗读诗歌，读准字音，读顺诗句，难读的句子要多读几遍。把你觉得新鲜的词句

圈画出来，把初读的感受用关键词批注在书上。

预学任务 2：识字学词

你发现最容易读错的汉字是：________，最难写的汉字是________。

“交叉”的“叉”读________，依据“交叉”的“叉”在字典中的义项，在本诗中你认为它的意思是____________________________。

预学任务 3：提出问题

朗读这首诗歌，你发现有哪些与现实不符的地方？把你的疑问记录下来，课堂上和小组的同学进行讨论解决。

预学任务 4：查找资料

查找资料，了解艾青的生平及经典著作，用关键词概括资料，辑录自己喜欢的诗歌。

附：课前任务自评量表

任务	等级	成功标准	自评
任务 1	优秀	能读准字音，读顺诗句，批注内容结合自己生活经验，新颖有创意	★★★
	良好	基本能读准字音，读顺诗句，批注内容常规	★★
	合格	在别人的帮助下能读准字音、读顺诗句，有批注内容	★
任务 2	优秀	能发现易错的字音和字形的规律并提醒别人，能借助工具书理解诗歌中不理解的字词	★★★
	良好	能发现易错的字音和字形，能知道“叉”在诗中的义项	★★
	合格	能发现易错的字音和字形，在别人帮助下能知道“叉”在本诗中的义项	★
任务 3	优秀	能独立质疑诗歌，并尝试查找资料释疑，记录思考结果	★★★
	良好	能独立质疑诗歌与现实不符的地方，并把这个疑问表达清楚	★★
	合格	在别人的帮助下能发现诗歌与现实不符的地方	★
任务 4	优秀	资料来源可靠，能概括资料并分类，能辑录喜欢的诗歌，并能说明理由	★★★
	良好	资料来源可靠，能概括资料主题，能辑录喜欢的诗歌	★★
	合格	能查找资料，在别人的帮助下能尝试概括，能辑录诗歌	★

二、课堂作业

随堂任务 1：仿写诗歌

艾青的诗被称为“两代诗人的字帖”，艾青的诗歌常常被大家喜爱并模仿。请你也来尝试模仿《绿》写诗吧，可以模仿第三小节，也可以模仿其他小节。

刮的风是绿的， 下的雨是绿的， 流的水是绿的， 阳光也是绿的。	刮的风是________的， 下的雨是________的， 流的水是________的， 阳光也是________的。	________是________的， ________是________的， ________是________的， ________也是________的。

随堂任务 2："诗是什么"大讨论

生 1：诗是什么？学习了《短诗三首》之后，我觉得现代诗是篇幅短小、节奏感强、押韵自由、感情真挚、分行排列的文学作品。

生 2：学习了《绿》这首诗，我也想谈谈我对"诗是什么"的看法，我认为现代诗是______________________________。

师：你们是从现代诗的特点出发来谈自己的理解的，你们对"诗是什么"的见解对我都很有启发。

三、课后作业

课后任务：收集整理诗歌

课后请继续根据需要收集诗歌，可以按照诗人收集，也可以根据诗歌特点收集……对收集来的诗歌按一定标准进行整理。

第二课时

一、课堂作业

随堂任务 1：交流第一课时的课后任务

全班交流基于《绿》形成的对"诗是什么"的看法，争取达成共识。学生分享自己收集的诗歌，并尝试归类。

随堂任务 2：诗歌散文对对碰

宗璞的散文《西湖漫笔》中的片段也写绿，它和艾青的诗歌《绿》有哪些异同？请尝试进行比较。

比较的角度	《绿》（艾青）	《西湖漫笔》（宗璞）

随堂任务 3：现代诗歌对对碰

《短诗三首》的诗歌和《绿》有区别吗？选择一定的角度进行对比。

比较的角度	《绿》（艾青）	《短诗三首》（冰心）

随堂任务 4：我会巧背诗歌

找到每一节诗歌的特点，尝试进行背诵。

二、课后作业

课后任务：收集整理诗歌

课后请继续根据需要收集诗歌，可以按照诗人收集，也可以根据诗歌特点收集……对收集来的诗歌按一定标准进行整理。

【案例点评】

四年级下册第三单元以现代诗为基本学习内容，包括选自冰心《繁星》中的“短诗三首”、艾青的《绿》、叶赛宁的《白桦》和戴望舒《在天晴了的时候》，并安排了综合性学习活动“轻叩诗歌大门”。《绿》是本单元的第二篇课文。本单元的语文要素有三个：初步了解现代诗的一些特点，体会诗歌表达的情感；根据需要收集资料，初步学习整理资料的方法；合作编小诗集，举办诗歌朗诵会。研读教材，我们把本单元的单元大概念提炼为“现代诗通过独特的内容和形式来表达情感”，《绿》这首诗主要从语言的陌生化来示例现代诗的特点，基于单元整体设计的思路，《绿》这一课的作业设计就要落实本单元的大概念，凸显对现代诗陌生化语言表达情感的探讨。

从上面的单篇作业设计，我们可以看到，这一课的作业分课前、课中和课后。两个课时三个时段互相接力，第一课时课前作业朗读板块，有对“诗歌陌生化表达”的引导关注，在提出问题时鼓励学生发现这首诗与现实不符的地方，也是直指诗歌的陌生化表达；课堂作业有仿写、比较等，提供的仿写范例是第三小节，并拿本诗与散文、小诗进行对比，指向诗歌陌生化表达；“诗是什么”大讨论指向诗歌陌生化的概念化认知。课后作业中的归类收集作业，鼓励学生收集诗歌陌生化表达方面的例子和文章，加深对现代诗的深度理解。

第二课时的课堂作业和第一课时的课后作业是衔接的。在第二节课上，学生首先要交流分享对“诗是什么”的思考和疑惑，在这个环节要达成对现代诗陌生化表达情感的概念性认知。课堂作业部分把《绿》和散文《西湖漫笔》以及现代诗《短诗三首》进行对比，让写意的“陌生化”文学化表达与写实的文学化表达、普通写意的文学化表达产生关联，帮助学生自主建构知识体系，促进知识结构化。

案例　　五年级语文下册第四单元作业设计（部分）

五年级下册第四单元是革命文化单元，我们在设计作业时，尝试将课前、课中和课后进行一体化学习任务设计，把整个单元作为一个整体，以单元大概念为主线，以逐渐进阶的学习任务为载体，落实促进学生核心素养的目标发展，实现语文学科的育人目标。

一、单元学习目标制定

单元作业是为完成单元学习目标服务的，我们在单元学习目标的基础上设计了单元作业，并将其分解到课前、课中和课后三个时段，分步完成。

目标层级	单元学习目标
基础性目标	(1) 认识28个生字、会写35个字，读准2个多音字，积累28个词语； (2) 通过查找资料，了解本单元诗文作者、文中所写人物生平及故事发生的时间、背景等； (3) 通过查找资料，知道一本书的体例及编写的一般程序性知识并尝试编辑一本书； (4) 能正确、流利、有感情地朗读课文，把握文章的主要内容。背诵五首古诗，会默写《从军行》《秋夜将晓出篱门迎凉有感》。
理解性目标	(1) 理解文章的动作、语言、神态等细节描写是为塑造人物形象服务的，藏着作者的写作目的； (2) 在本单元习作中，理解在表达时可以通过动作、语言、神态等细节来把人物写具体，表现人物的内心，传达自己的写作意图；
迁移性目标	(1) 阅读课外文学类文本，能通过对动作、语言、神态等细节描写的品读鉴赏，说明作者的写作目的； (2) 在日常交流表达中，能利用动作、语言、神态等细节进行创意表达，创造人物形象，传达自己的写作目的。

二、单元作业设计（部分）

第一板块：完善卷首语草稿（作业目标指向：认识28个生字、会写35个字，会写28个词语；能把握文章主要内容。会默写《从军行》《秋夜将晓出篱门迎凉有感》）

（1）小组同学拟写了一份卷首语，你负责修改完善。

在时间的长河中，有一些美德因为被不同的人格映照而愈发熠熠闪光：比如“责任”。你看，王昌龄笔下戍边的爱国将士誓死与楼兰共存亡，“____________，____________”；陆游为陷落在金人领地的遗民呐喊“____________，____________”；伟大领袖毛泽东在儿子毛岸英牺牲后，面临艰难抉择，他最后 qiān zì ________把岸英的尸骨留在朝鲜，不搞 tè shū ________，牺牲个人私情，恪守职责，彰显了伟人的格局；刘伯承将军为了不影响自己 qīng xǐng ________指挥作战，忍受不打麻药手术的剧痛，这是对自己作为将军责任的坚守；方志敏烈士以一个忠诚的革命者的身份自律，用生命为“责任”下定义；生活中，我们身边也不乏勇于履责、坚守责任的优秀典型……无论是英雄伟人，还是普通劳动者，他们都用行动诠释着“苟利国家生死以，岂因祸福避趋之”的内涵，他们奋进的伟岸身影让我们 sù rán qǐ jìng ________！

（2）你担心卷首语中“苟利国家生死以，岂因祸福避趋之”这两句诗大家不理解，因此你想用本单元人物的事例来具体解释一下其内涵，想一想，写下关键词，课堂上和小组同学讨论。

第二板块：我会设计目录（作业目标指向：了解本单元诗文作者、文中所写人物生平及故事发生的时间、背景等，能正确填写在时间轴上；也可以查找更多资料丰富时间轴）

如果用一个时间轴将本单元的诗文作者及文中出现的人物串起来，你会怎么放？当然，你还可以修改时间轴，换成你想要的时间轴，放上更多你查找的与本单元主题相关的人物，定稿之后，设计目录。

第三板块：最美插图我讲述（作业目标指向：理解文章的动作、语言、神态等细节描

写是为塑造人物形象服务的，藏着作者的写作目的；阅读课外文学类文本，能说明作者的写作目的）

（1）评选最美插画师：请为最打动你的故事情节匹配插图，并讲一讲这个动人瞬间。

找一找，在文中寻找描写人物的外在行为表现（动作、语言、神态等）的关键语段。

画一画，为文章配人物插图。

讲一讲，讲述插图人物的动人故事。

（2）阅读下文，在老班长的动作、语言、神态描写下做标记，批注上自己的阅读感受，至少批注2处，你认为老班长是一位怎样的人？说说理由。

> 一天，他在一个水塘边给我们洗衣裳，忽然看见一条鱼跳出水面。他喜出望外地跑回来，取出一根缝衣针，烧红了，弯成个钓鱼钩。这天夜里，我们就吃到了新鲜的鱼汤。尽管没加佐料，可我们觉得没有比这鱼汤更鲜美的了，端起碗来吃了个精光。
>
> 以后，老班长尽可能找有水塘的地方宿营，把我们安顿好，就带着鱼钩出去了。第二天，他总能端着热气腾腾的鲜鱼野菜汤给我们吃。我们虽然还是一天一天衰弱下去，比起光吃草根野菜来毕竟好多啦。可是老班长自己呢，我从来没见过他吃过一点儿鱼。
>
> 有一次，我禁不住问他："老班长，你怎么不吃鱼啊？"
>
> 他摸了摸嘴，好像回味似的说："吃过了。我一起锅就吃，比你们还先吃呢。"
>
> 我不信，等他收拾完碗筷走了，就悄悄地跟着他。走近前一看，啊！我不由得呆住了。他坐在那里捧着搪瓷碗，嚼着几根草根和我们吃剩的鱼骨头，嚼了一会儿，就皱紧眉头硬咽下去。我觉得好像有万根钢针扎着喉管，失声喊起来："老班长，你怎么……"

第四板块：典型人物我记录（作业目标指向：撰写采访提纲，实施采访过程，整理身边履责典型事迹，讲述典型事迹；在本单元习作中会运用动作、语言、神态等细节来把人物写具体，表现人物的内心，传达自己的写作意图）

（1）本单元的课文中，我们认识了很多具有责任担当的先辈，他们的精神品格影响激励着我们。其实，在我们身边也有很多具有责任担当的人，他们也在自己的岗位上默默奉献，这些人值得被看见，值得被歌颂。今天请同学们以6人为一个小组，列采访提纲，完成采访。采访后，我们班级会召开故事会，讲述他们的故事。

（2）从采访的人物中或者身边的其他人中选择一位履责的典型代表，用动作、语言、神态描写来表现他的内心，完成本单元习作。可以用"他________了"作题目，也可以用别的题目。提示：可以参考下面的图示，列提纲，分段表述。

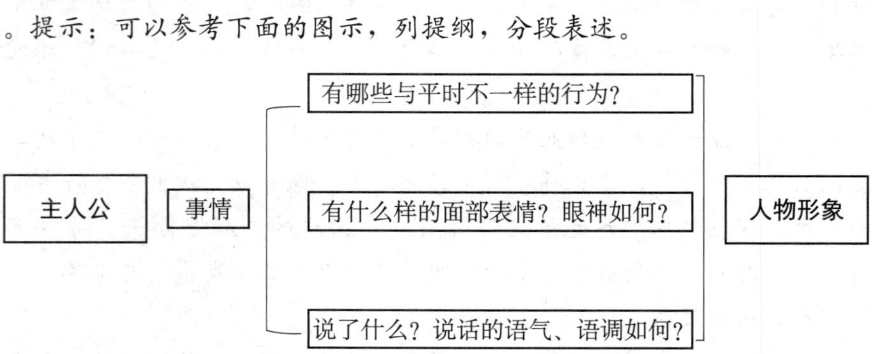

第五板块：编校成书我设计（作业目标指向：知道一本书的体例及编写的一般程序性知识并尝试编辑一本书）

（1）我知道一本书的体例，并设想了《我的责任启蒙书》的大致模样。

（2）我来完善卷首语、目录等。

（3）我会撰写后记。

（4）我会设计封面。

（5）我会推介我们的书。

【案例点评】

上述单元作业以素养为导向进行设计，一是创设了真实的任务情境，二是尝试设计了多种挑战性学习任务，需要学生运用一定的学科知识、观念和思维方法去解决问题。设计的基本思路是：依据单元学习目标制定单元评价目标，接着有针对性地研制单元作业评价框架，进而在作业目标框架的指引下，对单元作业进行整体规划。呈现出的基本路径是：单元学习目标——单元评价框架——单元作业规划——单元作业设计——单元作业实施——单元作业反馈。在作业的设计过程中，最重要的是创设任务情境。可以分析作业评价目标对应的生活场域或事件，分析生活场域或事件与任务情境的内在关联，将任务情境设定在一定的场域中，或是将生活事件转化为任务情境，将作业和做事统一，考查其核心素养的发展水平。

【思考与练习】

1. 请选定一课或一个单元，尝试设计一份作业，并说明作业的意图和设计依据。

2. 通过访谈或搜集学生作业等途径，调查一下当前小学生作业的情况，包括作业的内容、形式、数量、学生对作业的看法和建议等，形成一个调查分析报告。

第二节 学生学业评价的设计与案例分析

一、学业评价的理念与功能

（一）学业评价的内涵和理念

“学业评价是以教育目标为依据，运用恰当、有效的评价方法，系统收集学生的学业信息，科学进行分析处理，并对学生学业的变化进行价值判断的过程。”① 义务教育阶段的学业评价要以发展学生的核心素养为导向，准确反映学生的语文学习水平和学习状况，注重考查学生的语言文字运用能力、思维过程、审美情趣和价值立场，关注学生的学习过程和学习进步。根据不同学段学生的学习特点和学习目标，选用恰当的评价方式，抓住关

① 田友谊，邱月．学业评价观的变革：反思与构建［J］．教育测量与评价（理论版），2011（5）：4-8.

键，突出重点，体现评价的整体性和综合性。

“语文学业评价的有效内涵和意义在于更好地促进学生语文学习的发展。基于这样的价值取向，我们应该把针对学生的语文学习评价看作教与学的主要的、本质的、综合的组成部分，把评价作为和教学过程并行的同等重要的过程，使评价的过程成为优化教学效果、促进学生发展的过程。”① 要落实发展性评价的价值取向，学业评价实施过程中要力求做到：核心素养导向，评价主体多元，评价手段多样，评价领域全面，评价过程严谨，合理使用评价结果。

语文学业评价包括过程性评价和终结性评价。过程性评价贯串语文学习全过程，终结性评价包括学业水平考试和过程性评价的综合结果。

（二）学业评价的类型及功能

1. 认知评价·情感评价·动作技能评价

按布卢姆的教育目标分类，学业评价可以从教育目标的角度分为认知评价、情感评价、动作技能评价。认知评价指向学生对知识的了解、理解、应用、分析、评价和创造等能力。情感评价指向学生的态度、价值观、兴趣、动机、情绪、人格等。动作技能评价指向手、脚及脑等协调反应能力。

2. 诊断性评价·形成性评价·阶段性评价

从评价发生的时间和作用来看，学业评价可以分为教学前的诊断性评价、教学中的形成性评价、教学后的结果性评价。诊断性学业评价主要指教学开始前，为了解学生的学习基础和问题而展开的评价，据此来确定目标、选择合适的教学内容和方法等。形成性评价指教学过程中，以收集学生课堂关键表现、判断学习进程为目的的评价，与学习情境、学习活动、学习过程整合为一体。阶段性评价是在某一学习内容的教学结束之后进行的评价，目的是考察学生学习的效果，并进行教与学的反思。

3. 常模参照评价·标准参照评价·自我参照评价

从对学业评价结果的不同解释方式看，学业评价可以分为常模参照评价、标准参照评价和自我参照评价。常模参照评价是以该学生所在群体的平均水平作为参照，依据其在群体中的位置来解释评价结果的一种学业评价方式。标准参照评价是以课程目标尤其是学业质量标准为参照，判断学生哪些已经掌握、哪些还存在问题等，以此改进教学，指导学生学习。自我参照评价类似于增值评价，就是以学生本次学业评价结果和以前的学业评价结果进行对比，发现进步与问题，从而改进学习。

4. 纸笔测试·表现性考查

纸笔测试是以书面形式考查学生认知能力发展状况的一种学业评价方式，如单元学习测试、期末考试、学业质量监测考试等。纸笔测试必须准确指向学科教学中重要的知识与能力目标，如事实性知识的记忆、概念性知识的理解、程序性知识的运用等。为考察如上知识与能力，纸笔测试一般由两种题型组成——封闭式的题目及开放式问题。教师必须清

① 董蓓菲．语文教育心理学［M］．上海：上海教育出版社，2006：343-344.

楚的是，对小学生进行纸笔测试的目的不是把学生根据分数划出等级，而是为了改进教学。为此，教师必须谨慎处理分数，把主要精力放在对测试结果的分析上，因为，优秀教师应该“知道学生可能会犯什么样的错误，并能够及时地指出这些错误，以及能指出学生会犯这些错误的原因，从而对学生的学习起到帮助”，“他们应该知道学生在这门科目的学习过程中取得进步和犯错的规律，知道在出现问题时如何加以解决”。① 最后，我们必须要明确的一点是：没有学生会因为总被检查测验而变得更聪明。

策略　　**如何对纸笔测试进行分析**

下表是一个对纸笔测试进行分析的框架工具，教师可借鉴使用。

题号	检测维度	检测形式	错误率	错误类别	错误典型	归因分析	教学改进建议

表现性考查指以其他方式来评价学生学业水平发展的状况。让学生通过实际任务来表现知识和技能成就，可以使我们更加真实地了解学生的能力和素养。通过问题解决、学习成果的展示与汇报，我们能够更真实、更全面地对学生个体的发展做出评价。教师为学生设计表现性任务时可以从结构性表现测验、口头表达、模拟表现、实验或调查、作品展示、档案记录等方面入手，见表 7-1。

表 7-1　表现性任务的设计

结构性表现测验	强调在模拟情境中应用知识和技能，如：设计一个流程图、创作一首诗、拼出几何图形、打电话去询问一件工作、准备一份申请表等
口头表述	反映和培养学生的表达能力、思维的逻辑性和概括能力，如演讲、辩论等
模拟表现	如组织学生角色扮演法庭审判、听证会议、招聘工作的面谈等
实验或调查	可以是实地调查、问卷调查或实验室实验等。通过实验或研究去直接感知和体验事物，可以促进动作、心智的全面发展以及解决问题能力的提高
作品展示	如一篇文章、一幅画或者制作一件东西等
个人或小组项目	如要求学生制定计划开展调查，并分析调查取得的数据，然后写出调查报告，并制作成 ppt 进行演示讲解

案例　　**北京市小学期末考试大变脸**

2015 年，根据北京市新的学科教学改进意见，一些学校取消了语文、数学等学科的纸笔统一测试，开展了新的期末考试形式——将教学目标融入生活情境中设置问题，以情

① 达林-哈蒙德，布兰斯福德，等．教师应该做到的和能够做到的［M］．北京：中国青年出版社，2007：169.

境活动、智慧游戏、闯关竞赛、文体活动等多种形式完成了期末考试。这样的考试，让孩子们运用所学知识去解决问题，直观感受“学以致用”，更好地体现出了学生的综合素质，增加了学生的学习兴趣。

例如，育英学校一、二年级的孩子们参加了一次与众不同的数学期末考试。考试以闯关的形式进行，闯关内容设计由一、二年级数学老师通力合作完成，结合教学内容开发出形式多样的考试项目。学生们人手一张任务卡，到不同教室完成闯关，以星级打分——在纸质的表盘上拨出时间、用印有面额的纸币购买商品，等等。一位家长说：“试卷考试只能让我们看到孩子的分数，但在闯关游戏中我们能看到孩子的动手能力、逻辑思维能力，甚至是与同学间的交往能力。”

而朝阳区实验小学2014—2015年度第一学期一年级语文的期末成果展示则包含如下内容，如下图所示：

朝阳区实验小学

2014—2015学年度第一学期一年级语文成果展示汇报单

班级：　　　　　　姓名：

	活动内容	活动形式	成果汇报			
			自信大方	声音洪亮	回答准确	勤奋努力
基本素养	拼读竞赛	1.从拼音卡片中自主抽出5张。 2.自信大方地拼读。				☆☆☆☆☆
	连词成句大闯关	1.选择一套词语卡片。 2.把所选的词语连成一句通顺的话。 3.自信大方的读出句子。				
创意表达	绘本创作	1.根据自己的想象创作一页绘本。 2.给自己的绘本配上一句话。 3.把自己的作品大方自信地展示给大家。				

家长您好：在课程改革的步伐不断迈进的同时，我们的孩子们也完成了本学期的学习。孩子在轻松愉悦的氛围中既学习了知识，又使自己在语文能力不断提高。此“成果展示汇报单”汇集了学生这一个学期以来在语文课程中的学习成果，孩子在竞赛游戏的环节中完成了练习内容，希望孩子不仅能自信地展示自我，还能与伙伴主动地交流，大胆表达自己的真实想法！

二、过程性评价的设计与案例分析

（一）过程性评价设计的原则

过程性评价即在课程实施过程中对学生的学业情况进行评价。过程性评价既支持从外部对学习成果进行“量化”的测量，同时也更加重视“质性”的方法，强调内部的、开放的评价过程，将评价“嵌入”教学的过程中。

观点

过程性评价①

过程性评价重点考察学生在语文学习过程中表现出来的学习态度、参与程度和核心素养的发展水平，应依据各学段的学习内容和学业质量要求，广泛收集课堂关键表现、典型作业和阶段性测试等数据，体现多元主体、多种方式的特点。

过程性评价应有助于教与学的及时改进。教师要有意识地利用评价过程和结果发现学生语文学习的特点与问题，提出有针对性的指导意见，促进学生反思学习过程、改进学习方法。要依据评价结果反思日常教学的问题和不足，优化教学内容，改进教学设计，调整教学策略，完善教学过程。第一学段的评价要特别重视保护学生的学习兴趣和积极性。

过程性评价应统筹安排评价内容。评价内容应立足重点，关注各个学段的水平进阶。评价要真实、完整地记录学生参与语文实践活动的整体表现，关注学生在活动中表现出来的沟通、合作和创新能力。

过程性评价应发挥多元评价主体的积极作用。教师应为不同年级学生和不同学习内容选择恰当的评价方式，采用有针对性的评价工具。要充分尊重学生的主体地位，关注学生在兴趣、能力和学习基础等方面的个体差异，引导学生开展自我评价和相互评价。鼓励学校管理人员、班主任、家长参与过程性评价，通过多主体、多角度的评价反馈，帮助学生处理好语文学习和个人成长的关系，发掘自身潜能，学会自我反思和自我管理。

过程性评价应综合运用多种评价方法，增强评价的科学性、整体性。可通过课堂观察、对话交流、小组分享、学习反思等方式，收集和整理学生语文学习的过程性表现，如学生日常写字、读书、习作、讨论、汇报展示、朗读背诵、课本剧表演等方面的材料，记录学生核心素养发展的典型表现；了解学生的学习态度和个性特点，考察其内在学习品质的发展。鼓励有条件的地区和学校采取信息技术手段丰富评价资料搜集和分析的途径。应重视增值评价，关注学生个体的进步幅度，避免过度评价、无序评价对日常学习造成干扰，避免用评价结果的简单比较衡量学生的学业表现。注意一年级适应期学生的特点，科学确定评价起点。

过程性评价要拓宽评价视野，倡导学科融合。把学生参与社会实践、志愿服务和跨学科主题活动的表现纳入评价范畴，着重考察学生在真实情境中表现出的情感态度和语言能力。要注重校内外评价的结合，关注学生在家庭生活和社会生活中的语言发展情况。

过程性评价贯串语文学习的全过程，重点考察的是学生在语文学习过程中表现出来的学习态度、参与程度和核心素养发展水平。围绕过程性评价，课程标准就课堂教学评价、作业评价和阶段性评价分别给出了建议。

① 中华人民共和国教育部．义务教育语文课程标准：2022年版［S］．北京：北京师范大学出版社，2022：46-48.

（二）过程性评价案例及点评

案例　　**小学语文四年级上册第八单元过程性评价设计（部分）**

一、借助语境，书写字词，看谁书写得又正确又美观

王róng（　）七岁，cháng（　）与诸小儿游。看道边李树多子折枝，诸儿jìng（　）走取之，wéi（　）戎不动。人问之，答曰："树在道边而多子，此必苦李"。取之，信然。

魏王派西门豹去guǎn lǐ（　）邺，西门豹了解到这里田地荒芜，rén yān（　）稀少。原来是因为河神要qǔ xí fu（　），巫婆和官绅逼老百姓出钱。西门豹无法yǎn zhēng zhēng（　）看着百姓被蒙骗，于是把巫婆和官绅头子投进漳河，官绅们一个个吓得miàn rú tǔ sè（　），纷纷kē（　）头求饶。之后老百姓都明白了巫婆和官绅都是骗钱害人的，西门豹把漳河的水引田里，庄稼得到guàn gài（　），每年都有好收成。

二、大家一起讲故事

（一）评价内容

1. 看图画，讲故事。

2. 借助表格讲故事。

《世说新语》之《王戎不取道旁李》			
大家好，《世说新语 》这本书我们并不陌生，今天我来给大家分享一下这本书中我所熟知的故事吧。			
书中智慧少年：		故事内容：	
故事给的启发：			
本书其他故事推荐：			

3. 按照起因、经过、结果讲故事：《纪昌学射》。

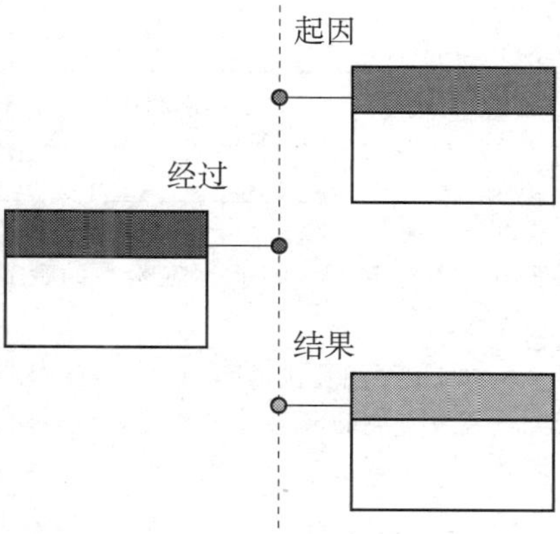

4.《西门豹治邺》的故事有点儿长，你能梳理一下故事的主要过程吗？

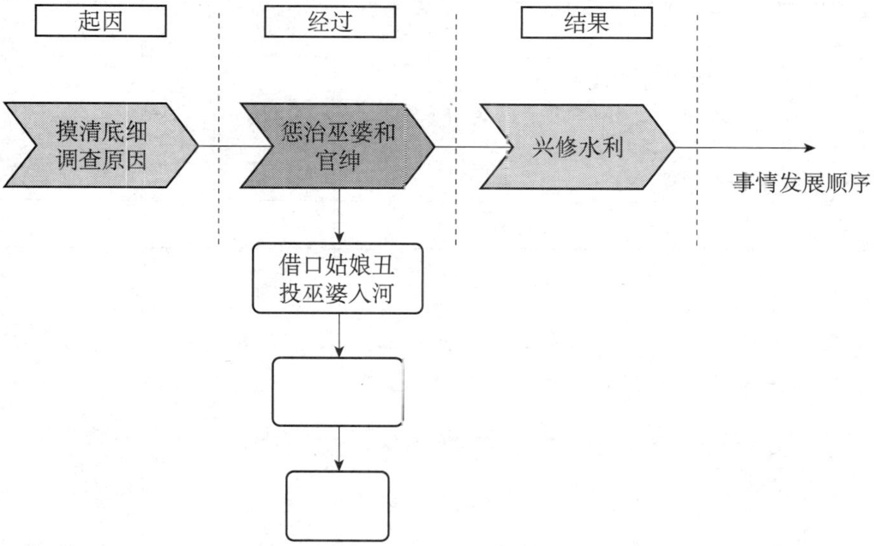

5. 请你用一下长话短说的方式，用一两句话给大家简要复述一下你的故事内容。

文成公主和她的随从们，跨过一条条大河，翻过一座座高山，走了一程又一程，终于来到了拉萨。

____

____

羿来到人间，看到那十个太阳仍然各自在空中游荡，便摘下肩头的红色大弓，搭上白色利箭，一口气射落了九个太阳。只剩下最后一个太阳，它乖乖听从羿的命令，回到原来的运行轨道。

____

____

（二）评价工具

评价内容	评价指标	权重	评价等级			得分
			优	良	差	
宣讲故事	故事内容完整； 能借助表格提示，按要求复述故事的大致内容，有声有色。	20%				
	故事内容讲述完整； 能按照事情发展的顺序进行复述，根据提示顺序的词句，把故事情节补充完整。	20%				
	能抓住课文主要内容，注意详略得当地进行复述。	20%				
	能归纳、总结出简要复述故事需要的注意事项，至少两条。	20%				
	能留主干，去枝叶，删减次要内容； 能简化人物语言，把直接叙述改为间接叙述； 能压缩语段，会提炼中心句； 能不改变原文原意。	20%				
小组评价	差★——良★★★——优★★★★★					

三、身边故事我来寻

请用你喜欢的方式了解家乡历史故事。选择一个最感兴趣的故事，走访打卡故事发生地，合影并简要记录你了解到的故事。

【案例点评】

过程性评价设计的前提是找准目标定位。本单元的导语是“时光如川浪淘沙，青史留名多俊杰”，语文学习要素是：了解故事情节，简要复述课文；写一件事，能写出自己的感受。通过这一单元的学习，我们期望学生一方面能够从历史故事中得到文化的滋养，另一方面又能够发展学生讲故事、复述故事、写故事的能力。

从这样的目标出发，如何收集学生的各类关键性表现呢？案例中首先设置了一个情境，通过读故事、讲故事、记录故事，记录学生的学习表现。可贵的是，我们看到这一过程中呈现出一个梯度：从基础性的阅读开始，然后是看图讲故事——完成表格讲故事——

根据起因、经过、结局讲故事——梳理故事梗概，用一两句话复述故事——寻找故事、记录故事，难度不断提高。通过这个过程以及学生在过程中的表现，就能比较清楚地分析、判断出不同学生的学业水平。

三、学业质量考试的设计与案例分析

（一）学业质量考试的设计

小学语文学业质量考试的依据是课程标准中对三个学段的“学业质量描述”，它对应的是三个学段的“学段要求”。这里讨论的是为检测学生在不同学段语文学习的发展水平而进行的书面考试。依据课程目标要求和学业质量描述，学业质量书面考试的主要内容包括：积累、阅读、表达，如表 7－2 所示。

表 7－2　学业质量书面考试的主要内容

积累	识字与写字
	优秀诗文
	成语典故、名言警句
	经典名著
阅读	古诗文
	实用类阅读
	文学类阅读
表达	个性化表达
	记实作文
	想象作文

在设计上述各项内容的考试内容时，一方面要坚持素养立意，通过“识字与写字”“阅读与鉴赏”“表达与交流”“梳理与探究”等语文实践活动，全面考查学生核心素养的发展水平；另一方面要依标命题，依据不同学段的“学段要求”和“学业质量描述”，找准检测点。在具体的命题设计过程中，要避免单一导向和死记硬背，倡导设计基于情境的探究性、开放性、综合性试题。

观点

学业考试命题要求（节选）①

考试命题应以情境为载体，依据学生在真实情境下解决问题的过程和结果评定其素养水平。命题情境可以从日常生活、文学体验、跨学科学习，也可以从个人、学校、社会等角度设置。……命题应贴近学生生活经验和情感体验，抓住社会生活中常见但又值得深思

① 中华人民共和国教育部．义务教育语文课程标准：2022 年版［S］．北京：北京师范大学出版社，2022：50－51.

的真实场景，创设新颖、有趣、内涵丰富的情境，设计多样的问题或任务，激发学生内在动机和探究欲望。

命题材料的选取要具有时代性、典型性和多样性，充分体现语文课程特点。命题材料要能够体现问题或任务的对象、目的与要求，能够启发学生调动既有知识和资源解决问题、完成任务，能够为学生解决问题、完成任务提供背景材料或知识支架。

问题或任务是题目的主体部分。根据语文实践活动的不同类型，问题或任务设计可以侧重阅读与鉴赏、表达与交流、梳理与探究中的某一方面，也可以设置综合型题目，让学生在复杂情境中充分展示核心素养的发展水平。阅读与鉴赏类问题或任务要立足文本信息的提取、归纳、概括，考查学生对作品思想内容、篇章结构、表现手法、语言风格的理解和把握，引导学生对作品的创作动机、表达效果作出合理评价。表达与交流类问题或任务要注重调动学生已有的知识积累和学习经验，记述生活经历，表达情感体验，就语言、文学、文化、生活等现象发表自己的看法。要在与学生实际生活经验密切关联的交际语境中，考查学生语言文字运用能力，思考问题的立场、观点和态度，以及思维发展水平。梳理与探究类问题或任务要从具体的文本材料出发，拟定有育人价值和探究空间的活动，考查学生提取信息、筛选分类、比较概括、归纳总结等思维能力；问题或任务设定要关注探究结果的合理性，关注学生思维品质的发展。综合型题目或任务要充分体现阅读与鉴赏、表达与交流、梳理与探究的整合，在命题材料和社会生活实际之间找到结合点，引导学生围绕话题或现象，深入思考探究，综合分析解决问题，在学以致用的过程中展现正确的世界观、人生观、价值观。

（二）学业质量考试设计案例与点评

案例　　**2023年某小学语文六年级毕业监测试卷**

亲爱的同学们，我们就要小学毕业了，临近毕业之际，让我们和小语同学一起制作一本读书纪念册，回顾小学六年读书带给我们的成长。

一、梳理·探究

活动一：完善纪念册扉页卷首语

六年前的秋天，探着小脑袋，书包里装满好奇走进校园。从分不清教室、实验室、阅览室，到目光触及每一处，都洒满奋斗的汗水。六年来，书 jí（①）陪伴我走过每一天。随着“阅读树”枝繁叶茂，越来越多的经典依 wēi（②）在我身边。在我遇到困难时，疾恶如仇（③）的孙悟空鼓励我想办法，让我顿悟了郑燮“④______，______”这两句诗表达的面对困难的韧劲与执着（⑤）；在我对自己的生活不满意时，就与阿廖沙比比童年，“⑥______，______”古代儿童放学后放风筝的幸福生活我也可以体验！在书中，我知道了对自己想法的另一种表达，如果想说聆（⑦）听某个人的言论对我的启发很大，我可以用“⑧______，______”这个俗语；……

同学们，请相信开卷有益吧。既然你每天坚持阅读，就能收获不一样的精彩人生。

1. ①②处根据拼音写出汉字，④⑥⑧处请根据意思填空。（共 8 分）

2. 在⑤⑦处给加点字注音，下列选项正确的是（　　）。（2 分）

A. zhuó　líng　　B. zhe　lìng　　C. zháo　líng

3. 小语知道孙悟空经常打妖怪，但是他不知道“疾恶如仇”中“疾”的意思，下列是他查字典看到的“疾”的义项，应该选择的是：________。（2 分）

A. 忌妒　　　　B. 憎恨

4. 卷首语中画横线的句子是个病句，修改后正确的是（　　）。（2 分）

A. 不管你每天坚持阅读，都能收获不一样的精彩人生。

B. 与其你每天坚持阅读，不如收获不一样的精彩人生。

C. 如果你每天坚持阅读，就能收获不一样的精彩人生。

D. 宁可你每天坚持阅读，也不收获不一样的精彩人生。

活动二：开展简单研究

5. 小语准备把自己小学六年读过的书全部整理到读书纪念册里，如果给这个小册子取个文雅、有趣的名字，你认为合适的是：________________。（2 分）

6. 小语在编写目录的时候发现可以把读过的一些诗歌进行分类，比如《送元二使安西》《赋得古原草送别》《赠汪伦》《黄鹤楼送孟浩然之广陵》等，这些诗歌可以放在一起，请你设计一个目录名称：________________。（2 分）

7. 小语想采用赵孟頫的楷书字体来书写读书纪念册的名字，下列对赵孟頫楷书作品评价恰当的是（　　）。（2 分）

A. 点画圆润多姿，具有行书的笔意；结构严谨端庄，平正宽绰；整体上显得秀丽柔美，稳健大方。

B. 用笔方圆并施，点画棱角分明，结构精妙，瘦硬挺拔，骨力遒劲。

C. 常见的一种庄重的字体，书写效果略微宽扁，横画长而直画短，呈长方形状，讲究“蚕头雁尾”“一波三折”。

D. 笔笔中锋，纵横斜直，无往不收，连绵草势，运笔上下翻转，忽左忽右，起伏摆荡，有疾有速，有轻有重，通幅于规矩法度中，奇踪变化，神采动荡。

8. 小语打算在全班同学的读书纪念册做好之后策划一个班级读书纪念册交流分享活动，对于要写的策划书，下列建议中不合理的是（　　）。（2 分）

A. 策划书包括活动名称、目的、时间、地点、分工、流程等内容。

B. 策划书要重点对人员进行明确分工，并对活动流程作精细谋划。

C. 策划书可以采用散文的写法，分段描写，对过程作详细刻画。

D. 策划书要在活动开始之前写好，对活动过程做好充分的预案。

9. 如果请你给这本读书纪念册设计一个封面，你准备在封面上设计哪些内容？这些内容合起来表达的主题是什么？（3 分）

____

二、阅读·思考

阅读中遇见的各种材料，不仅大大方便了小语的生活，也丰富了小语的精神世界，因此他打算在读书纪念册中放置一组对自己有启发的材料。

材料一：

①在传统纸质媒介中，2022 年我国成年国民人均每天读书时间最长，为 23.13 分钟，比 2021 年的 21.05 分钟增加了 2.08 分钟；人均每天读报时长为 5.05 分钟，少于 2021 年的 5.22 分钟；人均每天阅读期刊时长为 3.15 分钟，高于 2021 年的 2.96 分钟。

②在数字化媒介（手机、互联网、电子阅读器、平板电脑）中，成年国民人均每天手机接触时间最长。2022 年我国成年国民人均每天手机接触时长为 105.23 分钟，比 2021 年的 101.12 分钟增加了 4.11 分钟；人均每天互联网接触时长为 66.58 分钟，比 2021 年的 68.42 分钟减少了 1.84 分钟；A______；人均每天接触平板电脑的时长为 8.79 分钟，较 2021 年的 9.82 分钟减少了 1.03 分钟。

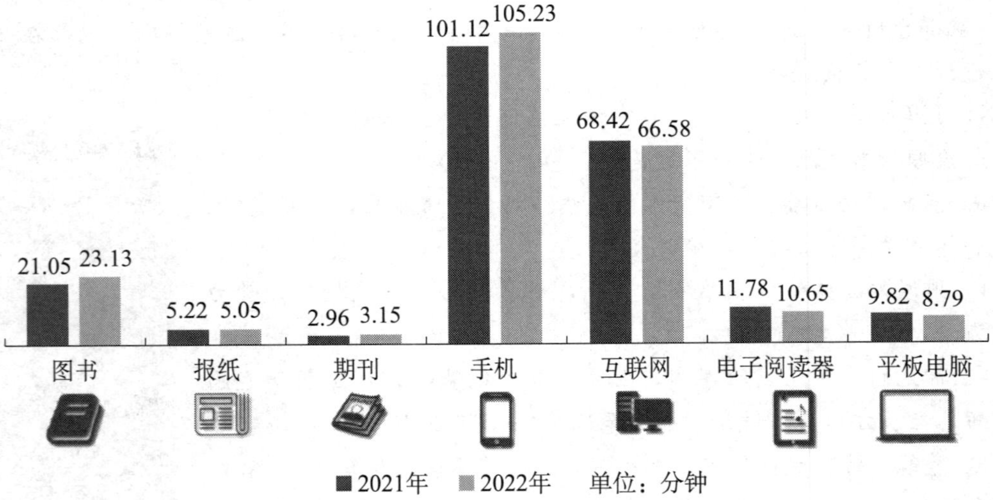

（资料来源："学习强国"《第二十次全国国民阅读调查成果发布》）

10. 下列不属于传统纸质媒介的是(　　)。(2 分)

A. 图书　　B. 期刊　　C. 手机　　D. 报纸

11. 在各种阅读媒介中，2022 年比 2021 年阅读时长有所增加的是(　　)。(2 分)

A. 报纸　　B. 互联网　　C. 手机　　D. 电子阅读

12. "材料一"第②自然段 A 处的横线上，适合放入的一句话是(　　)。(2 分)

A. 人均每天电子阅读器阅读时长为 10.65 分钟，较 2021 年的 11.78 分钟减少了 1.13 分钟

B. 人均每天电子阅读器阅读时长为 8.79 分钟，较 2021 年的 9.82 分钟减少了 1.03 分钟

C. 人均每天电子阅读器阅读时长为11.78分钟，较2021年的10.65分钟增加了1.13分钟

D. 人均每天电子阅读器阅读时长为9.82分钟，较2021年的8.79分钟增加了1.03分钟

13. 请写出“材料一”第①自然段的主要内容：____。(3分)

14. 小语发现本班同学凡是近视戴眼镜的，都是使用数字化媒介阅读多的同学，因此，他想呼吁同学多使用传统纸质媒介来阅读，在思考传统纸质媒介的优点时，他遇到了困难，请你帮他写3个传统纸质媒介阅读的好处：(注意：从3个不同的角度)

____

____

____

________________________________。(3分)

材料二：

衡[①]乃勤学而无烛，邻舍有烛而不逮[②]，衡乃穿壁[③]引其光，以书映[④]光而读之。

——节选自晋·葛洪《西京杂记》

注释：①衡：匡衡，汉朝人。②逮：达到。③穿壁：穿透墙壁。④映：照，照耀。

15. 这个故事的名字是(　　)。(2分)

A. 车胤囊萤　　B. 孙康映雪　　C. 凿壁偷光　　D. 闻鸡起舞

16. “衡乃穿壁引其光”的意思是：____。(3分)

17. 朗读下面的句子，正确的停顿是(　　)。(2分)

A. 衡/乃勤/学而/无烛，邻舍/有烛/而/不逮

B. 衡乃/勤学/而/无烛，邻舍/有烛/而/不逮

C. 衡/乃勤学/而/无烛，邻舍/有烛/而/不逮

D. 衡/乃/勤学/而无烛，邻/舍有/烛而/不逮

材料三：

窃读记

①转过街角，看见饭店的招牌，闻见炒菜的香味，听见锅勺敲打的声音，我放慢了脚步。放学后急匆匆地从学校赶到这里，目的地可不是饭店，而是紧邻它的一家书店。

②我边走边想：“昨天读到什么地方了？那本书放在哪里？左边第三排，不错……”走到门口，便看见书店里仍像往日一样挤满了顾客。我可以安心了。但我又担忧那本书会不会卖光，因为一连几天都看见有人买，昨天好像只剩下一两本了。

③我跨进店门，暗喜没人注意。我踮起脚尖，从大人的腋下钻过去。哟，把短头发弄乱了，没关系，我总算挤到里边来了。在一排排花花绿绿的书里，我的眼睛急切地寻找，却找不到那本书。从头来，再找一遍。啊！它在这里，原来不在昨天的地方了。

④急忙打开书，一页，两页，我像一匹饿狼，贪婪地读着。我很快乐，也很惧怕——这种窃读的滋味！

⑤我害怕被书店老板发现，每当我觉得当时的环境已不适宜再读下去的时候，我会知趣地放下书走出去，再走进另一家。有时，一本书要到几家书店才能读完。

⑥我喜欢到顾客多的书店，因为那样不会被人注意。进来看书的人虽然很多，但是像我这样常常光顾而从不购买的，恐怕没有。因此我要把自己隐藏起来。有时我会贴在一个大人的身边，仿佛我是他的小妹妹或小女儿。

⑦最令人开心的是下雨天，越是倾盆大雨我越高兴，因为那时我便有充足的理由在书店待下去。就像在屋檐下躲雨，你总不好意思赶我走吧？我有时还要装着皱起眉头，不时望着街心，好像说："这雨，害得我回不去了。"其实，我的心里却高兴地喊着："大些！再大些！"

⑧当饭店飘来一阵阵菜香时，我已饿得饥肠辘辘（lù），那时我也不免要做白日梦：如果口袋里有钱该多好！去吃一碗热热的面条，回到这里时，已经有人给摆上一张沙发，坐上去舒舒服服地接着看。我的腿真酸哪，不得不交替着用一条腿支撑着，有时又靠在书柜旁，以求暂时的休息。

⑨每当书店的日光灯忽地亮了起来，我才发觉已经站在这里读了两个多钟头了。我合上书，咽了一口唾沫，好像把所有的智慧都吞下去了，然后才依依不舍地把书放回书架。

⑩我低着头走出书店，脚站得有些麻木，我却浑身轻松。这时，我总会想起国文老师鼓励我们的话："记住，你们是吃饭长大的，也是读书长大的！"

——选自人教版课标本五年级上册教材，作者：林海音

18. 读书抓住关键句便于把握文章的主要内容，这篇文章的关键句是：

____。（2分）

19. 揣摩人物心理可帮助阅读，请推断第②自然段"我可以安心"的原因是：

____

____。（3分）

20. 读书时提出问题可以帮助自己理解文章内容，请写出你在阅读这篇文章的过程中提出的一个问题：________________________，它帮助你理解的内容是：____

____。（4分）

21. 下列说法与文中一致的是（　　）。（2分）

A. "我"像饿狼一样，在一家书店把一本书读完。

B. "我"最不喜欢当"我"正在书店读书时下雨。

C. "我"的白日梦就是能吃上面条、坐在沙发上读书。

D. "我"不喜欢躲在顾客身边，常常光明正大"窃读"。

22. 下列关于文章内容主次的说法，正确的是（　　）。（2分）

A. "我"放学后急匆匆赶往书店读书是详写内容。

B. “我”刚跨进书店，找到昨天的书是详写内容。

C. “我”在书店“窃读”的过程是详写内容。

D. “我”晚上依依不舍离开书店是详写内容。

23. 关于第④自然段画线句子的理解，下列说法正确是（　　）。（2 分）

A. 写出了“我”对自己饥似渴读书的回忆与褒奖。

B. 写出了“我”对自己饥似渴读书的回忆与嘲笑。

C. 写出了“我”对自己读书贪心的反思与提醒。

D. 写出了“我”对自己读书没有节制的反思与后悔。

24. 文章中有大量对“我”窃读时的心理活动的描写，请你仿照第②自然段批注的写法，写一写你认为第③自然段心理独白描写是否有必要？原因是什么？（4 分）

____

____

25. 你从第⑩自然段画线句子体会到的思想感情是什么？请写一写：__________

____

____。（3 分）

材料四：

孙悟空在旁闻讲，喜得他抓耳挠腮，眉开眼笑，忍不住手之舞之，足之蹈之。忽被祖师看见，叫悟空道：“你在班中怎么癫狂跃舞，不听我讲？”悟空道：“弟子诚心听讲，听到老师父妙音处，喜不自胜，故不觉作此踊跃之状，望师父恕罪！”

——节选自《西游记》第二回

26. 节选的这段文字描写了（　　）。（2 分）

A. 孙悟空听老师讲课激动的情形。

B. 孙悟空在安静听老师讲课的情形。

C. 孙悟空与妖怪激烈打斗的情形。

D. 孙悟空的老师讲课时激动的情形。

27. 如果推荐大家阅读《西游记》，你认同的推荐语是（　　）。（2 分）

A. 你可能无法一个人在孤岛生存 28 年，但是可以找一个替身去经历，打开《西游记》，就可以开启精神冒险之旅！

B. 如果你想体验“水帘洞生活、墓地探险、寻宝传奇”，那就来读《西游记》吧，在这里有数不尽的冒险体验！

C. 《西游记》这本书有很多精彩情节，等你来阅读！比如老鹰高尔果和尼尔斯的互相解救等。

D. 如果你想体验无所不能的神通，揭开天宫中各路神仙的神奇之处，就来读《西游记》吧。

三、回顾・表达

28. 六年的小学生活，你一定会有一些与读书有关的难忘的事，这些事可能发生在家

里，可能发生在学校，也可能发生在图书馆……请你拿起生花妙笔，选择其中一件难忘的事，写一写吧。(30分)

要求：①题目自拟，写在答题卡第一行中间；②书写规范、整洁，行款正确，建议400字左右。

【案例点评】

这是小学语文六年级期末的学业质量监测试卷，我们可以看到整张试卷内容涵盖的领域主要有积累运用、阅读鉴赏和表达交流三个板块。每一个板块都有若干考察点。命制学业质量监测试题一般要关注以下几个关键环节：第一，设计命题蓝图；第二，命制试题；第三，预试并制定评分标准；第四，正式施测；第五，试卷批改；第六，生成结果报告并反馈。在这六个环节中，前三个环节是试题设计阶段，后三个环节是正式测试及测试结果使用。

命题框架也叫命题蓝图，设计命题蓝图是命题的关键。就像施工要有施工图纸一样，命题也要先有命题蓝图。学生每一个学年所学内容庞杂，有些是适合表现性评价测评的内容，有些是可以纸笔测试的内容。核心素养关注的是关键能力和必备知识，因此纸笔测试的考察点关注关键能力和核心概念。课程标准中提到的情境类型有个人生活情境、文学体验情境和跨学科学习情境，在命题中三类情境都有所涉及，让学生在真实的情境中运用知识去解决问题。考察点的设计主要依据不同考察领域的“学段要求”和“学业质量描述”，并在此基础上考虑不同题目的认知维度、完成时间预估、材料来源等，如表7-3所示。

表7-3　命题框架

试题	题型	核心素养	情境类别	考查领域	考察点：关键能力核心概念	考查依据：学业质量标准	认知维度	预估难度	预估区分度	预估完成时间	阅读量	材料来源

考查领域和考察点是命题过程中的重要内容，根据国家义务教育质量监测考查领域的划分以及本校教学实践经验，本套试题的考查领域确定为：积累运用、阅读鉴赏和表达交流。每一个领域的考查点确定见表7-4。

表7-4　考查领域与考查点

考查领域	考查点
积累运用	读准字音
	认清字形
	理解字义/词义
	汉字书写
	古诗/成语/俗语/谚语等的积累、运用

续表

考查领域	考查点	
阅读鉴赏	现代文阅读 （实用类阅读） （文学类阅读）	提取信息
		分析概括
		理解阐释
		解决问题
		赏析评价
	整本书阅读	文本主要内容的理解及对作品的赏析、评价
	古诗文阅读	体味作品的内容和情感
表达交流	书面表达 （记实作文） （想象作文）	立意
		选材
		结构
		语言
		其他（标点/书写/错别字等）

义务教育质量检测的分值一般是100分，三个领域的比重一般是2.5∶4.5∶3（小学中段的比例一般是3：4：3）。下面我们来看试题命制。

字音和字形的考查一般应放在具体的语境中进行，这份六年级监测试卷，第1题考查的是古诗、俗语等的积累运用，第2题考查的是读准字音，第3题考查的是理解字义。阅读鉴赏的命题，每一道试题的考查都指向一种关键能力，如材料三《窃读记》后面的试题，第18、20、23、25题考查的是提取、整合信息的能力，第19题考查的是理解阐释能力，第21题考查的是提取信息并形成解释的能力，第22、24题考查的是鉴赏评价能力。表达交流板块的书面表达命题要兼顾公平，习作话题要让每一位学生都有话可说。在预试阶段要搜集证据，修改试题的表达，力争表达清楚，提供必要的支架。

最后是施测及测试结果的使用。试题命制完成后一般要经过预试环节，了解试题测试核心素养的程度及学生给出的不同答案。命题人员收集到这些答案以后要根据SOLO分类理论（Structure of the Observed Learning Outcom，SOLO）对这些答案进行分类，设计每一类思维结构下的不同答案示例，接下来就可以进行正式测试。测试完之后是阅卷环节，考试分数或等级出来之后，面临着结果的反馈和使用。惯常的做法是采用常模参照评价来使用考试结果，突出考试评价的甄别、选拔功能，给学生排名，这种结果使用对学生和教师都造成了不良影响，对教学造成干扰。现在大家更认可的是标准参照评价或自身参照评价。标准参照评价是把学生的水平和课标所要求达到的水平相对照，看学生是否达标。自身参照评价是把学生和自己原来的成绩做对比，看看是否在原来的基础上有进步，这也是一种针对个体的增值评价。

【思考与练习】

1. 在日常的教学过程中，你打算怎样考察学生在语文学习过程中表现出来的学习态度、参与程度和核心素养发展的水平？怎样收集各类评价材料和数据？以小组为单位进行讨论、交流，并在全班进行汇报、展示。

2. 认真阅读“学段要求”和“学业质量描述”，为四年级或六年级学生设计一份期末考试试卷，要对试卷的结构、内容、考查点等做出合理性说明。

第八章

说课与课堂教学评价

【内容提要】

说课是一种常见的小学语文教研活动，通过交流、研讨、评价，促进教学质量的提高和教师的专业发展。说课的形式、内容是由不同的目标决定的。本章从一般意义上对说课说什么、怎么说进行了讨论。课堂教学评价是建立在课堂观察基础上的，是基于实证与数据的理性分析，并在分析的基础上提出教学改进建议。学生的学习进步与全面发展是一节好课的核心标准。

【学习目标】

- 理解说课的目的，了解说课的具体内容，能够结合某一具体的教学内容进行准备和说课。
- 能够从某一视角出发，观察、记录课堂中教与学的行为，并对观察记录进行专业分析，给出教学改进建议。

第一节　说课的基本要求与案例分析

一、语文说课的价值、内容与步骤

（一）为何组织说课

“说课”是教师面对同行或专家，针对某一特定的教学内容，在备课的基础上，对教学设计的理论依据、教材内容与学习资源、学情基础、教学目标与重难点的确定、教与学的流程与活动环节、学习评价的设计等进行阐述，通过交流、研讨、评议，提高教师专业素养的一种教研活动。说课不仅要说清楚做什么、怎样做，还要讲明白为什么这样做，其核心目的在于“分析教学行为背后的支持系统，将教学行为背后的思路、理念等认知性的东西反映出来”①。就目前来看，说课有课前说课和课后说课，前者更多关注教学设计的思想方法、策略手段；后者更多关注教学设计与实施的过程、效果、反思和改进。

说课可以融通理论与实践，营造教学工作中理论学习与实践研究相结合的氛围。教师通过说课，一方面可以促进学科知识的学习与研究；另一方面，在对自己的教学实践进行梳理与反思的过程中，可以提高对教学实践的研究能力，以及发现问题、解决问题的能力，从而提高自己的专业素养。说课也是交流、分享、总结优秀教学经验的平台，可以形成一种积极的教师文化。在这样一种文化氛围中，教师集思广益，相互学习，博采众长，促进发展。

（二）说课说什么

说课一般包括说理论依据、说教材分析、说学情分析、说教学目标、说教学过程、说教学效果、说教学反思等，见表 8-1。

表 8-1　说课的基本内容和要求

一级指标	二级指标	描述
说理论依据	课程标准要求	从课程标准的角度，为教学设计的目标指向、内容处理、过程设计、学业评价等定位，明确课程育人价值
	符合学习理论	从学习理论出发，为教与学的过程、方法做出合理性分析
说教材分析	教材内容及教学价值	对本单元、本课时教材的内容与特点进行内部分析，阐明该内容对学生发展的核心价值
	教材内容的结构与关联	对本单元、本课时的教材内容在小学阶段教科书中所处的位置进行纵向分析，说明前后逻辑关联，明晰教材编排的意图
	教材处理与学习资源的使用	如何使用教材内容或其他学习资源促进学生学习
说学情分析	学生已有的知识情感、认知基础	根据本单元、本课时的学习内容，进行学情诊断，分析调研结果，发现学生的学习基础、学习需求和问题点、关注点
	学生的学习特点	分析学生的学习习惯、方法、兴趣、整体与个体之间的差异性等，提出相应的教学方法和策略
说教学目标	确定依据	如何依据课程标准、教材分析、学情分析确定目标
	具体内容	教学目标应体现学生主体性，准确、清晰、全面、具体，可操作、可实施、可达成，体现“教-学-评”的一致性
	教学重点	突出本单元、本课时教学的核心内容，发展关键能力
	教学难点	学生难以理解、掌握的内容、知识与技能，以及如何突破

① 郑金洲．说课的变革［M］．北京：教育科学出版社，2007：6．

续表

一级指标	二级指标	描述
说教学过程	教学设计思路	本单元、本课时教学的整体设计思路，明确学习情境的设置、学习任务的设计、学习资源的使用，说明设计意图
	教学环节及教与学的方法	说明各教学环节教与学的内容、途径、方法，阐明设计意图。教学环节应逻辑清楚，任务明确，途径合理，方法得当。围绕学习主题、学习资源，营造学习环境，体现师生互动、生生互动
说教学效果	评价设计	聚焦目标，设计评价工具和作业，判断学习的过程和结果，关注学生的全面发展
	教学效果	学生学习参与的积极性、广度、深度，以及学生的学习体验，不同层次学生学业水平的提高等
说教学反思	教学问题与改进	说落实："教什么""怎么教""为什么这样教"的内容在实际操作中的效果；说成败：教学后获得的经验和教训，找出成败的原因；说改进：依据教学效果，对教学进行总结评价，说出改进意见
	特色总结与提炼	分享教学亮点与成功经验

说课的核心即说清楚教什么、怎么教、学什么、怎么学、为什么这样教、为什么这样学、教和学的效果如何这几个问题。表 8－1 只是就说课的内容提出一个基本参照。教学实践中，说课既可以全面地说，也可以选取几个问题有侧重地说，完全取决于工作的需要，不必拘泥于形式本身。

二、语文说课的案例分析与点评

案例　**三年级下册第七单元《火烧云》第二课时的说课内容（有删改）**

一、说教材分析

（一）单元人文主题

本单元以"大自然的奥秘"为主题，安排了三篇精读课文。这三篇精读课文都描写了自然之美和自然之奇，以激发学生热爱自然的情感，培养学生探索自然奥秘的精神。

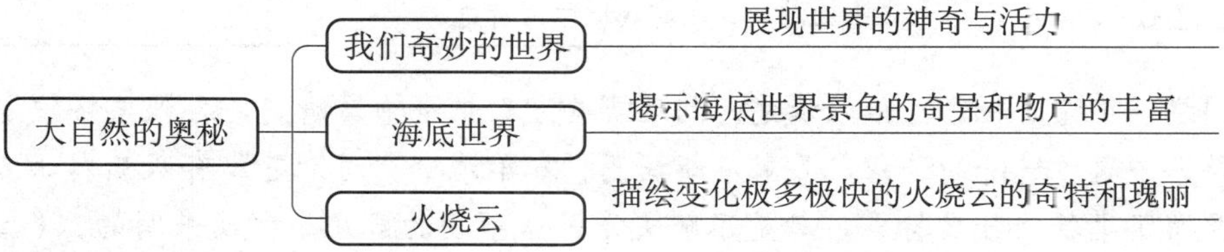

（二）单元语文要素

语文要素 1：了解课文是从哪几个方面把事物写清楚的。

对于一篇文章的理解可分为三个层次：第一层次，读懂词句的意思，知道表层信息；第二层次，积累词句的意思，形成段意，联系段意归结理解整篇文章的意思；第三层次，与原有认知和生活实际相联系，体会情感，表达情意。

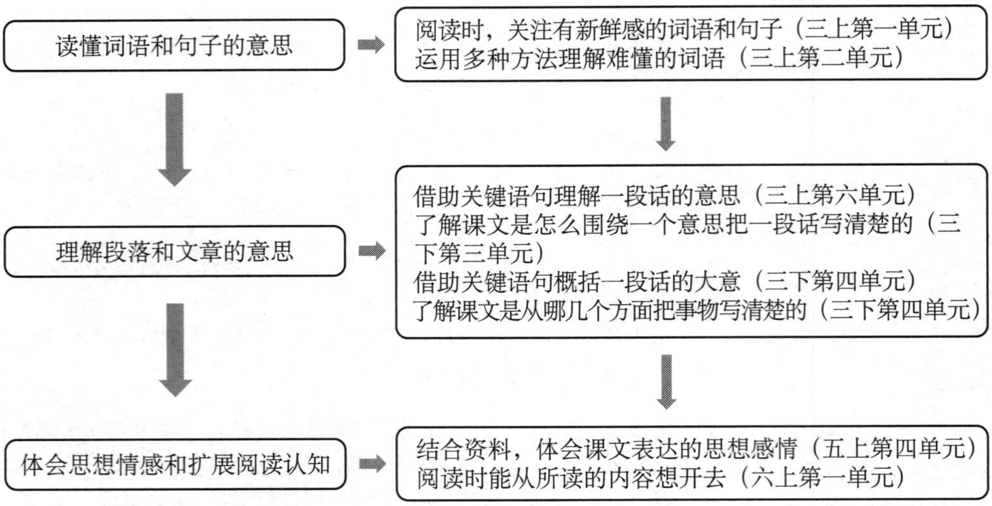

本单元“了解课文是从哪几个方面把事物写清楚的”正处于第二层面——理解段落和文章的意思。该层次是在理解词句意思的基础上，去理解段意和文意。

在本单元中，阅读活动的核心是“了解课文是从哪几个方面把事物写清楚的”。这是在本册第三单元“了解课文是怎么围绕一个意思把一段话写清楚的”基础上的进阶。从怎么把一段话写清楚到怎么把事物写清楚，体现了能力训练的梯度发展。在这一语文要素中，“写清楚”是核心训练点。“写清楚”的要求主要在三年级下册和四年级上册落实，体现在阅读和习作要素中，如下表所示。

位置	相关语文要素
三下第一单元	试着把观察到的事物写清楚
三下第二单元	把图画的内容写清楚
三下第三单元	了解课文是怎么围绕一个意思把一段话写清楚的
三下第四单元	观察事物的变化，把实验过程写清楚
三下第七单元	了解课文是从哪几个方面把事物写清楚的
四上第五单元	了解作者是怎样把事情写清楚的
四上第六单元	记一次游戏，把游戏过程写清楚

从围绕一个意思把一段话写清楚，到从哪些方面把事物写清楚，再到怎样把事情写清楚，这是一个思维进阶的过程，要求不断提高。本单元中“写清楚”有两点内涵：一是指文章主要写了事物的什么特点，二是了解文章是从事物的哪几个方面来写的。《我们奇妙的世界》从天空和大地两方面展现了这个奇妙世界的神奇和活力；《海底世界》从海底的动物、植物和矿产等方面，介绍海底世界的奇异和物产的丰富；《火烧云》重点从颜色和形状两个方面，表现火烧云的变化极多极快。三篇课文虽然描写对象不同，但都是从几个方面把事物写清楚的。

语文要素 2：初步学习整合信息，介绍一种事物。

本单元习作“国宝大熊猫”让学生把大熊猫介绍给其他人，属于介绍类习作。在本单元之前，教材已经安排过多次介绍类习作了，具体内容见下表。

位置	习作内容	相关知识点
二上语文园地三	介绍自己喜爱的玩具	初步从事物外表和功能去介绍一个事物
二下语文园地二	介绍自己的好朋友	从景物到人的介绍
三上第一单元习作	猜猜他是谁	抓住人物特点，写人
三上第五单元习作	我们眼中的缤纷世界	写事物或场景
三上第六单元习作	这儿真美	聚焦一个场景，写景
三下第一单元习作	我的植物朋友	先观察，制作记录卡，再观察，最后写
三下第二单元习作	看图画，写一写	看图，介绍图画内容
三下第四单元习作	我做了一项小实验	介绍自己做的一项实验
三下第六单元习作	身边那些有特点的人	观察周围人，写清特点
三下第七单元习作	国宝大熊猫	整合信息，介绍大熊猫

通过上表，可以看出教材习作板块对习作能力培养的阶梯序列。二年级上册写玩具，是因为这个玩具是学生自己喜欢的、熟悉的，所以无须更多观察，可以直接动笔写。三年级上册的几次习作则要求学生在观察之后再写，三年级下册习作“我的植物朋友”更是要求学生先做观察记录卡，再反复观察，最后动笔写。而本单元习作则是在观察的基础上，还要求学生收集、整合资料，从眼看、耳听等感性观察，提升为收集处理间接材料。因此，本次习作要求把直接观察到的结果和间接的材料结合在一起，深入介绍大熊猫，要求比以往又有所提高。

（三）《火烧云》教材内容分析

全文共七个自然段。第 1 自然段写霞光照到地上的情景；第 2～6 自然段写火烧云颜色和形状的变化；第 7 自然段写火烧云下去了的情景。本文重点从颜色变化多、变化快，形状变化多、变化快的特点来写火烧云。全文语言优美，描写生动形象，把火烧云的瞬息万变描写得淋漓尽致，给人一种美的享受。

在第一课时中，学生对本课主要内容进行了梳理，解决了两个主要问题：(1) 课文是按照什么顺序来写火烧云的？(2) 课文是从哪几方面来写火烧云的。学习了第 1 自然段霞光照射在大地上时的有趣场景这一内容后，本节课将聚焦课文结构清晰的 3～6 自然段，重点落实单元语文要素“了解课文是从哪几个方面把事物写清楚的”。因此，品味语言想象画面、体会变化特点是本节课的重点教学内容之一。

二、说学情分析

（一）学生的已知

三年级的学生已经开始由具体形象思维向抽象概括思维过渡，但学生个体之间存有差异。在进入本单元学习前，学生已经学会运用“借助关键语句理解一段话的意思”，“借助关键语句概括一段话的大意”等方法了解一段话是怎么写清楚的了。在阅读中，能够借助关键语句来理解一段话的意思，但在行为表现上，个体间会有差异。

（二）学生的未知

大部分学生在利用关键语句概括一大段话的过程中，呈现出关键语句找不全，段落信息有遗漏的表现。从学生的习作或周记来看，在介绍事物时，大部分学生不知道如何将事物划分出不同的方面与特点，进而也就做不到围绕不同方面与特点介绍清楚。

三、说教学目标与重点、难点

（1）有感情地朗读课文，背诵3～6自然段。

（2）借助关键语句说出火烧云颜色、形状变化多而快的特点。

（3）体会作者写火烧云形状变化的写法，并进行仿写。

教学重点：借助关键语句说出火烧云颜色、形状变化多而快的特点。

晚霞与白云最大的区别是颜色。大部分学生都看过晚霞，但是在大部分人的认知中晚霞更多是红色的与黄色的。如何让学生体会晚霞的颜色变化多、颜色变化快，需要教师进行更好的引导。在此，一定要关注“颜色多”与“颜色变化多”是完全不同的概念。要想让学生抓住火烧云瞬息万变的特点，就要让学生从课文中的颜色变化和形状变化这两方面去体会火烧云的变化特点。

教学难点：体会作者写火烧云形状变化的手法，并进行仿写。

从体会、积累到落笔，这次仿写难就难在理解火烧云变化的过程，围绕着火烧云形状变化多和快的特点写清楚。这也是课标中第二学段的习作要求。在课上，我力求增加趣味性，从扶到放，调动学生积极思考。学习课文的语言表达，将火烧云的形状和颜色写的更清楚、更有趣。

四、说教学策略与教学过程

（一）教学策略

1. 细读体会，以赏其景

至性深情的流露，存于中然后形于外，不容有丝毫假借。瞬息万变是萧红笔下火烧云独有的奇景。本节课试图用朗读让学生体会火烧云在颜色和形状方面的瞬息万变。如何让学生透过文字领略火烧云的特点？当教学到火烧云的颜色变化多、变化快的特点时，教师首先引导学生朗读描写颜色的词语，与刚上课时自己说在插图中看到哪些颜色时所说的颜色词产生认知冲突，目的是积累作者笔下的不同类型的颜色词，以及让学生在朗读中体会四个“一会儿”体现的火烧云的颜色变化之快的特点。当教学到火烧云的形状变化多、变化快时，采取多种朗读的形式，如指名读、齐读、男女生比赛读、自由读、老师范读等。让学生反复朗读描写火烧云变成“马”“大狗”“大狮子”的内容，让学生在朗读中感受火烧云的瞬息万变。这时，用朗读引导学生关注火烧云的形状变化还有很多，让学生展开想象写一写。这样，从读到写，水到渠成。

2. 启发性追问，搭建问题支架

语文教学的实质就是语文实践。语文实践活动是以“语言文字的理解与运用”为核心的。语文实践活动必须遵循语言自身的内在规律和学生思维发展的规律。教学中，为了帮助学生理解，我们把核心问题拆分成若干个子问题，通过子问题的引导，给他们搭建思考与表达的支架，让他们在扎实而丰富的语言实践中去触摸语言文字，学会淬炼语言。在本课中，“借助关键语句，说说火烧云有哪些特点”是核心问题，将核心问题拆分成体会火烧云颜色变化多、颜色变化快和火烧云形状变化多、变化快两个子问题，最终解决这一核心问题。在此过程中，教师不断进行启发式追问。如在讲授第 4 自然段“大马”的火烧云形状时，教师提问“这匹马是什么样子的?”“之后，这匹马又是怎样变化的?”，以此来引导学生的思考，解决火烧云形状变化之快的子问题。解决“大马”这一形状的火烧云以后，小组讨论，从扶到放，让学生再以“大狗”“大狮子”的形状，体会火烧云的形状变化之快、之多的特点。

（二）教学程序

教师活动	学生活动
活动一：巩固错误率高的字词书写；导入新课	
教师活动 1 1. 设计并出示学习单。 (1) 指导“必”“威”“镇”的书写。 (2) 回顾文章内容。 bì　yào　　wēi　wǔ　　zhèn　jìng	学生活动 1 完成学习单第一、二题，订正答案。
活动意图：巩固掌握不牢固的字词；强调文章结构。	
活动二：揣摩词语，发现颜色变化多、变化快的特点	
教师活动 2 1. 阅读教材插图：你在插图中都看到了哪些颜色? 2. 组织学生读第 3 自然段，圈画颜色词语，并将其分类，说清楚分类的理由。 3. 朗读、体会火烧云颜色的变化特点，用自己的话说一说。 4. 组织学生进行多种形式的朗读，背诵第三自然段。 这地方的火烧云变化极多，一会儿红彤彤的，一会儿金灿灿的，一会儿半紫半黄，一会儿半灰半百合色。葡萄灰、梨黄、茄子紫，这些颜色天空都有。还有些说也说不出来、见也没见过的颜色。 这地方的火烧云变化极多，一会儿______的，一会儿______的，一会儿_________，一会儿_________。______、______、______，这些颜色天空都有。还有些______	学生活动 2 1. 用合适的词语说一说插图中的颜色。 2. 朗读并圈画颜色词语，进行分类，说一说分类理由。 3. 体会火烧云颜色变化多、变化快的特点，在理解的基础上学习表达。 5. 自由读、齐读、背诵。
活动意图：重点体会火烧云颜色变化多、颜色变化快的特点。先让学生看插图，说颜色，再抓住课文中表达颜色词语，体会如何表达颜色的变化。	

续表

教师活动	学生活动
活动三：聚焦形象，体会形状变化多、变化快的特点	
教师活动 3 1. 默读课文 4～6 自然段，找一找作家笔下的火烧云都变成了什么形状？发现火烧云变化的特点。 2. 聚焦“马”这一形状的火烧云形状变化。 （1）这匹马是什么样子的？ （2）这匹马发生了什么变化？ 3. 阅读第 5、6 自然段，讨论交流：课文中“大狗”和“大狮子”分别是什么样子的，又发生了什么变化，和你的同桌交流一下。 4. 朗读并背诵第 5～6 自然段。 5. 播放视频，说一说火烧云颜色和形状的变化。	学生活动 3 1. 阅读、提取信息，说说火烧云都变成了什么形状？ 2. 阅读体会火烧云形状变化快的特点。 3. 阅读交流火烧云“大狗”“大狮子”形状变化的特点，说说作者把火烧云形状变化写清楚的写作顺序。 4. 朗读、背诵 4～6 自然段。 5. 通过视频，整体感知火烧云颜色和形状变化多、变化快的特点，并尝试进行表达。
活动意图：火烧云形状变化快这一特点，对学生来说比较容易体会，尤其是“一匹马”“一条大狗”“一头大狮子”这样的动物，对学生来说更有吸引力，但如何表达清楚变化的过程？需要指导学生去发现、去运用。	
活动四：妙笔生花，读写迁移，运用语言写变化	
教师活动 4 1. 出示学习单，组织学生进行仿写创编。 2. 展示、交流、评价。	学生活动 4 1. 仿写创编。 2. 展示、交流、评价。
活动意图：如何抓住事物的主要特点，清楚地介绍事物？仿写创编这一活动的设计旨在实现读写迁移，将阅读能力内化为表达能力。	

五、说学习评价设计

（1）背诵 3～6 自然段。

（2）课文围绕“变”写出了火烧云的特点：请你提取课文中描写火烧云颜色变化的句子，写在下面：________________；请你提取课文中描写火烧云形态变化的句子，写在下面：________________。

3. 选择课文 4、5、6 自然段的任意一段进行仿写创编。

____。

六、说教学反思（略）

【案例点评】

上面的说课内容，从单元整体分析出发，再定位到本课时的教学，从宏观把握到微观处理，体现出单元整体教学的思想。教材分析扎实，对本单元教材内容进行了单元内部的关联分析，也扣住语文要素进行了单元间纵向进阶的梳理。在教材分析的基础上，结合学情分析，准确定位了本课的教学目标、重点和难点，进而设计出了合理的教学环节。教学环节扣住目标，简单扎实，从复习巩固到揣摩文本再到迁移运用，过程合理，重点突出。

整体上看，单元整体的梳理与分析非常清晰，本课时教学的定位和分析准确具体，过程完整，层次清晰，重点突出。说课过程既阐明了理论依据，又说明了实践途径；既说清楚了教与学的行为，又对行为背后的意图做了分析。

【思考与练习】

1. 理解说课的目的和基本内容。

2. 以小组为单位，自主选择小学语文教材中的一个单元或一篇课文，围绕说课的基本内容，组织一次说课比赛。在展开活动前，师生共同设计一个说课的评价方案。

第二节　语文课堂教学评价与案例分析

一、课堂观察与教学评价

课堂是学校教育的基本单位，是学校教育真正发生的地方。课堂教学评价是建立在课堂观察基础上的。课堂观察是指“研究者或观察者带着明确的目的，凭借自身感官（如眼、耳等）及有关辅助工具（观察表、录音录像设备等），直接或间接（主要是直接）从课堂情境中收集资料，并依据资料做相应研究的一种教育科学研究方法”①。

建立在课堂观察基础上的课堂教学评价的价值主要表现在如下三个方面：

第一，有针对性地观察、描述课堂教与学的行为，基于事实与数据的分析使课堂评价从感性走向理性，可以更有针对性地改进课堂行为，提高教学质量。第二，可以更具体地观察学生某些方面的学习行为，并进行科学、合理的分析和诊断，引领学生的学习与发展。比如，有研究表明，当教师对学生的课堂参与行为做出具体观察、分析和有针对性的评价后，学生的努力方向会更加明确，学习也更有动力。第三，对于教师本身来说，教师亲身参与课堂教学的观察、分析与评价，不仅可以有效提高教师的教学质量，还能促进教师反思研究能力的发展，使自己不断走向专业化。

优质小学语文课堂教学的追求应是伴随着严谨、深入的教学研究而进行的，或者说，它是建立在长时间教学研究和反思改进的基础上的。而当前这种严格意义上的教学实证研究、行动研究在小学语文课堂研究领域仍然很薄弱。各级各类的听课、评课还存在着诸多问题，主要表现为：随意性大，没有聚焦；自我本位，各说各话；只谈观感，证据缺失；简单定性，没有研究。这种缺乏研究品质、“去专业化”的听课、评课活动，耗时耗力，对学生学习的改善、课堂教学的改进，不能起到有效的引领作用。

教学反思与课堂改进是在对当前课堂（事实课堂）的观察与分析的基础上进行的。通

① 陈瑶．课堂观察指导［M］．北京：教育科学出版社，2002：1-2.

过专业化的、以研究为导向的课堂观察活动，可以有效提高学科教师的专业化水平，提升学校日常教学管理的质量。可以说，课堂观察是听课、评课的基础，是教学反思、课堂改进的起点，是从“感性课堂”走向“理性课堂”、从“经验教学”走向“有效教学”的基本途径。目前，对于许多教学管理者和一线教师而言，课堂观察在很大程度上仍然是一项被遗漏的教师专业能力，许多教师仍旧“无法认识自身的教学行为”，这严重制约了课堂的改进。要想改进课堂，教师必须先学会观察课堂，必须能够意识到课堂里在发生什么，而且能够准确地监控自己以及学生的意图和行为。

观点 **课堂教学评价建议**①

课堂教学评价是过程性评价的主渠道。教师应树立“教-学-评”一体化的意识，科学选择评价方式，合理使用评价工具，妥善运用评价语言，注重鼓励学生，激发学习积极性。

在小组合作、汇报展示过程中，教师应提前设计评价量表、告知评价标准，引导学生合理使用评价工具，形成评价结果；要注意观察小组成员的分工方式、讨论程序和对不同意见的处理，关注学生在发言和倾听发言时的规则意识和交际修养，借助评价引导学生反思学习过程。组织学生互相评价时，教师要对同伴评价进行再评价，提出指导意见，引导学生内化评价标准、把握评价尺度，在评价中学会评价。

课堂互动中，教师要关注学生知识基础、认知过程、思维方式、态度情感等方面的表现，深入分析这些表现及其影响因素，及时给予有针对性的指导。

二、课堂观察的维度与方法

从宏观上来讲，课堂观察与评价包含如下几个维度：学生学习、教师教学、课程性质、课堂文化。② 当前，基于学生核心素养发展的、以学习为中心的课堂观察成为人们关注的焦点。

观点 **课堂观察的维度**③

学生是如何度过课堂时间的——学生“学的活动”的观察。学的活动，即学生在课堂时间内事实上做了些什么，怎样做的，结果如何。

教师是如何度过课堂时间的——教师“教的行为”的观察。教的行为，即教师在课堂时间内事实上做了些什么，怎样做的，为什么这样做，结果如何。

“教”与“学”的课堂环境观察——如教室陈设、布局，课堂氛围，师生关系等，这些内容均影响着课堂的品质与效果。

---

① 中华人民共和国教育部．义务教育语文课程标准：2022 年版［S］．北京：北京师范大学出版社，2022：48.

② 沈毅，崔允漷．课堂观察：走向专业的听评课［M］．上海：华东师范大学出版社，2008：104－107.

③ 孙建龙．基于实证的课堂观察与教学改进研究［J］．教育导刊，2012（12）.

课堂行为产生的文化背景观察——如学校文化、家庭文化、社区文化等，在千万个课堂中，每一个课堂都不是孤立存在的，而是置于文化背景之中的。可以说，不同文化背景带来了不同的课堂文化。

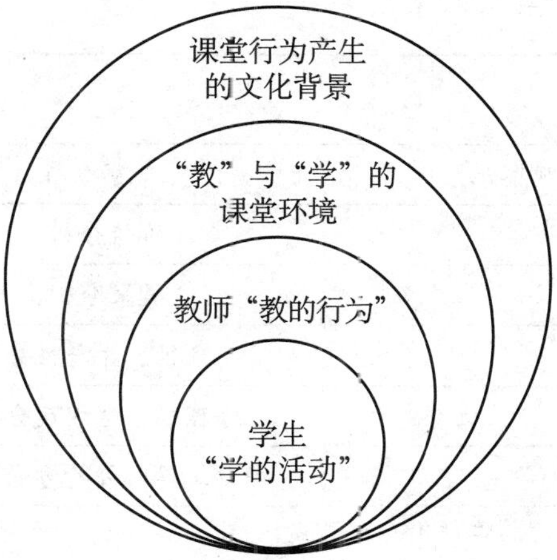

课堂观察的维度

事实上，每一个观察维度，都是改进课堂的切入点之一。假如我们想要洞察其中某一个维度，则需要在这个维度之下找到诸多的观察视角，从不同视角进入课堂。

例如：要对 40 分钟内学生“学的活动”进行观察，就可以从活动内容、活动形式、活动时间、参与状态、活动次序等诸多视角入手，在观察记录的基础上进行如下反思：每项学习活动对学生个体而言实际产生的教学意义是什么？从教材处理的角度来看，依据这样的教学内容，教师为什么为学生设计了这些活动？教师期望的目标是什么？还可以设计哪些活动，为什么？怎样的语文学习活动（内容、形式）更有效？而小学生又喜欢怎样的语文学习活动，为什么？

案例　　**课堂中学生“学的活动”的观察与反思**

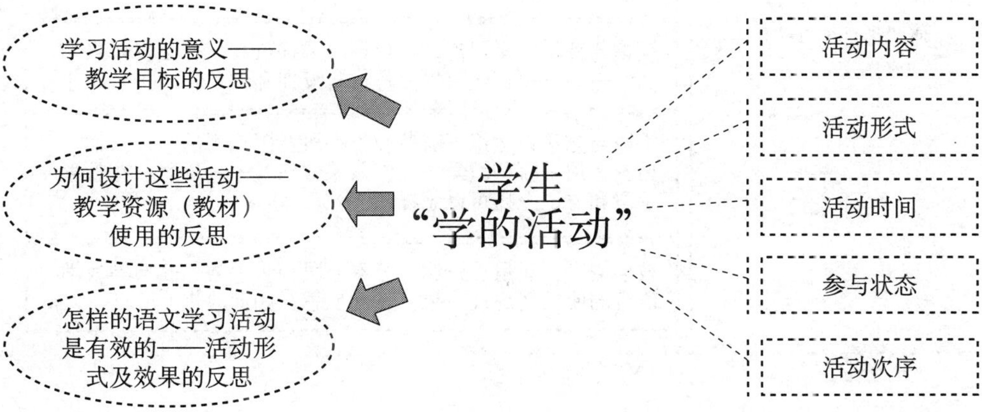

学生“学的活动”观察与评价单

注：课堂是由有意义而相对独立的学生的学习活动串联起来的。观察与评价单只记录出现在教学设计并在课堂教学中组织实施的学生完整的学习活动。每张评价单可以只观察、记录、评价课堂中1个典型的学习活动。

授课内容与授课年级： 时间：			授课教师： 观察与评价人：
观察内容	观察记录	观察分析	思考与建议
学生学习活动的内容		价值分析：	
活动组织与活动方式		效果分析：	
学生学习活动的过程		合理性、参与性分析：	
学习活动结果的呈现		合理性、达成度分析：	
学习活动评价的设计		评价工具与评价方式分析：	
对本节课中学生“学的活动”的总体评价与改进建议：			

再比如，如果我们要对40分钟内教师“教的行为”进行观察，就可以从教师对知识的讲解与分析行为、提问与理答行为、对学生学习活动的反馈与评价行为、教学手段（媒介与资源等）与方法（讲解、朗读、讨论、提问、测验）的变化、教学的有声语言（音量、语调、节奏等）与形体语言（眼神、手势、表情等）等视角入手，在观察记录的基础上可以对教师的专业技能及其效果进行有针对性的反思并提出改进建议。

案例　**课堂中教师“教的行为”的观察与反思**

教师“教的行为”

- 讲解与分析：讲（分析）了什么？在什么时候讲（分析）的？效果如何？——反思：还可以怎样讲（分析）？
- 提问与理答：提了哪些问题？问题的类型与数量？学生的回答情况？教师的理答情况？——反思：还可以怎样提问？怎样的理答更有效？为什么？
- 反馈与评价：学习活动后反馈（或评价）了什么？效果如何？——反思：还可以怎样进行反馈和评价？
- 手段与方法：运用了哪些教学手段？怎么用的？效果如何？运用了哪些教学方法？效果如何？——反思：在教学手段和方法上还可以怎样改进？
- 教学语言：音量、语调、节奏、眼神、手势、表情等教学语言的使用情况及效果？——反思：如何改进？

在从不同视角切入课堂进行观察和研究时，可以从量化研究与质性研究两种基本的方法出发，设计出相应的数据采集工具与分析框架。运用量化研究方法时，可以用预先设计好的量表内容来记录和诠释课堂事件，但无法记录非语言的主观感受并有可能漏掉某些重要的课堂信息，而质性研究方法则可以弥补这些方面的不足，观察者可以根据自身经验用文字描述和诠释课堂事件。“近年来，研究者们倾向于将定量与定性的研究方法相结合，在运用量表记录课堂信息的同时，对某些课堂事件进行主观的描述与诠释，以期更全面客观地展示课堂的全貌，便于课后分析与推论结果。”①

拓展阅读

我国小学课堂交往时间构成的社会学分析②

该研究认为课堂交往（言语交往）的时间由师生交往和生生交往构成。进一步分析，则可分为以下6种：教师与学生个体交往、教师与学生小组交往、教师与班级交往、学生个体与学生个体交往、学生小组与学生小组交往、学生个体与班级交往。据此，研究者设计了如下“课堂交往时间构成表”作为观察工具：

学校	班级	课类	总时间	师生交往								生生交往								无交往	
				合计		师个		师组		师班		合计		个个		组组		个班		合计	
				时间	%	时间	%	时间	%	时间	%	时间	%	时间	%	时间	%	时间	%	时间	%

在对江苏省7所小学5年级28个班的语文、数学课堂进行观察后的统计分析表明，我国小学课堂交往时间构成有如下特点：第一，师生交往占绝对优势，生生交往和无交往很少，而师生交往又主要由师个、师班构成，师组交往几乎全无。从时间角度反映出我国小学课堂教学仍以教师对全体学生的“满堂灌”为主，不论这种“灌”是以什么形式或伴以什么技巧。第二，生生交往严重不足，即便存在生生交往，也主要集中在个班交往和个个交往上，且必须经由教师认可，体现出单向、静态、被动的交往特点，而不是全员、主动的沟通。第三，学生群体交往（组际间交往）缺失。总之，我国小学课堂交往的时间结构比例严重失调，分配不当，偏差明显，师生交往占绝对优势，学生间交往，尤其是群体交往几乎全无。

研究从社会学角度做了进一步分析：第一，我国小学课堂仍以强控型为主，仍然是以教师为中心，教师严格控制着课堂的活动进程，时间结构中的组际交往缺失和生生交往严重不足正是这种强控型在课堂交往时间上的表现。第二，就目前我国小学课堂

① 李长吉，余芳艳．课堂观察研究：进展与趋势［J］．当代教育与文化，2010（6）．

② 吴永军，吴康宁，程晓樵，等．我国小学课堂交往时间构成的社会学分析［J］．上海教育科研，1995（5）．本书只示例性地介绍该研究的基本方法与观点讨论。

的实际状况而言，学生的社会交往处于“被动状态”，他们获得的大量交往是与教师的交往。而不论师个还是师班交往，就总体来讲，教师总是主动的，学生总是被动的、受制于教师的。只有在课堂中有意识地多赋予学生主动交往的时间，才能真正有利于学生的社会化，有利于学生主体性和社会性的发展。第三，课堂交往看似是集体的交往，实质上只是个体交往，教师面对的是一个个的学生个体。只有充分“激活”课堂内的全员交往，特别是学生群体与群体之间的交往，才能充分发挥本该发挥的学生集体的教育力量。但这种交往从统计结果上看几乎全无。

如上所述，研究者从课堂交往时间构成的视角出发，对小学课堂进行了实证研究，使我们得以洞察课堂事实上发生了什么，进而又可以进行理性的改进思考。当前，在小学语文课堂改进的过程中，理念倡导居多，课堂本位的实证研究不足，表层的教学形式与技术研磨居多，深层而多角度的理性反思不足。如此，不管怎样求新、求变，课堂教学仍然只能在技术化的表层翻新。换言之，要想在课堂改进中有所成效，首先要改变的是课堂研究、课堂评价的范式，这一改变应带给教师面对课堂的方法态度与思维习惯的转变。

教师研究本身不是目的，但是它与课程变革和新的教学策略的采纳却密不可分。① 我们坚信，没有理性的指引，教师所带来的课堂将只是个空壳，或许一时绚烂，但不具有持续的发展性。只有基于课堂本位、扎扎实实的研究，才会带给教师理性而准确的专业判断力，才能使教师拥有捍卫和发展自己课堂的勇气。

小学生的在校时间基本上是在课堂中度过的，课堂是评估学生发展与学校质量最核心的基本单位。课堂文化是一所学校教学文化，乃至校园文化的核心。丢失了课堂就等于丢失了学校。任何一位有责任、有智慧的管理者都应确保教师的主要精力是指向课堂的。

案例　　**某小学针对青年教师的课堂教学评价标准**

评价项目			评价要点	得分
教学设计（40分）	单元教学设计（10分）	单元内容分析	简析与本单元相关的课标要求，分析单元间及单元内的内容关联，明确单元内容的育人价值	
		学习者分析	分析学生在本单元学习前已有的知识、经验、技能基础等，明确学生发展需求、学习路径，分析学生在单元学习过程中可能遇到的困难	
		单元教学目标	以学科素养发展为核心，明确本单元学生应掌握的学科核心内容、应形成的学科思想方法和价值观念、应发展的学科关键能力，体现素养发展的整体性和进阶性	
		单元教学结构	聚焦单元学习主题，整体规划教学结构，系统设计教与学活动，明确课时安排，突出学科素养发展的关键	

① 霍普金斯．教师课堂研究指南：第3版［M］．上海：华东师范大学出版社，2009：34.

续表

评价项目			评价要点	得分
教学设计（40分）	课时教学设计（30分）	课时内容分析	说明本课时内容在单元结构中的位置和作用，分析教材中本课时的核心内容和学习活动，体现与单元内容分析的关联	
		学习者分析	分析学生在学习本课时之前已有的知识基础、能力基础、认知特点等，应用恰当方式诊断本课时学生的典型学习困难，预设本课时学生素养发展目标；依据分析，提出相应的教学方法与策略	
		课时教学目标设计	明确本课时学生应掌握的学科核心内容、应形成的学科思想方法和价值观念、应发展的学科关键能力，体现过程性；目标可操作、可检测、可达成	
		教学过程与教学资源设计	明确课堂各环节的情境、资源、任务及设计意图，关注学习过程、方式，凸显素养提升，落实教学目标	
			学习任务有挑战，主次清晰，有逻辑性，兼顾学生差异性，与教学目标匹配度高	
		学习效果评价设计	聚焦课时目标，利用评价工具，有效判断学习目标的达成度，关注评价的激励功能	
		教学设计特色及反思	提炼教学特色，进行教学反思，既能总结成功经验，也能发现有待改进的问题	
教学过程实施（50分）	教学基本功（10分）		教师语言亲切、规范，有感染力	
			教态自然、得体	
			板书字迹工整、规范，设计合理	
			恰当使用教学资源	
	教与学活动（25分）		围绕学习主题、学习资源，营造良好学习环境，实现师生互动、生生互动	
			关联学科问题、生活真实问题，创设学习情境	
			学习活动体现学科本质，难度适当，任务明确，能促进学生学科思想方法、关键能力和价值观念的形成和发展	
			学生有充分的空间和机会，进行独立思考、实践和交流	
			学生能进行深入的交流讨论，并能在此基础上进行概括、反思、提炼	
			对学生活动进行有效指导，恰当利用课堂中的生成性问题，对教学过程进行有效调控	
	教学效果（15分）		学生学习兴趣浓厚，态度积极主动，参与有一定的广度和深度；课堂气氛民主和谐，学生在学习活动中获得良好体验	
			完成既定教学目标，不同层次学生学业水平在原有基础上都得到了提高	
学科特色（10分）			专业能力良好，学科思想清晰	
总分				

三、什么样的语文课才算是好课

什么样的语文课才算是好课？它的标准是什么？显然，要做出令人信服的回答是困难的，因为所谓“标准”即衡量事物的准则和尺度，它应该是客观的、明晰的、固定的、同一的，但课堂教学作为一种社会现象，与自然科学技术领域的“标准”相比，带有主观性、时代性、模糊性与伸缩性。这样，对一节语文课的评价，所反映的只是当时对教育规律认识的水平，而且这一认识又往往是多元而充满个性色彩的，如果再考虑到不同地区的文化基础、不同班级学生的认知状况，以及不同教师的专业发展背景，好课的标准似乎难以统一。

拓展阅读

好课标准的历史演进（节选）①

1963年在总结此前经验教训的基础上，制定了新中国成立以来不分科的语文教学大纲。大纲中特别指出，要让学生“多读多写”，加强“基本训练”，“不要把语文课讲成政治课，也不要把语文课讲成文学课”。在这之后到文化大革命前，大家狠抓“双基”教学，对学生进行严格训练，讲课文讲求字、词、句落实，从字、词、句入手去理解内容，又从内容去强化字、词、句的训练。在这几年里，思想教育和文学教育有所忽视，可以说能够抓好“双基”教学的课就是好课。

从20世纪70年代末到20世纪90年代末的20年间，加强基础、培养能力、发展智力成为教学的主旋律，从文化大革命前的知识型发展到能力型，进而又发展到智能型，这是一个很大的进步。同时，语文训练与思想教育相统一、语言训练与思维训练相结合、听说读写相辅相成、课内教学与课外语文活动相结合，成为公认的四条教学原则，语文教学的规律正在为我们所认识。在这一时期，加强基础、培养能力、发展智力，成为好课的主要标准。

当前，在课程改革背景下，人们对好课的标准无疑又有了新的认识与理解，表现为人们对学生语文学习过程中情感体验与价值理解的关注，对体现“自主、合作、探究”的语文学习方式的关注，对体现汉语言特点的突出实践、积累与感悟的母语学习规律的关注，等等。可以看到，人们对所谓“好课”的认识，总是关联着时代之于人的生命与发展的理解，以及我们对语文课程本身从功能到途径理解上的自觉。

观点

一堂好课的质量标准②

语言训练落到实处——看通过这一堂课，学生的语文能力是不是在原有的基础上有所发展。要做到这一点，一节课的语言文字训练目标必须明确、适度、集中。

① 卫灿金．好课标准的历史演进［J］．语文教学通讯，2004（28）．

② 余文森，林高明，许玉兰．名师怎样观察课堂：小学语文卷［M］．上海：华东师范大学出版社，2009：30-31.

情感、思维同步发展——教师要在语言文字训练的过程中，让学生受到思想教育，发展思维，陶冶情操，形成良好的学习习惯。

学生积极主动地学习——教师要着力营造民主、平等、和谐的课堂教学氛围，善于激发学生学习的兴趣，让每个学生都积极投入学习活动。

尽管好课的标准带有时代性、主观性、模糊性与伸缩性，但不能否认的是，教育同时又属于科学，语文教学建立在对学科性质与目标、知识与内容、经验与方法以及学生语言学习规律的准确把握的基础之上。因此，从优质的语文课堂中我们又总能提取出一些基本的特征。

观点

什么样的课算一堂好课①

一堂好课没有绝对的标准，但有一些基本的要求。一堂好课要达到的基本要求是：

（1）有意义。在这节课中，学生的学习是有意义的。初步的意义是他学到了新的知识；再进一步是锻炼了他的能力；再往前发展是在这个过程中有良好的积极的情感体验，使他产生更进一步学习的强烈要求；再发展一步，在这个过程中他越来越主动地投入学习中。学生上课，进来以前和出去的时候是不是有了变化，没有变化就没有意义。有意义的课，即一节扎实的课。

（2）有效率。一是对整体而言，一节课下来，对全班多少个学生是有效的；二是效率的高低，如果没有效率或只是对少数学生有效率，那这节课就不能算是比较好的课。从这个意义上说，一节好课应该是充实的，整个过程中，大家都有事情干，都发生了一些变化。

（3）有生成性。课堂不完全是预设的，而是有教师和学生的真实的、情感的、智慧的、思维的、能力的投入，有互动的过程，气氛活跃。既有资源的生成，又有过程状态的生成，这样的课可称之为丰实的课。

（4）常态性。不管谁坐在你的教室里，你都要旁若无人，你是为孩子、为学生上课，不是给听课的人上课。我把这样的课称为平实（平平常常、实实在在）的课。这种课是平时都能上的课，而不是很多人帮你准备，然后才能上的课。

（5）有待完善的课。只要是真实的就是有缺憾的，生活中的课本来就是有缺憾的、有待完善的，这样的课才是真实的课。

观点

优质课堂教学的十项特征②

（1）清晰的课堂教学结构（过程明了，目标明确，内容清晰；师生角色分配清楚，师

① 叶澜．扎实 充实 丰实 平实 真实："什么样的课算一堂好课"［J］．基础教育，2004（7）．

② 迈尔．怎样上课才最棒：优质课堂教学的十项特征［M］．上海：华东师范大学出版社，2011：9－10.

生双方协商好规则、程序及自由空间）。

（2）高比例的有效学习时间（时间安排得当，守时；拨冗去繁，日程安排有节奏）。

（3）促进学习的课堂气氛（互相尊重，互相信任，遵守规则，承担责任，公正，关怀）。

（4）清晰明确的教学内容（任务设置明确易懂；教学主题的展开合理可信；课堂教学成果能得到明确的保障，保障措施具有约束力）。

（5）创建有意义的师生交流（引导学生参与课堂规划，营造良好的讨论气氛，举行交流讨论会，鼓励学生写学习日记，征集教学反馈意见）。

（6）多样化的教学方法（丰富的组织技巧，多样化的行为模式，教学流程不拘一格，均衡使用多种教学方法）。

（7）促进个体发展（给予学生自由发展的空间，给予学生时间和耐心；对学生进行内部的区分和整合；分析个体学习水平，调整个体促进方案；对于风险学生群体给予特别的帮助）。

（8）“巧妙”地安排练习（帮助学生掌握学习策略，布置明确有效的练习任务，有针对性地提供辅导，创造有助于学生完成练习任务的框架条件）。

（9）对学习成果有明确的期望（学习内容要以教育方针或教育标准为导向，学习内容要符合学生的学习能力；检查测试学习情况后及时给予反馈，并给予帮助和促进）。

（10）完备的课堂教学环境（教学秩序井然，教学设备和教具能正常使用）。

面对学生，优质课堂是我们每一位老师不懈的教学追求。叶澜教授告诫我们，要通过“扎实、充实、丰实、平实、真实”的课堂教学，去实现那本真的教学意义，并在实现意义的过程中改进并发展自己的教学。唯如此，才能够真正享受到教学作为一个创造过程的全部欢乐和智慧的体验！

就语文教师个体而言，“好课”是一种理解，一种追求，就像一盏灯，总在不远的前方召唤着我们。而就国家语文课程实施的整体来说，它又应该具有一个较为稳定的基本要求，即：

第一，语文课堂教学必须以“语言文字”为本体，准确把握其学科本质，课堂教学的目标、内容和途径必须建立在如下课程理解的基础上，即“语文课程是一门学习国家通用语言文字运用的综合性、实践性课程”，“工具性与人文性的统一，是语文课程的基本特点”。①

第二，语文课堂必须面向全体学生，使学生获得基本的语文素养——丰富语言积累，培养语感，发展思维，学会学习，形成习惯，发展适应实际生活需要的识字、写字、阅读、写作、口语交际等语言能力，并在这一过程中形成良好的个性和健全的人格。

第三，充分发挥师生双方在教学中的主动性和创造性。一方面，教师应坚持以学生为主体，积极倡导自主、合作、探究的学习方式，在丰富的言语实践活动中促进学生语言及

① 中华人民共和国教育部．义务教育语文课程标准：2022年版［S］．北京．北京师范大学出版社，2022：1.

人格的发展；另一方面，教师应在钻研好语文学习内容、把握好学生语文学习心理和语文学习起点的基础上，创造性地采用多种途径和方式引导学生和谐有序发展。

第四，语文课堂必须体现实践性、综合性、开放性的基本品格，使学生在言语实践中促进言语能力的发展，在综合中发展"经世致用"的实践能力与创新精神，在开放中拓宽空间，融于时代，连接生活，保持活力。

无论如何，在优质小学语文课堂的追求过程中，必须秉承求真务实的实践精神和科学严谨的研究态度，警惕追求表面形式的倾向。

观点　　**警惕追求表面形式的倾向，提倡求真务实的实践精神①**

30年来小学语文课程改革流派纷呈、层出不穷，课程理念、教学模式与主流话语不断更新。与此同时，在教学实践中则存在着不同程度的追求形式的倾向，这一倾向的主要表现是片面理解、机械模仿和盲目求新、盲目求变，在教学实践中，崇尚新名词、新概念，以新为尊、以旧为卑，以至于忽视了对语文课程核心功能的思考。2008年，崔峦在全国阅读教学研讨会上指出：当前小语届许多新经验有推广价值，但出现了"提口号，树旗帜"的不正常倾向，比如提出的"某某语文"不下十几种。语文教学要提倡百花齐放，倡导各种风格，但不宜提口号，在"语文"前面加上任何修饰语，只能窄化语文，画地为牢。我们认为，判断一种教学流派、教学模式的价值，不在于它是"新的"或"旧的"，而在于它是否符合学生学习语文的规律，是否能提高语文教学的有效性。

……早在1987年李伯棠先生曾说过："离开了教学对象这一实际的图新，犹如纸扎的鲜花，它缺乏根基，没有生命力。新的形式或新的方法又离不开教学的内容……如果只是在'方法''形式'上花样翻新，即使它新得有趣，学生也不可能确有所得，充其量只是在课堂上完成了一次'思维的游戏'而已，到头来除留下'热闹''新鲜'以外，学生还能得到什么呢？"

【思考与练习】

1. 进入小学课堂，或选择一节课堂教学录像，从某一目的视角出发，观察、记录课堂中的相关行为，并对记录下的事实和数据进行专业分析，给出教学改进建议。

2. 什么样的课是好课？小组内讨论并形成观点，然后和专业老师一起，组织一个小型的学术沙龙活动。

① 吴忠豪，于龙．回顾与检讨：改革开放以来小学语文教学三十年［J］．课程·教材·教法，2009（8）．

参考文献

1. 中华人民共和国教育部．义务教育语文课程标准：2022 年版［S］．北京：北京师范大学出版社，2022.

2. 郑国民，李宇明．义务教育语文课程标准（2022 年版）解读［M］．北京：高等教育出版社，2022.

3. 叶圣陶．叶圣陶语文教育论集［M］，北京：教育科学出版社，2015.

4. 张隆华，曾仲珊．中国古代语文教育史［M］．2 版．成都：四川教育出版社，2000.

5. 李杏保，顾黄初．中国现代语文教育史［M］．2 版．成都：四川教育出版社，2000.

6. 饶杰腾．语文学科教育学［M］．北京：首都师范大学出版社，2000.

7. 徐林祥．语文教育回望与前瞻［M］．济南：山东教育出版社，2021.

8. 吴忠豪．小学语文课程与教学［M］．北京：中国人民大学出版社，2010.

9. 王荣生．语文科课程论基础［M］．上海：上海教育出版社，2003.

10. 朱作仁，祝新华．小学语文教学心理学导论［M］．上海：上海教育出版社，2001.

11. 董蓓菲．语文教育心理学［M］．上海：上海教育出版社，2006.

12. 孙建龙．小学语文课程与教学论［M］．北京：人民教育出版社，2015.

13. 孙建龙，陈薇，张凤霞．小学语文教学案例［M］．北京：中国人民大学出版社，2017.

14. 夏雪梅．以学习为中心的课堂观察［M］．北京：教育科学出版社，2012.

15. 戴汝潜，等．汉字教与学［M］．济南：山东教育出版社，2000.

16. 王宁．汉字与中华文化十讲［M］．北京：生活·读书·新知三联书店，2018.

17. 苏培成．现代汉字学纲要：增订本［M］．北京：北京大学出版社，2001.

18. 王尚文．走进语文教学之门［M］．上海：上海教育出版社，2007.

19. 倪文锦，欧阳汝颖．语文教育展望［M］．上海：华东师范大学出版社，2002.

20. 童庆炳．文学理论教程［M］．5 版．北京：高等教育出版社，2015.

21. 张永德．香港小学文学教学研究［M］．广州：广东教育出版社，2006.

22. 王荣生．阅读教学教什么［M］．上海：华东师范大学出版社，2016.

23. 祁寿华．西方写作理论、教学与实践［M］．上海：上海外语教育出版社，2000.

24. 沈毅，崔允漷．课堂观察：走向专业的听评课［M］．上海：华东师范大学出版社，2008.

25. 卡罗尔．语言心理学：第4版［M］．上海：华东师范大学出版社，2007.

26. 迈尔．怎样上课才最棒：优质课堂教学的十项特征［M］．上海：华东师范大学出版社，2010.

27. 霍普金斯．教师课堂研究指南：第3版［M］．上海：华东师范大学出版社，2009.

教学支持说明

（教学课件）

中国人民大学出版社教育学科秉承“出教材学术精品，育人文社科英才”的出版宗旨，多年来，出版了大批高质量的教育学、小学教育、学前教育专业教材和学术著作。

我们为本教材制作了相应的 PPT 教学课件，任何一位采用本书作为授课教材的教师均可免费获得该课件。为了确保该课件仅为授课教师获得，烦请您填写如下材料，并将相关信息通过 E-mail 发送给我们，我们将在收到相关信息后通过 E-mail 给您发送该课件。欢迎您加入我们的 QQ 群（教育新视野交流群，群号为 159813080），或登录我社官方网站（www. crup. com. cn），注册并认证成为教师会员，以获得更好的服务。

我们的联系方式：

地址：（100872）北京市中关村大街甲 59 号文化大厦 1202 室

中国人民大学出版社

电话：（010）62515955　62515383

E-mail：ggglcbfs@vip. 163. com

QQ 群：159813080

兹证明____________大学/学院____________院/系____________专业____________学年第____________学期开设的____________课程，采用中国人民大学出版社出版的____________（书名、作者）作为本课程教材。授课教师为____________，授课班级共______个、学生______人。授课教师需要与本书配套的教学课件。

联 系 人：____________________

通信地址：____________________

邮　　编：____________________

电　　话：____________________

E-mail：____________________

系/院主任：____________（签字）

（系/院办公室章）

______年______月______日